# LA ZLECAF

## Accélérateur de croissance pour l'Afrique et défis stratégiques pour le Sénégal

Babacar Sané Ba

# LA ZLECAF

## Accélérateur de croissance pour l'Afrique et défis stratégiques pour le Sénégal

**Préface de Son Excellence M. Mankeur NDIAYE, Ancien Ministre des Affaires étrangères du Sénégal**

L'Harmattan Sénégal

**10 VDN, Sicap Amitié 3, Lotissement Cité Police, DAKAR**

senharmattan@gmail.com
senlibrairie@gmail.com

ISBN : 978-2-336-55613-0
EAN : 9782336556130

**La ZLECAF**

**Accélérateur de croissance pour l'Afrique et défis stratégiques pour le Sénégal**

**Hommage posthume à mon père Alioune Badara BA, dit Badou BA**

C'est avec une émotion profonde et une gratitude infinie que je rends hommage à mon père, **Alioune Badara BA**, affectueusement connu sous le nom de **Badou BA**, à qui je dédie ce livre sur la Zone de Libre-Échange continentale africaine (ZLECAF).

Homme d'une générosité légendaire, il a consacré sa vie entière à servir le Sénégal, guidé par un amour incommensurable pour son pays et une foi inébranlable en son avenir. Député-Maire de la ville de Mbour et ancien Vice-Président de l'Assemblée Nationale du Sénégal, il a incarné une politique profondément humaine, plaçant toujours les besoins et les aspirations de ses concitoyens au cœur de son action.

Philanthrope dans l'âme, il a œuvré sans relâche pour améliorer la condition de ceux qui avaient le plus besoin de soutien. Que ce soit par son engagement politique ou ses initiatives sociales, il a laissé une empreinte indélébile dans la vie de tant de personnes, inspirant par sa bienveillance, son humilité, et sa vision d'un Sénégal juste et prospère.

Mon père a été pour moi un modèle d'intégrité, de dévouement et d'amour pour l'humanité. En dédiant ce livre à sa mémoire, je souhaite non seulement honorer son héritage, mais aussi prolonger son engagement en faveur du développement et de l'intégration économique de notre pays et de notre continent.

Puisse son exemple continuer d'éclairer nos chemins et inspirer les générations à venir à placer l'humain au cœur de leurs actions, tout comme il l'a si magnifiquement fait.

**Repose en paix, Papa. Ton œuvre et ton esprit continuent de vivre en nous.**

« Si nous voulons que l'Afrique joue un rôle
dans le monde, nous devons travailler
à son intégration politique et économique. »

Cheikh Anta DIOP

# PRÉFACE

L'Ambassadeur Babacar Sané BA est un diplomate sénégalais pétri de qualités intellectuelles, professionnelles et morales reconnues, fortifiées par une éducation familiale exemplaire, un parcours académique remarquable et une expérience trempée du secteur privé.

Professeur associé à l'Institut des politiques publiques de l'Université Cheikh Anta Diop de Dakar (UCAD), il a brillamment managé la Direction des Partenariats et de la Promotion économique et culturelle (DPPEC) du Ministère des Affaires étrangères que j'ai mise en place, avec l'accord du Président Macky SALL, par décret 2014-336 du 25 mars 2014.

Il a su, avec intelligence et pragmatisme, développer et consolider les choix et orientations de politique étrangère du Sénégal par la promotion d'une diplomatie économique et de développement active et efficiente.

Il est regrettable de constater la suppression de la DPPEC par le décret 2025-235 du 06 février 2025 portant organisation du Ministère de l'Intégration africaine et des Affaires étrangères. Or, la création de la DPPEC fut une innovation majeure dans la stratégie nationale de renforcement de la dimension économique de notre action diplomatique globale. Selon les dispositions de l'article 20 du décret de 2014, « La Direction des Partenariats et de la Promotion économique et culturelle, en relation avec les structures de promotion des opportunités qu'offre le Sénégal, est le point focal du Ministère des Affaires étrangères et des Sénégalais de l'Extérieur chargé d'appuyer la coopération, d'accompagner les initiatives visant à attirer les investissements directs étrangers au Sénégal, de promouvoir les partenariats, la coopération décentralisée et la destination Sénégal.»

Rien que la lecture de son brillant ouvrage (« Diplomatie économique : Les clés de la prospérité pour le Sénégal ») suffit pour comprendre la centralité de cette Direction et le rôle essentiel qu'elle a joué dans la promotion des opportunités d'investissements au Sénégal en interaction avec l'Agence de Promotion des Investissements et des Grands Travaux (APIX) et les Bureaux économiques auprès des missions diplomatiques du Sénégal.

La diplomatie économique est partie intégrante de la diplomatie d'État. Sa vocation première est de promouvoir, de défendre et de protéger les intérêts économiques et commerciaux fondamentaux de l'État au plan international, d'attirer les investissements étrangers, de favoriser les exportations, de soutenir et d'accompagner le secteur privé national pour la conquête de marchés et l'accès aux marchés extérieurs.

Au regard des enjeux géopolitiques contemporains et à l'ère de la « diplomatie disruptive » et de l'intelligence artificielle, que devrait être le positionnement stratégique de nos États du « Sud global » confrontés malgré eux à des guerres commerciales féroces de plus en plus implacables, de plus en plus destructrices, dans un contexte de réduction drastique de l'Aide publique au Développement ? L'analyse prospective sur le devenir de nos États nous dicte de prendre dûment en considération l'émergence de nouvelles alliances économiques comme les BRICS+. La diplomatie économique est par conséquent un levier essentiel pour des pays comme les nôtres dans la défense et la promotion de leurs intérêts nationaux vitaux, individuels et collectifs.

Et le diplomate Babacar Sané BA, par ses réflexions scientifiques et sa vision holistique, aura beaucoup contribué à construire, à la suite de ses prédécesseurs à la tête de la DPPEC, une culture diplomatique novatrice plaçant les enjeux économiques et de développement au cœur de la politique étrangère du Sénégal.

Cet ouvrage que vous tenez entre vos mains est un outil précieux pour comprendre, se familiariser et s'approprier des enjeux et des défis fondamentaux du Continent africain dans un monde en transformation rapide, éclaté, complexe et de plus en plus dangereux pour les plus faibles. Voilà qui explique et justifie la création de la Zone de Libre-Échange continentale africaine (ZLECAF), expression de la volonté politique de l'Afrique unie pour continuer d'exister dans un monde de moins en moins solidaire.

**"La ZLECAF : Accélérateur de croissance pour l'Afrique et défis stratégiques pour le Sénégal"** est un ouvrage de référence académique et un outil précieux de pratique diplomatique économique que tout chercheur, tout diplomate, doit lire pour mieux appréhender les contraintes, les opportunités et les perspectives de développement du Continent et ceux du Sénégal qui lui sont intrinsèquement liés. Il se veut également une contribution intellectuelle au débat théorique sur le devenir de l'Afrique dans un monde "trumpisé", incertain, interdépendant et imprévisible.

Quel est le processus de gestation de la ZLECAF ? Quels sont ses objectifs et ses ambitions ? En quoi peut-elle favoriser le repositionnement stratégique de l'Afrique face au basculement du monde, aux tensions économiques et aux guerres commerciales qui structurent les relations internationales ? Peut-elle réussir là où nombre d'initiatives africaines majeures ont échoué ?

Les défis que la ZLECAF doit relever et les contradictions qu'elle doit surmonter sont immenses. Et l'ouvrage charrie un air d'optimisme africain à même de fortifier la conviction que la ZLECAF sera en mesure de vaincre les réticences de certains États africains et d'éradiquer les barrières multiples qui entravent l'avancée du processus d'intégration en Afrique. Il y a grand espoir que sa mise en œuvre permettra au Continent de peser davantage et de manière qualitative sur l'économie mondiale et les négociations commerciales internationales, avec son marché de près d'un milliard cinq cents millions de consommateurs et un PIB de 3500 milliards de dollars.

“L'industrialisation de l'Afrique est l'âme du projet ZLECAF”, écrit l'auteur. Elle est et demeure une exigence vitale pour le développement du Continent. Comment la ZLECAF peut accélérer le processus d'industrialisation de l'Afrique en proie à une forte dépendance aux matières premières, une faible diversification économique, une insuffisance des infrastructures et un faible accès aux marchés des capitaux.

L'Ambassadeur Babacar Sané BA, à travers cet ouvrage de présentation et d'analyse, nous permet de trouver des éléments de réponse à tous ces questionnements. Comme il permet aussi de saisir les défis et les enjeux pour le Sénégal qui a ratifié l'Accord instituant la ZLECAF le 1er octobre 2019. Comment transformer les nombreux atouts du Sénégal en opportunités ? Au nombre de ces atouts, nous pourrions citer son positionnement géostratégique, son ouverture sur l'Europe et les Amériques, son poids diplomatique dans l'espace ouest-africain, sa diplomatie panafricaine dynamique, son ancrage démocratique, ses ressources naturelles stratégiques.

Le potentiel de la ZLECAF est énorme. Ses chances de réussite dépendront d'une volonté politique suivie d'un leadership fort et d'un engagement au plus haut niveau des dirigeants africains.

J'ose espérer que cet ouvrage de l'Ambassadeur Babacar Sané BA vous apportera les éclairages attendus sur la ZLECAF, sa gestation, ses objectifs et sa finalité ainsi que les réflexions prospectives incontournables sur l'Afrique nouvelle dans le monde nouveau de demain.

**L'Ambassadeur émérite Mankeur NDIAYE,**
**Ancien Ministre des Affaires étrangères du Sénégal**

# AVANT-PROPOS

L'histoire de l'Afrique s'écrit en ces temps nouveaux avec une audace renouvelée, portée par la vision d'un continent qui refuse d'être enfermé dans les marges du commerce mondial. L'avènement de la Zone de Libre-Échange continentale africaine (ZLECAF) marque un tournant historique, un acte fondateur qui place la coopération économique au cœur des aspirations collectives des nations africaines. Cette initiative, ambitieuse et inédite, est bien plus qu'un accord commercial : elle incarne la volonté d'un continent de s'unir, de transcender ses frontières historiques, et de libérer son potentiel immense.

La ZLECAF, avec son marché intégré de 1,3 milliard de consommateurs et son produit intérieur brut combiné d'environ 3 400 milliards de dollars US, se veut un accélérateur de croissance pour l'Afrique. Elle offre une opportunité unique de transformer des économies souvent fragmentées en un vaste espace économique dynamique, où les échanges intra-africains deviendront le socle d'une prospérité partagée. Pourtant, ce projet n'est pas exempt de défis. Derrière l'enthousiasme légitime se cachent des problématiques complexes : l'Afrique est réservoir de matières premières et déversoir de produits manufacturés, l'Afrique est riche mais les africains sont majoritairement pauvres, infrastructures insuffisantes, faibles capacités industrielles, disparités économiques, et nécessité d'harmoniser des politiques commerciales disparates.

C'est dans ce contexte que le Sénégal, nation ancrée à la croisée des chemins de l'Afrique de l'Ouest et du reste du monde, se trouve face à un enjeu stratégique majeur. Notre pays, riche de son histoire, de sa stabilité politique et de sa position géographique, peut jouer un rôle déterminant dans la réussite de cette grande ambition africaine. Cependant, cette opportunité exige une vision claire et des actions courageuses. Le Sénégal doit surmonter ses propres défis, parmi lesquels la modernisation des infrastructures, l'intégration des PME dans les chaînes de valeur régionales, et l'amélioration de la compétitivité de ses produits.

Cet ouvrage, ***La ZLECAF : Accélérateur de croissance pour l'Afrique et défis stratégiques pour le Sénégal***, se propose d'explorer ces multiples dimensions. Il ne s'agit pas seulement d'un exercice académique ou d'une analyse économique froide. Ce livre est avant tout une réflexion engagée, une invitation à penser l'avenir avec ambition et lucidité. À travers une approche à la fois analytique et prospective, il met en lumière les opportunités que représente la ZLECAF pour l'Afrique, tout en examinant les défis spécifiques auxquels le Sénégal doit faire face pour s'imposer comme un acteur clé de cette transformation.

Je souhaite ici m'adresser à chaque lecteur : étudiant, entrepreneur, décideur public ou simplement citoyen curieux du destin de notre continent. Ce livre est une contribution au débat collectif sur l'avenir économique de l'Afrique. Il est également un appel à l'action. La ZLECAF ne sera pas une réussite automatique. Elle nécessitera des politiques volontaristes, des investissements stratégiques, et une mobilisation sans précédent des acteurs publics et privés.

En tant qu'auteur et homme politique, j'ai voulu dépasser les constats traditionnels pour proposer des pistes concrètes et des stratégies audacieuses. Ce livre ne prétend pas apporter toutes les réponses, mais il espère nourrir une réflexion féconde et stimuler un élan commun. Car il n'y a pas de fatalité économique pour l'Afrique. Le succès de la ZLECAF dépendra de notre capacité à croire en nos propres forces, à bâtir des ponts entre nos nations, et à œuvrer ensemble pour un développement inclusif et durable.

Alors que l'Afrique s'avance résolument vers une nouvelle ère, cet ouvrage se veut une contribution modeste mais sincère à cette quête collective. Puissions-nous, en forgeant les alliances économiques de demain, réaliser cette promesse d'une Afrique forte, unie, et prospère, où chaque nation trouve sa place et où chaque citoyen participe à l'édification d'un avenir meilleur. C'est mon intime conviction.

**Babacar Sané BA**

# INTRODUCTION

## La ZLECAF, Un Rêve panafricain en Marche

### A. Contexte et genèse de la ZLECAF

#### Origines d'une vision panafricaine

Au cœur des ambitions africaines, il y a une quête inébranlable pour l'unité, la prospérité et la souveraineté économique. La Zone de Libre-Échange continentale africaine (ZLECAF) incarne ce rêve collectif, cette vision audacieuse d'un continent rassemblé autour d'une dynamique économique et sociale transformante[1]. Elle se déploie comme une promesse faite à chaque Africain, celle d'un avenir où les divisions coloniales s'effacent, où les frontières cessent d'être des entraves et deviennent des passerelles vers l'épanouissement mutuel[2].

L'Afrique, berceau de l'humanité, rayonne par son potentiel humain exceptionnel et ses ressources naturelles abondantes. Pourtant, ce vaste continent a longtemps été freiné par des obstacles structurels majeurs qui ont entravé son épanouissement économique. Fragmentation géographique, barrières commerciales érigées par l'histoire, insuffisances infrastructurelles : autant de facteurs qui ont maintenu les échanges intra-africains à des niveaux faibles, limitant ainsi les opportunités de croissance et d'intégration pour les économies nationales.

Face à ce constat, une vision ambitieuse s'est dessinée : celle d'une Afrique économiquement unifiée, capable de transcender ses divisions historiques pour embrasser une prospérité commune. C'est dans ce cadre qu'a émergé la Zone de Libre-Échange continentale africaine (ZLECAF), un projet visionnaire et transformatif qui redéfinit l'avenir économique du continent[3].

L'histoire de la ZLECAF puise ses racines dans les années 1960, une époque marquée par l'émergence de leaders visionnaires comme

---

1 *Zone de Libre-Échange continentale africaine, rapport de l'Union africaine, 2023*
2 *Zone de Libre-Échange continentale africaine, rapport de l'Union africaine, 2023.*
3 *Zone de Libre-Échange continentale africaine, rapport de l'Union africaine, 2023.*

Kwame Nkrumah et Julius Nyerere. Ces figures emblématiques ont semé les graines de l'intégration économique, rêvant d'une Afrique capable de se libérer des chaînes de la fragmentation économique et de déployer pleinement son potentiel[4]. Les communautés économiques régionales, telles que la CEDEAO et la SADC, sont nées de cette aspiration. Pourtant, malgré leurs succès, elles n'ont pas réussi à décloisonner totalement les économies africaines[5].

C'est en 2012, lors du sommet d'Addis-Abeba, que l'Union africaine a décidé d'accélérer ce rêve en officialisant la création de la ZLECAF. Six ans plus tard, à Kigali, 44 pays ont apposé leur signature sur un accord historique, érigeant la ZLECAF en pierre angulaire de l'intégration africaine. Aujourd'hui, avec ses 54 membres, 1,3 milliard d'habitants et un PIB combiné de 3,4 trillions de dollars[6], la ZLECAF est devenue le plus grand bloc commercial au monde en termes de pays participants. Mais plus qu'un simple projet économique, elle est une vision politique, sociale et culturelle d'une Afrique unie et confiante[7].

La ZLECAF ne se contente pas d'ambitionner une élimination des droits de douane ou une augmentation du commerce intra-africain, aujourd'hui limité à environ 16 %. Elle aspire à une révolution structurelle. En créant un marché unique, elle promet de transformer les matières premières en produits finis sur le sol africain, d'industrialiser les économies, et de réduire la dépendance aux fluctuations des marchés mondiaux[8]. Les jeunes et les femmes, souvent marginalisés, trouvent dans cette dynamique une opportunité de réaliser leur potentiel grâce à la création de millions d'emplois[9].

L'ambition de la ZLECAF ne s'arrête pas aux frontières du continent. Elle positionne l'Afrique comme un acteur incontournable sur la scène mondiale, renforçant son attractivité pour les investissements directs étrangers et sa capacité à influencer les décisions globales. En harmonisant les règles commerciales, elle rend le continent plus prévisible et sécurise les relations économiques. Ainsi, l'Afrique, par sa cohésion économique, devient un partenaire stratégique des grandes puissances[10].

---

[4] *Zone de Libre-Échange continentale africaine, rapport de l'Union africaine, 2023.*
[5] *Kwame Nkrumah et l'intégration panafricaine, éditions Oxford, 2018.*
[6] *Zone de Libre-Échange continentale africaine, rapport de l'Union africaine, 2023.*
[7] *Rapport économique 2023, Union africaine et CEA.*
[8] *Zone de Libre-Échange continentale africaine, rapport de l'Union africaine, 2023.*
[9] *Commerce intra-africain : potentiel et défis, BAD, 2022.*
[10] *Zone de Libre-Échange continentale africaine, rapport de l'Union africaine, 2023.*

Cependant, le projet n'est pas exempt de défis. L'insuffisance des infrastructures, la compétitivité limitée des entreprises locales et la fragmentation réglementaire posent des obstacles. Pour des pays comme le Sénégal, la ZLECAF représente à la fois une opportunité unique et une exigence de réformes audacieuses[11]. Fort de sa position géographique stratégique et de son potentiel humain, le Sénégal peut devenir un hub régional, mais cela nécessite des investissements massifs et une vision claire.

Dans le contexte mondial actuel, marqué par des tensions géopolitiques et des bouleversements économiques, la ZLECAF est une réponse audacieuse. Elle offre un cadre pour diversifier les partenaires commerciaux, atténuer la dépendance aux exportations et renforcer la résilience économique face aux crises. Plus encore, elle redonne espoir à une jeunesse avide de transformation, en mettant l'accent sur l'innovation, la numérisation et la durabilité environnementale[12].

En somme, la ZLECAF est bien plus qu'un projet économique. Elle est le symbole d'une Afrique en marche, unie dans sa diversité, et déterminée à transformer les défis en opportunités. Ce livre explore les fondements, les enjeux et les promesses de cette initiative historique, offrant une réflexion approfondie sur la manière dont la ZLECAF peut redéfinir l'avenir du continent. Ensemble, plongeons au cœur de cette aventure panafricaine[13].

## B. Objectifs et ambitions de la ZLECAF : un catalyseur pour une renaissance économique africaine

La Zone de Libre-Échange continentale africaine (ZLECAF) incarne bien plus qu'un accord économique. Elle est le fruit d'une vision audacieuse, celle de transformer l'Afrique en un continent intégré, prospère et compétitif sur la scène mondiale[14]. Ses objectifs et ambitions s'entrelacent pour dessiner les contours d'un avenir où l'Afrique, enfin maîtresse de son destin, déploie son potentiel au service de ses peuples[15].

---

[11] *Zone de Libre-Échange continentale africaine, rapport de l'Union africaine, 2023.*
[12] *Zone de Libre-Échange continentale africaine, rapport de l'Union africaine, 2023.*
[13] *Zone de Libre-Échange continentale africaine, rapport de l'Union africaine, 2023.*
[14] *Zone de Libre-Échange continentale africaine, rapport de l'Union africaine, 2023.*
[15] *Zone de Libre-Échange continentale africaine, rapport de l'Union africaine, 2023.*

**1. Créer un marché unique continental : L'Afrique comme un espace économique intégré**

L'objectif fondamental de la ZLECAF est de bâtir un marché unique continental, englobant les biens, les services, les investissements, et même la main-d'œuvre. Ce marché, le plus vaste au monde en termes de pays participants, vise à abolir les barrières commerciales internes qui fragmentent les économies africaines. En ouvrant les frontières économiques, la ZLECAF ambitionne de créer un environnement où les opportunités économiques transcendent les limites géographiques, offrant aux entreprises africaines un accès simplifié à un réseau de plus d'un milliard de consommateurs[16].

**2. Stimuler les échanges intra-africains : une Afrique qui commerce avec elle-même**

L'un des paradoxes les plus frappants de l'économie africaine réside dans la faiblesse de ses échanges internes. À peine 16 % des échanges commerciaux africains se déroulent à l'intérieur du continent, contre 68 % en Europe et 59 % en Asie. La ZLECAF ambitionne de briser cette inertie en doublant, voire triplant cette proportion. L'élimination progressive des droits de douane sur 90 % des produits[17] et la réduction des barrières non tarifaires créeront un environnement où les flux commerciaux deviennent plus fluides et accessibles, stimulant ainsi la production locale et les échanges régionaux[18].

**3. Promouvoir l'industrialisation et la transformation économique : donner une nouvelle vie aux matières premières**

L'Afrique, bien qu'abondamment pourvue en ressources naturelles, reste prisonnière d'une économie dépendante des exportations de matières premières non transformées, en étant un réservoir de matières premières et un déversoir de produits manufacturés. La ZLECAF ambitionne de changer cette dynamique en encourageant la transformation locale des richesses du continent. L'industrialisation devient ici un levier essentiel pour ajouter de la valeur aux produits africains, diversifier les économies et créer des emplois. Les secteurs stratégiques comme l'agro-industrie, les technologies numériques, et les industries

---

[16] *Zone de Libre-Échange continentale africaine, rapport de l'Union africaine, 2023.*
[17] *Zone de Libre-Échange continentale africaine, rapport de l'Union africaine, 2023.*
[18] *Statistiques sur le commerce intra-africain, Banque africaine de Développement, 2022.*

manufacturières sont au cœur de cette stratégie pour réduire la dépendance aux importations et asseoir une souveraineté économique durable[19].

**4. Créer des millions d'emplois : une réponse au défi démographique**

Avec une population jeune représentant plus de 60 % des habitants du continent, l'Afrique doit transformer ce potentiel démographique en un dividende économique. La ZLECAF se positionne comme une réponse au défi de l'emploi, en générant des millions d'opportunités dans des secteurs diversifiés. L'accent est mis sur l'inclusion des femmes et des jeunes, souvent marginalisés, pour garantir une dynamique économique où chacun trouve sa place. Par l'essor des PME et des industries locales, la ZLECAF offre un cadre propice à l'entrepreneuriat et à l'innovation[20].

**5. Renforcer la compétitivité des entreprises africaines : vers un « Made in Africa » compétitif**

L'accès à un marché continental unique permet aux entreprises africaines de réaliser des économies d'échelle, d'accéder à des technologies modernes et de renforcer leurs capacités. La ZLECAF aspire à faire émerger des entreprises compétitives capables de rivaliser sur les marchés mondiaux. En valorisant les savoir-faire locaux et en facilitant l'accès aux chaînes de valeur régionales et globales, elle promeut une marque « Made in Africa » synonyme de qualité et d'innovation[21].

**6. Attirer les investissements étrangers : un continent ouvert et attractif**

Un marché intégré et harmonisé renforce l'attractivité de l'Afrique pour les investisseurs étrangers. La ZLECAF offre un cadre stable et cohérent, réduisant les risques liés à la fragmentation des régulations et des normes commerciales. En ciblant des secteurs clés tels que les infrastructures, les énergies renouvelables, les technologies de l'information et l'industrie manufacturière, elle incite les capitaux internationaux à s'investir dans un continent en pleine expansion[22].

---

[19] *Zone de Libre-Échange continentale africaine, rapport de l'Union africaine, 2023.*
[20] *Zone de Libre-Échange continentale africaine, rapport de l'Union africaine, 2023.*
[21] *Zone de Libre-Échange continentale africaine, rapport de l'Union africaine, 2023.*
[22] *Zone de Libre-Échange continentale africaine, rapport de l'Union africaine, 2023.*

**7. Réaliser la souveraineté économique : L'Afrique aux commandes de son destin**

En promouvant les échanges internes et en renforçant la production locale, la ZLECAF ambitionne de réduire la dépendance du continent aux importations de produits finis et aux fluctuations des marchés mondiaux. Cette souveraineté économique s'inscrit dans une stratégie où l'Afrique devient un acteur autonome, capable de répondre aux besoins fondamentaux de ses populations tout en augmentant sa résilience face aux crises globales[23].

**8. Assurer une croissance durable et inclusive : l'équilibre entre progrès et équité**

La ZLECAF ne cherche pas seulement à stimuler la croissance économique, mais à garantir qu'elle soit inclusive et respectueuse de l'environnement. L'accent est mis sur des pratiques industrielles durables, l'adoption des énergies renouvelables, et la promotion d'une économie circulaire. Parallèlement, les dimensions sociales, telles que l'égalité des genres et l'accès équitable aux opportunités, occupent une place centrale dans cette vision[24].

**9. Réaffirmer le rôle géopolitique de l'Afrique : une voix unie dans un monde multipolaire**

Enfin, la ZLECAF ambitionne de repositionner l'Afrique sur l'échiquier mondial. En intégrant les économies africaines dans un marché unique, elle renforce le pouvoir de négociation du continent dans les forums internationaux. L'Afrique, grâce à cette union économique, peut s'affirmer comme un partenaire stratégique et un acteur incontournable des grandes décisions globales[25].

**Une Vision pour l'Avenir**

Les objectifs et ambitions de la ZLECAF reflètent une vision de transformation profonde, où l'Afrique, forte de son unité, devient une puissance économique et sociale d'envergure mondiale. Cette initiative est un appel à la solidarité continentale, à l'innovation et à la résilience pour bâtir un futur où chaque Africain peut rêver et prospérer. À travers ces ambitions, la ZLECAF s'inscrit comme le moteur d'une renaissance

---

[23] *Zone de Libre-Échange continentale africaine, rapport de l'Union africaine, 2023.*
[24] *Zone de Libre-Échange continentale africaine, rapport de l'Union africaine, 2023.*
[25] *Zone de Libre-Échange continentale africaine, rapport de l'Union africaine, 2023.*

africaine, offrant au continent une opportunité inédite de réécrire son histoire sur ses propres termes[26].

### C. Le Rôle stratégique de la ZLECAF dans le contexte mondial

Dans un monde marqué par des bouleversements économiques, des tensions géopolitiques et des transformations technologiques rapides, la Zone de Libre-Échange continentale africaine (ZLECAF) se déploie comme une initiative stratégique majeure. Elle offre à l'Afrique une opportunité unique de redéfinir son rôle sur la scène internationale[27], non seulement en tant que fournisseur de ressources naturelles, mais aussi comme acteur incontournable dans les dynamiques économiques et politiques mondiales[28].

#### 1. Une Réponse au protectionnisme global

Alors que de nombreuses régions du monde s'enferment dans des politiques protectionnistes et que les tensions commerciales entre grandes puissances perturbent les chaînes d'approvisionnement mondiales, la ZLECAF incarne une réponse proactive de l'Afrique. En choisissant l'intégration économique plutôt que l'isolement, le continent affirme sa détermination à créer un environnement stable et coopératif pour stimuler la croissance. Cette stratégie collective permet à l'Afrique de renforcer sa résilience face aux chocs économiques externes et de réduire sa dépendance vis-à-vis des marchés mondiaux volatils[29].

#### 2. Diversification des partenariats commerciaux

Pendant des décennies, le commerce africain a été dominé par les relations bilatérales avec l'Europe, l'Asie et l'Amérique du Nord, souvent au détriment des échanges intra-continentaux. La ZLECAF vise à inverser cette tendance en créant un espace économique intégré qui favorise les relations commerciales entre pays africains tout en diversifiant les partenaires étrangers. Cette diversification des partenariats offre une plus grande autonomie aux nations africaines, leur permettant de négocier depuis une position de force dans les forums internationaux et de réduire leur dépendance à l'égard des anciennes puissances coloniales[30].

---

[26] *Zone de Libre-Échange continentale africaine, rapport de l'Union africaine, 2023.*
[27] *Zone de Libre-Échange continentale africaine, rapport de l'Union africaine, 2023.*
[28] *Zone de Libre-Échange continentale africaine, rapport de l'Union africaine, 2023.*
[29] *Zone de Libre-Échange continentale africaine, rapport de l'Union africaine, 2023.*
[30] *Zone de Libre-Échange continentale africaine, rapport de l'Union africaine, 2023.*

### 3. L'Afrique comme acteur central des chaînes de valeur mondiales

Avec l'adoption de la ZLECAF, l'Afrique aspire à transformer son rôle dans les chaînes de valeur mondiales. Au lieu de se cantonner à l'exportation de matières premières, le continent cherche à se positionner comme un producteur de biens à forte valeur ajoutée. L'industrialisation et la transformation locale des ressources naturelles, soutenues par la ZLECAF, permettent aux pays africains de gravir les échelons des chaînes de valeur. Cette stratégie non seulement renforce les économies locales, mais également améliore la compétitivité des produits africains sur les marchés mondiaux[31].

### 4. Une attractivité accrue pour les investissements directs étrangers

En créant un cadre commercial harmonisé et en réduisant les barrières administratives et réglementaires, la ZLECAF transforme l'Afrique en une destination plus attrayante pour les investissements directs étrangers (IDE). Les investisseurs internationaux, attirés par la taille et le potentiel de ce vaste marché, trouvent dans la ZLECAF un environnement plus sûr et prévisible. Ces IDE sont essentiels pour développer les infrastructures critiques du continent, telles que les réseaux de transport, les énergies renouvelables et les technologies de l'information, qui sont au cœur de la modernisation économique africaine[32].

### 5. L'Afrique, un partenaire stratégique des grandes puissances

Dans un contexte mondial où les grandes puissances – Chine, Union européenne, États-Unis – rivalisent pour établir des alliances stratégiques, la ZLECAF confère à l'Afrique un pouvoir de négociation accru. Un continent unifié économiquement peut parler d'une seule voix dans les forums internationaux, plaidant pour des règles commerciales équitables et des partenariats bénéfiques pour ses populations. Cette unité économique renforce la position de l'Afrique en tant que partenaire stratégique, capable de proposer des solutions africaines aux défis mondiaux[33].

---

[31] *Zone de Libre-Échange continentale africaine, rapport de l'Union africaine, 2023.*
[32] *Zone de Libre-Échange continentale africaine, rapport de l'Union africaine, 2023.*
[33] *Zone de Libre-Échange continentale africaine, rapport de l'Union africaine, 2023.*

### 6. Une résilience face aux crises globales

La pandémie de COVID-19 et d'autres crises mondiales ont mis en évidence les vulnérabilités des chaînes d'approvisionnement internationales. La ZLECAF permet à l'Afrique de renforcer sa résilience économique en stimulant le commerce intra-africain et en réduisant la dépendance vis-à-vis des importations de produits essentiels[34]. En favorisant la production locale et en renforçant les liens économiques entre les pays africains, la ZLECAF constitue un rempart contre les chocs externes, offrant au continent une base plus stable pour affronter les crises futures[35].

### 7. Un modèle de croissance durable

Dans une ère marquée par des préoccupations croissantes en matière de développement durable, la ZLECAF joue un rôle stratégique en promouvant une croissance respectueuse de l'environnement. En intégrant les dimensions écologiques dans ses stratégies économiques, elle encourage l'adoption des énergies renouvelables, des technologies propres et des pratiques industrielles durables. Cette approche non seulement répond aux attentes mondiales, mais positionne également l'Afrique comme un leader potentiel dans l'économie verte[36].

### 8. Une voix unie pour l'Afrique

Enfin, la ZLECAF offre une plateforme pour que l'Afrique s'exprime d'une voix unie dans les débats mondiaux. Qu'il s'agisse de la réforme de l'Organisation mondiale du commerce (OMC), de la lutte contre le changement climatique ou de la répartition des ressources mondiales, une Afrique économiquement intégrée peut peser davantage dans les décisions internationales. La ZLECAF n'est donc pas seulement un outil d'intégration économique, mais aussi un instrument pour renforcer la souveraineté politique et diplomatique du continent[37].

### Une transformation stratégique globale

Le rôle stratégique de la ZLECAF dans le contexte mondial dépasse les ambitions économiques pour toucher aux fondements mêmes de l'émancipation africaine. Elle redonne à l'Afrique une place centrale dans les débats globaux, tout en construisant une économie continentale

---

[34] *Zone de Libre-Échange continentale africaine, rapport de l'Union africaine, 2023.*
[35] *Commerce intra-africain : potentiel et défis, BAD, 2022.*
[36] *Zone de Libre-Échange continentale africaine, rapport de l'Union africaine, 2023.*
[37] *Zone de Libre-Échange continentale africaine, rapport de l'Union africaine, 2023.*

résiliente, inclusive et durable. Avec la ZLECAF, l'Afrique ne se contente pas de suivre le cours du monde ; elle en devient un acteur incontournable, redéfinissant les règles du jeu à l'avantage de ses peuples[38].

### D. Enjeux économiques et géopolitiques pour l'Afrique

L'Afrique se trouve à un carrefour décisif, où ses choix stratégiques détermineront son positionnement à l'échelle mondiale pour les décennies à venir. La ZLECAF, par son ambition de transformation profonde, s'attaque aux enjeux structurels et géopolitiques qui freinent le développement du continent tout en offrant une plateforme pour capitaliser sur ses atouts uniques[39].

#### 1. Fragmentation économique et barrières internes

Le continent africain est souvent perçu comme un vaste territoire aux immenses ressources naturelles, mais il demeure freiné par une fragmentation économique chronique. Les économies nationales fonctionnent souvent de manière isolée, avec des barrières tarifaires et non tarifaires qui entravent le commerce intra-africain[40]. La ZLECAF offre une solution concrète en éliminant ces entraves, créant ainsi un marché unique qui fluidifie les échanges et stimule la croissance[41].

#### 2. Dépendance aux matières premières et vulnérabilité aux chocs mondiaux

L'Afrique reste largement dépendante de l'exportation de matières premières, ce qui la rend vulnérable aux fluctuations des prix mondiaux. Cette dépendance a des conséquences économiques directes, notamment des revenus déstabilisés et une croissance erratique. La ZLECAF ambitionne de réduire cette vulnérabilité en promouvant la transformation locale des ressources et en stimulant les chaînes de valeur continentales. En se positionnant comme un acteur majeur dans la production de biens à forte valeur ajoutée, l'Afrique peut échapper à ce cercle vicieux[42].

---

[38] *Zone de Libre-Échange continentale africaine, rapport de l'Union africaine, 2023.*
[39] *Zone de Libre-Échange continentale africaine, rapport de l'Union africaine, 2023.*
[40] *Zone de Libre-Échange continentale africaine, rapport de l'Union africaine, 2023.*
[41] *Commerce intra-africain : potentiel et défis, BAD, 2022.*
[42] *Zone de Libre-Échange continentale africaine, rapport de l'Union africaine, 2023.*

### 3. Renforcer l'influence géopolitique de l'Afrique

Dans un contexte mondial où les tensions commerciales et les rivalités géopolitiques s'intensifient, l'Afrique a une opportunité unique de réaffirmer son rôle stratégique. La ZLECAF offre une plateforme pour consolider une voix africaine unie dans les forums internationaux, permettant au continent de négocier des accords commerciaux, de défendre ses intérêts et de répondre aux attentes de ses populations. En devenant un bloc économique influent, l'Afrique peut être reconnue comme un partenaire égal dans les discussions mondiales[43].

### 4. Exploiter le potentiel démographique

Avec une population jeune et dynamique, l'Afrique dispose d'un atout majeur pour son développement. Cependant, sans une stratégie cohérente, ce potentiel pourrait devenir un fardeau. La ZLECAF cherche à transformer ce défi en opportunité en favorisant la création d'emplois, en renforçant les compétences et en stimulant l'entrepreneuriat. L'intégration économique devient alors un levier pour exploiter cette ressource humaine unique et pour répondre aux besoins croissants des jeunes Africains[44].

## E. Objectifs à long terme : industrialisation, autonomisation et compétitivité

L'avenir de l'Afrique repose sur une transformation structurelle profonde, et la ZLECAF s'impose comme un catalyseur de cette métamorphose. Ses objectifs à long terme – l'industrialisation, l'autonomisation économique et le renforcement de la compétitivité – sont autant de piliers pour bâtir un continent résilient, prospère et stratégiquement positionné[45].

### 1. Industrialisation : transformer les richesses naturelles en valeur ajoutée

L'industrialisation est l'âme du projet ZLECAF. Longtemps cantonné à l'exportation brute de ses matières premières, le continent aspire à devenir un centre de production mondial. Cette vision inclut la mise en place de chaînes de valeur régionales, où les pays africains collaborent pour transformer leurs ressources naturelles localement[46].

---

[43] *Zone de Libre-Échange continentale africaine, rapport de l'Union africaine, 2023.*
[44] *Zone de Libre-Échange continentale africaine, rapport de l'Union africaine, 2023.*
[45] *Zone de Libre-Échange continentale africaine, rapport de l'Union africaine, 2023.*
[46] *Zone de Libre-Échange continentale africaine, rapport de l'Union africaine, 2023.*

- **Exploitation locale des ressources** : La ZLECAF favorise le développement d'industries locales capables de transformer les minerais, produits agricoles et énergies en biens manufacturés. Cela réduit la dépendance aux importations et crée des emplois qualifiés[47].
- **Diversification économique** : L'objectif est de réduire la vulnérabilité des économies africaines en les orientant vers des secteurs à forte valeur ajoutée comme l'agro-industrie, les technologies et les services.

### 2. Autonomisation économique : construire une Afrique souveraine

L'autonomisation économique est l'une des pierres angulaires de la ZLECAF. Il s'agit de renforcer la capacité du continent à produire pour ses besoins et à résister aux fluctuations des marchés mondiaux[48].

- **Souveraineté alimentaire et énergétique** : En développant l'agriculture durable et les énergies renouvelables, la ZLECAF permet de réduire les importations tout en garantissant la sécurité alimentaire et énergétique[49].
- **Soutien aux PME** : Les petites et moyennes entreprises, souvent perçues comme les moteurs de l'économie africaine, trouvent dans la ZLECAF un marché élargi pour se développer et s'intégrer aux chaînes de valeur globales[50].

### 3. Compétitivité : un positionnement stratégique sur les marchés mondiaux

La compétitivité des économies africaines est un enjeu central pour la ZLECAF. En harmonisant les règles commerciales et en stimulant l'innovation, elle crée un cadre favorable pour les entreprises africaines, leur permettant de rivaliser à l'échelle internationale[51].

- **Amélioration des infrastructures** : Le développement des réseaux de transport, d'énergie et de communication est une priorité pour connecter les économies africaines et réduire les coûts.
- **Adoption des technologies modernes** : La ZLECAF encourage l'utilisation des technologies de pointe, notamment dans les secteurs

---

[47] *Zone de Libre-Échange continentale africaine, rapport de l'Union africaine, 2023.*
[48] *Zone de Libre-Échange continentale africaine, rapport de l'Union africaine, 2023.*
[49] *Zone de Libre-Échange continentale africaine, rapport de l'Union africaine, 2023.*
[50] *Zone de Libre-Échange continentale africaine, rapport de l'Union africaine, 2023.*
[51] *Zone de Libre-Échange continentale africaine, rapport de l'Union africaine, 2023.*

du commerce électronique et de l'industrie 4.0, pour accroître la productivité et l'efficacité des entreprises[52].

- **Positionnement sur les chaînes de valeur mondiales** : En s'intégrant stratégiquement aux chaînes de valeur globales, les entreprises africaines peuvent accéder à de nouveaux marchés et renforcer leur compétitivité.

***Une Vision ambitieuse pour l'avenir***

La ZLECAF n'est pas simplement une réforme économique ; elle est une déclaration d'intention pour l'Afrique de se redéfinir, de s'affirmer et de se réapproprier son destin. Les enjeux économiques et géopolitiques auxquels elle répond, ainsi que ses objectifs à long terme, illustrent une vision de transformation profonde et durable. Par l'industrialisation, l'autonomisation et la compétitivité, la ZLECAF pave la voie à une Afrique résiliente, inclusive et stratégiquement positionnée sur l'échiquier mondial[53].

**F. Enjeux et défis du Sénégal dans le cadre de la ZLECAF**

Le Sénégal, carrefour stratégique entre l'Afrique de l'Ouest et le reste du monde, se retrouve face à des opportunités et des défis uniques dans le cadre de la Zone de Libre-Échange continentale africaine (ZLECAF). Ce projet continental, porteur d'une vision ambitieuse pour l'avenir de l'Afrique[54], invite le Sénégal à redéfinir son rôle dans un espace économique en pleine mutation. En tant qu'économie émergente dotée d'une position géographique stratégique et d'un riche patrimoine culturel, le Sénégal est idéalement placé pour tirer parti des potentialités offertes par la ZLECAF. Cependant, ces ambitions s'accompagnent de défis considérables qu'il convient de surmonter avec audace et créativité[55].

**1. Une position géostratégique à valoriser**

Situé au croisement de l'Atlantique et des routes commerciales africaines, le Sénégal bénéficie d'une localisation géographique exceptionnelle. Cette position fait du pays une porte d'entrée naturelle vers l'Afrique de l'Ouest et un hub potentiel pour le commerce intercontinental. Avec le port de Dakar, l'un des plus actifs de la région, et les corridors routiers reliant les pays voisins, le Sénégal peut jouer un

---

[52] *Zone de Libre-Échange continentale africaine, rapport de l'Union africaine, 2023.*
[53] *Zone de Libre-Échange continentale africaine, rapport de l'Union africaine, 2023.*
[54] *Zone de Libre-Échange continentale africaine, rapport de l'Union africaine, 2023.*
[55] *Zone de Libre-Échange continentale africaine, rapport de l'Union africaine, 2023.*

rôle central dans les échanges intra-africains. La ZLECAF lui offre une plateforme pour maximiser ces avantages en améliorant ses infrastructures logistiques et en renforçant son rôle de plaque tournante pour les flux commerciaux[56].

**2. Renforcer la compétitivité des entreprises locales**

Pour le Sénégal, l'ouverture des marchés continentaux implique une concurrence accrue. Les petites et moyennes entreprises (PME), qui constituent l'épine dorsale de l'économie sénégalaise, devront s'adapter pour rivaliser avec des acteurs venus d'autres pays africains. Cela nécessite des investissements dans la modernisation des équipements, la formation des ressources humaines, et l'amélioration des normes de production. En parallèle, l'État sénégalais doit jouer un rôle actif en mettant en place des incitations fiscales, des subventions ciblées, et des mécanismes de financement innovants pour accompagner ces entreprises dans leur transition.

**3. Accélérer l'industrialisation : une priorité stratégique**

L'une des clés pour le Sénégal dans le cadre de la ZLECAF réside dans sa capacité à développer une base industrielle solide. Alors que l'économie sénégalaise repose encore largement sur l'exportation de produits primaires, tels que l'arachide et le phosphate, la transformation locale de ces ressources peut générer une valeur ajoutée significative. La création de zones économiques spéciales (ZES) et l'attraction d'investissements directs étrangers (IDE) sont des leviers stratégiques pour stimuler l'industrialisation. En renforçant les capacités industrielles, le Sénégal pourra non seulement répondre à la demande croissante du marché continental, mais également se positionner comme un fournisseur compétitif au sein des chaînes de valeur régionales.

**4. Améliorer les infrastructures pour faciliter les échanges**

La réussite de la ZLECAF repose sur des infrastructures efficaces et intégrées. Pour le Sénégal, cela signifie investir dans des routes, des ports, des chemins de fer et des systèmes de communication modernes. Ces infrastructures sont essentielles pour réduire les coûts logistiques, fluidifier les échanges commerciaux et connecter les producteurs locaux aux marchés régionaux et continentaux. Des projets tels que l'autoroute Dakar-Bamako ou la modernisation des infrastructures portuaires doivent être accélérés pour répondre aux exigences de la ZLECAF.

---

[56] *Zone de Libre-Échange continentale africaine, rapport de l'Union africaine, 2023.*

### 5. Favoriser l'innovation et la numérisation

Dans un monde de plus en plus digitalisé, le Sénégal doit intégrer la technologie et l'innovation au cœur de sa stratégie économique. Le développement du commerce électronique, des fintechs et des plateformes numériques peut offrir aux entreprises sénégalaises de nouvelles opportunités pour accéder au marché continental. En investissant dans l'éducation technologique et en soutenant les start-ups, le Sénégal peut devenir un leader régional dans les secteurs numériques émergents.

### 6. Garantir une inclusion sociale et économique

La ZLECAF offre une opportunité unique de promouvoir une croissance inclusive, mais cela nécessite une attention particulière pour garantir que les bénéfices atteignent tous les segments de la population. Au Sénégal, cela signifie intégrer les femmes et les jeunes dans les dynamiques économiques. Des programmes spécifiques doivent être développés pour soutenir l'entrepreneuriat féminin, favoriser l'accès au financement pour les jeunes entrepreneurs, et renforcer les compétences professionnelles dans les secteurs porteurs.

### 7. Répondre aux défis règlementaires et institutionnels

L'harmonisation des politiques commerciales et réglementaires est un défi majeur pour le Sénégal dans le cadre de la ZLECAF. Cela implique de s'adapter aux nouvelles normes continentales tout en veillant à protéger les secteurs sensibles de l'économie nationale. Les institutions sénégalaises devront jouer un rôle proactif pour garantir une mise en œuvre efficace de l'accord et une transition en douceur pour les acteurs économiques locaux.

### 8. Mobiliser les ressources financières

La mise en œuvre des ambitions liées à la ZLECAF nécessite des ressources financières importantes. Le Sénégal devra mobiliser des fonds, tant au niveau national qu'international, pour financer les infrastructures, soutenir les entreprises et investir dans l'éducation et la formation. Les partenariats public-privé (PPP) et l'accès aux mécanismes de financement innovants, tels que les fonds verts, les diasporas bonds ou les obligations d'impact social, seront cruciaux pour atteindre ces objectifs.

### Une opportunité unique pour le Sénégal

Dans le cadre de la ZLECAF, le Sénégal a l'opportunité de consolider son rôle de locomotive régionale et de modèle d'intégration économique. Cependant, pour réaliser cette ambition, il devra surmonter des défis structurels, investir dans ses infrastructures, et soutenir activement ses entreprises locales. En s'appuyant sur ses atouts stratégiques, tels que sa position géographique, ses ressources humaines, et son dynamisme entrepreneurial, le Sénégal peut transformer les défis en opportunités et s'imposer comme un acteur clé de la ZLECAF.

La ZLECAF n'est pas seulement un défi économique pour le Sénégal : elle est une invitation à réinventer son modèle de développement, à embrasser une vision d'avenir tournée vers l'intégration africaine, et à se positionner au cœur d'une Afrique unie et prospère.

# PARTIE I

# LA ZLECAF : UNE NOUVELLE ÈRE POUR L'AFRIQUE

# CHAPITRE 1

## Les fondements juridiques et institutionnels de la ZLECAF

### A. Structure institutionnelle et gouvernance de la ZLECAF

La ZLECAF (Zone de Libre-Échange continentale Africaine) est régie par une structure institutionnelle bien définie et un cadre juridique robuste, qui permettent de faciliter et d'encadrer son fonctionnement à l'échelle continentale. Cette structure repose sur plusieurs organes clés chargés de coordonner, surveiller et mettre en œuvre les accords et politiques liés à l'intégration économique de l'Afrique.

#### 1. L'Union africaine (UA) : cadre politique de la ZLECAF

L'Union africaine joue un rôle central dans la gouvernance de la ZLECAF. C'est au sein de cette organisation que l'idée de la ZLECAF a émergé, et c'est elle qui supervise le processus d'intégration économique du continent. L'UA fournit le cadre politique et institutionnel global pour la mise en œuvre de l'accord, et ses organes, comme la Conférence des Chefs d'État et de gouvernement de l'Union africaine, prennent les décisions stratégiques en lien avec l'évolution de la ZLECAF.

La Conférence de l'Union africaine est l'organe suprême composé des Chefs d'État et de gouvernement des États membres de l'UA. Il joue un rôle décisionnel crucial, en adoptant les politiques et stratégies économiques qui façonnent la ZLECAF. C'est lors de ses sommets que sont prises les grandes décisions sur l'orientation et l'évolution de la zone de libre-échange.

Le Conseil exécutif de l'UA est composé des ministres des Affaires étrangères et des Ministres concernés des États membres, le Conseil exécutif met en œuvre les décisions prises par la Conférence. Il joue un rôle important dans la coordination des efforts de mise en œuvre et dans la supervision des activités liées à la ZLECAF.

#### 2. Le Secrétariat de la ZLECAF : l'organe de gestion et de coordination

Le Secrétariat de la ZLECAF, basé à Accra, au Ghana, est l'organe chargé de la gestion quotidienne de la ZLECAF. Sa mission principale est de coordonner et d'assurer la mise en œuvre efficace de l'accord au niveau continental. Le Secrétariat travaille en étroite collaboration avec les États membres, les communautés économiques régionales (CER) et d'autres institutions continentales pour garantir que les objectifs de la ZLECAF soient atteints.

Le Secrétaire général de la ZLECAF, nommé par l'Union africaine, dirige le Secrétariat et assure la supervision des activités de la ZLECAF. Il est responsable de la coordination des politiques économiques, de la promotion de la ZLECAF auprès des États membres et des investisseurs, et de la surveillance du respect des obligations découlant de l'accord.

Le Secrétariat est chargé de diverses tâches, telles que la supervision des accords commerciaux, la coordination des négociations pour de nouveaux accords, la gestion des mécanismes de règlement des différends, et la facilitation de la coopération entre les États membres. Il joue également un rôle clé dans la formation et le soutien technique aux pays pour les aider à mettre en œuvre les engagements pris dans le cadre de la ZLECAF.

### 3. Les Communautés Economiques Régionales (CER) : briques essentielles de l'intégration

Les Communautés économiques régionales (CER) jouent un rôle essentiel dans la gouvernance de la ZLECAF. Elles constituent les blocs de construction de l'intégration économique africaine, et leurs objectifs sont alignés avec ceux de la ZLECAF. Parmi les principales CER, on retrouve la CEDEAO (Communauté Économique des États de l'Afrique de l'Ouest), la SADC (Communauté de Développement de l'Afrique Australe), la CEEAC (Communauté Économique des États de l'Afrique Centrale), et la COMESA (Marché Commun de l'Afrique orientale et australe).

Les CER facilitent la coordination entre les États membres au niveau régional et servent d'interfaces entre les gouvernements nationaux et la ZLECAF. Elles participent à la mise en œuvre des accords commerciaux régionaux et garantissent l'harmonisation des politiques commerciales au sein de leur bloc, tout en travaillant à leur intégration dans la ZLECAF.

L'un des défis pour la ZLECAF est l'harmonisation des accords régionaux existants avec les objectifs de la ZLECAF. Les CER sont des partenaires clés dans cette entreprise, car elles doivent aligner leurs propres politiques commerciales et tarifaires avec celles de la ZLECAF afin de créer un marché unique à l'échelle continentale.

### 4. Comités techniques et de suivi

La mise en œuvre de la ZLECAF repose sur des comités techniques qui fournissent des recommandations et supervisent l'application des dispositions de l'accord. Ces comités sont composés d'experts, de représentants des États membres, et d'autres parties prenantes impliquées dans l'intégration économique.

Le Comité des négociations commerciales est responsable de la gestion des négociations relatives aux tarifs, aux barrières non tarifaires, et aux accords de services. Il coordonne les discussions entre les États membres pour s'assurer que les objectifs de la ZLECAF soient réalisés de manière équitable et progressive.

Le Comité de suivi de la mise en œuvre évalue régulièrement la mise en œuvre de l'accord dans les États membres et propose des améliorations pour assurer l'efficacité du processus. Il surveille également le respect des engagements et identifie les obstacles potentiels à l'intégration.

En somme, la structure institutionnelle et la gouvernance de la ZLECAF reposent sur des mécanismes robustes visant à assurer une intégration économique progressive et harmonieuse de l'Afrique. La coopération entre les différents organes – l'Union africaine, le Secrétariat de la ZLECAF, les CER, et les comités techniques – est cruciale pour la réussite de cette ambitieuse initiative de transformation économique continentale.

## B. Cadre juridique : accords commerciaux et régulations

Le cadre juridique de la Zone de Libre-Échange continentale africaine (ZLECAF) repose sur un ensemble d'accords commerciaux et de régulations visant à encadrer les échanges intra-africains et à harmoniser les pratiques commerciales entre les États membres. Ce cadre a été conçu pour garantir la mise en œuvre de l'accord de manière équitable et progressive, tout en respectant les spécificités économiques des pays du continent. Voici les principaux éléments du cadre juridique de la ZLECAF :

### 1. L'Accord-cadre de la ZLECAF

L'accord-cadre de la ZLECAF, signé en 2018 à Kigali par 44 pays africains, constitue le fondement juridique de la zone de libre-échange. Il établit les principes directeurs de l'intégration économique africaine et définit les règles qui régissent les relations commerciales entre les États membres. Cet accord-cadre est l'élément central qui sert de base aux protocoles et annexes spécifiques qui régulent les différents aspects des échanges.

Les principaux objectifs de cet accord-cadre sont :

La création d'un marché continental unique pour les biens et services.

La réduction et l'élimination des droits de douane sur 90 % des produits échangés au sein du continent.

La facilitation de la libre circulation des personnes, des capitaux et des services entre les États membres.

L'encouragement des investissements et la promotion de l'industrialisation et de la diversification économique.

Le soutien aux petites et moyennes entreprises (PME) et aux entrepreneurs.

L'accord-cadre fixe également les bases pour les négociations dans des domaines tels que les politiques de concurrence, la protection de la propriété intellectuelle et l'investissement.

**2. Les protocoles de la ZLECAF**

L'accord-cadre de la ZLECAF est complété par plusieurs protocoles, chacun traitant d'aspects spécifiques des échanges commerciaux. Ces protocoles établissent les règles détaillées qui encadrent les relations commerciales entre les États membres. Ils incluent des engagements spécifiques concernant les réductions tarifaires, la protection des investissements, les services, et d'autres questions essentielles pour la bonne mise en œuvre de l'accord.

**Protocole sur le commerce des biens** : Ce protocole définit les règles relatives à l'élimination des droits de douane et des barrières non tarifaires sur les produits échangés entre les États membres. Il fixe un calendrier de réduction des droits de douane, visant à supprimer progressivement les tarifs sur 90 % des biens échangés, tout en offrant des délais de transition plus longs pour les pays les moins avancés (PMA). Il inclut également des dispositions sur les règles d'origine, qui garantissent que seuls les biens produits en Afrique bénéficient des avantages tarifaires.

**Protocole sur le commerce des services :** Ce protocole encadre la libéralisation progressive du commerce des services à travers le continent, notamment dans des secteurs stratégiques tels que les télécommunications, les services financiers, les transports, le tourisme et les services professionnels. Il vise à réduire les obstacles à la prestation transfrontalière de services et à favoriser la croissance du secteur des services dans les économies africaines.

**Protocole sur la règlementation des investissements :** Ce protocole vise à attirer les investissements étrangers directs (IDE) en créant un cadre sûr et transparent pour les investisseurs. Il inclut des règles sur la protection des investissements, la résolution des différends entre investisseurs et États, et les mécanismes pour encourager les investissements dans des secteurs clés pour l'industrialisation et la diversification économique.

**Protocole sur la concurrence :** Ce protocole vise à harmoniser les politiques de concurrence des États membres pour éviter les pratiques commerciales déloyales qui pourraient nuire à l'intégration économique. Cela comprend les règles contre les abus de position dominante, les ententes illicites, et autres pratiques anticoncurrentielles.

**Protocole sur la propriété intellectuelle :** Ce protocole traite de la protection des droits de propriété intellectuelle, notamment les brevets, les droits d'auteur et les marques, afin de promouvoir l'innovation et protéger les créateurs et les entreprises sur le continent.

**Protocole sur le Commerce numérique :** Il pose les bases pour l'encadrement des échanges numériques, la protection des données, l'e-commerce et la cybersécurité.

**Protocole sur les Femmes et les Jeunes dans le commerce :** Récemment adopté, il vise à promouvoir l'inclusion économique, l'accès au financement, la formation et l'intégration des femmes et des jeunes dans les chaînes de valeur continentales.

**Protocole sur les marchés publics (en cours de négociation) :** Ce futur protocole visera à harmoniser les règles relatives aux marchés publics entre les États membres, afin d'encourager la transparence et la concurrence dans les processus d'appel d'offres pour les contrats publics.

### 3. Les règles d'origine

Les règles d'origine sont un élément clé du cadre juridique de la ZLECAF. Elles déterminent les critères selon lesquels un produit est considéré comme étant "d'origine africaine" et donc éligible aux avantages tarifaires prévus par la ZLECAF. Ces règles garantissent que les produits bénéficiant des réductions de droits de douane sont effectivement fabriqués en Afrique, et non simplement importés d'un autre continent puis réexportés à l'intérieur de la zone sans transformation substantielle.

Les produits doivent répondre à des critères spécifiques, comme un pourcentage minimum de valeur ajoutée locale ou un certain degré de transformation en Afrique, pour être considérés comme étant d'origine africaine. Cela garantit que la ZLECAF profite aux industries locales et stimule la production sur le continent.

Pour bénéficier des réductions tarifaires, les exportateurs doivent obtenir un certificat d'origine délivré par les autorités compétentes de leur pays. Ce certificat atteste que le produit satisfait aux critères d'origine définis par la ZLECAF.

**4. Barrières non tarifaires (BNT) et mécanismes de réduction**

Outre les droits de douane, les barrières non tarifaires (BNT), telles que les quotas, les normes techniques, les exigences sanitaires et phytosanitaires, et les restrictions aux licences d'importation, constituent souvent un obstacle majeur au commerce entre les États africains. Le cadre juridique de la ZLECAF prévoit des mécanismes pour identifier, surveiller et éliminer progressivement ces barrières non tarifaires.

Un système de surveillance et de notification des BNT a été mis en place pour permettre aux États membres de signaler les obstacles qu'ils rencontrent dans leurs échanges commerciaux. Les États concernés doivent alors s'engager à résoudre ces problèmes dans un délai raisonnable, favorisant ainsi un environnement commercial plus ouvert et transparent.

**5. Mécanismes de règlement des différends commerciaux**

Le cadre juridique de la ZLECAF inclut également des dispositions relatives au règlement des différends entre les États membres. Un mécanisme formel de règlement des différends commerciaux a été établi pour garantir que les conflits concernant l'application de l'accord soient résolus de manière pacifique et conformément aux règles convenues.

En cas de litige commercial entre États membres, les parties peuvent soumettre leur différend à un panel d'arbitrage établi sous l'égide du Tribunal de la ZLECAF. Ce tribunal joue un rôle crucial pour garantir que les règles commerciales soient appliquées de manière équitable et transparente, et pour résoudre les différends de manière impartiale.

Avant de recourir au tribunal, les États membres sont encouragés à résoudre les différends par le biais de la médiation ou d'un règlement à l'amiable. Cela favorise la coopération et le dialogue entre les États tout en préservant la stabilité commerciale.

En conclusion, le cadre juridique de la ZLECAF, soutenu par ses accords commerciaux et régulations, constitue une base solide pour encourager l'intégration économique du continent. En harmonisant les règles commerciales, en réduisant les barrières tarifaires et non tarifaires, et en offrant des mécanismes de résolution des différends, la ZLECAF crée un environnement propice à la croissance du commerce intra-africain et au développement économique durable du continent[57].

### 6. L'Initiative du Commerce Guidé (Guided Trade Initiative)

Lancée en octobre 2022, cette initiative a permis aux premiers échanges effectifs de se réaliser sous le régime ZLECAF. Sept pays ont été sélectionnés pour commencer provisoirement à échanger des marchandises dans le cadre de la ZLECAF sur une base pilote. Il s'agit du Rwanda, du Cameroun, de l'Égypte, du Ghana, du Kenya, de l'île Maurice et de la Tanzanie. Le secrétariat de la ZLECAF a choisi ces pays parce que leurs offres tarifaires sur les marchandises avaient été entièrement approuvées et officiellement publiées. Le Secrétariat a aidé ces pays à tester les documents et les procédures commerciales de la ZLECAF sur des envois présélectionnés de marchandises entre eux. L'Initiative du Commerce Guidé (GTI) a aidé à guider ces envois lors du dédouanement, y compris le traitement tarifaire réduit dans le cadre de la ZLECAF. Parmi les types de marchandises échangées figurent le café, les carreaux de céramique, les composants électriques, les fruits secs, le thé et la viande transformée.

En 2023, le Secrétariat de la ZLECAF a élargi son champ d'action sur la GTI afin d'étendre la portée de la couverture, à la fois en termes de pays et de produits. Il a annoncé qu'à partir de 2024, d'autres pays africains supplémentaires seront couverts par la GTI et commenceront à bénéficier d'un commerce préférentiel dans le cadre de la ZLECAF. Ces pays devraient inclure un grand nombre des parties suivantes :

---

[57] *Commerce intra-africain : potentiel et défis, BAD, 2022.*

- Région Afrique de l'Est: Ouganda.
- Région Afrique centrale: République démocratique du Congo (RDC), Burundi, Gabon, République du Congo, Tchad, République centrafricaine et Guinée équatoriale.
- Région Afrique du Nord : Algérie, Tunisie et Maroc.
- Région d'Afrique australe: Angola, Botswana, Namibie, Afrique du Sud, Zimbabwe, Malawi, Lesotho et Eswatini.
- Région Afrique de l'Ouest: Côte d'Ivoire, Nigeria, Sénégal, Sierra Leone et Togo ;
- États insulaires: Cap-Vert, Comores, Madagascar et Seychelles.

Le lancement du commerce préférentiel dans le cadre de la ZLECAF par l'Afrique du Sud en janvier 2024 a été une étape importante compte tenu de la taille de son marché. L'Afrique du Sud a publié la liste provisoire des concessions tarifaires de l'Union douanière d'Afrique australe (SACU) le 26 janvier 2024 et a lancé le commerce préférentiel dans le cadre de la ZLECAF le 31 janvier 2024 dans le port de Durban. L'Afrique du Sud a exporté sa première cargaison de marchandises vers le Ghana et le Kenya dans le cadre de l'accord sur la zone de libre-échange continentale africaine. Les produits comprenaient des réfrigérateurs, des appareils électroménagers et des équipements miniers, entre autres.

Le Secrétariat de la ZLECAF a élargi le champ des produits échangés dans le cadre de l'initiative pour inclure les champignons, les fleurs, les pesticides biologiques, le lait en poudre, l'huile de poisson, le thon congelé, les engrais minéraux et chimiques, les huiles essentielles, le moringa emballé, la bouillie de maïs enrichie, le miel, les beurres de noix, les confitures de fruits, le thé, le café, les produits à base de viande, les boissons, la farine et la semoule de maïs, les pâtes et le tissu.

La production de ces biens dans les pays participant à l'initiative GTI peut bénéficier de réductions tarifaires si elle respecte les règles d'origine spécifiques au produit dans le cadre de la ZLECAF.

### C. Les défis de mise en œuvre : harmonisation des législations commerciales et fiscales

L'un des défis majeurs de la Zone de Libre-Échange continentale africaine (ZLECAF) est l'harmonisation des législations commerciales et fiscales à travers un continent aussi diversifié que l'Afrique. La mise en œuvre de la ZLECAF nécessite des ajustements importants dans les politiques nationales des États membres afin de garantir une intégration économique cohérente et harmonieuse. Voici les principaux défis à relever dans ce domaine :

#### 1. Diversité des régimes fiscaux et douaniers : un défi pour l'intégration continentale

L'Afrique, riche de sa diversité culturelle et économique, est aussi marquée par une hétérogénéité significative en matière de politiques fiscales et douanières. Avec 55 pays ayant chacun leurs propres régimes fiscaux, leurs taux d'imposition et leurs pratiques douanières, l'harmonisation dans le cadre de la **Zone de Libre-Échange continentale africaine (ZLECAF)** se présente comme un défi aussi crucial
que complexe.

***Les disparités des taux de TVA et de droits de douane***

Chaque État africain applique des taux de TVA et des droits de douane distincts, façonnés par des priorités économiques nationales et des considérations de souveraineté. Ces disparités, bien qu'elles reflètent les réalités spécifiques de chaque pays, posent un obstacle majeur à la mise en place d'un cadre unifié pour le commerce intra-africain. Certains pays adoptent des droits de douane élevés sur des produits spécifiques pour protéger leurs industries locales naissantes, cherchant à préserver des secteurs jugés stratégiques. À l'inverse, d'autres, favorisant une politique d'ouverture commerciale, appliquent des tarifs plus bas pour stimuler les échanges et attirer des investissements étrangers. Cette diversité de pratiques rend le processus d'harmonisation particulièrement délicat, nécessitant un équilibre entre la préservation des intérêts nationaux et le respect des engagements collectifs pris dans le cadre de la ZLECAF[58].

---

[58] *Commerce intra-africain : potentiel et défis, BAD, 2022.*

***La complexité des systèmes fiscaux***

Au-delà des écarts en matière de droits de douane, de nombreux pays africains se distinguent par des systèmes fiscaux complexes et peu harmonisés. Ces architectures administratives souvent lourdes constituent un frein au commerce, en créant des coûts supplémentaires pour les entreprises et en décourageant les échanges transfrontaliers. Les différences dans les procédures fiscales et les exigences de conformité augmentent les délais et les coûts de transaction, affectant directement la compétitivité des entreprises africaines sur leur propre continent. Pour surmonter ces obstacles, l'harmonisation des systèmes fiscaux apparaît comme une impérieuse nécessité. Cela implique non seulement la simplification des régimes existants, mais aussi l'instauration de mécanismes standardisés pour faciliter les transactions et réduire les barrières administratives. Une telle réforme favoriserait la fluidité des échanges et renforcerait la cohérence économique entre les États membres.

***Une harmonisation complexe mais essentielle***

La diversité des régimes fiscaux et douaniers africains, bien qu'elle reflète la richesse et les spécificités des nations du continent, souligne l'urgence de construire un cadre harmonisé pour libérer le plein potentiel du commerce intra-africain. Le défi consiste à concilier les aspirations locales et les objectifs communs, en mettant en œuvre des solutions innovantes et adaptées aux réalités économiques variées des pays membres. L'effort d'harmonisation, s'il est mené avec pragmatisme et sensibilité aux besoins des différents acteurs, peut transformer cette diversité en une force, en créant un environnement où les échanges intra-africains prospèrent tout en respectant les spécificités nationales. La ZLECAF, en tant que cadre ambitieux et inclusif, offre une plate-forme unique pour relever ce défi et bâtir une économie continentale intégrée et dynamique[59].

**2. Le manque de coordination entre les communautés économiques régionales : un obstacle à l'intégration continentale**

L'Afrique, riche de sa mosaïque culturelle et économique, est également structurée autour de plusieurs **communautés économiques régionales (CER)**, telles que la **CEDEAO**, la **SADC**, la **CEEAC** ou encore la **COMESA**. Ces CER, créées pour renforcer l'intégration régionale et stimuler le développement économique, ont élaboré leurs

[59] *Commerce intra-africain : potentiel et défis, BAD, 2022.*

propres règles commerciales et fiscales. Si ces initiatives ont permis des avancées significatives au niveau régional, elles engendrent également des défis lorsqu'il s'agit d'intégrer ces sous-systèmes dans une dynamique continentale comme celle promue par la **Zone de Libre-Échange continentale africaine (ZLECAF)**.

***La superposition des accords régionaux : une complexité réglementaire***

Chaque CER a développé ses propres cadres réglementaires, notamment des accords de libre-échange et des politiques douanières spécifiques. Cette fragmentation complique l'harmonisation au niveau continental. Ainsi, les États membres de différentes CER doivent souvent jongler entre des obligations divergentes. Par exemple, un pays membre de la **CEDEAO** peut se retrouver confronté à des règles douanières ou commerciales distinctes de celles appliquées par la **SADC**. Cette superposition peut entraîner des conflits de législations, des incohérences dans l'application des politiques et, parfois, des barrières supplémentaires au commerce intra-africain. Ces divergences, bien qu'historiquement nécessaires pour répondre aux priorités régionales, entravent aujourd'hui la transition vers un cadre unifié sous l'égide de la ZLECAF[60].

***L'harmonisation des politiques régionales et continentales : un défi majeur***

Pour que la ZLECAF atteigne ses objectifs ambitieux, il est essentiel d'aligner les politiques des CER avec les orientations continentales. Cet effort d'harmonisation nécessite une coordination étroite entre les CER et le **Secrétariat de la ZLECAF**, afin de garantir une intégration fluide et cohérente. La compatibilité entre les cadres régionaux et la vision continentale repose sur plusieurs aspects : la simplification des règles commerciales, l'harmonisation des tarifs douaniers et la standardisation des normes techniques et fiscales. Une telle transition exige non seulement une volonté politique forte, mais également des mécanismes institutionnels efficaces pour surveiller et faciliter ce processus.

***Vers une transition harmonisée***

L'absence de coordination entre les CER et la ZLECAF illustre un défi classique de l'intégration économique multi-niveaux : comment passer d'une fragmentation régionale à une unité continentale sans

[60] *Commerce intra-africain : potentiel et défis, BAD, 2022.*

compromettre les acquis locaux ? Ce défi, bien que complexe, peut être relevé grâce à une coopération renforcée entre les CER et les organes continentaux. En encourageant un dialogue régulier, en partageant les meilleures pratiques et en alignant les priorités régionales sur les objectifs de la ZLECAF, l'Afrique peut transformer cette complexité en une opportunité pour une intégration plus solide et plus durable.

La réussite de ce processus d'harmonisation sera cruciale pour garantir que la ZLECAF ne soit pas simplement un accord commercial, mais un véritable moteur de transformation économique pour tout le continent.

### 3. Résistance des États à l'harmonisation : entre souveraineté et intégration

L'harmonisation des politiques commerciales et fiscales dans le cadre de la **Zone de Libre-Échange continentale africaine (ZLECAF)** se heurte parfois à la résistance de certains États africains. Cette réticence, bien que justifiable dans une perspective nationale, traduit un conflit latent entre les impératifs de souveraineté économique et les ambitions d'intégration continentale.

#### *La protection des industries locales : une priorité nationale*

Pour de nombreux pays, les industries locales émergentes constituent des piliers stratégiques du développement économique. Ces industries, souvent encore fragiles, nécessitent une protection temporaire face à la concurrence extérieure, même si celle-ci provient d'autres pays africains. Ainsi, certains États maintiennent des droits de douane élevés sur des produits spécifiques afin de préserver leurs entreprises locales des pressions concurrentielles. Bien que cette approche puisse favoriser la croissance économique à court terme au niveau national, elle est en contradiction avec les principes de la ZLECAF, qui prône la réduction progressive des barrières tarifaires pour stimuler le commerce intra-africain. Ce dilemme illustre les tensions entre les intérêts immédiats des nations et les bénéfices à long terme d'une intégration régionale approfondie[61].

[61] *Commerce intra-africain : potentiel et défis, BAD, 2022.*

***La compétition fiscale : un instrument de souveraineté économique***

De nombreux gouvernements africains ont recours à des politiques fiscales avantageuses, telles que des exonérations d'impôts ou des réductions tarifaires, pour attirer les investissements étrangers directs (IDE). Ces incitations fiscales sont perçues comme des leviers essentiels pour stimuler l'économie locale, attirer des capitaux et renforcer les secteurs stratégiques. Cependant, l'harmonisation des législations fiscales, requise pour assurer une cohérence dans le cadre de la ZLECAF, pourrait restreindre cette flexibilité. Les États craignent que la normalisation des politiques fiscales n'érode leur capacité à offrir des avantages compétitifs, ce qui pourrait dissuader les investisseurs étrangers et affecter leur développement économique. Cette appréhension freine leur adhésion totale aux processus d'harmonisation.

***Un équilibre entre intérêts nationaux et ambitions régionales***

La résistance des États à l'harmonisation reflète les défis inhérents à l'intégration économique continentale. Si la protection des industries locales et la compétition fiscale sont des préoccupations légitimes, elles ne doivent pas compromettre les objectifs collectifs de la ZLECAF. Pour surmonter ces obstacles, il est crucial de mettre en place des mécanismes qui garantissent une transition équitable. Par exemple, des périodes d'ajustement différenciées, des fonds de compensation pour soutenir les économies les plus vulnérables, et des stratégies régionales d'accompagnement peuvent aider les États à mieux concilier leurs priorités nationales avec les exigences de l'intégration continentale. En trouvant un équilibre subtil entre souveraineté et coopération, l'Afrique pourra transformer ces résistances en opportunités, renforçant ainsi la solidité et l'efficacité de la ZLECAF comme moteur de croissance et de prospérité partagées.

**4. Défis d'infrastructures et de capacité institutionnelle : un frein à l'harmonisation**

La mise en œuvre efficace de la **Zone de Libre-Échange continentale africaine (ZLECAF)** repose sur des institutions nationales et régionales solides, capables d'appliquer les réformes nécessaires à l'harmonisation des régulations fiscales et commerciales. Cependant, cette ambition se heurte à des contraintes structurelles et institutionnelles significatives dans de nombreux pays africains. Ces défis, liés à des capacités administratives limitées et à des infrastructures informatiques insuffisantes, ralentissent le processus d'intégration économique continentale.

### *Capacités administratives : un outil essentiel mais insuffisant*

Dans de nombreux États membres, les administrations fiscales et douanières, souvent sous-équipées, peinent à relever les exigences de la ZLECAF. Les ressources humaines et financières, essentielles à la modernisation des systèmes administratifs, font cruellement défaut. Ces limitations freinent la standardisation des processus douaniers et fiscaux, pourtant cruciale pour garantir une cohérence régionale. Par exemple, des écarts dans les méthodes d'évaluation des marchandises ou dans les systèmes de collecte fiscale peuvent créer des disparités et compromettre les engagements pris dans le cadre de la ZLECAF. La lenteur administrative et l'incapacité à suivre les réformes nécessaires amplifient le risque de fragmentation, sapant ainsi les objectifs d'unification économique.

### *L'insuffisance des infrastructures numériques : un handicap pour l'harmonisation*

L'ère numérique offre des outils puissants pour simplifier et standardiser les processus liés au commerce et à la fiscalité. Cependant, un grand nombre de pays africains manquent d'infrastructures informatiques modernes pour soutenir les réformes nécessaires. L'harmonisation requiert des systèmes informatiques compatibles et interconnectés, capables de suivre et de réguler les flux commerciaux et fiscaux à l'échelle continentale. Par exemple, des bases de données communes, des plateformes de gestion électronique des douanes, ou encore des outils numériques pour la collecte et le partage d'informations entre États sont indispensables pour garantir une transparence et une efficacité accrues. Cependant, l'absence de ces outils entrave la mise en œuvre des mesures nécessaires et alourdit les coûts opérationnels pour les entreprises et les gouvernements.

### *Vers une solution durable : renforcer les capacités et moderniser les infrastructures*

Pour surmonter ces défis, une approche coordonnée et proactive est indispensable. Les États membres, avec le soutien des institutions régionales et des partenaires internationaux, doivent investir dans le renforcement des capacités institutionnelles et la modernisation des infrastructures numériques. Cela pourrait inclure :

- **La formation et le développement des compétences administratives** pour doter les agents fiscaux et douaniers des connaissances nécessaires à la gestion des réformes.
- **La création de fonds de soutien régionaux** pour financer la mise à niveau des infrastructures technologiques dans les pays les plus vulnérables.
- **L'adoption de solutions numériques intégrées**, comme des guichets uniques électroniques ou des plateformes interconnectées, pour réduire les délais, simplifier les procédures, et garantir la compatibilité des systèmes à l'échelle continentale.

En relevant ces défis, la ZLECAF pourra non seulement accélérer son processus d'harmonisation, mais également renforcer la compétitivité et l'attractivité économique de l'ensemble du continent. Une fois ces barrières institutionnelles et technologiques surmontées, l'Afrique sera mieux positionnée pour réaliser les promesses d'intégration économique et de prospérité partagée.

## 5. Harmonisation des règles d'origine et des normes commerciales : un défi crucial pour l'intégration économique

L'harmonisation des règles d'origine et des normes commerciales constitue un pilier central de la **Zone de Libre-Échange continentale africaine (ZLECAF)**. Ces deux éléments, bien que techniques, sont essentiels pour garantir la fluidité des échanges intra-africains et pour maximiser les bénéfices de l'intégration économique. Cependant, leur complexité et les disparités entre les États membres en font un défi majeur à relever.

### *Complexité des règles d'origine : vers une définition commune*

Les règles d'origine déterminent si un produit peut être considéré comme "d'origine africaine" et, par conséquent, bénéficier des avantages tarifaires prévus par la ZLECAF. Elles constituent un instrument clé pour promouvoir la production locale et éviter que des produits étrangers ne transitent simplement par un État africain pour profiter des préférences commerciales.

Cependant, les critères d'origine varient largement d'un pays à l'autre, reflétant les spécificités économiques de chaque nation. Par exemple, certains États exigent un seuil élevé de valeur ajoutée locale pour qu'un produit soit éligible, tandis que d'autres adoptent des seuils plus modestes pour inclure un plus large éventail de produits. Cette diversité complique l'établissement d'une norme continentale, car elle nécessite un équilibre délicat entre la protection des industries locales et la promotion d'un commerce plus ouvert.

Parvenir à un accord sur ces règles implique de surmonter des divergences économiques et politiques. Une approche consensuelle et flexible pourrait inclure l'adoption de critères différenciés selon les secteurs industriels ou les catégories de produits, permettant ainsi aux pays de s'adapter progressivement à des normes harmonisées tout en protégeant leurs intérêts économiques stratégiques.

***Normes et régulations techniques : un obstacle invisible mais puissant***

Les normes techniques et sanitaires, bien qu'essentielles pour garantir la qualité des produits et protéger les consommateurs, représentent un obstacle non tarifaire majeur au commerce. Chaque pays établit ses propres exigences, qu'il s'agisse de critères sanitaires pour les denrées alimentaires, de standards pour les produits pharmaceutiques ou de spécifications techniques pour les biens manufacturés. Ces disparités créent une mosaïque réglementaire complexe qui freine les échanges commerciaux.

Pour les entreprises, ces divergences se traduisent par des coûts supplémentaires liés à la conformité et par des retards dans l'accès aux marchés. Par exemple, un produit conforme aux normes d'un pays pourrait nécessiter des ajustements ou des certifications supplémentaires pour être accepté dans un autre, limitant ainsi sa compétitivité et sa rentabilité.

L'harmonisation de ces normes à l'échelle continentale est donc essentielle pour réduire ces barrières. Toutefois, ce processus doit tenir compte des spécificités locales afin de ne pas imposer des exigences uniformes qui pourraient désavantager certains pays. Une coopération renforcée entre les agences nationales de normalisation, accompagnée d'un soutien technique et financier pour les pays les moins avancés, est indispensable pour réussir cette harmonisation.

***Un défi, mais une opportunité pour l'Afrique***

L'harmonisation des règles d'origine et des normes commerciales ne se limite pas à surmonter des obstacles techniques ; elle offre également une opportunité de renforcer la compétitivité des produits africains sur les marchés régionaux et internationaux. En établissant des standards communs et en simplifiant les exigences de conformité, la ZLECAF peut encourager les entreprises africaines à s'intégrer plus facilement dans les chaînes de valeur régionales, à améliorer la qualité de leurs produits, et à conquérir de nouveaux marchés.

En définitive, bien que complexe, cette harmonisation est une étape essentielle pour transformer la vision de la ZLECAF en une réalité tangible. Elle exige une volonté politique forte, un engagement technique soutenu, et une coopération active entre les États membres. En surmontant ces défis, l'Afrique peut poser les bases d'un commerce intra-continental dynamique et compétitif, moteur de sa transformation économique.

### 6. Coopération pour une fiscalité transfrontalière harmonisée : un pilier essentiel de l'intégration économique africaine

Dans le contexte de l'expansion des échanges commerciaux et des investissements intra-africains, la fiscalité transfrontalière émerge comme un enjeu crucial pour la **Zone de Libre-Échange continentale africaine (ZLECAF)**. La coopération entre les États membres en matière fiscale est indispensable pour résoudre les défis complexes de la double imposition, de l'évasion fiscale et de la taxation des entreprises multinationales africaines. Une harmonisation fiscale efficace constitue non seulement un instrument de justice économique, mais également un levier pour consolider l'intégration économique continentale.

#### *La double imposition : vers une fiscalité équitable et cohérente*

Un des obstacles majeurs au commerce transfrontalier et aux investissements intra-africains est le risque de double imposition. Les entreprises opérant dans plusieurs pays africains se heurtent souvent à des régimes fiscaux distincts, qui peuvent entraîner une taxation multiple sur les mêmes revenus. Cette situation décourage les investissements et freine la compétitivité des entreprises africaines.

Pour surmonter cet écueil, il est impératif de négocier et de mettre en œuvre des **accords bilatéraux ou multilatéraux visant à éviter la double imposition**. Ces accords permettraient de clarifier les obligations fiscales des entreprises et de prévenir les conflits entre administrations fiscales nationales. Cependant, parvenir à un tel cadre harmonisé exige une coordination complexe entre les États membres, impliquant des discussions approfondies sur les principes d'allocation des revenus et les méthodes de crédit d'impôt.

En outre, un cadre fiscal harmonisé renforcerait la transparence et offrirait une plus grande prévisibilité aux entreprises. Cela pourrait attirer davantage d'investissements directs étrangers (IDE) et encourager les entreprises africaines à élargir leurs opérations à travers le continent.

***La lutte contre l'évasion fiscale : préserver les ressources nationales***

L'évasion fiscale transfrontalière constitue une autre problématique majeure pour les économies africaines. Les flux financiers illicites, souvent orchestrés par des entreprises multinationales ou des acteurs économiques informels, privent les États de revenus essentiels pour le financement du développement. Ces pratiques, qui exploitent les disparités fiscales entre pays, affaiblissent la capacité des gouvernements à investir dans les infrastructures, l'éducation et la santé.

Dans ce contexte, la ZLECAF doit jouer un rôle moteur en encourageant une coopération renforcée entre les administrations fiscales nationales. Cette coopération pourrait inclure :

- **L'échange automatique d'informations fiscales**, permettant aux autorités de suivre les flux financiers et de détecter les pratiques d'évasion fiscale.
- **La mise en place de cadres régionaux pour le contrôle des prix de transfert**, afin de garantir que les entreprises multinationales ne déplacent pas artificiellement leurs bénéfices vers des juridictions à faible fiscalité.
- **Des initiatives conjointes de lutte contre les paradis fiscaux**, renforçant ainsi la transparence et l'équité fiscale au sein du continent.

***Un défi de taille, mais une opportunité pour l'Afrique***

L'harmonisation des régimes fiscaux entre les États membres de la ZLECAF n'est pas sans défis. Elle nécessite une volonté politique forte, des capacités institutionnelles renforcées, et un compromis entre les besoins de souveraineté fiscale et les objectifs d'intégration économique. Les disparités économiques entre les pays, ainsi que la dépendance de certains États à des politiques fiscales incitatives pour attirer les investissements, compliquent davantage ce processus.

Cependant, une harmonisation fiscale efficace offre des avantages significatifs. Elle faciliterait le commerce intra-africain en réduisant les barrières fiscales, améliorerait la compétitivité des entreprises africaines, et renforcerait les recettes fiscales des États. De plus, en créant un environnement fiscal stable et prévisible, l'Afrique deviendrait une destination plus attractive pour les investissements étrangers[62].

[62] *Commerce intra-africain : potentiel et défis, BAD, 2022.*

### *Vers une fiscalité au service de l'intégration continentale*

La coopération fiscale transfrontalière, bien qu'exigeante, est un élément clé pour maximiser le potentiel de la ZLECAF. En adoptant des politiques fiscales compatibles et équitables, les États membres peuvent non seulement réduire les obstacles au commerce et aux investissements, mais également renforcer leur résilience économique face aux défis mondiaux. Ce faisant, l'Afrique poserait les bases d'une croissance durable, inclusive et prospère, à la hauteur des ambitions de son intégration économique.

# CHAPITRE 2

## La dimension politique et stratégique de la ZLECAF

### A. Le rôle des États membres et des institutions africaines

La réussite de la Zone de Libre-Échange continentale africaine (ZLECAF) repose sur une coopération étroite entre les États membres et les principales institutions africaines, qui jouent un rôle crucial dans la conception, la mise en œuvre et le suivi de cet ambitieux projet d'intégration économique. Les États membres, en partenariat avec des institutions telles que l'Union africaine (UA), la Commission économique pour l'Afrique (CEA), la Banque africaine de Développement (BAD), et les Communautés économiques régionales (CER), sont les principaux acteurs de la ZLECAF. Voici un aperçu du rôle de chacun dans ce processus.

#### 1. Le rôle fondamental des Etats membres dans la mise en œuvre de la ZLECAF

Les États membres de la Zone de Libre-Échange continentale africaine (ZLECAF) constituent les piliers de sa concrétisation. Leur engagement et leur action au niveau national sont indispensables pour transformer l'ambition continentale en une réalité tangible. En tant que premiers responsables de l'adoption et de la mise en œuvre des réformes, les États membres assument un rôle central dans l'intégration économique de l'Afrique. Voici les principales responsabilités qui leur incombent.

***Ratification et application des accords : un engagement juridique et politique***

La ratification des protocoles et des accords négociés dans le cadre de la ZLECAF est une étape cruciale pour garantir l'adhésion des États membres aux principes et obligations qu'elle impose. Cet acte juridique scelle l'engagement des pays à réduire les barrières tarifaires et non tarifaires, tout en ouvrant la voie à une intégration harmonieuse. Toutefois, la ratification seule ne suffit pas. Chaque État membre doit intégrer ces dispositions dans son cadre législatif national et veiller à leur mise en œuvre effective. Ce processus exige des réformes parfois complexes, mais il est essentiel pour assurer l'efficacité de la ZLECAF sur le terrain.

### *Harmonisation des politiques commerciales et fiscales : une nécessité stratégique*

L'un des défis majeurs pour les États membres réside dans l'harmonisation de leurs politiques commerciales et fiscales avec les objectifs de la ZLECAF. Cela implique une révision en profondeur des législations nationales relatives aux douanes, à la fiscalité, ainsi qu'aux normes sanitaires et phytosanitaires. Une telle harmonisation vise à simplifier et à fluidifier les échanges transfrontaliers tout en garantissant une concurrence équitable. Elle est également cruciale pour éviter les chevauchements et les incohérences qui pourraient freiner l'intégration économique.

***Promotion du*** commerce et des investissements intra-africains : un cadre propice au développement

Les gouvernements des États membres jouent un rôle clé dans la création d'un environnement favorable au commerce et aux investissements intra-africains. En instaurant des cadres réglementaires adaptés, ils permettent aux entreprises locales de tirer pleinement parti des opportunités offertes par la ZLECAF. Cela inclut le soutien au secteur privé, en particulier aux petites et moyennes entreprises (PME), qui représentent l'épine dorsale des économies africaines. En facilitant leur accès aux marchés régionaux et continentaux, les États membres contribuent à dynamiser les échanges commerciaux et à renforcer l'intégration économique.

### *Renforcement des infrastructures : une base matérielle pour l'intégration*

Pour que la ZLECAF atteigne son plein potentiel, les États membres doivent investir dans des infrastructures modernes et efficaces. Routes, ports, chemins de fer et réseaux numériques sont autant de leviers indispensables pour réduire les coûts de transaction et améliorer la connectivité entre les pays. Ces infrastructures ne se limitent pas à des projets nationaux : elles doivent s'inscrire dans une vision régionale et continentale pour soutenir la circulation fluide des biens, des services et des personnes à travers l'Afrique. Ces investissements, bien qu'onéreux, sont essentiels pour renforcer la compétitivité des économies africaines et favoriser leur intégration au marché mondial.

En somme, le rôle des États membres dans la ZLECAF est déterminant. Par leur engagement, leur capacité à harmoniser les politiques nationales, et leurs efforts pour développer des infrastructures et soutenir le commerce intra-africain, ils façonnent l'avenir économique du continent. Leur réussite collective conditionne le succès de cet ambitieux projet d'intégration qui, au-delà des frontières, porte l'espoir d'une Afrique économiquement unie et prospère[63].

### 2. Le rôle central de l'Union africaine dans la mise en œuvre de la ZLECAF

L'Union africaine (UA) se positionne comme l'épicentre de la gouvernance politique et économique du continent africain. C'est sous son impulsion que la Zone de Libre-Échange continentale africaine (ZLECAF) a vu le jour et continue d'évoluer. En tant que catalyseur et garant de ce projet ambitieux, l'UA joue un rôle fondamental dans la coordination, la supervision et la promotion de l'accord, contribuant ainsi à l'intégration économique de l'Afrique.

#### *Supervision et coordination : une mission de gouvernance continentale*

À travers ses structures, notamment la Conférence des chefs d'État et de gouvernement et le Conseil exécutif, l'Union africaine s'emploie à superviser et à coordonner la mise en œuvre de la ZLECAF. Ces organes agissent comme des plateformes politiques où les États membres se réunissent pour débattre des stratégies à adopter et des politiques économiques à harmoniser. L'UA s'assure ainsi que les engagements pris dans le cadre de la ZLECAF soient appliqués de manière cohérente et concertée à travers le continent. Ce rôle de supervision permet de renforcer la crédibilité de l'accord tout en garantissant une gouvernance transparente et inclusive.

#### *Soutien institutionnel et technique : un pilier pour les États membres*

L'Union africaine, par l'entremise de ses agences spécialisées, joue un rôle de soutien essentiel en offrant une assistance technique et institutionnelle aux États membres. Ce soutien se traduit par l'accompagnement dans les négociations commerciales, la mise en œuvre des réformes économiques et l'harmonisation des politiques nationales avec les objectifs continentaux. L'UA élabore également des

[63] *Commerce intra-africain : potentiel et défis, BAD, 2022.*

programmes pour renforcer les capacités institutionnelles des administrations publiques, facilitant ainsi leur adaptation aux exigences de la ZLECAF. En offrant ces ressources, l'Union africaine veille à ce que tous les États membres, indépendamment de leur niveau de développement, soient équipés pour participer activement à l'intégration économique.

***Promotion de l'intégration régionale et continentale : une vision unifiée***

Un des objectifs clés de l'Union africaine est de s'assurer que les Communautés économiques régionales (CER), telles que la CEDEAO, la SADC ou le COMESA, s'intègrent harmonieusement dans le cadre de la ZLECAF. Ces communautés régionales constituent les blocs de construction de l'intégration continentale. En veillant à ce que les politiques et les initiatives régionales s'alignent avec les objectifs de la ZLECAF, l'UA favorise une transition fluide vers la création d'un marché unique africain. Cette vision unifiée permet de maximiser les synergies entre les régions et d'éviter les chevauchements ou les conflits de compétence qui pourraient freiner l'intégration économique.

Par son leadership, son soutien technique et son rôle de supervision, l'Union africaine s'impose comme l'architecte et le gardien de la ZLECAF. Son engagement indéfectible à promouvoir une intégration régionale cohérente et à soutenir les États membres dans leurs efforts de mise en œuvre illustre sa détermination à transformer le continent africain en un acteur économique majeur sur la scène mondiale. L'UA incarne ainsi l'espoir d'une Afrique unie, prospère et compétitive, où chaque État membre trouve sa place dans un marché continental intégré.

### 3. Le rôle essentiel de la Commission économique pour l'Afrique (CEA) dans la mise en œuvre de la ZLECAF

La Commission économique pour l'Afrique (CEA), une des principales agences des Nations Unies, joue un rôle déterminant dans l'accompagnement technique et stratégique de la Zone de Libre-Échange continentale africaine (ZLECAF). Forte de son expertise en recherche économique et en analyse politique, la CEA se positionne comme un partenaire incontournable pour les gouvernements africains, les aidant à exploiter pleinement le potentiel de cette initiative historique.

***Recherche et analyse économique : des données pour des décisions éclairées***

La CEA excelle dans la conduite d'études approfondies sur l'impact économique potentiel de la ZLECAF. Ses analyses détaillées permettent d'identifier les secteurs clés où les États membres peuvent maximiser les retombées positives de la libéralisation commerciale. Ces travaux incluent des prévisions sur les flux commerciaux, les opportunités d'industrialisation et les bénéfices attendus d'une intégration régionale accrue. En fournissant des données fiables et des recommandations stratégiques, la CEA offre aux décideurs africains des outils essentiels pour élaborer des politiques fondées sur des bases solides. Elle aide également à anticiper et à atténuer les effets négatifs potentiels de la transition vers un marché unifié, en proposant des solutions adaptées aux réalités nationales.

***Renforcement des capacités institutionnelles : un soutien concret aux États membres***

La CEA joue également un rôle clé dans le renforcement des capacités institutionnelles des États membres et des organes continentaux. Elle organise des formations, des ateliers pratiques et met à disposition des outils technologiques pour accompagner les administrations publiques dans leur modernisation. Ces initiatives visent à améliorer les systèmes douaniers et fiscaux, à renforcer la compétitivité des économies africaines, et à assurer le respect des engagements pris dans le cadre de la ZLECAF. En soutenant l'instauration d'institutions robustes et compétentes, la CEA contribue à créer un environnement propice à la mise en œuvre efficace de la zone de libre-échange.

***Promotion du commerce intra-africain : une vision de développement régional***

En tant qu'institution de conseil, la CEA milite activement pour des politiques favorisant le commerce intra-africain, qui reste sous-exploité malgré son potentiel immense. Elle collabore avec les États membres pour identifier et lever les obstacles entravant la circulation des biens et des services sur le continent. Ses recommandations stratégiques incluent la simplification des procédures douanières, l'harmonisation des normes techniques et la réduction des barrières non tarifaires. En promouvant des réformes structurantes, la CEA vise à dynamiser les échanges régionaux et à renforcer les liens économiques entre les pays africains[64].

---

[64] *Commerce intra-africain : potentiel et défis, BAD, 2022.*

Par son expertise technique, ses analyses éclairées et son engagement à soutenir les institutions africaines, la CEA se révèle comme un acteur indispensable dans la mise en œuvre de la ZLECAF. Elle ne se contente pas d'accompagner les gouvernements dans leurs efforts d'intégration économique, mais elle les guide également vers une exploitation optimale des opportunités offertes par cette initiative. Grâce à son action, la ZLECAF peut non seulement transformer le commerce intra-africain, mais aussi devenir un moteur de croissance économique durable pour tout le continent[65].

## 4. Le Rôle central des Communautés économiques régionales (CER) dans l'intégration continentale

Les Communautés économiques régionales (CER) occupent une place stratégique dans la dynamique de l'intégration économique africaine. Structures fondamentales de coopération et de développement régional, des organisations comme la CEDEAO (Communauté Économique des États de l'Afrique de l'Ouest), la SADC (Communauté de Développement de l'Afrique Australe), la CEEAC (Communauté Économique des États de l'Afrique Centrale), et la COMESA (Marché Commun de l'Afrique orientale et australe) agissent comme des piliers pour la mise en œuvre des ambitions continentales de la ZLECAF. Leur rôle est essentiel pour harmoniser les initiatives régionales et continentales, et pour transformer les aspirations économiques africaines en réalité concrète.

### *Facilitation de l'intégration régionale*

Depuis plusieurs décennies, les CER ont établi des zones de libre-échange dans leurs régions respectives, en développant des cadres commerciaux harmonisés adaptés aux spécificités locales. Ces blocs régionaux ont permis de poser les bases d'une coopération économique et commerciale renforcée entre les États membres. Cependant, avec la mise en place de la ZLECAF, leur mission s'élargit. Les CER doivent désormais aligner leurs initiatives sur les objectifs plus vastes de la zone de libre-échange continentale, afin d'assurer une transition harmonieuse vers un marché continental intégré. Ce processus requiert une synergie accrue entre les niveaux régional et continental pour éviter les chevauchements et garantir une complémentarité efficace.

[65] *Commerce intra-africain : potentiel et défis, BAD, 2022.*

***Coordination des politiques commerciales***

Les CER jouent également un rôle crucial dans la coordination des politiques commerciales entre les États membres. En tant qu'intermédiaires, elles œuvrent à l'harmonisation des politiques douanières, des normes sanitaires et phytosanitaires, ainsi que des régulations en matière de concurrence. Cette harmonisation est fondamentale pour éliminer les obstacles au commerce intra-africain et pour assurer la fluidité des échanges commerciaux sur tout le continent. Par exemple, en alignant les tarifs douaniers ou en adoptant des protocoles communs pour les contrôles sanitaires, les CER facilitent l'intégration des économies régionales dans le cadre de la ZLECAF, tout en renforçant la compétitivité des produits africains[66].

***Soutien technique et institutionnel***

En tant qu'acteurs régionaux, les CER apportent un soutien indispensable à la mise en œuvre de la ZLECAF. Ce soutien se traduit par des initiatives techniques et institutionnelles qui permettent aux États membres d'adopter et de respecter les dispositions de la ZLECAF. Elles interviennent notamment pour résoudre les différends commerciaux régionaux, ce qui contribue à maintenir un climat de coopération entre les parties prenantes. Par ailleurs, les CER veillent à ce que les priorités régionales restent cohérentes avec les objectifs continentaux, réduisant ainsi les risques de fragmentation et renforçant l'efficacité globale de l'intégration économique africaine.

Les CER constituent un maillon essentiel de l'architecture institutionnelle africaine. Par leur action coordonnée, elles garantissent que l'intégration régionale serve de tremplin vers l'intégration continentale. En alignant leurs politiques avec celles de la ZLECAF, en harmonisant les pratiques commerciales et en apportant un soutien technique aux États membres, elles contribuent activement à la construction d'une Afrique économiquement unifiée et compétitive sur la scène mondiale. Leur rôle, à la croisée des initiatives régionales et continentales, sera déterminant pour faire de la ZLECAF une réussite transformatrice pour tout le continent.

---

[66] *Commerce intra-africain : potentiel et défis, BAD, 2022.*

## 5. Le rôle stratégique de la Banque africaine de Développement (BAD) dans la mise en œuvre de la ZLECAF

La Banque africaine de Développement (BAD) s'affirme comme un acteur indispensable au succès de la Zone de Libre-Échange continentale Africaine (ZLECAF), en mettant à disposition ses ressources financières et son expertise technique. Son rôle dépasse celui d'un simple bailleur de fonds : elle agit en véritable catalyseur des réformes structurelles et des initiatives visant à renforcer l'intégration économique du continent. À travers des investissements ciblés et des programmes de soutien, la BAD contribue à poser les fondations d'une Afrique plus connectée, compétitive et prospère.

***Financement des infrastructures stratégiques***

Le développement d'infrastructures robustes et interconnectées est l'un des prérequis essentiels pour la réussite de la ZLECAF. Consciente de cet impératif, la BAD s'engage massivement dans le financement de projets stratégiques tels que la construction de routes, de chemins de fer, de ports et de réseaux numériques. Ces infrastructures jouent un rôle vital en réduisant les coûts logistiques et en facilitant la circulation des biens, des services et des personnes entre les États membres. Par exemple, un réseau ferroviaire transfrontalier efficace peut transformer des corridors commerciaux, rendant les échanges plus rapides et moins coûteux, tout en favorisant le développement des zones enclavées. Ainsi, les investissements de la BAD ne se contentent pas de répondre aux besoins actuels : ils préparent le terrain pour une intégration économique pérenne et durable.

***Soutien au secteur privé et développement des PME***

La BAD ne se limite pas au financement des infrastructures physiques ; elle agit également pour dynamiser le tissu économique local. En collaboration avec les gouvernements africains et le secteur privé, elle déploie des programmes qui visent à améliorer l'environnement des affaires sur le continent. Une attention particulière est accordée aux petites et moyennes entreprises (PME), qui représentent une part essentielle de l'économie africaine. Ces entreprises, souvent confrontées à des contraintes financières et techniques, bénéficient de l'appui de la BAD pour renforcer leurs capacités, moderniser leurs outils de production et accéder aux marchés créés par la ZLECAF. En aidant les PME à s'adapter aux nouvelles dynamiques commerciales, la BAD leur permet de jouer pleinement leur rôle de moteurs de la croissance économique et de l'emploi.

*Une approche collaborative et complémentaire*

La réussite de la ZLECAF repose sur une coopération harmonieuse entre les différentes institutions africaines, les gouvernements nationaux et les partenaires au développement. Dans ce cadre, la BAD s'intègre parfaitement à un réseau d'acteurs composé de la Commission de l'Union africaine (UA), des Communautés économiques régionales (CER) et de la Commission économique pour l'Afrique (CEA). Chacune de ces entités apporte des compétences complémentaires, qu'il s'agisse de supervision politique, d'harmonisation réglementaire ou de soutien technique. La BAD, en tant que partenaire financier et technique, joue un rôle pivot en catalysant les efforts conjoints et en veillant à ce que les ressources soient utilisées de manière optimale pour atteindre les objectifs ambitieux de la ZLECAF.

La Banque africaine de Développement se positionne comme un acteur incontournable de l'intégration économique africaine. Par son financement des infrastructures stratégiques, son soutien au secteur privé et sa collaboration avec les autres institutions africaines, elle contribue à transformer la vision de la ZLECAF en réalité. En renforçant la connectivité, en dynamisant les entreprises locales et en favorisant la coopération continentale, la BAD pave la voie pour une Afrique unifiée, résiliente et compétitive sur la scène mondiale.

### B. La ZLECAF comme outil de renforcement de la souveraineté économique

La Zone de Libre-Échange continentale africaine (ZLECAF) est bien plus qu'un accord commercial ; elle représente un levier stratégique pour renforcer la souveraineté économique du continent africain. La ZLECAF permet aux pays africains de reprendre le contrôle de leur développement économique en réduisant leur dépendance aux marchés extérieurs, en stimulant le commerce intra-africain, et en renforçant la production locale. Voici comment la ZLECAF sert d'outil pour promouvoir la souveraineté économique de l'Afrique[67].

#### 1. Réduction de la dépendance aux marchés extérieurs : vers une souveraineté économique renforcée

Depuis des décennies, l'économie africaine repose lourdement sur les marchés étrangers, principalement pour l'exportation de matières premières non transformées et l'importation de produits manufacturés.

[67] *Commerce intra-africain : potentiel et défis, BAD, 2022.*

Cette dépendance chronique fragilise les économies du continent, les exposant aux aléas des fluctuations des prix mondiaux et aux crises économiques internationales. Face à ces défis structurels, la Zone de Libre-Échange continentale africaine (ZLECAF) se présente comme une réponse ambitieuse et stratégique pour renforcer l'autonomie économique de l'Afrique.

***Diversification des partenaires commerciaux***

L'un des principaux atouts de la ZLECAF réside dans son potentiel à diversifier les partenaires commerciaux des pays africains. En réduisant progressivement les droits de douane et les barrières non tarifaires, cet accord ouvre la voie à une intensification des échanges intra-africains. Désormais, les économies africaines peuvent se tourner davantage vers leurs voisins continentaux pour échanger biens et services, diminuant ainsi leur dépendance vis-à-vis des marchés extérieurs.

Cette diversification contribue à renforcer la résilience des économies africaines face aux chocs externes. En multipliant les débouchés commerciaux au sein du continent, la ZLECAF crée un cadre propice à une croissance plus inclusive et endogène. Les produits africains, autrefois cantonnés à des marchés limités ou exportés sans valeur ajoutée, trouvent de nouvelles opportunités sur un marché intégré, permettant aux entreprises locales d'étendre leurs activités tout en stimulant les économies nationales.

***Création de chaînes de valeur régionale et continentales***

La ZLECAF favorise également l'émergence de chaînes de valeur continentales, transformant ainsi la dynamique économique du continent. Les matières premières, abondantes en Afrique, peuvent désormais être transformées localement avant d'être exportées ou commercialisées sur les marchés africains. Ce processus de transformation ajoute de la valeur aux produits et stimule le développement des industries locales.

En intégrant les différentes étapes de production au sein du continent, la ZLECAF encourage la coopération industrielle entre les États membres. Par exemple, un pays producteur de cacao peut collaborer avec un autre disposant d'infrastructures pour transformer cette ressource en produits finis tels que le chocolat, destinés à être vendus sur les marchés africains et internationaux. Cette approche collaborative renforce non seulement les capacités industrielles locales, mais elle réduit également la dépendance aux importations de produits manufacturés, tout en générant des emplois qualifiés et en dynamisant l'économie.

En diversifiant les partenariats commerciaux et en favorisant la création de chaînes de valeur locales, la ZLECAF offre une opportunité sans précédent pour réduire la dépendance de l'Afrique aux marchés étrangers. Elle contribue à poser les bases d'une souveraineté économique renforcée, où les richesses naturelles du continent sont exploitées et transformées localement au bénéfice des populations africaines. Cette stratégie s'inscrit dans une vision ambitieuse d'un continent plus résilient, autonome et compétitif sur la scène mondiale.

**2. Développement de l'industrialisation et de la production locale : un pilier de la souveraineté économique**

L'un des fondements essentiels de la souveraineté économique réside dans la capacité d'un pays à produire localement les biens et services nécessaires à ses besoins. Aujourd'hui, une large partie des nations africaines repose encore sur des importations massives pour combler leur demande en produits manufacturés, laissant le continent dépendant des marchés extérieurs. La Zone de Libre-Échange continentale africaine (ZLECAF) se présente comme un levier pour inverser cette tendance, en stimulant l'industrialisation locale et en valorisant la production domestique.

***Industrialisation et transformation locale : créer de la valeur sur le continent***

La ZLECAF place l'industrialisation au cœur de sa stratégie pour transformer la structure économique du continent. En encourageant les pays africains à transformer leurs matières premières localement, elle ambitionne de mettre fin à une dépendance historique à l'exportation brute de ressources naturelles telles que le cacao, le pétrole ou le coton. Ces ressources, souvent expédiées à l'état brut vers des marchés étrangers, pourraient être transformées sur place pour créer des produits à forte valeur ajoutée.

Par exemple, au lieu d'exporter simplement des fèves de cacao, un pays africain pourrait développer des industries locales pour produire du chocolat destiné à la consommation intérieure et à l'exportation. Ce processus de transformation génère plusieurs avantages : il réduit la dépendance vis-à-vis des importations de produits manufacturés, stimule la création d'emplois locaux qualifiés, et renforce l'autonomie économique des États. En outre, cette approche favorise la diversification économique, un enjeu clé pour les économies africaines trop souvent centrées sur un nombre limité de secteurs.

### *Encouragement des PME et de l'entrepreneuriat : une dynamique locale inclusive*

La ZLECAF ne se limite pas aux grandes entreprises et aux multinationales. Elle s'adresse également aux petites et moyennes entreprises (PME), qui constituent l'épine dorsale des économies africaines. En facilitant l'accès des PME aux marchés continentaux, elle ouvre des perspectives inédites pour ces acteurs souvent marginalisés dans le commerce international.

Les PME, par leur capacité à innover et à répondre rapidement aux besoins locaux, sont des moteurs puissants de création d'emplois et de richesse. En intégrant les PME dans les chaînes de valeur régionales et continentales, la ZLECAF encourage l'entrepreneuriat et le développement d'un tissu économique diversifié. Ce soutien renforce l'économie locale tout en limitant la dépendance des pays africains aux grandes entreprises étrangères, souvent dominantes dans les secteurs stratégiques.

La ZLECAF, en favorisant l'industrialisation et en soutenant les PME, propose une vision ambitieuse pour le continent : transformer l'Afrique en une puissance industrielle capable de produire pour ses propres besoins tout en exportant des produits à haute valeur ajoutée. Ce changement structurel ne se limite pas à une croissance économique : il incarne une véritable révolution dans la manière dont l'Afrique perçoit et exploite ses ressources. En misant sur une production locale renforcée et un entrepreneuriat inclusif, la ZLECAF jette les bases d'une autonomie économique durable et d'une prospérité partagée.

### 3. Stimulation du commerce intra-africain : un pilier de la souveraineté économique

Le commerce intra-africain, historiquement restreint par des barrières commerciales, des infrastructures insuffisantes et des divergences réglementaires, représente l'une des clés de la souveraineté économique du continent. En permettant aux pays africains de répondre à leurs besoins internes tout en exploitant les ressources disponibles localement, la Zone de Libre-Échange continentale africaine (ZLECAF) ambitionne de transformer cette réalité et de libérer le potentiel économique de l'Afrique[68].

[68] *Commerce intra-africain : potentiel et défis, BAD, 2022.*

***Réduction des barrières tarifaires et non tarifaires : vers une circulation plus fluide des échanges***

L'un des objectifs phares de la ZLECAF est de diminuer les obstacles qui freinent les échanges commerciaux sur le continent. En s'engageant à supprimer progressivement 90 % des droits de douane sur les biens échangés entre les États membres, la ZLECAF rend les produits africains plus abordables pour les consommateurs et plus compétitifs sur les marchés régionaux. Cette réduction des droits de douane est une avancée majeure pour stimuler les échanges intra-africains et renforcer les liens commerciaux entre les pays.

Parallèlement, l'accord cible également les barrières non tarifaires, souvent moins visibles mais tout aussi restrictives. La simplification des exigences sanitaires et phytosanitaires, l'harmonisation des normes techniques et l'élimination des quotas limitant les importations et exportations contribuent à fluidifier la circulation des biens et des services. Ces réformes permettent non seulement de réduire les coûts et les délais liés aux échanges, mais aussi d'établir des conditions commerciales uniformes et prévisibles à travers le continent.

***Création d'un marché continental unique : une opportunité pour les entreprises africaines***

La ZLECAF offre une opportunité inédite aux entreprises africaines en créant un marché continental intégré regroupant plus de 1,3 milliard de consommateurs et représentant un PIB combiné de 3,4 trillions de dollars. Ce marché unique permet aux entreprises locales de produire à plus grande échelle, leur conférant ainsi un avantage économique crucial grâce aux économies d'échelle. Ces gains de productivité renforcent leur compétitivité, non seulement sur le continent mais aussi à l'international[69].

Pour les entreprises africaines, l'accès à ce vaste marché unifié ouvre de nouvelles perspectives. Elles peuvent diversifier leur clientèle, élargir leurs réseaux de distribution et investir davantage dans l'innovation pour répondre à des besoins variés. Ce dynamisme stimule la croissance économique, tout en réduisant la dépendance vis-à-vis des importations extérieures et en encourageant la consommation des produits fabriqués sur le continent.

---

[69] *Rapport économique 2023, Union africaine et CEA.*

### *Renforcer l'indépendance économique grâce à un commerce intégré*

Le développement du commerce intra-africain favorise une production et une consommation accrues sur le continent, créant ainsi un cercle vertueux d'autosuffisance et de résilience économique. En exploitant les ressources locales et en encourageant la transformation des matières premières sur place, les pays africains renforcent leur capacité à répondre aux besoins de leur population tout en limitant leur exposition aux chocs économiques mondiaux[70].

La stimulation du commerce intra-africain représente une étape cruciale pour transformer l'Afrique en un acteur économique autonome et puissant. Grâce à la ZLECAF, les barrières commerciales qui entravaient autrefois les échanges sont progressivement levées, permettant aux entreprises africaines de prospérer dans un environnement plus compétitif et intégré. En misant sur ce potentiel, l'Afrique peut non seulement accroître sa souveraineté économique, mais également s'affirmer comme un partenaire incontournable sur la scène mondiale[71].

## 4. Renforcement des capacités productives locales : un pilier pour la souveraineté économique

La quête d'une véritable souveraineté économique pour l'Afrique repose sur le renforcement des capacités productives locales. Cela inclut le développement des infrastructures, l'amélioration des compétences humaines et l'adoption de technologies modernes. La Zone de Libre-Échange continentale africaine (ZLECAF) offre un cadre ambitieux pour accélérer ces transformations, permettant aux pays africains de maximiser leur potentiel économique et de se positionner comme des acteurs compétitifs sur la scène mondiale.

### *Investir dans des infrastructures modernes : une condition essentielle*

Le commerce continental ne peut prospérer sans des infrastructures robustes et interconnectées. La ZLECAF souligne l'urgence d'investir dans des réseaux modernes, qu'il s'agisse de routes, de ports, de chemins de fer ou de connexions numériques. Ces infrastructures ne sont pas de simples outils logistiques ; elles représentent la colonne

[70] *Commerce intra-africain : potentiel et défis, BAD, 2022.*
[71] *Commerce intra-africain : potentiel et défis, BAD, 2022.*

vertébrale d'une économie capable de soutenir des échanges efficaces et de favoriser l'intégration régionale.

- **Transport terrestre et maritime** : Les routes bien entretenues, les corridors ferroviaires transfrontaliers et les ports de classe mondiale facilitent le déplacement rapide des marchandises et réduisent considérablement les coûts logistiques. Ces investissements permettent également aux entreprises africaines de s'intégrer dans des chaînes de valeur régionales et de concurrencer leurs homologues internationaux.
- **Infrastructure numérique** : L'économie mondiale repose de plus en plus sur les technologies numériques. En favorisant l'adoption de réseaux Internet de haute qualité et en développant des plateformes numériques pour le commerce, les pays africains peuvent non seulement améliorer l'efficacité de leurs échanges, mais également encourager l'innovation et la compétitivité des entreprises locales.

### *Technologie et innovation : les catalyseurs de la modernisation industrielle*

La ZLECAF ne se limite pas à faciliter les échanges ; elle aspire à transformer les économies africaines en moteurs de productivité et d'innovation. L'adoption de technologies modernes et le soutien à l'innovation sont essentiels pour faire évoluer les industries locales et leur permettre d'ajouter une plus grande valeur à leurs produits.

- **Modernisation industrielle** : Grâce à l'intégration économique favorisée par la ZLECAF, les pays africains peuvent investir dans des machines avancées, des techniques de production modernes et des processus plus efficaces. Ces améliorations augmentent la qualité et la compétitivité des produits africains sur les marchés régionaux et internationaux.
- **Stimuler l'innovation locale** : En soutenant la recherche et le développement (R&D), les pays africains peuvent encourager la création de solutions adaptées aux réalités locales. Par exemple, les innovations dans l'agriculture, l'énergie et les technologies numériques peuvent transformer les défis en opportunités économiques. Ces efforts favorisent l'émergence de start-ups et de PME dynamiques, capables de s'intégrer dans l'économie mondiale tout en répondant aux besoins continentaux.

### *Autonomie économique et résilience*

Le renforcement des capacités productives locales contribue à réduire la dépendance vis-à-vis des importations et à construire des économies plus résilientes face aux chocs externes. En produisant davantage de biens et de services sur le continent, les pays africains peuvent répondre aux besoins de leur population tout en créant des emplois et en stimulant la croissance.

La ZLECAF représente une opportunité historique pour bâtir une Afrique autosuffisante et prospère. En investissant dans des infrastructures modernes et en adoptant des technologies innovantes, les pays africains peuvent non seulement améliorer leur compétitivité économique, mais également garantir une souveraineté durable. Ce renforcement des capacités productives locales est une étape cruciale pour transformer le continent en un acteur incontournable de l'économie mondiale.

**5. Résilience face aux chocs économiques mondiaux : une priorité pour l'Afrique**

Dans un monde marqué par des crises économiques récurrentes, la résilience des économies africaines est devenue une nécessité impérieuse. La Zone de Libre-Échange continentale africaine (ZLECAF) se présente comme une réponse stratégique pour renforcer cette résilience, en s'appuyant sur une intégration économique régionale accrue. Les récents bouleversements, tels que la pandémie de COVID-19, ont mis en lumière la fragilité des économies africaines face aux perturbations extérieures. En dynamisant les échanges intra-africains et en stimulant les investissements sur le continent, la ZLECAF offre des solutions concrètes pour atténuer cette vulnérabilité.

***Réduction de la dépendance aux marchés internationaux***

La ZLECAF joue un rôle essentiel dans la réduction de la dépendance des pays africains vis-à-vis des marchés internationaux, souvent soumis à des fluctuations imprévisibles. En développant la production locale et en diversifiant les sources d'approvisionnement, elle contribue à l'autonomic économique du continent.

- **Production locale accrue de biens essentiels** : L'intégration régionale favorisée par la ZLECAF encourage les pays africains à produire localement des biens essentiels, tels que les denrées alimentaires, les produits pharmaceutiques et les équipements médicaux. En réduisant la dépendance aux importations, ces efforts permettent de limiter l'impact des perturbations globales sur les économies nationales.
- **Atténuer les effets des crises mondiales** : Lorsqu'une crise économique ou sanitaire frappe les chaînes d'approvisionnement inter-

nationales, les pays africains disposant d'un solide tissu productif local peuvent mieux résister aux chocs. Par exemple, en produisant sur le continent les intrants nécessaires à l'agriculture ou à l'industrie pharmaceutique, les pays africains réduisent leur exposition aux fluctuations des marchés mondiaux.

***Création de chaînes d'approvisionnement régional***

L'un des atouts majeurs de la ZLECAF réside dans sa capacité à encourager la formation de chaînes d'approvisionnement régionales. En reliant les économies africaines, ces chaînes permettent une meilleure circulation des biens et des services essentiels, même en période de crise mondiale.

- **Renforcement de la sécurité économique** : Les chaînes d'approvisionnement régionales offrent aux pays africains une alternative robuste aux réseaux internationaux fragiles. Par exemple, un pays peut produire des matières premières tandis qu'un autre les transforme en produits finis destinés aux marchés régionaux. Cette complémentarité renforce la sécurité économique collective du continent.
- **Une souveraineté renforcée** : En mutualisant leurs capacités productives et leurs ressources, les pays africains peuvent développer une autonomie stratégique. La ZLECAF facilite ces échanges en supprimant les barrières tarifaires et en harmonisant les normes, permettant ainsi une intégration plus fluide et plus efficace des marchés régionaux.

La ZLECAF constitue un levier stratégique pour renforcer la résilience économique de l'Afrique face aux chocs mondiaux. En promouvant la production locale et les chaînes d'approvisionnement régionales, elle permet aux pays africains de réduire leur dépendance aux marchés internationaux et d'atténuer les effets des crises économiques globales. Ce modèle d'intégration économique offre une voie vers une souveraineté renforcée, préparant l'Afrique à surmonter les défis du XXIe siècle avec plus de robustesse et de solidarité.

**6. Souveraineté énergétique et alimentaire : un pilier pour l'autonomie africaine**

La Zone de Libre-Échange continentale africaine (ZLECAF) se distingue comme un levier stratégique pour garantir la souveraineté énergétique et alimentaire du continent. En renforçant l'intégration économique, en stimulant les investissements et en facilitant les échanges intra-africains, elle ouvre la voie à une Afrique capable de répondre à ses besoins fondamentaux tout en réduisant sa dépendance vis-à-vis des marchés extérieurs. Ces deux dimensions – énergétique et alimentaire – sont essentielles pour poser les bases d'une croissance durable et d'une autonomie véritable.

***Souveraineté alimentaire : nourrir l'Afrique par l'Afrique***

L'agriculture, colonne vertébrale de nombreuses économies africaines, a un rôle central à jouer dans la réalisation de la sécurité alimentaire. Pourtant, le paradoxe africain réside dans une dépendance excessive aux importations de denrées alimentaires, malgré une abondance de terres arables et de ressources naturelles.

- **Valorisation de la production agricole locale** : La ZLECAF promeut le développement d'un marché continental qui privilégie les productions agricoles locales. En encourageant les pays à cultiver, transformer et distribuer leurs produits alimentaires sur le continent, elle réduit la nécessité d'importer des denrées coûteuses. Une telle approche favorise non seulement la sécurité alimentaire, mais stimule également l'économie rurale et crée des emplois dans les zones agricoles.
- **Facilitation des échanges intra-africains** : Grâce à la réduction des barrières tarifaires et non tarifaires, la ZLECAF permet une circulation fluide des produits alimentaires entre les pays africains. Un pays excédentaire en production de céréales, par exemple, peut facilement exporter ses surplus vers un pays voisin déficitaire. Cette coopération régionale renforce la résilience alimentaire tout en limitant les impacts des crises extérieures.

***Souveraineté énergétique : exploiter et transformer les richesses du continent***

Avec des réserves énergétiques abondantes – pétrole, gaz naturel, charbon, énergie solaire et éolienne – l'Afrique détient un potentiel inégalé. Cependant, l'exportation brute de ces ressources énergétiques continue de priver les pays africains de leur pleine valeur ajoutée.

- **Développement de l'industrie énergétique locale** : La ZLECAF encourage les investissements dans l'infrastructure énergétique, notamment dans le raffinage du pétrole, la liquéfaction du gaz naturel et la production d'énergies renouvelables. Ces initiatives permettent aux pays africains de satisfaire leurs besoins croissants en énergie tout en ajoutant de la valeur sur place. Une telle approche réduit la dépendance vis-à-vis des importations énergétiques et crée des opportunités d'emploi dans des secteurs stratégiques.

- **Promotion des énergies renouvelables** : En s'appuyant sur son abondance en ressources naturelles renouvelables – ensoleillement, vents constants, vastes cours d'eau – l'Afrique peut adopter un modèle énergétique durable. La ZLECAF peut servir de catalyseur pour les investissements dans les technologies propres, contribuant ainsi à la transition énergétique du continent et à sa compétitivité mondiale.

***Vers une Afrique autonome et prospère***

La ZLECAF, en s'attaquant aux défis de la souveraineté énergétique et alimentaire, ne se contente pas de répondre aux besoins immédiats des populations africaines. Elle propose un cadre d'intégration économique pour bâtir une Afrique plus résiliente, compétitive et tournée vers l'avenir.

En misant sur ses ressources locales, en favorisant l'industrialisation et en construisant des chaînes d'approvisionnement régionales, l'Afrique se dote des outils nécessaires pour contrôler son destin économique. Cette autonomie renforcée permettra non seulement de répondre aux attentes des générations actuelles, mais aussi d'assurer un avenir durable et prospère pour celles à venir. La ZLECAF offre ainsi un espace unique pour repenser le développement économique, à la fois inclusif et souverain, au service de tout un continent.

### C. Coopération régionale et enjeux de diplomatie économique

La Zone de Libre-Échange continentale africaine (ZLECAF) représente non seulement un accord commercial mais aussi un outil puissant pour promouvoir la coopération régionale et renforcer la diplomatie économique en Afrique. La coopération régionale est un élément clé pour garantir l'intégration économique harmonieuse du continent et renforcer les relations entre les pays africains, tandis que la diplomatie économique permet à l'Afrique de mieux s'insérer dans l'économie mondiale. Voici les principaux aspects de la coopération régionale et les enjeux de diplomatie économique dans le cadre de la ZLECAF :

#### 1. Renforcement de la coopération régionale : le rôle des communautés économiques régionales

Les Communautés économiques régionales (CER), telles que la CEDEAO (Communauté Économique des États de l'Afrique de l'Ouest), la SADC (Communauté de Développement de l'Afrique Australe), la

CEEAC (Communauté Économique des États de l'Afrique Centrale), et la COMESA (Marché Commun de l'Afrique orientale et australe), sont au cœur de l'intégration économique du continent. Ces institutions jouent un rôle stratégique en jetant les bases de la coopération régionale et en soutenant la mise en œuvre des ambitions portées par la Zone de Libre-Échange continentale africaine (ZLECAF). En tant que blocs constitutifs, les CER permettent de transformer les aspirations continentales en initiatives concrètes à l'échelle régionale.

***Intégration des politiques régionales et continentales***

Les CER agissent comme des catalyseurs pour harmoniser les politiques économiques et commerciales des États membres. En alignant leurs propres initiatives régionales avec les objectifs plus larges de la ZLECAF, elles assurent une transition fluide entre les niveaux régional et continental.

- **Harmonisation des cadres régionaux** : Les CER facilitent l'application des accords commerciaux en éliminant les redondances et les divergences entre les différents blocs régionaux. Cela garantit que les règles de libre-échange adoptées localement s'inscrivent dans une dynamique continentale cohérente, rendant ainsi possible la création d'un marché unique pour tout le continent africain.
- **Une synergie essentielle** : L'un des défis majeurs réside dans l'intégration harmonieuse de ces différentes communautés. Les CER offrent une plateforme idéale pour aligner les efforts des États membres en matière de tarifs douaniers, de normes commerciales et de politiques de concurrence, tout en respectant les spécificités de chaque région. Cette synergie renforce la capacité des pays à s'adapter aux exigences de la ZLECAF sans compromettre leurs engagements régionaux.

***Coopération transfrontalière et renforcement des liens régionaux***

La ZLECAF, en collaboration avec les CER, promeut une coopération transfrontalière accrue, un élément clé pour résoudre les problèmes partagés par les pays limitrophes et stimuler une intégration économique plus profonde.

- **Facilitation des échanges commerciaux** : Grâce à leur expertise régionale, les CER jouent un rôle déterminant dans l'amélioration des infrastructures de transport et la simplification des procédures douanières. Ces efforts favorisent une circulation plus fluide des biens et des services, réduisant ainsi les coûts commerciaux pour les entreprises locales et régionales.

- **Gestion des défis transfrontaliers** : Les CER soutiennent la coordination dans des domaines tels que la sécurité des frontières, le développement des infrastructures et la résolution des différends commerciaux. Par exemple, elles encouragent les partenariats entre États pour mettre en œuvre des projets transfrontaliers, comme la construction de corridors de transport et la gestion partagée des ressources naturelles.

***Une Base solide pour l'intégration continentale***

En renforçant les liens économiques et commerciaux entre les États membres, les CER jettent les bases d'une Afrique unifiée et prospère. Leur capacité à rapprocher les politiques régionales et continentales est essentielle pour garantir que la ZLECAF ne soit pas simplement un concept, mais une réalité tangible et bénéfique pour tous les Africains. En favorisant la coopération transfrontalière et en alignant les cadres réglementaires, elles contribuent à transformer l'Afrique en un acteur économique de premier plan sur la scène mondiale.

**2. Promotion de la diplomatie économique intra-africaine : un catalyseur pour l'intégration et la croissance**

La Zone de Libre-Échange continentale africaine (ZLECAF) constitue une plateforme inédite pour renforcer la diplomatie économique au sein du continent africain. Cette diplomatie économique, outil stratégique des relations internationales, vise à promouvoir les intérêts économiques nationaux, à attirer les investissements, et à favoriser les échanges commerciaux entre les pays africains. En créant un environnement propice à la coopération et au dialogue, la ZLECAF ouvre la voie à une intégration économique et politique plus profonde.

***Diplomatie commerciale : renforcer les relations bilatérales et multilatérales***

La ZLECAF encourage les États africains à approfondir leurs relations commerciales, aussi bien bilatérales que multilatérales, en instaurant un cadre harmonisé pour le dialogue et la coopération.

- **Facilitation du dialogue** : La ZLECAF crée un espace où les États membres peuvent aborder les questions complexes liées au commerce, telles que la suppression des barrières tarifaires et non tarifaires, l'harmonisation des normes commerciales, et la résolution des différends. Ce dialogue constructif contribue à renforcer la confiance mutuelle et à créer des conditions favorables à une intégration économique réussie.

- **Levée des obstacles au commerce** : En harmonisant les pratiques commerciales et en éliminant les entraves à la libre circulation des biens et des services, la diplomatie commerciale permet de fluidifier les échanges intra-africains. Cette approche collective favorise non seulement la coopération économique, mais aussi le renforcement des liens politiques entre les États membres, consolidant ainsi l'unité africaine.

***Stimulation des investissements intra-africains : un moteur de développement***

La ZLECAF, en tant que cadre intégré, offre une opportunité unique pour stimuler les investissements intra-africains, en exploitant les potentialités économiques du continent et en renforçant les relations entre les entreprises africaines.

- **Valorisation des opportunités économiques** : Les gouvernements africains, grâce à la ZLECAF, peuvent promouvoir auprès des investisseurs les secteurs stratégiques porteurs de croissance, tels que l'agro-industrie, les infrastructures, l'énergie renouvelable, et les services numériques. Ces efforts attirent les capitaux nécessaires pour développer ces secteurs, créant ainsi des emplois et dynamisant les économies locales.
- **Renforcement des liens économiques régionaux** : La diplomatie économique intra-africaine encourage les entreprises à investir au-delà de leurs frontières nationales, favorisant ainsi l'émergence d'un marché continental intégré. Ce mouvement contribue à diversifier les économies, à stimuler l'innovation, et à renforcer la résilience face aux chocs économiques externes.

***Une Vision d'intégration et de croissance partagée***

La promotion de la diplomatie économique intra-africaine via la ZLECAF n'est pas seulement un outil de coopération commerciale ; elle incarne une vision d'unité et de prospérité pour le continent. En facilitant le dialogue entre les États, en attirant les investissements stratégiques, et en harmonisant les pratiques commerciales, la ZLECAF permet aux pays africains de transformer leurs économies, tout en renforçant leurs relations politiques et économiques. Ce cadre intégré est essentiel pour réaliser le potentiel immense du continent et pour positionner l'Afrique comme un acteur majeur sur la scène économique mondiale.

### 3. Renforcer l'influence de l'Afrique dans la diplomatie économique mondiale

La Zone de Libre-Échange continentale africaine (ZLECAF) offre une opportunité sans précédent pour reconfigurer la place de l'Afrique sur la scène mondiale. En agissant comme un bloc économique unifié, le continent acquiert une voix collective et puissante, lui permettant de défendre ses intérêts communs dans les négociations commerciales et économiques internationales. Cette dynamique transforme l'Afrique en un acteur incontournable des forums économiques mondiaux.

***Une voix unifiée dans les négociations commerciales mondiales***

Grâce à la ZLECAF, l'Afrique peut désormais s'exprimer d'une seule voix lors des grandes négociations internationales.

- **Consolidation de la position africaine** : Que ce soit au sein de l'Organisation mondiale du commerce (OMC) ou dans le cadre d'accords bilatéraux, la ZLECAF permet aux pays africains de dépasser les fragmentations nationales pour défendre des positions communes. Cette unité confère au continent une capacité de négociation renforcée, indispensable pour obtenir des conditions commerciales plus équitables.
- **Négociations avec les grandes puissances économiques** : Face à des partenaires influents tels que l'Union européenne, les États-Unis ou la Chine, une Afrique unifiée est mieux armée pour revendiquer des accords favorables à son développement économique. La ZLECAF joue ainsi un rôle stratégique pour limiter les déséquilibres historiques et promouvoir des échanges commerciaux qui répondent aux aspirations de croissance et de souveraineté économique du continent.

***Levier de partenariats stratégiques avec des acteurs extérieurs***

Au-delà des négociations, la ZLECAF agit comme un catalyseur pour attirer et établir des partenariats commerciaux et économiques stratégiques avec des acteurs extérieurs.

- **Accords bilatéraux et régionaux** : La ZLECAF ouvre la voie à la conclusion d'accords novateurs entre l'Afrique et d'autres blocs économiques, tels que l'Asie ou l'Amérique latine. Ces partenariats exploitent la complémentarité entre les économies africaines et celles des autres régions du monde, créant ainsi des synergies bénéfiques pour toutes les parties.
- **Promotion des priorités africaines** : En s'appuyant sur une diplomatie économique proactive, l'Afrique peut mettre en avant des

initiatives clés, telles que le développement durable, les infrastructures vertes, ou encore l'industrialisation. Ces priorités, portées par la ZLECAF, permettent de redéfinir les relations commerciales extérieures en fonction des besoins spécifiques du continent.

***Une influence croissante dans les forums mondiaux***

La ZLECAF renforce non seulement les capacités économiques du continent, mais elle positionne également l'Afrique comme un interlocuteur incontournable dans les grandes discussions globales. Cette influence accrue est essentielle pour établir des partenariats équilibrés et pour garantir que les intérêts africains soient pleinement intégrés dans les stratégies économiques mondiales. Ainsi, grâce à la ZLECAF, l'Afrique se donne les moyens de transformer son avenir tout en s'imposant comme un acteur clé de la diplomatie économique mondiale.

**4. Gestion des tensions entre régionalisme et continentalisme**

L'un des défis majeurs auxquels la Zone de Libre-Échange continentale africaine (ZLECAF) est confrontée réside dans l'équilibre délicat entre les intérêts régionaux des Communautés économiques régionales (CER) et les ambitions continentales de l'accord. Ces tensions découlent des divergences dans les niveaux d'intégration économique et des priorités distinctes entre les blocs régionaux, rendant parfois complexe l'harmonisation des approches.

***Régionalisme versus continentalisme : une dualité à réconcilier***

Les CER, telles que la CEDEAO, la SADC, la CEEAC et la COMESA, ont établi des cadres commerciaux et douaniers robustes adaptés à leurs contextes respectifs.

- **Réserves sur l'intégration continentale** : Ces blocs, ayant souvent développé des règles spécifiques et des accords sur mesure, peuvent hésiter à céder ces acquis au profit d'un cadre continental unifié. Une telle transition risque de perturber les arrangements existants, ce qui peut susciter des résistances de la part des membres les plus intégrés ou les plus fragiles économiquement.
- **Équilibre entre régional et continental** : Les États membres doivent donc jongler entre leurs obligations envers les CER et leurs engagements dans le cadre de la ZLECAF. Il s'agit de trouver un juste milieu qui permette de préserver les avantages acquis au niveau régional tout en contribuant à la construction d'un marché unique africain. Cela implique un dialogue constant et une coopération renforcée pour atténuer les éventuels déséquilibres.

***Une coordination pour harmoniser les politiques et objectifs***

Pour répondre à ce défi, la ZLECAF a mis en place des mécanismes spécifiques visant à coordonner les efforts régionaux et continentaux.

- **Alignement stratégique** : Ces mécanismes favorisent une harmonisation des politiques des CER avec les objectifs de la ZLECAF, tout en respectant les particularités régionales. Ce processus garantit que les initiatives locales s'intègrent dans le cadre plus large de l'intégration africaine, sans créer de conflits ou de doublons.
- **Création de synergies** : Plutôt que de s'opposer, le régionalisme et le continentalisme peuvent se compléter. En alignant leurs actions, les CER et la ZLECAF peuvent capitaliser sur leurs forces respectives pour renforcer l'intégration économique. Cela permet de créer une dynamique vertueuse, où les réussites régionales servent de tremplin pour des avancées à l'échelle continentale.

***Une Vision partagée pour l'intégration africaine***

La gestion de ces tensions repose sur une volonté commune de bâtir un continent uni, où les spécificités régionales enrichissent le projet collectif. En favorisant la coordination et la complémentarité, la ZLECAF offre une opportunité unique de transformer les disparités en atouts, assurant ainsi une intégration économique harmonieuse et bénéfique pour tous les Africains.

### 5. Développement des infrastructures régionales : le pilier de l'intégration africaine

Le succès de la Zone de Libre-Échange continentale africaine (ZLECAF) repose en grande partie sur le développement d'infrastructures modernes et interconnectées, capables de soutenir la circulation fluide des biens, des services, et des personnes à travers le continent. Ces infrastructures constituent la colonne vertébrale de l'intégration économique, offrant aux pays africains une opportunité de renforcer leur coopération régionale et de stimuler la croissance.

***Infrastructures de transport et de logistique : la clé de la connectivité***

Pour réduire les coûts de transaction et faciliter le commerce intra-africain, il est impératif de moderniser et d'étendre les infrastructures de transport[72].

[72] *Commerce intra-africain : potentiel et défis, BAD, 2022.*

- **Réseaux routiers et ferroviaires** : La construction de nouvelles routes et la réhabilitation des réseaux ferroviaires existants sont essentielles pour relier les régions enclavées aux grands centres économiques. Ces corridors de transport transfrontaliers permettent de fluidifier les échanges et de réduire les délais de livraison, tout en renforçant les liens économiques entre les États membres.
- **Ports et hubs logistiques** : Les ports africains, véritables portes d'entrée et de sortie du commerce mondial, doivent être modernisés pour répondre à l'augmentation prévue des flux commerciaux. Le développement de hubs logistiques régionaux permettra de centraliser et d'optimiser les échanges, tout en attirant des investissements dans les secteurs de la logistique et du transport.

***Infrastructures numériques : un tremplin pour l'économie du futur***

À l'ère de la numérisation, les infrastructures numériques jouent un rôle crucial dans l'intégration économique du continent.

- **Commerce électronique** : En encourageant les investissements dans les plateformes numériques, la ZLECAF peut stimuler le développement du commerce électronique. Ces outils permettent aux petites et moyennes entreprises (PME) de dépasser les contraintes géographiques, ouvrant ainsi l'accès à de nouveaux marchés à l'échelle continentale.
- **Services transfrontaliers** : Les infrastructures numériques facilitent également les services transfrontaliers, tels que les paiements électroniques, les systèmes de gestion douanière, et les chaînes logistiques intégrées. Ces innovations contribuent à réduire les coûts et à améliorer l'efficacité des échanges commerciaux.

***Une Vision d'infrastructures au service de l'intégration***

Le développement des infrastructures régionales ne se limite pas à la construction de routes ou de plateformes numériques ; il incarne une vision d'un continent interconnecté, où chaque région contribue à un projet collectif de prospérité partagée. En investissant dans ces fondations essentielles, la ZLECAF ne se contente pas de promouvoir le commerce : elle pave la voie vers une Afrique unie, compétitive, et résiliente sur la scène mondiale.

**6. Renforcement des capacités institutionnelles et techniques : un pilier pour la ZLECAF**

La mise en œuvre effective de la Zone de Libre-Échange continentale africaine (ZLECAF) repose sur des institutions solides et des capacités techniques renforcées. Pour que cette ambition devienne une réalité, les États membres et les Communautés économiques régionales (CER) doivent non seulement harmoniser leurs réglementations, mais également moderniser leurs structures administratives afin de maximiser les avantages qu'offre cette initiative.

### *Harmonisation des cadres réglementaires : une condition essentielle*

L'harmonisation des législations constitue une étape clé pour garantir la fluidité des échanges intra-africains.

- **Uniformisation des réglementations douanières et fiscales** : Les disparités entre les législations nationales en matière de douanes et de fiscalité sont des freins majeurs à l'intégration économique. L'alignement des politiques douanières et fiscales permettra de réduire les coûts administratifs et d'éliminer les obstacles à la libre circulation des marchandises, des services et des capitaux.
- **Normes techniques et sanitaires harmonisées** : Pour lever les barrières non tarifaires, il est essentiel que les pays africains adoptent des normes communes, notamment dans les domaines sanitaires, phytosanitaires et techniques. Cette harmonisation permettra aux produits africains de circuler plus librement sur le continent tout en garantissant leur qualité et leur sécurité.

### *Renforcement des institutions régionales : la clé de la coordination*

Les CER jouent un rôle central dans la coordination des politiques économiques entre les États membres et dans la mise en œuvre des objectifs de la ZLECAF.

- **Développement des capacités institutionnelles** : Les CER doivent renforcer leurs compétences pour relever les défis complexes de l'intégration continentale. Cela inclut la formation des fonctionnaires en matière de politiques commerciales, l'amélioration des administrations douanières et fiscales, et la mise en place de mécanismes efficaces pour résoudre les différends commerciaux.
- **Appui à la mise en œuvre régionale** : Les institutions régionales doivent jouer un rôle d'accompagnement, en apportant une assistance technique et un soutien logistique aux États membres. En facilitant la coordination et en veillant à la cohérence entre les politiques régionales et continentales, elles contribueront à renforcer l'intégration économique.

### *La ZLECAF : un outil pour une coopération économique durable*

En mettant l'accent sur le développement des infrastructures institutionnelles et techniques, la ZLECAF se positionne comme un outil transformateur pour le continent africain. Elle permet non seulement de promouvoir une coopération régionale renforcée, mais également de donner à l'Afrique une voix unifiée dans les négociations internationales. Grâce à ces efforts, les pays africains pourront collaborer de manière plus étroite, améliorer leur compétitivité économique et réaliser les objectifs ambitieux de développement durable et de prospérité partagée.

L'avenir économique de l'Afrique dépendra largement de la capacité de ses institutions à répondre aux exigences de cette transformation continentale, tout en capitalisant sur les opportunités qu'offre la ZLECAF pour établir une base économique plus résiliente et inclusive.

# CHAPITRE 3

## Les impacts anticipés de la ZLECAF

### A. Effets sur le commerce intra-africain

La mise en œuvre de la Zone de Libre-Échange continentale africaine (ZLECAF) est conçue pour avoir des effets profonds et durables sur le commerce intra-africain[73]. En réduisant les barrières commerciales, en harmonisant les normes et en facilitant la circulation des biens et des services, la ZLECAF vise à stimuler les échanges commerciaux entre les pays africains, tout en créant un marché plus intégré et compétitif. Voici les principaux effets attendus de la ZLECAF sur le commerce intra-africain[74] :

#### 1. Augmentation significative des échanges intra-africains : une ambition réalisable

L'un des objectifs centraux de la Zone de Libre-Échange continentale africaine (ZLECAF) est de transformer le paysage économique du continent en augmentant considérablement le volume des échanges commerciaux entre les pays africains. Malgré une richesse en ressources et des opportunités économiques immenses, le commerce intra-africain demeure historiquement limité, représentant à peine 16-17 % du commerce total du continent. Cette situation découle de multiples obstacles, notamment des droits de douane élevés, des barrières non tarifaires, une fragmentation des marchés et des infrastructures insuffisantes[75].

***Réduction progressive des droits de douane : un catalyseur de croissance***

La ZLECAF s'attaque directement aux barrières tarifaires en prévoyant l'élimination progressive de 90 % des droits de douane sur les produits échangés au sein du continent.

---

[73] *Commerce intra-africain : potentiel et défis, BAD, 2022.*
[74] *Commerce intra-africain : potentiel et défis, BAD, 2022.*
[75] *Commerce intra-africain : potentiel et défis, BAD, 2022.*

- **Compétitivité accrue des produits africains** : En réduisant ces droits, les biens fabriqués sur le continent deviennent plus compétitifs sur les marchés régionaux. Cette mesure abaisse les coûts pour les consommateurs et les entreprises, rendant les produits africains plus accessibles et plus attrayants.
- **Impact sur le volume des échanges** : À long terme, cette réduction tarifaire est appelée à stimuler de manière significative le commerce intra-africain. Elle encouragera une dynamique où les pays commercent davantage entre eux, réduisant ainsi leur dépendance vis-à-vis des marchés extérieurs[76].

***Un Marché continental élargi : une opportunité sans précédent***

Avec plus de 1,3 milliard de consommateurs et un produit intérieur brut combiné de 3,4 trillions de dollars, la ZLECAF ouvre la voie à un marché intégré d'une ampleur exceptionnelle.

- **Diversification des débouchés** : Les entreprises africaines, qu'elles soient grandes ou petites, peuvent désormais accéder à des marchés au-delà de leurs frontières nationales. Cette ouverture offre une chance unique de diversifier les sources de revenus en explorant de nouveaux segments de clientèle à travers le continent.
- **Économies d'échelle** : En produisant pour un marché élargi, les entreprises peuvent atteindre des volumes de production plus importants, réduisant ainsi leurs coûts unitaires et renforçant leur compétitivité.

La ZLECAF ne se limite pas à supprimer des obstacles tarifaires ; elle redéfinit le cadre économique continental en créant un environnement propice à une intégration commerciale plus profonde. Cette initiative promet de transformer le commerce intra-africain en un moteur de croissance, capable de propulser les économies africaines vers un avenir plus prospère et moins dépendant des aléas des marchés internationaux[77].

### 2. Diversification des échanges commerciaux : vers une nouvelle dynamique économique

Le commerce intra-africain, longtemps caractérisé par une prédominance de matières premières comme les produits agricoles et les ressources minières, amorce une transformation essentielle grâce à

---

[76] *Commerce intra-africain : potentiel et défis, BAD, 2022.*
[77] *Commerce intra-africain : potentiel et défis, BAD, 2022.*

la ZLECAF. En promouvant l'industrialisation et la création de chaînes de valeur régionales, cet accord continental vise à diversifier les échanges commerciaux et à renforcer la résilience des économies africaines[78].

***Développement d'une industrie manufacturière dynamique***

La ZLECAF ouvre des perspectives inédites pour le développement d'industries locales, avec un accent particulier sur la transformation des matières premières en produits à forte valeur ajoutée.

- **Valorisation locale des ressources** : Les pays africains, riches en matières premières comme le coton, le cacao ou les minerais, sont encouragés à ne plus se contenter d'exporter ces ressources à l'état brut. Ils peuvent désormais investir dans des infrastructures et des compétences pour les transformer localement en produits manufacturés tels que des biens de consommation, des textiles ou des équipements industriels.
- **Réduction de la dépendance** : En diversifiant les produits échangés au sein du continent, la ZLECAF atténue la vulnérabilité des économies africaines face aux fluctuations des prix des matières premières sur les marchés mondiaux. Cette dynamique favorise une industrialisation accrue et stimule les économies locales.

***Création et renforcement des chaînes de valeur régionales***

L'un des aspects les plus novateurs de la ZLECAF réside dans sa capacité à encourager la coopération entre les économies africaines pour construire des chaînes de valeur intégrées à l'échelle du continent.

- **Complémentarité économique** : Grâce à la ZLECAF, les pays africains peuvent mieux tirer parti de leurs avantages comparatifs. Par exemple, un pays producteur de coton peut exporter sa récolte brute vers un autre pays doté d'une industrie textile avancée. Ces textiles finis peuvent ensuite être commercialisés à travers le continent, créant une chaîne de valeur qui profite à tous les acteurs impliqués.
- **Stimulation de la production locale** : Ce modèle de coopération régionale renforce la production locale en incitant les entreprises à investir dans des secteurs stratégiques. Les bénéfices vont bien au-delà des frontières, avec des impacts positifs sur l'emploi, les revenus et la diversification des économies.

[78] *Commerce intra-africain : potentiel et défis, BAD, 2022.*

En favorisant une diversification des échanges commerciaux et en intégrant les économies africaines dans des chaînes de valeur complexes, la ZLECAF marque une rupture avec les schémas économiques traditionnels. Elle crée les conditions d'un développement industriel inclusif, garantissant au continent un rôle plus actif et compétitif sur la scène économique mondiale.

### 3. Renforcer la compétitivité des entreprises africaines : un nouveau souffle économique

La ZLECAF offre une opportunité sans précédent pour transformer le paysage économique africain en améliorant la compétitivité des entreprises locales. Grâce à l'accès élargi à un marché continental unifié et à la réduction significative des barrières tarifaires et non tarifaires, les entreprises africaines sont désormais mieux positionnées pour prospérer sur les scènes régionales et internationales.

***Économies d'échelle : levier de croissance pour les PME***

L'un des avantages majeurs de la ZLECAF réside dans la possibilité pour les entreprises africaines de bénéficier d'économies d'échelle.

- **Réduction des coûts de production** : En produisant pour un marché de plus de 1,3 milliard de consommateurs, les entreprises peuvent augmenter leurs volumes de production, ce qui entraîne une baisse des coûts unitaires. Cette compétitivité accrue permet aux petites et moyennes entreprises (PME), souvent moteur des économies africaines, de rivaliser avec des acteurs de plus grande envergure tout en maximisant leur rentabilité.
- **Expansion des opportunités de marché** : Les PME, en particulier, trouvent dans la ZLECAF un tremplin pour élargir leur base de clientèle. La suppression des obstacles commerciaux intra-africains facilite leur accès à des régions jusque-là inexplorées, offrant ainsi des perspectives de croissance exponentielles.

***Réduction de la dépendance aux importations : une dynamique d'innovation et d'industrialisation***

La compétitivité des entreprises africaines passe également par leur capacité à se positionner efficacement face aux importations étrangères.

- **Renforcement de la production locale** : En stimulant la compétitivité des produits fabriqués sur le continent, la ZLECAF favorise une production locale accrue. Cela permet de réduire la dépendance vis-à-vis des importations tout en répondant aux besoins du marché continental avec des produits « Made in Africa ».

- **Innovation et industrialisation** : L'augmentation de la compétitivité pousse les entreprises à investir dans des technologies modernes et des processus de production plus efficaces. Cette dynamique d'innovation, combinée à une industrialisation accélérée, renforce non seulement la qualité des produits locaux, mais permet également aux entreprises africaines de s'aligner sur les standards internationaux.

La ZLECAF redéfinit les règles du jeu économique pour les entreprises africaines en leur offrant un environnement commercial plus favorable et compétitif. En capitalisant sur ces opportunités, elles sont en mesure de rivaliser non seulement sur le marché continental, mais également sur la scène mondiale, consolidant ainsi le rôle de l'Afrique comme acteur clé dans l'économie globale.

### 4. Développer des infrastructures commerciales et logistiques : pilier de l'intégration continentale

La ZLECAF, dans son ambition de transformer le paysage économique africain, met en lumière l'importance cruciale des infrastructures commerciales et logistiques. Ces infrastructures, qu'elles soient physiques ou numériques, constituent les fondations indispensables pour dynamiser les échanges intra-africains et connecter efficacement les marchés à travers le continent.

#### *Modernisation des infrastructures de transport : une révolution logistique*

Le commerce intra-africain repose sur des infrastructures de transport efficaces, capables de fluidifier les échanges et de réduire les coûts logistiques[79].

- **Réseaux de transport intégrés** : La construction et la modernisation de routes, de chemins de fer, de ports et d'aéroports offrent une connectivité accrue entre les régions. Ces infrastructures permettent de relier les centres de production aux marchés de consommation, réduisant ainsi les délais de livraison et les coûts de transaction. Par exemple, des corridors de transport transfrontaliers facilitent non seulement le mouvement des biens, mais stimulent également les échanges humains et culturels.

---

[79] *Commerce intra-africain : potentiel et défis, BAD, 2022.*

- **Réduction des barrières géographiques** : En désenclavant les régions isolées, les infrastructures de transport modernes favorisent l'inclusion économique de zones rurales souvent laissées à la marge du commerce continental. Cela ouvre de nouvelles perspectives pour les producteurs locaux, leur permettant d'accéder à des marchés plus vastes.

***Infrastructures numériques : une révolution silencieuse***

Dans un monde de plus en plus interconnecté, les infrastructures numériques jouent un rôle clé pour surmonter les défis traditionnels liés au commerce.

- **Commerce électronique en expansion** : Les plateformes numériques et les réseaux de télécommunications modernes facilitent l'émergence du commerce électronique transfrontalier en Afrique. Ces outils permettent aux petites et moyennes entreprises (PME) de promouvoir leurs produits au-delà de leurs frontières, tout en réduisant les contraintes physiques liées au commerce traditionnel.
- **Connectivité accrue pour les entreprises** : Grâce aux infrastructures numériques, les entreprises peuvent accéder à des informations en temps réel sur les marchés, les prix et les opportunités d'affaires. Cela renforce leur capacité à prendre des décisions éclairées et à répondre rapidement aux besoins de leurs clients.

***Bâtir les fondations d'un commerce dynamique***

En investissant dans des infrastructures commerciales et logistiques de qualité, la ZLECAF jette les bases d'un commerce intra-africain fluide, inclusif et compétitif. Ces efforts ne se limitent pas à renforcer la connectivité économique ; ils soutiennent également l'intégration sociale et culturelle, en unissant le continent autour d'un réseau d'échanges mutuellement bénéfiques. Ainsi, les infrastructures deviennent le moteur d'une Afrique plus intégrée, plus dynamique, et mieux préparée à relever les défis de l'économie mondiale[80].

### 5. Accroissement des investissements intra-africains : une dynamique transformante

L'un des impacts les plus prometteurs de la ZLECAF réside dans sa capacité à dynamiser les investissements intra-africains. En abaissant les barrières à l'entrée sur les marchés régionaux et en instaurant un cadre commercial prévisible, l'accord favorise la circulation des

[80] *Commerce intra-africain : potentiel et défis, BAD, 2022.*

capitaux au sein du continent, renforçant ainsi la résilience et la compétitivité des économies africaines.

***Facilitation des investissements directs : une synergie pour le développement***

La ZLECAF établit un environnement favorable à l'investissement, en harmonisant les règles commerciales et en offrant une sécurité juridique accrue pour les investisseurs.

- **Des secteurs stratégiques en plein essor** : Grâce à une réglementation uniforme et à des mécanismes de protection des investissements, les entreprises africaines peuvent désormais explorer des opportunités dans des secteurs à fort potentiel, tels que l'agro-industrie, l'énergie, les infrastructures et les services financiers. Ces investissements ne se contentent pas de stimuler la production locale ; ils contribuent également à la création de millions d'emplois, soutenant ainsi une croissance économique inclusive.
- **Stabilité et attractivité accrues** : En réduisant l'incertitude liée aux variations réglementaires entre les États membres, la ZLECAF attire davantage de capitaux intra-africains. Cette uniformité juridique inspire confiance aux investisseurs, encourageant les entreprises africaines à diversifier leurs opérations et à s'établir dans de nouveaux marchés au sein du continent.

***Développement de projets transfrontaliers : vers une intégration économique renforcée***

Au-delà des investissements directs, la ZLECAF ouvre la voie à des projets transfrontaliers d'envergure, qui favorisent l'intégration économique régionale.

- **Infrastructures énergétiques et corridors de transport** : Des initiatives collaboratives, telles que les réseaux énergétiques interconnectés ou les corridors de transport reliant plusieurs pays, illustrent le potentiel transformateur de ces projets transfrontaliers. Ils permettent non seulement de renforcer les échanges commerciaux, mais aussi de développer des synergies économiques entre les régions, en exploitant au mieux leurs avantages comparatifs.
- **Croissance des investissements régionaux** : Ces projets communs encouragent les États à mutualiser leurs ressources et à coordonner leurs politiques, stimulant ainsi la croissance des investissements à l'échelle continentale. Par exemple, la mise en place de parcs industriels partagés

ou de zones économiques spéciales transfrontalières crée des opportunités inédites pour les entreprises locales et internationales.

*Une impulsion pour l'avenir économique du continent*

En favorisant les investissements intra-africains et le développement de projets transfrontaliers, la ZLECAF transforme le paysage économique du continent. Ces dynamiques renforcent non seulement les économies locales, mais elles consolident également l'intégration économique régionale, jetant les bases d'une Afrique unifiée, compétitive et prospère.

**6. Opportunités pour les PME et le secteur informel : un tremplin pour l'économie africaine**

La ZLECAF se révèle être une initiative transformatrice pour les petites et moyennes entreprises (PME) et le secteur informel, qui constituent le cœur battant de l'économie africaine. En favorisant l'accès à de nouveaux marchés, en simplifiant les formalités administratives et en encourageant l'intégration économique, elle ouvre des perspectives inédites pour ces acteurs essentiels.

*Accès élargi aux marchés régionaux : une dynamique de croissance*

Les PME, qui représentent l'épine dorsale des économies africaines, se voient offrir des opportunités accrues grâce à la ZLECAF.

- **Une entrée facilitée sur de nouveaux marchés** : En réduisant les barrières tarifaires et non tarifaires, la ZLECAF abaisse les coûts d'accès aux marchés régionaux pour les PME. Cela leur permet de développer leur clientèle au-delà des frontières nationales, stimulant ainsi leur compétitivité et leur capacité d'innovation.
- **Conformité et professionnalisation** : En accédant à ces marchés continentaux, les PME sont encouragées à se formaliser et à adopter des normes conformes aux standards continentaux. Ce processus non seulement améliore leur productivité, mais leur ouvre également des opportunités de collaboration avec de plus grandes entreprises et institutions.

*Intégration et valorisation du secteur informel : un levier de transformation*

Le secteur informel, qui occupe une place prépondérante dans l'économie africaine, bénéficie également des réformes structurelles mises en œuvre dans le cadre de la ZLECAF.

- **Participation accrue aux chaînes de valeur continentales** : En facilitant l'intégration des acteurs du secteur informel dans les écosystèmes économiques formels, la ZLECAF permet d'améliorer leur productivité. Par exemple, les petits commerçants et artisans peuvent désormais accéder à des marchés plus vastes, augmentant ainsi leurs revenus et leur contribution au développement économique.
- **Vers une économie formelle et inclusive** : Les mesures incitatives de la ZLECAF favorisent la transition progressive des activités informelles vers des structures formelles, offrant à ces acteurs une protection juridique et un meilleur accès aux services financiers. Cette transformation renforce leur résilience et leur impact économique.

***Une transformation économique inclusive et durable***

En augmentant les échanges intra-africains, en diversifiant les produits échangés et en renforçant la compétitivité des entreprises locales, la ZLECAF crée un environnement commercial intégré et dynamique. Cette dynamique non seulement stimule la croissance économique sur le continent, mais renforce également l'autonomie économique de l'Afrique. En mobilisant le potentiel des PME et du secteur informel, la ZLECAF inscrit le continent dans une trajectoire de transformation inclusive, où chaque acteur, grand ou petit, peut jouer un rôle clé dans le rayonnement économique de l'Afrique sur la scène mondiale.

### B. Réduction des barrières tarifaires et non tarifaires : un levier pour l'intégration économique africaine

L'un des piliers fondamentaux de la Zone de Libre-Échange continentale africaine (ZLECAF) réside dans l'élimination progressive des barrières tarifaires et non tarifaires, afin de stimuler les échanges commerciaux intra-africains et de dynamiser la croissance économique sur l'ensemble du continent. Ces entraves, présentes depuis des décennies, ont limité l'intégration économique africaine et freiné son essor. L'initiative de la ZLECAF marque un tournant stratégique en œuvrant à lever ces obstacles pour permettre un commerce plus fluide et équitable.

#### 1. Réduction progressive des droits de douane : un tremplin pour l'intégration économique

Les droits de douane, souvent instaurés pour protéger les industries locales, ont longtemps constitué une barrière majeure aux échanges commerciaux entre les pays africains. Bien qu'ils aient permis de préserver certaines filières industrielles naissantes, ces tarifs douaniers ont également engendré une hausse des coûts pour les consommateurs et limité la compétitivité des produits africains sur le marché continental. La Zone de Libre-Échange continentale africaine (ZLECAF) s'inscrit dans une démarche ambitieuse pour renverser cette dynamique, en réduisant progressivement ces barrières tarifaires.

***Élimination de 90 % des droits de douane : une transformation historique***

L'une des mesures phares de la ZLECAF consiste en la suppression progressive des droits de douane sur 90 % des biens échangés entre les pays membres. Cette réforme révolutionnaire vise à rendre les produits africains plus accessibles et compétitifs sur les marchés régionaux. En abaissant les coûts d'importation, cette initiative bénéficie directement aux entreprises locales, qui peuvent élargir leur clientèle, ainsi qu'aux consommateurs, qui accèdent à des produits plus abordables.

Cette élimination des droits de douane ne se limite pas à réduire les coûts : elle ouvre également de nouvelles opportunités pour les industries locales, favorisant l'essor d'un commerce intra-africain dynamique et intégré[81].

***Un Calendrier adapté aux réalités économiques***

La mise en œuvre de cette réduction tarifaire s'effectue de manière progressive, avec des délais adaptés aux spécificités économiques de chaque pays. Les États africains les moins avancés disposent d'un calendrier plus flexible, leur permettant de protéger leurs industries émergentes tout en s'ajustant aux exigences de la libéralisation commerciale.

Cette approche différenciée reflète une compréhension nuancée des défis économiques du continent et garantit que même les économies les plus vulnérables peuvent tirer profit de l'intégration régionale.

***Stimulation de la compétitivité et de l'innovation***

En supprimant ces barrières tarifaires, la ZLECAF stimule une concurrence saine entre les producteurs africains. Les entreprises locales sont ainsi incitées à améliorer la qualité de leurs produits, à optimiser leurs processus de fabrication et à réduire leurs coûts. Ce

[81] *Commerce intra-africain : potentiel et défis, BAD, 2022.*

climat compétitif encourage l'innovation et renforce la résilience des économies africaines face aux défis du commerce international.

La suppression progressive des droits de douane, en plus d'ouvrir de nouveaux horizons pour les producteurs africains, crée un environnement commercial plus équitable et propice à la croissance. En permettant une meilleure circulation des biens et en favorisant l'émergence de champions industriels régionaux, la ZLECAF offre une opportunité sans précédent de transformer l'économie africaine et de promouvoir une intégration économique durable et inclusive.

**2. Réduction des barrières non tarifaires : vers un commerce libéré et fluide**

Les barrières non tarifaires (BNT), bien que souvent moins visibles que les droits de douane, constituent un obstacle significatif au commerce intra-africain. Ces restrictions, allant des quotas aux normes techniques, en passant par les exigences administratives complexes, freinent les échanges et augmentent les coûts pour les entreprises. La ZLECAF s'attelle à lever ces entraves pour instaurer un cadre commercial fluide et intégré[82]. [82]

***Harmonisation des normes techniques et sanitaires : une étape cruciale***

La diversité des normes techniques et des exigences sanitaires entre les pays africains représente l'un des principaux défis pour le commerce intra-africain. Les entreprises doivent souvent adapter leurs produits à des réglementations différentes selon les marchés, ce qui alourdit considérablement les coûts de mise en conformité[83]. [83]

La ZLECAF s'engage à harmoniser ces normes à l'échelle continentale, facilitant ainsi la circulation des biens. Par exemple, les produits alimentaires ou pharmaceutiques, soumis à des exigences sanitaires strictes, pourront bénéficier de standards uniformisés, réduisant les charges pour les entreprises et augmentant la compétitivité des produits africains sur l'ensemble du continent. Une telle harmonisation permet non seulement d'améliorer l'efficacité des échanges, mais aussi de garantir la qualité et la sécurité des produits pour les consommateurs.

[82] *Commerce intra-africain : potentiel et défis, BAD, 2022.*
[83] *Commerce intra-africain : potentiel et défis, BAD, 2022.*

***Simplification des procédures administratives : accélérer les échanges***

Les formalités douanières et administratives complexes constituent une barrière majeure au commerce. Les longues attentes aux frontières, les documents multiples requis, et les processus manuels freinent considérablement les échanges.

La ZLECAF préconise la mise en place de guichets uniques et de systèmes électroniques pour automatiser et simplifier les procédures. Ces réformes, en réduisant les délais et les coûts de traitement, permettent aux entreprises de transporter leurs marchandises plus rapidement et de répondre efficacement à la demande des marchés régionaux. En rendant les échanges plus fluides, ces initiatives renforcent la compétitivité des économies africaines et encouragent une intégration économique plus approfondie.

***Suppression des quotas et restrictions quantitatives : libérer le potentiel du commerce***

Les quotas et les restrictions quantitatives, qui limitent les volumes de produits pouvant être échangés, brident la capacité des entreprises à accéder pleinement aux marchés. Ces mesures, souvent instaurées pour protéger les industries locales, créent des distorsions qui freinent le développement du commerce intra-africain[84].

La ZLECAF vise à réduire, voire éliminer, ces restrictions, offrant ainsi aux entreprises africaines la liberté d'ajuster leur production en fonction de la demande sans être contraintes par des plafonds. Cette libéralisation ouvre de nouvelles perspectives pour les producteurs locaux, stimule la croissance des échanges et favorise une utilisation plus optimale des ressources continentales.

***Un pas décisif vers une intégration économique complète***

En s'attaquant aux barrières non tarifaires, la ZLECAF pave la voie à un commerce plus fluide et plus équitable. L'harmonisation des normes, la simplification des procédures administratives, et la suppression des quotas renforcent la connectivité économique du continent, offrant aux entreprises africaines un environnement plus favorable pour prospérer. Ces réformes, essentielles pour réaliser le plein potentiel du

---

[84] *Commerce intra-africain : potentiel et défis, BAD, 2022.*

commerce intra-africain, s'inscrivent dans une vision globale de transformation économique et de coopération continentale accrue[85].

**3. Mécanismes de surveillance et de réduction des barrières non tarifaires : garantir un commerce transparent et équitable**

La ZLECAF, consciente des entraves que représentent les barrières non tarifaires (BNT) pour l'intégration économique africaine, a mis en place des mécanismes innovants pour identifier, surveiller et réduire ces obstacles. Ces dispositifs sont conçus pour promouvoir la transparence, renforcer la coopération entre les États membres et garantir une mise en œuvre harmonieuse des engagements pris dans le cadre de la zone de libre-échange.

***Mécanisme de notification et de suivi : un instrument de transparence***

Un des outils phares de la ZLECAF est son mécanisme de notification et de suivi. Ce dispositif permet aux États membres, aux entreprises, et à d'autres parties prenantes de signaler les barrières non tarifaires rencontrées dans leurs échanges commerciaux. Ces notifications, une fois reçues, sont soigneusement examinées par les autorités compétentes.

L'objectif est de créer un processus transparent où les obstacles identifiés peuvent être analysés, priorisés et traités de manière méthodique. En facilitant la collecte et le traitement de ces informations, ce mécanisme aide à identifier les goulots d'étranglement et à élaborer des solutions adaptées pour éliminer les barrières qui freinent le commerce.

Cette démarche proactive renforce la confiance des acteurs économiques et encourage une participation accrue au commerce intra-africain[86].

***Dialogue et résolution des différends : une approche collaborative***

La ZLECAF promeut également une approche collaborative pour résoudre les différends commerciaux liés aux BNT. Plutôt que de recourir à des mesures unilatérales ou litigieuses, les États membres sont encouragés à privilégier le dialogue et la médiation. Ce processus de règlement amiable repose sur le respect des règles de la ZLECAF et sur un engagement mutuel à trouver des solutions équilibrées. En favorisant la communication ouverte et la coopération, la ZLECAF prévient les

[85] *Commerce intra-africain : potentiel et défis, BAD, 2022.*
[86] *Commerce intra-africain : potentiel et défis, BAD, 2022.*

escalades de conflits commerciaux et maintient des relations harmonieuses entre les États membres. Cela contribue à créer un environnement propice à la croissance économique et à l'intégration régionale.

***Vers un commerce libéré des obstacles injustifiés***

Les mécanismes de surveillance et de réduction des barrières non tarifaires mis en place par la ZLECAF illustrent son engagement à bâtir un cadre commercial fluide et équitable. En combinant transparence, dialogue et action coordonnée, ces outils permettent de lever les entraves au commerce intra-africain et de renforcer la connectivité économique du continent. Ils posent ainsi les bases d'une coopération commerciale plus robuste, essentielle pour la transformation économique et l'émergence d'une Afrique unifiée sur la scène mondiale[87].

### 4. Effets sur le commerce intra-africain et la compétitivité : un tremplin pour l'économie continentale

La réduction des barrières tarifaires et non tarifaires dans le cadre de la ZLECAF constitue un levier stratégique pour stimuler le commerce intra-africain et renforcer la compétitivité des produits du continent. Ces réformes ambitionnent de transformer les échanges commerciaux entre les pays africains, tout en positionnant les économies du continent sur une trajectoire de croissance durable et résiliente[88].

***Une Dynamique croissante des échanges intra-africains***

En rendant les échanges intra-africains plus fluides et accessibles, la ZLECAF favorise une augmentation significative du volume des échanges commerciaux sur le continent. Les entreprises africaines, grâce à la réduction des droits de douane et à l'élimination des obstacles non tarifaires, pourront élargir leurs marchés et diversifier leurs opportunités d'affaires. Cette dynamique offre aux producteurs africains un accès simplifié à une clientèle continentale, renforçant ainsi leur capacité à produire davantage et à s'adapter aux demandes variées.

Cette expansion des échanges intra-africains contribuera également à atténuer la dépendance excessive des économies africaines vis-à-vis des marchés internationaux, en diversifiant leurs sources de revenus et en augmentant leur résilience face aux chocs économiques mondiaux.

[87] *Commerce intra-africain : potentiel et défis, BAD, 2022.*
[88] *Commerce intra-africain : potentiel et défis, BAD, 2022.*

### *Une réduction des coûts commerciaux : un atout pour la compétitivité*

L'harmonisation des normes techniques et la simplification des procédures administratives et douanières, piliers de la ZLECAF, jouent un rôle déterminant dans la réduction des coûts commerciaux. Ces réformes diminuent les délais de traitement aux frontières, les coûts de conformité et les formalités administratives souvent complexes, rendant ainsi les produits africains plus compétitifs sur les marchés régionaux.

En rendant les exportations moins coûteuses et plus accessibles, la ZLECAF offre aux entreprises africaines, en particulier aux petites et moyennes entreprises (PME), une chance unique d'améliorer leur rentabilité tout en répondant aux exigences des consommateurs sur le continent.

### *Renforcement des chaînes de valeur régionales : vers une intégration économique renforcée*

La réduction des barrières au commerce favorise également la création et le développement de chaînes de valeur régionales. Les matières premières produites dans un pays africain peuvent être transformées dans un autre, avant d'être commercialisées sur l'ensemble du continent. Ce processus non seulement valorise les ressources locales, mais encourage également une collaboration économique plus étroite entre les nations africaines.

Par exemple, un pays riche en ressources agricoles peut exporter ses récoltes à un voisin disposant d'une industrie de transformation développée, créant ainsi un produit fini ou semi-fini qui sera distribué à travers le continent. Cette complémentarité industrielle renforce l'industrialisation locale, tout en favorisant l'intégration économique et la compétitivité globale du continent.

### *Vers un commerce plus intégré et résilient*

La réduction des barrières tarifaires et non tarifaires dans le cadre de la ZLECAF ouvre des perspectives prometteuses pour le commerce intra-africain et la compétitivité des produits africains. En facilitant les échanges, en réduisant les coûts et en renforçant les collaborations régionales, la ZLECAF pose les fondations d'un commerce continental intégré et résilient. Elle offre aux économies africaines une opportunité unique de s'unir, de se développer et de se positionner comme un acteur incontournable dans l'économie mondiale[89].

---

[89] *Commerce intra-africain : potentiel et défis, BAD, 2022.*

## 5. Adaptation des économies africaines aux nouveaux défis : entre protection et modernisation

Si la réduction des barrières tarifaires et non tarifaires dans le cadre de la ZLECAF ouvre la voie à des opportunités significatives, elle impose également des défis majeurs aux économies africaines. Ces défis, qu'il s'agisse de la compétitivité ou de la protection des industries locales, nécessitent une adaptation stratégique pour maximiser les avantages tout en limitant les risques.

### *La Protection des industries locales : un équilibre subtil*

L'ouverture accrue des marchés africains, conséquence directe de la réduction des droits de douane, soulève des préoccupations légitimes pour certaines économies. Les industries locales naissantes ou fragiles pourraient se retrouver exposées à une concurrence régionale et internationale accrue, risquant de compromettre leur survie.

Pour répondre à ces enjeux, la ZLECAF intègre des mécanismes de protection, notamment des périodes de transition pour certains secteurs stratégiques, en particulier dans les pays les moins développés. Ces délais permettent aux industries locales de se renforcer et de s'adapter progressivement aux exigences d'un marché continental compétitif. En parallèle, ces mesures assurent que les avantages de l'intégration économique ne se traduisent pas par une déstabilisation des économies les plus vulnérables.

### *Le renforcement des capacités industrielles : une nécessité impérative*

La compétitivité des économies africaines dépend en grande partie de leur capacité à moderniser leurs outils de production et leurs infrastructures. La ZLECAF offre un cadre stimulant pour encourager les investissements nécessaires dans les secteurs critiques.

1. **Formation et montée en compétences** : L'industrialisation et la diversification économique exigent une main-d'œuvre qualifiée. Les gouvernements et les acteurs privés doivent investir dans des programmes de formation adaptés aux besoins des industries émergentes, garantissant ainsi une productivité accrue et une insertion réussie dans les chaînes de valeur régionales.

2. **Technologie et innovation** : L'amélioration des technologies de production est essentielle pour réduire les coûts et augmenter la qualité des produits africains. Les pays africains sont appelés à investir dans

l'innovation et à adopter des technologies modernes qui renforcent leur compétitivité, tout en respectant les impératifs environnementaux.

3. **Infrastructures de transport et de logistique** : Le commerce intra-africain nécessite des infrastructures robustes et interconnectées. Des routes, des ports, des chemins de fer et des systèmes numériques performants sont essentiels pour relier les centres de production aux marchés, réduire les délais et coûts logistiques, et stimuler les échanges[90].

***Vers un environnement commercial plus attractif***

La réduction des barrières tarifaires et non tarifaires, combinée à l'harmonisation des normes techniques et à la simplification des procédures administratives, crée un environnement commercial plus ouvert et attrayant. Les entreprises africaines bénéficient ainsi de conditions favorables pour étendre leurs activités, conquérir de nouveaux marchés et renforcer leur compétitivité.

***Une Afrique plus intégrée et compétitive***

En définitive, la ZLECAF se positionne comme un levier stratégique pour dynamiser le commerce intra-africain et accélérer l'intégration économique du continent. Bien que les défis soient nombreux, les efforts concertés pour protéger les industries locales et moderniser les capacités industrielles ouvriront la voie à une Afrique mieux préparée à rivaliser sur la scène mondiale. Ce processus transformateur permet non seulement de stimuler l'industrialisation, mais aussi de positionner l'Afrique comme un acteur incontournable dans l'économie globale, au bénéfice des générations actuelles et futures[91].

### C. Opportunités de croissance économique et d'industrialisation : une dynamique transformatrice avec la zlecaf

La Zone de Libre-Échange continentale africaine (ZLECAF) représente une initiative ambitieuse et structurante, offrant un éventail d'opportunités pour stimuler la croissance économique et catalyser l'industrialisation des économies africaines. En favorisant l'intégration d'un marché unique à l'échelle continentale et en dynamisant les échanges intra-africains, la ZLECAF s'impose comme un levier stratégique pour redéfinir les trajectoires de développement économique en Afrique. Ce projet visionnaire peut transformer le continent, en encourageant la

[90] *Commerce intra-africain : potentiel et défis, BAD, 2022.*

[91] *Commerce intra-africain : potentiel et défis, BAD, 2022*

production locale et en attirant des investissements cruciaux dans des secteurs stratégiques.

***Une dynamique de transformation économique***

La ZLECAF offre un potentiel unique pour restructurer les économies africaines en s'appuyant sur des ressources abondantes et inexploitées. L'intégration d'un marché continental, composé de plus de 1,3 milliard de consommateurs, ouvre de nouvelles perspectives économiques, permettant aux pays africains de collaborer et de tirer parti des synergies régionales.

### 1. Stimulation de la demande continentale pour les produits africains

La Zone de Libre-Échange continentale africaine (ZLECAF) incarne une dynamique transformatrice, en créant un marché continental vaste et unifié, propice à l'essor des produits et services locaux. La suppression progressive des droits de douane et des barrières non tarifaires entre les États membres ouvre des horizons commerciaux inédits pour les entreprises africaines, tout en stimulant une demande accrue pour les biens et services produits sur le continent.

***Un Accès à un marché unique et dynamique***

Avec une population dépassant 1,3 milliard d'habitants et un produit intérieur brut (PIB) combiné de 3,4 trillions de dollars, la ZLECAF offre une opportunité sans précédent pour les entreprises africaines. Ce marché continental, qui s'étend des côtes de l'Atlantique à celles de l'océan Indien, constitue un levier stratégique pour diversifier la clientèle et étendre les activités des entreprises locales. En permettant l'accès à une base de consommateurs élargie, la ZLECAF favorise l'augmentation des ventes, la montée en puissance des capacités de production et l'optimisation des économies d'échelle, renforçant ainsi la compétitivité des acteurs économiques africains.

***Réduction de la dépendance aux marchés internationaux***

En favorisant le commerce intra-africain, la ZLECAF réduit la dépendance des économies africaines aux marchés extérieurs, souvent marqués par des fluctuations imprévisibles et des barrières commerciales restrictives. Ce réalignement commercial contribue à bâtir une base économique locale et régionale plus stable et résiliente. Par ailleurs, il renforce la souveraineté économique des pays africains, en offrant aux entreprises locales un environnement plus prévisible et moins vulnérable aux aléas des marchés internationaux[92]. La stimulation de la demande continentale, orchestrée par la ZLECAF, ne se limite pas à dynamiser les échanges commerciaux : elle incarne une ambition de transformation structurelle, où les entreprises africaines deviennent les moteurs d'une prospérité partagée sur le continent.

### 2. L'industrialisation : pilier de la transformation économique avec la ZLECAF

L'industrialisation constitue une ambition fondamentale de la Zone de Libre-Échange continentale africaine (ZLECAF). En dynamisant les échanges intra-africains et en favorisant l'émergence de chaînes de valeur régionales, la ZLECAF stimule la transformation des matières premières en produits manufacturés à haute valeur ajoutée. Ce processus pave la voie vers une industrialisation plus large, tout en diversifiant les économies du continent et en renforçant leur résilience face aux fluctuations économiques mondiales.

#### *Une transformation des matières premières pour créer de la valeur*

Le continent africain regorge de ressources naturelles : minerais, pétrole, produits agricoles et autres richesses. Pourtant, ces matières premières sont bien souvent exportées à l'état brut, privant les économies locales des bénéfices considérables liés à leur transformation. La ZLECAF ambitionne d'inverser cette dynamique en encourageant la transformation locale des ressources en produits finis ou semi-finis, prêts à être échangés au sein du continent. Ce processus permet non seulement d'accroître les capacités industrielles locales, mais aussi de générer des emplois qualifiés et de renforcer les revenus issus des exportations. Cette approche transforme les ressources africaines en moteurs de prospérité, ancrant leur exploitation dans une logique de développement durable et inclusif.

#### *Diversification des économies pour réduire la vulnérabilité*

À ce jour, de nombreuses économies africaines reposent sur un nombre limité de secteurs, principalement l'agriculture ou l'extraction minière, ce qui les expose aux fluctuations imprévisibles des prix sur les marchés mondiaux. La ZLECAF propose un nouveau paradigme économique en diversifiant les secteurs stratégiques tels que l'agro-

[92] *Commerce intra-africain : potentiel et défis, BAD, 2022.*

industrie, le textile, la production manufacturière, et les services. En stimulant ces activités, les pays africains réduisent leur dépendance aux cycles volatils des matières premières, tout en ouvrant des opportunités de croissance plus équilibrée et inclusive.

Par cette diversification, la ZLECAF contribue à bâtir des économies africaines plus robustes et résilientes, capables de répondre aux défis globaux tout en exploitant pleinement le potentiel endogène du continent. En intégrant l'industrialisation à ses priorités, la ZLECAF inscrit l'Afrique dans une trajectoire où innovation et transformation se conjuguent pour construire un avenir économique souverain et prospère.

### 3. La création de chaînes de valeur régionales : un atout stratégique de la ZLECAF

La Zone de Libre-Échange continentale africaine (ZLECAF) offre une opportunité inédite de bâtir des chaînes de valeur régionales solides, permettant aux pays africains de collaborer pour produire et transformer des biens avant leur commercialisation à l'échelle continentale. En favorisant une complémentarité économique et des partenariats transfrontaliers, ces chaînes de valeur constituent un levier essentiel pour renforcer l'intégration économique, stimuler l'industrialisation, et maximiser les avantages comparatifs des nations africaines.

#### *La complémentarité économique comme fondement de l'intégration*

L'Afrique se distingue par une diversité économique marquée, chaque pays disposant de spécificités et de ressources uniques. La ZLECAF encourage une exploitation judicieuse de cette complémentarité. Par exemple, un pays doté d'abondantes matières premières peut les exporter vers une nation voisine possédant une infrastructure industrielle avancée pour leur transformation. Les produits finis ou semi-finis issus de cette coopération sont ensuite distribués sur les marchés régionaux et continentaux. Cette dynamique enrichit non seulement les chaînes d'approvisionnement locales, mais elle renforce également les liens entre les économies africaines, en les rendant interdépendantes et solidaires. Elle illustre parfaitement comment la diversité économique peut devenir un moteur de prospérité collective.

#### *Les partenariats transfrontaliers : clés de la compétitivité régionale*

La ZLECAF favorise la création de partenariats transfrontaliers entre les entreprises africaines, un élément crucial pour bâtir une économie intégrée et compétitive. Ces alliances permettent aux entreprises de mutualiser leurs ressources, de partager des technologies, et d'accéder à des marchés plus vastes. Par exemple, des projets communs, tels que la construction d'usines de transformation ou le développement d'infrastructures logistiques transfrontalières, sont essentiels pour optimiser les chaînes de valeur régionales.

Ces collaborations transnationales ne se contentent pas de renforcer les capacités des entreprises locales ; elles contribuent également à établir une nouvelle dynamique économique où la coopération prime sur la compétition. En connectant les économies et les marchés, la ZLECAF pave la voie à une industrialisation inclusive, capable de soutenir une croissance durable et de positionner le continent comme un acteur clé sur la scène économique mondiale.

### 4. L'attractivité renforcée de l'Afrique pour les investissements directs étrangers

La Zone de Libre-Échange continentale africaine (ZLECAF) ouvre une nouvelle ère pour l'investissement étranger sur le continent. En instaurant un marché unique continental, elle offre un cadre commercial plus prévisible et une stabilité juridique accrue, des facteurs essentiels pour séduire les investisseurs étrangers. Ces investissements directs étrangers (IDE) jouent un rôle stratégique dans l'industrialisation et le développement économique de l'Afrique, tout en renforçant sa compétitivité sur la scène mondiale.

#### *Des investissements stratégiques dans les infrastructures et l'industrie*

Les investisseurs étrangers, attirés par les perspectives de croissance offertes par un marché intégré, sont plus enclins à financer des projets d'envergure, tels que la construction d'infrastructures essentielles – routes, ports, chemins de fer – et la création de parcs industriels modernes. Ces projets à grande échelle, catalysés par les réformes commerciales et économiques de la ZLECAF, permettent de surmonter les goulots d'étranglement logistiques qui freinent le commerce intra-africain[93].

Grâce à un environnement commercial plus stable, les investisseurs bénéficient d'une sécurité accrue pour leurs capitaux, ce qui favorise la concrétisation de projets structurants capables de transformer durablement les économies locales. Ainsi, la ZLECAF devient un levier pour aligner les priorités d'industrialisation des États africains avec les intérêts des investisseurs internationaux.

---

[93] *Commerce intra-africain : potentiel et défis, BAD, 2022.*

### *Zones industrielles et hubs régionaux : catalyseurs de développement*

L'émergence de zones économiques spéciales (ZES) et de hubs industriels régionaux constitue une opportunité clé pour attirer les IDE dans des secteurs stratégiques. Ces zones, souvent situées à des carrefours commerciaux ou près de grands centres urbains, offrent des incitations fiscales et des infrastructures dédiées qui encouragent les investissements dans des domaines tels que les technologies, l'agro-industrie, ou encore les énergies renouvelables.

Par exemple, des hubs industriels spécialisés pourraient répondre à la demande croissante du marché continental, en produisant localement des biens autrefois importés. Ces zones deviennent ainsi des moteurs de création d'emplois, de transfert de technologie, et de dynamisation des économies régionales. La ZLECAF, en facilitant la coordination entre les États membres, assure que ces initiatives contribuent à une industrialisation harmonieuse et inclusive, tout en positionnant l'Afrique comme un pôle d'attraction pour les investisseurs globaux.

## 5. Le commerce électronique et les services numériques : catalyseurs de l'intégration économique

La Zone de Libre-Échange continentale africaine (ZLECAF) agit comme un tremplin pour le développement du commerce électronique et des services numériques, deux secteurs porteurs d'une transformation économique profonde en Afrique. Ces industries, qui connaissent une croissance exponentielle, représentent des opportunités majeures pour les jeunes entrepreneurs et les petites et moyennes entreprises (PME), leur permettant de transcender les barrières géographiques traditionnelles et d'accéder à des marchés inédits.

### *Commerce électronique : une dynamique continentale en plein essor*

Grâce à l'harmonisation des politiques commerciales et à la réduction des barrières tarifaires et non tarifaires, la ZLECAF crée un cadre propice à l'essor du commerce électronique. Les entreprises africaines, notamment les PME et les start-ups, peuvent exploiter cet environnement pour étendre leurs activités à l'échelle continentale.

Cette dynamique favorise la vente en ligne de biens et de services à une clientèle élargie, en démocratisant l'accès aux marchés et en réduisant les coûts d'entrée. De plus, le commerce électronique pallie l'insuffisance d'infrastructures physiques dans certaines régions, permettant aux entrepreneurs de contourner ces obstacles tout en participant activement à l'intégration numérique du continent. En reliant les producteurs et les consommateurs à travers des plateformes numériques, la ZLECAF stimule l'interconnectivité économique et sociale entre les États membres.

***Services numériques et innovations technologiques : un nouvel horizon***

La ZLECAF encourage également le déploiement de solutions technologiques innovantes pour renforcer l'efficacité des échanges commerciaux et accroître la compétitivité des entreprises africaines. Les services numériques, tels que les plateformes de paiement électronique, les systèmes logistiques intelligents et les solutions de gestion de la chaîne d'approvisionnement, jouent un rôle déterminant dans la modernisation des pratiques commerciales.

Ces innovations technologiques contribuent non seulement à réduire les coûts de transaction, mais aussi à améliorer la connectivité entre les entreprises et leurs clients. En facilitant les interactions économiques à travers des outils numériques, la ZLECAF participe à la création d'un écosystème digital inclusif qui soutient la croissance des entreprises, stimule l'entrepreneuriat, et favorise une intégration économique plus large.

En plaçant le commerce électronique et les services numériques au cœur de son ambition, la ZLECAF transforme le paysage économique africain, offrant des perspectives prometteuses pour un développement durable, innovant et inclusif à l'échelle du continent.

### 6. Création d'emplois et réduction de la pauvreté : un impact transformateur de la ZLECAF

La Zone de Libre-Échange continentale africaine (ZLECAF) incarne une promesse de transformation sociale et économique pour le continent, notamment par sa capacité à générer des millions d'emplois et à réduire la pauvreté. Grâce à l'industrialisation et à la croissance économique qu'elle stimule, la ZLECAF contribue à améliorer les conditions de vie et à renforcer la résilience des communautés à travers l'Afrique.

***Création d'emplois dans les secteurs stratégiques***

L'industrialisation encouragée par la ZLECAF favorise la production locale et la transformation des matières premières, ouvrant la voie à une multitude d'opportunités professionnelles. Les secteurs manufacturiers, l'agro-industrie, les services et les infrastructures deviennent des moteurs de création d'emplois, offrant aux jeunes Africains des opportunités de travail qualifiées et mieux rémunérées.

Ces nouveaux emplois réduisent la dépendance à l'agriculture de subsistance et à l'économie informelle, tout en ouvrant des perspectives d'ascension sociale. En promouvant l'innovation et le développement des compétences, la ZLECAF construit une base solide pour une main-d'œuvre africaine qualifiée et compétitive, capable de répondre aux exigences des industries modernes.

***Réduction des inégalités et de la pauvreté***

L'intégration économique et l'expansion du commerce intra-africain jouent un rôle clé dans la réduction des inégalités. En favorisant une croissance inclusive, la ZLECAF assure une répartition plus équitable des bénéfices du développement économique, tant entre les pays qu'au sein des populations[94].

La création d'emplois bien rémunérés dans des secteurs stratégiques contribue à réduire les écarts de revenus, à renforcer la classe moyenne et à améliorer l'accès aux services essentiels tels que l'éducation et la santé. Ces avancées, combinées à une participation accrue des femmes et des jeunes dans l'économie formelle, constituent un levier puissant pour éradiquer la pauvreté et bâtir un avenir plus équitable pour le continent.

En soutenant une industrialisation durable et une intégration économique harmonieuse, la ZLECAF ne se contente pas de stimuler la croissance économique. Elle transforme également le tissu social africain, en offrant des perspectives d'avenir aux générations présentes et futures et en œuvrant pour un développement plus inclusif et prospère.

### 7. Promotion de la croissance verte et de l'industrialisation durable

La Zone de Libre-Échange continentale africaine (ZLECAF) ne se limite pas à dynamiser les échanges commerciaux et à favoriser l'industrialisation ; elle se positionne également comme un catalyseur pour une croissance verte et une industrialisation durable. En intégrant des considérations environnementales dans les politiques économiques, elle offre aux pays africains une opportunité unique de concilier développement et respect de l'environnement.

[94] *Commerce intra-africain : potentiel et défis, BAD, 2022.*

***Énergies renouvelables et infrastructures vertes***

L'essor des énergies renouvelables constitue un pilier essentiel de l'industrialisation durable. Grâce à des investissements ciblés dans le solaire, l'éolien, et l'hydroélectrique, la ZLECAF soutient la mise en place d'infrastructures énergétiques modernes et respectueuses du climat. Ces sources d'énergie renouvelable ne se contentent pas de répondre aux besoins croissants des industries africaines ; elles permettent également de réduire la dépendance aux énergies fossiles et d'atténuer l'empreinte écologique du continent.

De surcroît, la ZLECAF encourage le développement d'infrastructures vertes, telles que des systèmes de transport à faible émission et des bâtiments écoénergétiques, qui favorisent des échanges commerciaux respectueux de l'environnement. Ces infrastructures, tout en soutenant les ambitions économiques du continent, contribuent à inscrire l'Afrique dans une dynamique mondiale de transition écologique.

***Vers une économie circulaire***

L'un des aspects innovants de la ZLECAF réside dans son potentiel à promouvoir une économie circulaire, où la transformation locale des matières premières et la gestion durable des ressources sont au cœur du modèle industriel. Cette approche permet de maximiser la valeur des ressources africaines tout en minimisant les déchets et l'impact environnemental.

En encourageant la réutilisation et le recyclage dans les chaînes de production, ainsi que la fabrication de produits à partir de matériaux locaux, la ZLECAF ouvre la voie à une industrialisation responsable. Les entreprises africaines, guidées par ces principes, peuvent ainsi allier compétitivité économique et durabilité environnementale.

***Une transformation économique profonde et inclusive***

En créant un marché continental intégré, la ZLECAF catalyse une transformation économique ambitieuse. Elle stimule la production locale, développe des chaînes de valeur régionales, et attire des investissements stratégiques, tout en promouvant une industrialisation alignée sur les objectifs de durabilité.

Cette vision intégrée favorise non seulement la diversification économique et la création d'emplois, mais renforce également la résilience des économies africaines face aux défis environnementaux et climatiques. Avec la ZLECAF, l'Afrique se positionne comme un acteur clé de l'économie mondiale, capable d'allier prospérité économique et responsabilité environnementale, offrant ainsi un avenir durable et inclusif pour ses populations.

### Le Cas du Sénégal

### A. Une position stratégique au cœur de l'Afrique de l'Ouest

Le Sénégal se distingue par une position géographique et stratégique exceptionnelle au sein de l'Afrique de l'Ouest, faisant de lui un acteur incontournable dans les dynamiques économiques et géopolitiques de la région. Bénéficiant d'une façade atlantique qui le connecte aux grands flux commerciaux mondiaux, le pays se positionne comme un carrefour naturel entre l'Afrique, l'Europe, les Amériques, et au-delà.

Cette localisation privilégiée confère au Sénégal un rôle central dans les échanges régionaux et internationaux. Le port de Dakar, l'un des plus importants d'Afrique de l'Ouest, agit comme une plateforme logistique majeure, facilitant le transit des marchandises vers les pays enclavés comme le Mali, tout en renforçant la connectivité avec les marchés mondiaux. Ce positionnement stratégique est renforcé par des infrastructures en pleine expansion, telles que l'Aéroport international Blaise Diagne, qui ambitionne de devenir un hub aérien régional.

#### *Une stabilité politique, gage de confiance*

Au-delà de sa situation géographique, le Sénégal se distingue par sa stabilité politique durable, un atout rare dans une région souvent marquée par des turbulences. Avec une tradition démocratique enracinée et des transitions pacifiques du pouvoir, le pays inspire confiance aux investisseurs et aux partenaires internationaux. Cette stabilité est un socle sur lequel repose son ambition de devenir un hub économique majeur.

#### *Un hub pour la diplomatie économique*

L'ouverture du Sénégal à l'océan Atlantique en fait également une porte d'entrée naturelle pour les investissements étrangers et un point d'ancrage stratégique pour la diplomatie économique africaine. Grâce à des politiques publiques telles que le **Projet Sénégal 2050**, le pays s'affirme comme un moteur de croissance et d'intégration régionale. Ces initiatives visent à transformer l'économie sénégalaise en diversifiant les secteurs productifs et en stimulant l'industrialisation, tout en consolidant son rôle de catalyseur pour le développement économique en Afrique de l'Ouest.

En somme, la position géographique, la stabilité politique et l'engagement du Sénégal dans des réformes ambitieuses le placent au centre des enjeux économiques et diplomatiques de l'Afrique de l'Ouest. Il illustre parfaitement comment une nation peut tirer parti de ses atouts naturels et institutionnels pour se projeter sur la scène régionale et mondiale.

**1. Hub géographique avec un accès privilégié à l'Océan Atlantique**

Situé à l'extrémité occidentale du continent africain, le Sénégal bénéficie d'une position géographique exceptionnelle, bordé par l'océan Atlantique. Cette localisation stratégique en fait une véritable porte d'entrée naturelle vers l'Afrique de l'Ouest, favorisant les échanges internationaux et consolidant son rôle comme plaque tournante des flux commerciaux entre les continents.

***Le port de Dakar : un centre de transit régional de premier plan***

Le port de Dakar, l'un des ports en eau profonde les plus performants d'Afrique de l'Ouest, constitue une infrastructure logistique clé pour le commerce de transit dans la région. Il joue un rôle vital non seulement dans les activités d'import-export du Sénégal, mais aussi pour les pays enclavés tels que le Mali, qui dépendent de ses installations pour accéder aux marchés mondiaux. L'importance stratégique de ce port réside dans sa capacité à accueillir des marchandises en provenance d'Europe, d'Asie, des Amériques et d'autres régions, renforçant ainsi la connectivité du Sénégal avec les grandes économies mondiales.

***Un positionnement sur les routes maritimes mondiales***

Le Sénégal occupe une position privilégiée sur les principales routes maritimes reliant l'Afrique, l'Europe et les Amériques. Cette situation le place au carrefour des échanges transatlantiques et intercontinentaux, lui permettant de devenir un acteur incontournable dans le commerce maritime. En investissant dans le développement et la modernisation de ses infrastructures portuaires, le Sénégal se positionne comme un hub logistique stratégique pour l'Afrique de l'Ouest. Il attire ainsi les entreprises internationales désireuses d'établir des bases solides pour pénétrer les marchés régionaux.

En combinant sa situation géographique unique et des infrastructures portuaires de classe mondiale, le Sénégal s'impose comme une plaque tournante essentielle pour les échanges commerciaux globaux, tout en consolidant son rôle dans le développement économique régional.

### 2. Une stabilité politique et économique exemplaire

Le Sénégal s'impose comme un modèle de stabilité politique en Afrique de l'Ouest, une région souvent marquée par des périodes d'instabilité. Ce climat paisible, rare dans le contexte régional, constitue un atout stratégique majeur, attirant la confiance des investisseurs étrangers et des partenaires économiques internationaux. Le pays se positionne ainsi comme un acteur clé de la diplomatie économique régionale, bénéficiant d'une crédibilité renforcée sur la scène internationale.

***Un régime démocratique solide***

Le Sénégal figure parmi les démocraties les plus stables et les plus respectées du continent africain. Depuis son indépendance, il a su maintenir une tradition de transitions pacifiques du pouvoir, illustrant un engagement ferme envers les principes démocratiques. Cette stabilité institutionnelle et politique confère au Sénégal une place de choix dans les relations internationales, en tant que partenaire fiable et prévisible. Elle agit également comme un puissant levier pour attirer les investissements étrangers, en rassurant les acteurs économiques sur la pérennité des cadres réglementaires et économiques du pays.

***Des politiques économiques ambitieuses***

Le Sénégal a su capitaliser sur cette stabilité en adoptant des politiques économiques audacieuses et tournées vers l'avenir. Le Projet Sénégal 2050, véritable pierre angulaire de la stratégie économique nationale, vise à transformer l'économie sénégalaise par une industrialisation accélérée, une diversification des secteurs productifs et une modernisation des infrastructures. Ces réformes ambitieuses ont contribué à faire du Sénégal une destination privilégiée pour les investissements directs étrangers (IDE), en offrant un environnement favorable à la croissance et à l'innovation.

Grâce à cette combinaison harmonieuse de stabilité politique et de dynamisme économique, le Sénégal s'affirme comme une porte d'entrée incontournable pour les entreprises cherchant à s'implanter en Afrique de l'Ouest, tout en consolidant sa position de leader régional.

### 3. Un acteur stratégique de l'intégration régionale

Le Sénégal s'impose comme un pilier incontournable de l'intégration régionale en Afrique de l'Ouest, jouant un rôle déterminant dans les initiatives visant à renforcer la coopération économique, politique et sociale au sein de la région. Son engagement actif au sein d'organisations telles que la Communauté économique des États de l'Afrique de l'Ouest (CEDEAO) et l'Union Économique et monétaire Ouest-Africaine (UEMOA) témoigne de sa volonté de promouvoir l'unité régionale et de favoriser un développement économique inclusif et durable.

***Leadership au sein de la CEDEAO***

En tant que membre influent de la CEDEAO, le Sénégal contribue activement à la consolidation de la paix, de la sécurité et de la stabilité dans la région. Cette organisation, qui regroupe plusieurs nations d'Afrique de l'Ouest, s'est fixée pour objectif de faciliter la libre circulation des biens, des services et des personnes, éléments essentiels pour stimuler les échanges et renforcer les liens entre les pays membres. Le Sénégal s'appuie sur cette plateforme pour développer ses relations commerciales avec ses voisins et pour promouvoir des initiatives régionales ambitieuses, notamment dans les domaines des infrastructures, de l'énergie et de l'agriculture.

***Une position clé au sein de l'UEMOA***

Membre fondateur de l'UEMOA, le Sénégal bénéficie des avantages d'une union monétaire qui utilise le franc CFA, facilitant ainsi les échanges financiers et commerciaux entre les pays membres. Cette union monétaire constitue un socle de stabilité macroéconomique pour la région, réduisant les coûts de transaction et harmonisant les politiques économiques. Grâce à cette appartenance, le Sénégal peut non seulement profiter d'un environnement économique intégré, mais aussi jouer un rôle moteur dans l'élaboration de politiques visant à renforcer la compétitivité des économies ouest-africaines.

En s'investissant pleinement dans ces structures régionales, le Sénégal démontre son engagement à devenir un acteur clé de l'intégration économique en Afrique de l'Ouest. Ce rôle stratégique non seulement consolide sa position de leader régional, mais contribue également à construire un avenir de prospérité partagée pour l'ensemble de la région.

**4. Modernisation des infrastructures de transport et de logistique**

Le Sénégal s'illustre par ses investissements ambitieux dans le développement des infrastructures, véritable socle de sa compétitivité régionale et internationale. Ces efforts, destinés à positionner le pays comme un hub économique incontournable en Afrique de l'Ouest, répondent à la nécessité d'une meilleure connectivité et d'un renforcement des échanges commerciaux.

### *Infrastructures de transport : un atout stratégiquement déployé*

Le Sénégal a entrepris des projets d'envergure pour moderniser et étendre ses infrastructures de transport. Parmi ces initiatives figurent la construction de nouvelles autoroutes, qui relient les principaux pôles économiques du pays, et la réhabilitation stratégique du réseau ferroviaire, essentiel pour le transport de marchandises.

Un exemple phare de ces avancées est l'Aéroport international Blaise Diagne, situé à proximité de Dakar, conçu pour répondre aux exigences croissantes du commerce international et du tourisme. Cet aéroport moderne joue un rôle crucial dans le désenclavement du Sénégal, facilitant la circulation des biens et des personnes à travers le territoire et au-delà.

### *Projets d'infrastructure transfrontaliers : une vision régionale*

Conscient de sa position géographique stratégique, le Sénégal participe activement à des projets transfrontaliers visant à connecter les économies ouest-africaines. Les corridors de transport, tels que ceux reliant le Sénégal au Mali, permettent non seulement de faciliter l'accès des pays enclavés aux ports sénégalais, mais aussi de renforcer l'intégration économique régionale.

Ces infrastructures transfrontalières, essentielles pour la Communauté économique des États de l'Afrique de l'Ouest (CEDEAO), illustrent l'engagement du Sénégal à jouer un rôle de premier plan dans la dynamique d'interconnexion des marchés africains. Elles renforcent les liens économiques avec les voisins tout en consolidant la position du pays en tant que carrefour logistique et commercial de la région.

Grâce à ces initiatives, le Sénégal affirme sa vocation de plateforme d'échanges pour l'Afrique de l'Ouest, combinant ambition nationale et intégration régionale au service d'un développement économique durable et inclusif.

## 5. Le Sénégal : catalyseur de l'économie bleue et des ressources naturelles

Fort de sa vaste façade maritime et de ses ressources naturelles prometteuses, le Sénégal se positionne comme un acteur clé de l'économie bleue en Afrique de l'Ouest, tout en tirant parti de ses richesses énergétiques et minières émergentes. Ce double potentiel, maritime et terrestre, représente une opportunité stratégique pour le pays d'affirmer son rôle dans le développement durable et l'intégration économique régionale.

### *Économie bleue : une opportunité maritime d'exception*

Grâce à ses 700 kilomètres de côtes bordant l'océan Atlantique, le Sénégal dispose d'un patrimoine maritime inestimable. La pêche et l'aquaculture, secteurs essentiels pour l'économie nationale, bénéficient de ce potentiel unique. La Zone de Libre-Échange continentale africaine (ZLECAF) offre une plateforme pour élargir les débouchés commerciaux des produits de mer sénégalais, ouvrant des opportunités d'exportation sur le continent et au-delà.

Par ailleurs, l'économie bleue ne se limite pas aux seules activités halieutiques. Elle englobe également des initiatives novatrices dans les énergies marines renouvelables, telles que l'éolien offshore et l'énergie marémotrice, ainsi que le tourisme côtier, véritable levier de développement pour les communautés locales. En intégrant des stratégies de préservation des écosystèmes marins, le Sénégal peut asseoir une croissance économique durable tout en valorisant son patrimoine naturel.

### *Ressources pétrolières et gazières : une nouvelle ère énergétique*

Les récentes découvertes de gisements pétroliers et gaziers offshore placent le Sénégal parmi les acteurs émergents du secteur des hydrocarbures en Afrique. Ces ressources stratégiques offrent une occasion inédite de renforcer l'économie nationale, notamment en attirant des investissements étrangers dans les infrastructures énergétiques et en augmentant les revenus d'exportation.

Pour maximiser les retombées de cette richesse, une gestion rigoureuse et durable est essentielle. Le Sénégal s'engage déjà dans des politiques visant à éviter la malédiction des ressources naturelles, en favorisant une redistribution équitable des bénéfices et en investissant dans des projets à long terme qui soutiennent la diversification économique.

### *Une Vision durable et intégrée*

En capitalisant sur son potentiel maritime et énergétique, le Sénégal se positionne comme un moteur de transformation économique en Afrique de l'Ouest. L'économie bleue et les hydrocarbures, combinés à des politiques de développement durable, offrent au pays les moyens de concilier croissance économique, justice sociale et préservation environnementale. Par cette stratégie, le Sénégal peut non seulement renforcer sa souveraineté économique, mais également contribuer à l'intégration régionale et à l'essor de l'Afrique sur la scène mondiale.

### 6. Diplomatie économique et partenariats internationaux : le Sénégal, acteur stratège

Le Sénégal s'est affirmé comme un pilier de la diplomatie économique en Afrique de l'Ouest, bâtissant des relations robustes avec des puissances économiques mondiales et des institutions multilatérales. Ce rôle stratégique consolide son influence régionale, tout en renforçant sa capacité à promouvoir ses intérêts économiques et commerciaux sur la scène internationale.

***Des partenariats stratégiques avec les grandes puissances***

Fort de relations privilégiées avec des partenaires tels que l'Union européenne, les États-Unis, la Chine, et les pays du Golfe, le Sénégal s'impose comme un acteur de confiance dans les échanges économiques globaux. Ces partenariats se traduisent par des investissements significatifs dans des secteurs clés, notamment les infrastructures, l'énergie, les technologies, et l'agriculture.

L'Union européenne demeure un partenaire de premier plan, soutenant de nombreux projets de développement et d'intégration régionale. Parallèlement, les relations avec la Chine et les États-Unis illustrent la diversification des alliances stratégiques, chaque partenaire apportant des opportunités spécifiques dans des domaines critiques comme les énergies renouvelables, les infrastructures modernes et les innovations technologiques.

Ces partenariats internationaux permettent au Sénégal non seulement de mobiliser des ressources financières, mais également de bénéficier d'un transfert de savoir-faire, renforçant ainsi sa compétitivité économique.

***Leadership diplomatique au sein de la ZLECAF***

Sur le plan continental, le Sénégal joue un rôle de premier ordre dans la mise en œuvre de la Zone de Libre-Échange continentale africaine (ZLECAF). Acteur proactif des négociations commerciales, il s'attache à promouvoir les bénéfices de l'intégration économique, en particulier dans des secteurs stratégiques tels que l'agro-industrie, le textile, les services numériques, et les industries créatives.

Grâce à sa position centrale au sein de la CEDEAO et de l'UEMOA, le Sénégal agit comme un pont entre les ambitions régionales et les objectifs continentaux de la ZLECAF. Il tire parti de cette double appartenance pour jouer un rôle de catalyseur dans la promotion du commerce intra-africain et l'attraction d'investissements[95].

---

[95] *Commerce intra-africain : potentiel et défis, BAD, 2022.*

***Un hub régional pour le commerce et les investissements***

Le positionnement stratégique du Sénégal repose sur des atouts majeurs : une situation géographique idéale à la croisée des continents, une stabilité politique durable, et des infrastructures en plein essor. En capitalisant sur ces avantages, le Sénégal s'impose comme un hub régional pour le commerce et les investissements en Afrique de l'Ouest.

De surcroît, son engagement dans des secteurs prometteurs comme l'économie bleue et les énergies renouvelables renforce son rôle de leader dans la transition vers une croissance économique durable. Cette capacité à conjuguer attractivité internationale et intégration régionale positionne le Sénégal comme un acteur incontournable de l'économie africaine et un partenaire stratégique sur la scène mondiale.

### A. Impact de la Réduction des Barrières tarifaires sur les Exportations sénégalaises

La réduction progressive des barrières tarifaires instaurée par la Zone de Libre-Échange continentale africaine (ZLECAF) ouvre une voie prometteuse pour dynamiser les exportations sénégalaises. En abolissant progressivement les droits de douane sur les biens échangés entre les États membres, cette initiative continentale offre au Sénégal de nouvelles perspectives pour élargir ses marchés, renforcer la compétitivité de ses produits, et diversifier son économie d'exportation.

#### 1. Renforcement de l'accès aux marchés africains

L'élimination progressive des barrières tarifaires dans le cadre de la ZLECAF représente une avancée significative pour l'accès des exportateurs sénégalais aux marchés africains. En supprimant jusqu'à 90 % des droits de douane sur les produits échangés entre les pays membres, la ZLECAF ouvre de nouvelles perspectives commerciales, tout en réduisant les coûts souvent prohibitifs liés aux taxes d'importation.

***Un marché continental en pleine expansion***

Le Sénégal bénéficie désormais d'une opportunité inédite : exporter ses produits vers l'ensemble des pays signataires de la ZLECAF sans être freiné par des barrières tarifaires élevées. Cette intégration offre un potentiel commercial énorme, en élargissant l'accès à un marché regroupant plus de 1,3 milliard de consommateurs. Les secteurs stratégiques de l'économie sénégalaise, notamment l'agro-industrie, les produits halieutiques, le textile, et les matériaux de construction, sont appelés à répondre à une demande croissante à travers tout le continent.

### *Diversification des relations commerciales intra-africaines*

Au-delà de son appartenance à la CEDEAO et à l'UEMOA, la participation du Sénégal à la ZLECAF lui permet d'étendre son influence commerciale vers de nouvelles régions, telles que l'Afrique de l'Est, l'Afrique centrale et l'Afrique australe. Cette diversification géographique favorise l'établissement de partenariats commerciaux avec des pays jusque-là moins accessibles, consolidant ainsi les échanges intra-africains.

### *Réduction de la dépendance aux marchés extérieurs*

L'accès facilité aux marchés africains offre également une opportunité stratégique au Sénégal : réduire sa dépendance économique vis-à-vis des partenaires commerciaux traditionnels, notamment l'Union européenne. En diversifiant ses débouchés, le Sénégal gagne en résilience face aux fluctuations des marchés mondiaux et se positionne comme un acteur clé dans la promotion d'un commerce continental dynamique et équilibré.

Ainsi, la réduction des barrières tarifaires constitue un levier puissant pour l'expansion commerciale du Sénégal, renforçant son intégration économique au sein du continent africain et valorisant ses atouts sectoriels dans un cadre compétitif élargi.

## 2. Réduction des Coûts d'exportation et renforcement de la compétitivité

La suppression progressive des droits de douane dans le cadre de la ZLECAF représente une opportunité stratégique pour les exportateurs sénégalais, en leur permettant de réduire substantiellement leurs coûts d'exportation. Ce levier économique est particulièrement crucial pour les petites et moyennes entreprises (PME), véritable moteur de l'économie sénégalaise, leur ouvrant de nouvelles perspectives sur les marchés africains.

### *Diminution des coûts de transaction*

L'élimination des droits de douane se traduit directement par une baisse significative des coûts liés à l'exportation de biens vers d'autres pays africains. Les exportateurs sénégalais pourront ainsi proposer leurs produits à des prix plus compétitifs, renforçant leur position sur les marchés régionaux. Par ailleurs, cette réduction des coûts contribue à diminuer la dépendance des entreprises sénégalaises vis-à-vis des subventions ou incitations fiscales, tout en augmentant leur rentabilité.

***Accroissement de la compétitivité régionale***

Grâce à ces économies, les produits sénégalais gagnent en compétitivité face aux biens importés d'autres régions du monde, mais aussi face aux produits fabriqués localement dans les pays africains partenaires. Cette dynamique est particulièrement avantageuse pour des secteurs où le Sénégal dispose d'un savoir-faire reconnu, comme l'agroalimentaire, le textile, ou encore les matériaux de construction. Ces industries bénéficieront non seulement d'une demande accrue, mais également d'un environnement économique propice à l'innovation et à l'investissement.

***Stimulation des investissements sectoriels***

La réduction des coûts à l'exportation encourage également les entreprises locales à investir davantage dans l'amélioration de leurs capacités de production et dans l'exploration de nouveaux marchés continentaux. Cela renforce l'attractivité des exportateurs sénégalais tout en consolidant leur rôle dans le développement des chaînes de valeur régionales.

Ainsi, la ZLECAF offre au Sénégal l'opportunité de tirer pleinement parti de ses avantages comparatifs en améliorant la compétitivité de ses produits sur les marchés africains. Cette transformation est porteuse de perspectives de croissance pour les entreprises locales, tout en favorisant une intégration économique plus profonde au sein du continent.

**3. Diversification des exportations sénégalaises**

La réduction des barrières tarifaires instaurée par la ZLECAF constitue une opportunité précieuse pour diversifier les exportations sénégalaises. Historiquement concentrées sur un nombre limité de secteurs, principalement les produits agricoles et halieutiques, ces exportations peuvent désormais s'étendre à de nouveaux domaines à forte valeur ajoutée, renforçant ainsi la résilience économique du Sénégal face aux fluctuations des marchés mondiaux.

***Émergence de nouveaux secteurs d'exportation***

Le cadre offert par la ZLECAF permet au Sénégal de développer des industries émergentes capables de conquérir des marchés régionaux. L'industrie manufacturière, par exemple, offre des perspectives intéressantes pour la transformation locale des matières premières agricoles en produits finis destinés à l'exportation. Des entreprises sénégalaises, déjà bien positionnées dans la transformation agroalimentaire, peuvent exploiter ce potentiel en ajoutant de la valeur aux ressources locales, tout en bénéficiant d'une demande accrue sur le continent.

De plus, le secteur des technologies de l'information et des services financiers, en pleine croissance, offre de nouvelles possibilités. Les start-ups et les entreprises technologiques sénégalaises, soutenues par un écosystème numérique dynamique, sont en mesure d'exporter leurs solutions innovantes vers d'autres marchés africains, contribuant ainsi à diversifier les flux commerciaux du pays.

***Réduction de la dépendance aux matières premières***

La diversification des exportations représente également un moyen efficace de réduire la dépendance historique du Sénégal à l'égard des matières premières non transformées. En encourageant l'industrialisation et la transformation locale des ressources naturelles, la ZLECAF permet au Sénégal d'optimiser l'exploitation de ses richesses halieutiques et agricoles.

Cette transformation locale, associée à une augmentation des exportations de produits à haute valeur ajoutée, stimule la création d'emplois, augmente les revenus d'exportation et renforce la compétitivité économique du pays. Par ailleurs, elle protège l'économie sénégalaise contre les variations des cours mondiaux des matières premières, offrant une stabilité et une durabilité accrues.

***Un tremplin pour une intégration économique profonde***

Grâce à la diversification de ses exportations, le Sénégal peut également jouer un rôle de catalyseur dans les chaînes de valeur régionales, en intégrant davantage son économie à celles des autres pays membres de la ZLECAF. Cette synergie renforce non seulement l'économie nationale, mais contribue également à l'intégration économique du continent africain, au bénéfice de tous ses acteurs.

Ainsi, en s'appuyant sur les opportunités offertes par la ZLECAF, le Sénégal peut non seulement transformer la structure de ses exportations, mais également construire une économie plus diversifiée, résiliente et compétitive.

### 4. Accélération de l'industrialisation et intégration dans les chaînes de valeur

La mise en œuvre de la ZLECAF ouvre de nouvelles perspectives pour accélérer l'industrialisation du Sénégal tout en le positionnant comme un acteur clé des chaînes de valeur régionales. En stimulant les exportations de produits manufacturés et en favorisant la coopération économique entre pays africains, cette initiative constitue un levier stratégique pour le développement industriel et économique du pays.

### *Renforcement des capacités industrielles*

La réduction des barrières tarifaires prévue par la ZLECAF offre un cadre propice à l'investissement dans des secteurs industriels stratégiques, tels que l'agro-industrie, les textiles, ou encore les matériaux de construction. Ces domaines, moteurs de croissance, bénéficient d'une demande croissante sur les marchés africains unifiés. Pour répondre à ces opportunités, le Sénégal pourra intensifier ses efforts dans l'amélioration des infrastructures industrielles, l'acquisition de technologies modernes et la formation d'une main-d'œuvre qualifiée.

Cette dynamique d'investissement permettra non seulement d'accroître la qualité et la quantité des produits manufacturés, mais aussi de renforcer la compétitivité des industries sénégalaises, qui pourront mieux rivaliser sur les marchés continentaux et internationaux.

### *Création et intégration des chaînes de valeur régionales*

La ZLECAF favorise une complémentarité économique entre les pays africains, où chaque nation contribue à différentes étapes de la production de biens à forte valeur ajoutée. Le Sénégal, riche en ressources agricoles et doté d'une position géographique stratégique, peut jouer un rôle pivot dans ces chaînes de valeur régionales.

Par exemple, les producteurs sénégalais de matières premières agricoles pourraient fournir des intrants de haute qualité à des pays disposant d'infrastructures de transformation plus développées, tout en bénéficiant des retombées économiques de ces partenariats. À l'inverse, le Sénégal peut importer des intrants industriels pour renforcer ses propres capacités de transformation, créant ainsi un cercle vertueux de complémentarité régionale.

### *Vers une industrialisation inclusive et durable*

En s'intégrant davantage aux chaînes de valeur régionales, le Sénégal favorise une industrialisation qui dépasse les frontières nationales et s'inscrit dans une logique d'intégration économique continentale. Cette approche permet non seulement de stimuler la croissance industrielle, mais également de promouvoir la coopération régionale et de créer des opportunités d'emploi dans des secteurs clés.

Ainsi, la ZLECAF représente une chance unique pour le Sénégal d'accélérer son industrialisation, de diversifier son économie et de renforcer son rôle dans les écosystèmes économiques régionaux, tout en participant activement à la transformation économique du continent africain.

## 5. Dynamisation des Investissements directs étrangers (IDE) dans les secteurs exportateurs

La réduction des barrières tarifaires dans le cadre de la ZLECAF constitue un puissant levier pour attirer les investissements directs étrangers (IDE) dans les secteurs exportateurs sénégalais. En ouvrant l'accès à un vaste marché continental, cette initiative transforme le Sénégal en une destination privilégiée pour les investisseurs désireux de tirer parti des opportunités économiques offertes par l'intégration africaine.

### *Attraction des IDE dans les secteurs stratégiques*

Les secteurs clés de l'économie sénégalaise, tels que l'agro-industrie, les industries manufacturières, et les infrastructures logistiques, sont particulièrement bien positionnés pour capter l'attention des investisseurs étrangers. Avec la suppression progressive des barrières tarifaires, ces secteurs gagnent en attractivité grâce à leur potentiel de croissance alimenté par un marché continental élargi.

Les investisseurs, notamment issus des pays industrialisés et des économies émergentes, perçoivent le Sénégal comme un point d'entrée stratégique pour pénétrer les marchés africains. Les entreprises étrangères bénéficient d'un accès simplifié au marché unique africain, offrant ainsi des perspectives de rentabilité accrue. Par ailleurs, le cadre économique stable et les réformes structurelles mises en œuvre par le Sénégal, telles que le *Projet Sénégal 2050*, renforcent la confiance des investisseurs et encouragent le développement de projets ambitieux dans les secteurs exportateurs.

### *Création de hubs industriels régionaux*

Grâce à sa position géographique privilégiée à la croisée des échanges entre l'Afrique de l'Ouest et le reste du continent, le Sénégal est idéalement placé pour devenir un hub industriel et logistique régional. Les IDE dans les infrastructures et les unités de production pourraient transformer le pays en un centre névralgique pour la production et l'exportation de biens à destination des marchés africains.

Les investisseurs étrangers, en établissant des centres de production ou de distribution au Sénégal, renforcent les capacités locales tout en stimulant la croissance des exportations. Cette dynamique contribue non seulement à diversifier l'économie sénégalaise, mais aussi à créer des emplois et à promouvoir le transfert de technologies, offrant ainsi des bénéfices durables à l'économie nationale.

### *Vers une intégration économique renforcée*

En attirant les IDE dans les secteurs exportateurs, la ZLECAF permet au Sénégal de s'intégrer davantage dans les chaînes de valeur régionales et continentales. Ce rôle stratégique, combiné à une politique économique proactive, renforce la compétitivité du pays sur la scène africaine et internationale, tout en consolidant son positionnement en tant que moteur économique de l'Afrique de l'Ouest.

## 6. Renforcement de la compétitivité des PME sénégalaises

La suppression progressive des barrières tarifaires dans le cadre de la ZLECAF constitue une opportunité sans précédent pour les petites et moyennes entreprises (PME) sénégalaises, qui forment le socle du tissu économique national. En facilitant leur accès aux marchés africains, cette initiative ouvre de nouvelles perspectives de croissance et renforce leur intégration dans les échanges commerciaux intra-africains.

### *Développement de nouvelles opportunités d'exportation*

Les PME sénégalaises, particulièrement dynamiques dans les secteurs de l'artisanat, de l'agriculture, et de l'industrie légère, bénéficieront d'un accès élargi aux marchés continentaux. La levée des droits de douane leur permettra d'exporter leurs produits à des coûts réduits, rendant ainsi leurs offres plus compétitives et attractives pour une clientèle diversifiée.

Ce contexte favorable encourage les PME à élargir leur portefeuille de clients en explorant de nouveaux débouchés sur le continent. Par exemple, une entreprise artisanale spécialisée dans les textiles ou la transformation agroalimentaire pourra toucher des marchés jusque-là inaccessibles, stimulant ainsi sa production et participant à la création d'emplois locaux. Ces avancées, soutenues par une demande croissante de produits « Made in Africa », contribueront à renforcer la résilience et la durabilité de ces entreprises.

### *Accroissement de la compétitivité sur les marchés régionaux*

En réduisant les coûts liés aux exportations, la ZLECAF permet aux PME sénégalaises de rivaliser plus efficacement avec les grandes entreprises, tant sur les marchés régionaux que locaux. Libérées des contraintes des droits de douane, elles peuvent réallouer leurs ressources vers des investissements stratégiques, tels que l'amélioration de la qualité des produits, l'innovation, ou encore le développement de services adaptés aux besoins spécifiques des marchés africains.

Cette compétitivité accrue offre aux PME l'opportunité de se positionner sur des niches de marché et de diversifier leurs offres, tout en répondant aux exigences des consommateurs locaux et régionaux. Ces efforts favorisent une meilleure valorisation des produits sénégalais et leur confèrent une reconnaissance accrue sur l'ensemble du continent.

***Un élan pour la croissance inclusive***

En renforçant la compétitivité des PME sénégalaises, la ZLECAF contribue à leur intégration dans les chaînes de valeur régionales et à l'essor d'une économie plus inclusive. Ce renforcement leur permet non seulement d'accroître leur contribution à la croissance économique nationale, mais également de participer activement à la construction d'un espace économique africain intégré, prospère et équitable.

**7. Défis liés à la concurrence accrue et à la protection des industries locales**

Si la réduction des barrières tarifaires dans le cadre de la ZLECAF ouvre des perspectives prometteuses pour les exportations sénégalaises, elle engendre également des défis notables. La libéralisation des échanges expose certains secteurs nationaux à une concurrence accrue, issue d'autres pays africains, ce qui pourrait fragiliser les industries locales encore en développement.

***Compétition régionale***

L'adhésion à un marché continental unifié place les entreprises sénégalaises en concurrence directe avec des produits similaires provenant d'autres membres de la ZLECAF. Cette compétition accrue exigera des industries sénégalaises qu'elles améliorent leur compétitivité par des efforts d'innovation, une augmentation de la qualité des produits, et une rationalisation des coûts de production.

Pour relever ce défi, les entreprises devront également identifier des niches de marché spécifiques où elles peuvent se démarquer grâce à leur savoir-faire local ou à la valorisation de ressources distinctives. Ces efforts permettront non seulement de maintenir leur part de marché, mais aussi de renforcer leur positionnement sur le marché régional.

***Protection des industries émergentes***

Certaines industries sénégalaises, particulièrement celles en phase de développement, risquent d'être submergées par une concurrence extérieure plus structurée. Il sera essentiel pour le Sénégal de mettre en place des mécanismes temporaires de protection afin d'offrir à ces secteurs le temps nécessaire pour se consolider et devenir compétitifs.

Bien que la ZLECAF prévoie des périodes de transition pour certains secteurs stratégiques, le soutien actif du gouvernement, sous forme de politiques industrielles adaptées, de subventions ou d'incitations fiscales, sera indispensable. Ces mesures permettront aux industries naissantes de s'équiper, de moderniser leurs processus, et de se préparer à affronter une concurrence régionale accrue.

***Un équilibre entre ouverture et préservation***

La réduction des barrières tarifaires dans le cadre de la ZLECAF constitue une opportunité majeure pour le Sénégal : élargir l'accès à de nouveaux marchés, diversifier ses exportations, et stimuler son industrialisation. Cependant, pour transformer ces opportunités en succès durables, le pays devra adopter une approche équilibrée. Cela passera par des investissements dans le renforcement des capacités industrielles, la promotion de l'innovation, et la mise en place de stratégies pour accompagner les secteurs les plus vulnérables dans leur montée en puissance.

En relevant ces défis avec pragmatisme et anticipation, le Sénégal pourra non seulement tirer parti de l'intégration économique continentale, mais également renforcer son rôle de leader dans les échanges intra-africains et au-delà.

**A. Opportunités de croissance dans les Secteurs prioritaires du Sénégal : agriculture, pêche et industrie légère**

À l'ère de la Zone de Libre-Échange continentale africaine (ZLECAF) et des réformes économiques en cours, le Sénégal se trouve à un tournant décisif pour exploiter le potentiel de plusieurs secteurs clés de son économie. L'agriculture, la pêche, et l'industrie légère, véritables piliers de l'économie nationale, disposent désormais d'opportunités stratégiques pour accélérer leur croissance, grâce à l'ouverture des marchés africains, à l'afflux d'investissements étrangers et à la dynamique de transformation industrielle.

**1. Agriculture : transformation agroalimentaire et expansion des exportations**

L'agriculture occupe une place prépondérante dans l'économie sénégalaise, contribuant au PIB et offrant des emplois à une grande partie de la population active. Dans le contexte de la Zone de Libre-Échange continentale africaine (ZLECAF), ce secteur stratégique dispose de formidables opportunités de transformation et de croissance. Grâce à l'ouverture des marchés africains et à l'essor des chaînes de valeur régionales, l'agriculture sénégalaise peut évoluer vers une modernisation accrue, une transformation agroalimentaire ambitieuse et une diversification des exportations.

### *Transformation agroalimentaire : vers une création de valeur ajoutée*

Le développement de la transformation agroalimentaire constitue une voie incontournable pour maximiser le potentiel agricole du Sénégal. Actuellement, une part importante des produits agricoles, tels que l'arachide, le mil, et les fruits tropicaux, est exportée à l'état brut, privant le pays des bénéfices liés à la valeur ajoutée. La ZLECAF ouvre la porte à une augmentation significative des capacités locales de transformation, favorisant ainsi la création d'une industrie agroalimentaire robuste.

En investissant dans des infrastructures de transformation, le Sénégal pourra produire des huiles végétales, des farines enrichies, des jus de fruits et d'autres produits finis, répondant à la demande croissante des marchés africains. Cette stratégie permet également de réduire les pertes post-récolte, de stimuler la création d'emplois dans les zones rurales et d'améliorer les revenus des agriculteurs, tout en augmentant la compétitivité des produits sénégalais sur le continent.

### *Accès renforcé aux marchés régionaux*

La réduction des barrières tarifaires, facilitée par la ZLECAF, offre au Sénégal l'opportunité d'étendre ses exportations agricoles à travers le continent. Des produits phares comme le riz, le maïs et l'arachide, cultivés dans des conditions climatiques favorables, peuvent répondre à la demande croissante des pays voisins, notamment ceux où les capacités de production agricole sont limitées.

L'accès élargi aux marchés africains permet au Sénégal de diversifier ses débouchés, réduisant ainsi sa dépendance vis-à-vis des marchés européens ou asiatiques. Cette diversification géographique renforce la résilience de l'économie agricole et ouvre de nouvelles perspectives pour les exportateurs sénégalais.

### *Modernisation et agriculture durable*

La modernisation du secteur agricole constitue une condition essentielle pour exploiter pleinement les avantages offerts par la ZLECAF. L'introduction de technologies agricoles modernes, telles que la mécanisation et l'irrigation de précision, peut considérablement améliorer les rendements et la productivité. Par ailleurs, la promotion de pratiques agricoles durables, axées sur la préservation des sols et l'adaptation aux changements climatiques, garantit une production résiliente et respectueuse de l'environnement.

La ZLECAF encourage également l'arrivée d'investissements étrangers dans le secteur agricole sénégalais, facilitant l'accès aux technologies innovantes et renforçant les infrastructures rurales. Une agriculture modernisée et durable ne répond pas seulement aux enjeux alimentaires du pays, mais permet également au Sénégal de s'affirmer comme un acteur majeur de la sécurité alimentaire en Afrique.

Grâce à une stratégie combinant transformation agroalimentaire, diversification des exportations et modernisation durable, le Sénégal est en mesure de transformer son secteur agricole en un moteur de croissance inclusive. Cette approche intégrée renforce non seulement la compétitivité des produits agricoles sénégalais, mais positionne également le pays comme un modèle de développement agricole sur le continent.

**2. Pêche : valorisation des produits halieutiques et accès aux marchés africains**

Grâce à sa vaste façade maritime bordant l'océan Atlantique, le Sénégal dispose d'un potentiel halieutique considérable qui en fait un acteur majeur du secteur en Afrique de l'Ouest. La pêche joue un rôle fondamental non seulement dans l'économie nationale, mais également pour la sécurité alimentaire et la création d'emplois, notamment dans les communautés côtières. Dans le cadre de la Zone de Libre-Échange continentale africaine (ZLECAF), ce secteur bénéficie de perspectives prometteuses pour renforcer la transformation locale des produits halieutiques, diversifier les exportations et adopter des pratiques durables.

***Transformation des produits halieutiques : une valeur ajoutée à développer***

Actuellement, une part significative des captures halieutiques sénégalaises est commercialisée sous forme brute ou semi-transformée, limitant ainsi les bénéfices économiques pour le pays. La ZLECAF offre un cadre propice pour développer des infrastructures modernes de traitement et de conservation des produits de la pêche.

En investissant dans des usines de transformation et des technologies de conservation avancées, le Sénégal pourra produire des produits finis à haute valeur ajoutée, tels que des filets de poisson surgelés, des conserves, ou encore des fruits de mer prêts à l'exportation. Ces initiatives permettront non seulement d'améliorer la compétitivité des produits sénégalais sur les marchés africains et internationaux, mais également de stimuler la création d'emplois qualifiés dans les zones côtières.

***Expansion des marchés régionaux : une opportunité à saisir***

Avec l'ouverture des marchés africains grâce à la ZLECAF, le Sénégal peut élargir ses exportations de produits de la mer vers des pays enclavés ou à faible production halieutique, tels que le Mali, le Burkina Faso et le Niger. Ces marchés représentent une demande croissante pour les produits de la pêche sénégalais, qui peuvent combler le déficit de production locale dans ces régions.

La réduction des droits de douane et des barrières non tarifaires facilite l'accès des produits halieutiques sénégalais à ces marchés, renforçant ainsi les chaînes de valeur régionales. Cette expansion commerciale offre au Sénégal l'opportunité de diversifier ses débouchés et de réduire sa dépendance vis-à-vis des exportations vers l'Europe ou l'Asie.

***Pêche durable et préservation des ressources marines : un enjeu crucial***

La durabilité des ressources halieutiques est essentielle pour garantir la pérennité du secteur de la pêche au Sénégal. L'adoption de pratiques de pêche durable et la préservation des écosystèmes marins permettent non seulement de protéger les stocks halieutiques pour les générations futures, mais aussi d'améliorer l'image du Sénégal sur les marchés internationaux.

Des investissements dans des technologies respectueuses de l'environnement, comme les systèmes de surveillance des pêches ou les techniques de capture sélective, peuvent attirer des fonds internationaux et renforcer la compétitivité du secteur. De même, le développement de zones protégées et de projets de reconstitution des écosystèmes marins constitue un levier stratégique pour assurer la durabilité de la pêche sénégalaise.

En misant sur une stratégie intégrée alliant transformation industrielle, expansion des exportations et gestion durable des ressources, le Sénégal peut maximiser les opportunités offertes par la ZLECAF dans le secteur de la pêche. Ce modèle de développement contribue non seulement à la croissance économique, mais également à la sécurité alimentaire et à la préservation des ressources naturelles, renforçant ainsi la position du Sénégal en tant que leader régional de l'économie bleue.

### 3. Industrie légère : un tremplin pour la production et les exportations

L'industrie légère occupe une place de plus en plus importante dans l'économie sénégalaise, offrant un potentiel significatif pour la production de biens de consommation courante et leur exportation vers d'autres marchés africains. Dans le cadre de la Zone de Libre-Échange continentale africaine (ZLECAF), le Sénégal peut capitaliser sur cette dynamique pour renforcer son secteur manufacturier, attirer des investissements étrangers et consolider son rôle de hub industriel régional.

#### *Développement des zones industrielles : un catalyseur de croissance*

Le Sénégal a déjà entrepris de créer des zones économiques spéciales et des parcs industriels destinés à attirer les investissements dans l'industrie légère. Ces infrastructures offrent des avantages stratégiques, tels que des exonérations fiscales et des conditions favorables pour les entreprises, ce qui stimule la production locale.

La réduction des barrières tarifaires dans le cadre de la ZLECAF ouvre de nouvelles perspectives pour ces zones industrielles. Les entreprises basées dans ces zones peuvent produire des biens tels que des vêtements, des chaussures, des produits électroniques de base ou des biens de consommation, qui sont ensuite exportés vers les marchés africains élargis. Ce dynamisme dans l'industrie légère ne se limite pas à la création de valeur économique : il contribue également à la création d'emplois, en particulier dans les zones urbaines, et renforce les chaînes de valeur locales.

#### *Exportation de biens manufacturés : une opportunité d'expansion*

Grâce à l'accès facilité aux marchés africains, le Sénégal peut accroître ses exportations de biens manufacturés vers des pays voisins à forte demande. Des produits tels que les textiles, les matériaux de construction, les produits chimiques et les biens de consommation courante trouvent un marché naturel dans des économies en pleine expansion au sein de la CEDEAO et au-delà.

La ZLECAF permet également aux entreprises sénégalaises de réduire leurs coûts d'exportation, rendant leurs produits plus compétitifs. Cette compétitivité accrue positionne le Sénégal comme un fournisseur clé pour les marchés d'Afrique de l'Ouest et renforce son intégration dans les chaînes de valeur continentales.

### *Innovation et promotion de la production locale*

L'industrie légère sénégalaise bénéficie également des avancées technologiques et de l'innovation, qui jouent un rôle essentiel dans l'amélioration des processus de production et la qualité des biens fabriqués localement. Les petites et moyennes entreprises (PME), qui forment l'épine dorsale de l'économie manufacturière, peuvent tirer parti des opportunités offertes par la ZLECAF pour élargir leurs activités, se moderniser et intégrer les chaînes de valeur régionales.

La production locale de biens, tels que les vêtements, les articles en cuir et les meubles, peut être renforcée grâce à une meilleure intégration régionale et des incitations ciblées à l'innovation. En développant sa capacité à produire localement des biens de consommation, le Sénégal peut également réduire sa dépendance aux importations et renforcer sa souveraineté économique.

La ZLECAF représente une opportunité unique pour le Sénégal de transformer son secteur de l'industrie légère en un moteur de croissance économique et de compétitivité régionale. Par le biais du développement des zones industrielles, de l'augmentation des exportations de produits manufacturés, et de la promotion de l'innovation, le Sénégal peut consolider son statut de centre industriel régional, tout en créant des emplois et en diversifiant son économie.

## 4. Attractivité pour les Investissements directs étrangers (IDE)

L'intégration économique impulsée par la ZLECAF renforce considérablement l'attractivité du Sénégal pour les investissements directs étrangers (IDE), notamment dans les secteurs clés de l'agriculture, de la pêche et de l'industrie légère. Ces investissements constituent un levier essentiel pour moderniser ces secteurs stratégiques, améliorer la compétitivité des entreprises locales et consolider la position du Sénégal dans l'économie africaine.

### *Investissements dans l'agro-industrie et la pêche : un potentiel inexploré*

Le Sénégal bénéficie d'un riche potentiel agricole et halieutique, qui attire de plus en plus d'investisseurs étrangers intéressés par des projets de transformation et de valorisation des ressources locales. L'ouverture des marchés africains grâce à la ZLECAF offre un cadre idéal pour développer des infrastructures de transformation agroalimentaire et de pêche durable.

Les IDE peuvent notamment financer des technologies modernes, comme des équipements de transformation post-récolte, des solutions de conservation pour les produits halieutiques, et des techniques agricoles innovantes. Ces investissements contribueront non seulement à réduire les pertes post-récolte et à améliorer la qualité des produits, mais également à augmenter significativement les exportations vers les marchés africains et internationaux. Ce dynamisme permettra de positionner le Sénégal comme un acteur incontournable dans ces secteurs à forte valeur ajoutée.

***Développement de l'industrie légère : une plateforme pour les investisseurs étrangers***

Grâce à son positionnement stratégique et à un environnement des affaires en constante amélioration, le Sénégal se présente comme un centre manufacturier prometteur pour les entreprises internationales. La ZLECAF offre aux investisseurs étrangers un accès à un marché continental de plus de 1,3 milliard de consommateurs, rendant l'installation de nouvelles industries au Sénégal particulièrement attrayante.

Les zones industrielles sénégalaises, dotées d'infrastructures modernes et de conditions fiscales avantageuses, représentent un point d'entrée stratégique pour les entreprises étrangères souhaitant produire et distribuer des biens manufacturés sur l'ensemble du continent africain. Ces investissements contribuent non seulement à la croissance des exportations sénégalaises, mais aussi à la création d'emplois et au renforcement des capacités de production locales.

En facilitant les échanges intra-africains et en créant un environnement économique stable et prévisible, la ZLECAF renforce l'attractivité du Sénégal pour les investisseurs étrangers. Ces IDE joueront un rôle déterminant dans la transformation de l'agro-industrie, le développement de la pêche durable, et l'expansion de l'industrie légère, positionnant ainsi le Sénégal comme un hub industriel et logistique incontournable en Afrique de l'Ouest.

### 5. Création d'emplois et développement inclusif

L'expansion de l'agriculture, de la pêche et de l'industrie légère, favorisée par la mise en œuvre de la ZLECAF, représente une opportunité majeure pour stimuler la création d'emplois et promouvoir un développement inclusif au Sénégal. Ces dynamiques de croissance auront des répercussions positives, notamment dans les zones rurales et côtières, où les besoins en développement économique et social sont les plus pressants.

### *Création d'emplois dans les secteurs ruraux et industriels*

L'essor des activités de transformation agroalimentaire et halieutique, ainsi que le développement de l'industrie légère, entraîneront la création de milliers d'emplois, particulièrement pour les jeunes et les femmes, qui constituent une part importante de la population active. Ces secteurs offrent des opportunités variées, allant de la production à la transformation, en passant par la logistique et la commercialisation.

En revitalisant les zones rurales et en dynamisant les industries locales, cette expansion contribue à réduire le chômage et à améliorer les conditions de vie des populations. Par exemple, les investissements dans la transformation agroalimentaire génèrent non seulement des emplois directs dans les usines, mais aussi des opportunités pour les agriculteurs et les pêcheurs locaux, qui voient leur production mieux valorisée.

### *Réduction des inégalités régionales et promotion d'un développement équilibré*

En stimulant le développement économique dans les régions souvent marginalisées, notamment les zones rurales et côtières, le Sénégal pourra atténuer les inégalités régionales. L'implantation d'industries dans ces zones favorise non seulement la création d'emplois, mais aussi l'amélioration des infrastructures locales, telles que les routes, les réseaux d'eau et d'électricité, et les services publics. Ces avancées contribuent à renforcer la cohésion sociale et à réduire la pauvreté.

Les revenus générés par ces nouvelles activités économiques permettront également de soutenir des initiatives communautaires, telles que l'éducation et la santé, créant ainsi un cercle vertueux de développement.

En s'appuyant sur les opportunités offertes par la ZLECAF, le Sénégal peut tirer parti de ses secteurs prioritaires – agriculture, pêche et industrie légère – pour stimuler la production locale, diversifier ses exportations et renforcer la compétitivité de ses entreprises. Ces transformations, associées à une stratégie d'attraction des investissements étrangers, favoriseront la création d'emplois de qualité et contribueront à un développement économique inclusif et durable, profitant à l'ensemble de la population sénégalaise.

# PARTIE II

# DÉFIS À SURMONTER POUR RÉUSSIR LE PARI DE LA ZLECAF

# CHAPITRE 4

## Défis structurels des économies africaines

### A. Faiblesse des infrastructures de transport et de logistique au Sénégal

Les infrastructures de transport et de logistique occupent une place centrale dans la dynamisation du commerce et le développement économique. Elles constituent des leviers essentiels pour améliorer la compétitivité des entreprises, faciliter les échanges commerciaux et intégrer le pays dans les chaînes de valeur régionales et mondiales. Au Sénégal, malgré les avancées notables réalisées ces dernières années, des défis structurels subsistent. Ces insuffisances freinent l'efficacité des circuits économiques, particulièrement dans les zones rurales et les secteurs stratégiques d'exportation.

#### 1. Insuffisance des infrastructures routières

Le réseau routier constitue un pilier fondamental pour la mobilité des biens et des personnes à travers le Sénégal, mais il demeure marqué par des insuffisances notables, en dépit des investissements significatifs dans les autoroutes et les routes principales. Ces faiblesses, particulièrement prononcées dans les zones rurales et les régions éloignées, entravent le développement économique et la fluidité des échanges commerciaux.

***Un réseau routier rural sous-développé***

Dans les zones rurales, les infrastructures routières sont souvent rudimentaires ou inexistantes, compliquant considérablement l'accès des producteurs agricoles aux marchés locaux et régionaux. Les routes secondaires, essentielles pour relier les zones agricoles aux centres urbains, souffrent d'un manque de pavage et d'entretien. Cette situation engendre des coûts de transport élevés pour les agriculteurs, ce qui réduit la compétitivité des produits sénégalais sur les marchés nationaux et régionaux. L'absence de routes fiables et accessibles freine également le développement des zones rurales, accentuant les disparités régionales.

***Un entretien défaillant des routes***

Même dans les régions mieux dotées en infrastructures, le manque d'entretien régulier des routes constitue un défi majeur. Les fortes pluies saisonnières, typiques du climat sénégalais, dégradent rapidement les routes non bitumées, transformant certains axes en véritables obstacles à la circulation. Les retards de livraison et l'augmentation des coûts logistiques qui en découlent affectent directement les entreprises et réduisent leur compétitivité. Par ailleurs, la détérioration des routes engendre des coûts de maintenance plus élevés sur le long terme, mettant à mal les budgets locaux et nationaux dédiés aux infrastructures.

***Un accès insuffisant aux corridors régionaux***

La position stratégique du Sénégal en Afrique de l'Ouest, notamment son rôle de point d'entrée pour les pays enclavés comme le Mali, n'est pas pleinement exploitée en raison de l'état insuffisant des corridors routiers. Les axes reliant le port de Dakar à ces pays manquent souvent de modernisation et d'une capacité suffisante pour répondre aux besoins croissants du commerce transfrontalier. Cette situation limite la compétitivité du Sénégal en tant que hub logistique régional, freinant son potentiel de leadership dans le commerce intra-africain[96].

Pour remédier à ces insuffisances, le Sénégal doit intensifier ses efforts en matière de développement et d'entretien du réseau routier, en particulier dans les zones rurales et sur les corridors stratégiques. Une meilleure connectivité routière renforcerait non seulement la compétitivité des produits agricoles et manufacturés, mais permettrait également au Sénégal de consolider son rôle central dans les échanges régionaux et continentaux.

**2. Capacités portuaires limitées**

Le port de Dakar, véritable pilier de la logistique sénégalaise et moteur essentiel du commerce international, se trouve confronté à des défis structurels qui freinent son plein potentiel. Bien qu'il soit l'un des ports les plus importants de l'Afrique de l'Ouest, il doit rivaliser avec des plateformes régionales performantes comme celles d'Abidjan en Côte d'Ivoire ou de Lagos au Nigeria, qui bénéficient d'équipements plus modernes et d'une capacité de gestion supérieure.

---

[96] *Commerce intra-africain : potentiel et défis, BAD, 2022.*

***Saturation croissante du port de Dakar***

La congestion représente l'un des principaux défis auxquels le port de Dakar est confronté. L'augmentation du trafic maritime international, couplée à des infrastructures portuaires vieillissantes, a créé des goulots d'étranglement. Cette saturation entraîne des délais prolongés dans le traitement des cargaisons, augmentant ainsi les coûts pour les opérateurs économiques. Importateurs et exportateurs font face à des surcoûts logistiques, ce qui affaiblit la compétitivité du port sur la scène régionale et internationale. Cette situation limite également son attractivité auprès des investisseurs internationaux et des compagnies maritimes à la recherche d'une infrastructure fiable.

***Modernisation insuffisante des équipements***

Pour rester compétitif, le port de Dakar nécessite une modernisation urgente de ses équipements et technologies de manutention. Les installations actuelles peinent à répondre aux exigences des navires modernes, notamment en matière de gestion des conteneurs et des cargaisons spécialisées. Ces lacunes technologiques freinent l'efficacité opérationnelle du port et réduisent sa capacité à accueillir des navires de grande taille, un impératif dans le commerce maritime contemporain. Le projet ambitieux de construction du nouveau port de Ndayane, à proximité de Dakar, devrait pallier certains de ces problèmes. Ce futur port promet de doter le Sénégal d'une infrastructure maritime de pointe, mais sa concrétisation reste en cours et devra répondre aux attentes pressantes du commerce international.

***Accès limité aux infrastructures terrestres***

Un défi majeur réside également dans l'interconnexion insuffisante entre le port de Dakar et les infrastructures terrestres environnantes. Les routes et les chemins de fer reliant le port au reste du pays et aux États voisins enclavés, comme le Mali, sont encore inadéquats. Ce manque de connexions efficaces complique la fluidité des échanges commerciaux, augmentant les coûts et ralentissant le transport des marchandises vers l'intérieur du pays et au-delà. Une meilleure intégration des infrastructures portuaires et terrestres est cruciale pour transformer le Sénégal en un véritable hub logistique régional.

Pour relever ces défis, le Sénégal devra accélérer les efforts de modernisation du port de Dakar et assurer la mise en œuvre rapide du projet de Ndayane. Parallèlement, l'amélioration des infrastructures terrestres, notamment des routes et des lignes ferroviaires, renforcera l'efficacité logistique et contribuera à positionner le Sénégal comme un acteur incontournable du commerce maritime en Afrique de l'Ouest.

### 3. Insuffisance et potentiel des infrastructures ferroviaires

Le réseau ferroviaire sénégalais, autrefois colonne vertébrale du transport de marchandises dans le pays, est aujourd'hui en déclin, incapable d'assumer pleinement son rôle stratégique dans l'économie nationale. Pourtant, le chemin de fer reste un levier essentiel pour renforcer la connectivité régionale, réduire les coûts logistiques, et stimuler les échanges commerciaux.

#### *Un réseau vétuste et sous-exploité*

La ligne ferroviaire Dakar-Bamako, emblématique du réseau sénégalais, illustre les difficultés auxquelles le secteur ferroviaire est confronté. L'infrastructure est vieillissante, les trains sont lents et peu fiables, et la capacité de transport est insuffisante pour répondre aux besoins actuels du commerce. Cette dégradation du réseau ferroviaire oblige de nombreuses entreprises à se tourner vers le transport routier, une alternative souvent plus coûteuse et moins durable pour le transport de marchandises sur de longues distances.

Ce manque d'investissement et de modernisation limite la compétitivité du Sénégal, en particulier pour les secteurs fortement dépendants de la logistique, tels que les industries minières et agricoles. Les produits lourds et volumineux, comme les minerais ou les denrées agricoles, souffrent de coûts de transport élevés qui affectent leur compétitivité sur les marchés régionaux et internationaux.

#### *Un potentiel logistique à exploiter*

Malgré ces faiblesses, le réseau ferroviaire sénégalais représente un atout majeur pour le développement économique du pays, à condition de le moderniser et de l'intégrer dans une stratégie logistique plus large. La relance de la ligne Dakar-Bamako, reliant le Sénégal au Mali, est un projet clé pour renforcer la connectivité régionale. Ce corridor ferroviaire pourrait jouer un rôle crucial dans l'expédition de marchandises entre les deux pays, offrant une solution logistique efficace pour les exportateurs et importateurs maliens enclavés.

La modernisation du réseau ferroviaire permettrait également de désengorger les routes sénégalaises, réduisant les coûts de maintenance de ces infrastructures et les externalités négatives liées au transport routier, comme les émissions de gaz à effet de serre et l'insécurité routière.

En outre, un réseau ferroviaire performant faciliterait l'exportation des produits lourds, tels que les minerais et les produits agricoles, vers les ports sénégalais pour une distribution internationale.

Investir dans le chemin de fer constitue une opportunité stratégique pour le Sénégal. Un réseau modernisé et efficace renforcerait la compétitivité des exportateurs, réduirait les coûts logistiques, et positionnerait le pays comme un acteur clé du commerce régional en Afrique de l'Ouest. La relance du transport ferroviaire doit être une priorité pour le gouvernement, tant pour soutenir les secteurs traditionnels que pour attirer de nouveaux investissements dans la logistique et l'exportation.

**4. Insuffisance de hubs logistiques modernes : un frein à l'efficacité commerciale**

Les hubs logistiques, véritables carrefours des opérations de stockage, de distribution et de transport, jouent un rôle déterminant dans la fluidité des échanges commerciaux et l'optimisation des chaînes d'approvisionnement. Au Sénégal, l'absence de plateformes logistiques modernes constitue un obstacle majeur au développement économique, affectant à la fois les coûts de transport et la compétitivité des entreprises.

***Une absence de plateformes logistiques structurées***

Le Sénégal peine encore à mettre en place des hubs logistiques intégrés, capables de centraliser les opérations de transport, d'entreposage et de traitement des marchandises. Ces infrastructures modernes, qui combinent efficacité technologique et coordination des flux, sont pourtant essentielles pour réduire les délais de livraison, minimiser les coûts de transaction et améliorer la gestion des chaînes d'approvisionnement. Leur absence engendre une fragmentation des processus logistiques, limitant l'efficacité des échanges commerciaux, tant au niveau national que régional.

Les hubs logistiques modernes offrent également des avantages compétitifs pour les entreprises, en leur permettant de regrouper et de redistribuer leurs marchandises avec une flexibilité accrue. En manquant de telles infrastructures, le Sénégal freine son potentiel à devenir un acteur clé dans le commerce intra-africain et international[97].

***Des défis persistants pour la distribution intérieure***

Le manque de hubs logistiques se fait particulièrement sentir dans les régions intérieures du Sénégal, où l'accès aux infrastructures de

[97] *Commerce intra-africain : potentiel et défis, BAD, 2022.*

distribution reste limité. Les coûts élevés de transport vers les zones rurales et éloignées compliquent l'approvisionnement de ces régions et freinent le développement des marchés locaux. Ce défi est d'autant plus important pour les petites et moyennes entreprises (PME), qui manquent des ressources nécessaires pour surmonter ces obstacles logistiques et accéder à de nouveaux clients sur tout le territoire national.

En l'absence de plateformes logistiques modernes, les chaînes d'approvisionnement sénégalaises restent inefficaces, ce qui pénalise la compétitivité des entreprises et limite leur capacité à répondre aux exigences des marchés régionaux et internationaux.

Le développement de hubs logistiques modernes est une priorité stratégique pour le Sénégal. Ces infrastructures permettraient de centraliser les opérations de transport et de stockage, d'améliorer la distribution intérieure, et de positionner le pays comme un pôle logistique incontournable en Afrique de l'Ouest. Avec des investissements ciblés dans ce domaine, le Sénégal pourrait transformer ses défis logistiques en atouts compétitifs, renforçant ainsi sa capacité à soutenir une croissance économique durable et inclusive.

### 5. Une dépendance excessive au transport routier : des inefficacités coûteuses

En l'absence d'infrastructures ferroviaires fonctionnelles et de liaisons fluviales efficaces, le Sénégal repose principalement sur le transport routier pour le déplacement des marchandises à l'intérieur du pays et vers les pays voisins. Si ce mode de transport constitue une solution incontournable, il engendre néanmoins des inefficacités structurelles et des coûts élevés qui freinent la compétitivité économique nationale.

***Des coûts logistiques élevés et une inefficacité persistante***

La prédominance du transport routier dans la logistique sénégalaise entraîne une hausse significative des coûts de transport. L'état souvent dégradé des routes secondaires et l'usure prématurée des infrastructures routières, combinés à l'absence d'alternatives comme le rail ou les voies fluviales, alourdissent les charges supportées par les entreprises. Les camions, contraints d'emprunter des routes en mauvais état, voient leurs temps de trajet s'allonger, tandis que les frais de maintenance augmentent considérablement, pesant sur les marges des opérateurs économiques.

Cette inefficience se traduit également par des retards fréquents dans les livraisons, un facteur qui complique encore davantage l'intégration des chaînes d'approvisionnement sénégalaises dans les réseaux régionaux et continentaux. Les entreprises, notamment les petites et moyennes entreprises (PME), subissent de plein fouet les conséquences de ces contraintes logistiques.

***La congestion urbaine de Dakar : un défi majeur***

La capitale, Dakar, concentre une part prépondérante des activités économiques du Sénégal, mais cette centralisation exacerbe les problèmes de congestion urbaine. Le transport de marchandises dans et autour de la ville est entravé par des embouteillages chroniques, ralentissant les opérations logistiques et augmentant les délais de livraison. Cette situation affecte non seulement les flux internes, mais complique également le transit des marchandises destinées à l'exportation ou aux régions intérieures.

Les axes principaux reliant le port de Dakar et les centres industriels sont particulièrement surchargés, ce qui amplifie les coûts de transport et réduit l'efficacité globale des échanges commerciaux. En outre, cette congestion urbaine aggrave les impacts environnementaux liés au transport routier, notamment les émissions de gaz à effet de serre.

Le Sénégal doit impérativement diversifier ses modes de transport pour réduire sa dépendance excessive au routier et optimiser sa logistique. Le développement et la modernisation des infrastructures ferroviaires et fluviales constitueraient une réponse efficace pour alléger la pression sur les routes, améliorer la fluidité des échanges, et réduire les coûts logistiques. En rééquilibrant les modes de transport, le Sénégal renforcerait sa compétitivité économique tout en posant les bases d'un système de transport plus durable et résilient.

**6. Insuffisance des infrastructures aéroportuaires : une entrave au potentiel de fret aérien**

Malgré les performances remarquables de l'aéroport international Blaise Diagne (AIBD), considéré comme l'un des hubs aériens les plus modernes d'Afrique de l'Ouest, le transport aérien de marchandises reste sous-développé au Sénégal. Cette situation limite la capacité du pays à exploiter pleinement les opportunités offertes par les secteurs à forte valeur ajoutée, comme les produits périssables, les technologies, et les produits pharmaceutiques, qui nécessitent des solutions logistiques rapides et fiables.

### *Une capacité de fret aérien sous-exploitée*

Bien que l'aéroport de Dakar soit un centre de référence pour le transport de passagers, son potentiel pour le fret aérien demeure largement inexploité. Les infrastructures dédiées au traitement des marchandises sont insuffisantes pour répondre aux exigences des secteurs nécessitant une logistique rapide et performante.

Cette lacune réduit la compétitivité des entreprises sénégalaises sur les marchés internationaux, notamment pour les produits agroalimentaires frais, dont la demande est forte à l'étranger. Par ailleurs, l'absence de connexions aériennes spécialisées pour le fret complique les exportations de produits sensibles, tels que les vaccins et équipements médicaux, ainsi que les technologies de pointe.

### *Une connexion limitée aux aéroports régionaux*

En dehors de la capitale, les infrastructures aéroportuaires du Sénégal restent peu développées, entravant l'accès des entreprises des régions intérieures au transport aérien. Cette situation freine l'expansion économique des zones rurales et limite leur capacité à intégrer les chaînes d'approvisionnement internationales. L'absence d'un réseau régional performant renforce la dépendance à l'égard de Dakar, centralisant ainsi les flux commerciaux au détriment d'une meilleure répartition des opportunités économiques à travers le pays.

### *Vers une modernisation stratégique des infrastructures*

Les faiblesses des infrastructures aéroportuaires s'inscrivent dans le cadre plus large des défis logistiques du Sénégal, qui limitent sa compétitivité économique et sa capacité à tirer parti des opportunités offertes par la ZLECAF. La modernisation des infrastructures de transport, qu'elles soient routières, ferroviaires, portuaires ou aériennes, est indispensable pour réduire les coûts de transaction, améliorer l'efficacité des chaînes d'approvisionnement, et renforcer le rôle du Sénégal en tant que hub commercial régional.

Des projets comme le nouveau port de Ndayane ou la réhabilitation de la ligne ferroviaire Dakar-Bamako constituent des initiatives cruciales pour répondre à ces défis. De manière complémentaire, un effort accru pour développer les capacités de fret aérien, notamment par l'extension des installations à l'aéroport de Dakar et la création de plateformes régionales, pourrait transformer le Sénégal en un acteur clé de la logistique aérienne en Afrique de l'Ouest.

### B. Disparités dans les niveaux de développement économique au Sénégal

Malgré des avancées notables sur le plan économique ces dernières années, le Sénégal reste marqué par des disparités profondes qui affectent ses régions, ses secteurs d'activité, et ses groupes socio-économiques. Ces inégalités représentent un frein majeur à une croissance véritablement inclusive et harmonieuse, engendrant des écarts significatifs dans les conditions de vie et les opportunités offertes à la population.

#### 1. Disparités régionales : la centralisation du développement à Dakar

La région de Dakar, cœur économique et politique du Sénégal, concentre l'essentiel des infrastructures, des investissements, et des services du pays. Cette centralisation exacerbe un fossé économique croissant entre la capitale et les autres régions, particulièrement les zones rurales et périphériques, où les opportunités de développement demeurent limitées.

***La suprématie économique de Dakar***

Avec seulement 25 % de la population nationale, Dakar génère plus de 55 % du PIB sénégalais, illustrant sa prédominance économique. La capitale abrite la majorité des grandes entreprises, des institutions financières, et des infrastructures stratégiques telles que le port de Dakar et l'aéroport international Blaise Diagne. Cette concentration de richesses et d'activités économiques fait de Dakar un pôle attractif et dynamique, mais laisse les régions périphériques en marge du développement.

***Le retard économique des régions rurales***

Les régions rurales, comme Kolda, Tambacounda, Ziguinchor, et Matam, sont confrontées à un manque criant d'infrastructures de base, notamment en matière de transport, d'éducation et de santé. Ces zones dépendent largement de l'agriculture de subsistance, mais leur isolement géographique limite l'accès aux marchés nationaux et internationaux. Ce déficit d'investissements et de services freine leur intégration dans la dynamique économique nationale, renforçant ainsi les disparités régionales.

***Une migration rurale-urbaine déséquilibrée***

L'attrait de Dakar en tant que principal centre d'opportunités économiques a engendré une migration massive des populations rurales vers la capitale. Ce phénomène, bien qu'il témoigne des aspirations légitimes à une vie meilleure, creuse encore davantage les inégalités régionales. Cette affluence exerce une pression accrue sur les infrastructures urbaines de Dakar, accentuant les défis liés au logement, à la mobilité et à la gestion des ressources, tout en vidant les zones rurales de leurs forces vives.

***Vers une répartition équitable du développement***

Pour réduire ces disparités régionales, il est impératif d'adopter une approche de développement équilibrée et inclusive. Cela passe par des investissements ciblés dans les infrastructures rurales, la promotion de pôles économiques régionaux, et le soutien à des secteurs comme l'agro-industrie et le tourisme local. Une telle stratégie permettrait de mieux intégrer les régions rurales à l'économie nationale, tout en allégeant la pression démographique sur Dakar. Le développement harmonieux du Sénégal ne peut être pleinement réalisé qu'en valorisant tout le potentiel économique et humain de ses régions.

**2. Disparités entre les secteurs économiques : l'agriculture face à l'essor de l'industrie et des services**

L'économie sénégalaise repose sur une structure diversifiée comprenant l'agriculture, l'industrie, et les services. Cependant, d'importantes disparités persistent entre ces secteurs. Tandis que l'agriculture occupe la majorité de la population active, les secteurs industriels et tertiaires, concentrés principalement dans les zones urbaines, dominent largement en termes de contribution au PIB.

***Un secteur agricole prédominant mais sous-valorisé***

L'agriculture, employant environ 60 % de la population active, constitue le pilier économique des zones rurales. Pourtant, elle ne représente qu'environ 16 % du PIB national. Ce déséquilibre s'explique par une dépendance aux méthodes de production traditionnelles, une faible productivité et une vulnérabilité exacerbée aux aléas climatiques. Ces contraintes maintiennent les revenus agricoles à des niveaux faibles, accentuant les écarts avec les travailleurs des secteurs modernes et plus rémunérateurs.

***La montée en puissance de l'industrie et des services***

À l'opposé, les secteurs industriel et tertiaire connaissent une croissance soutenue et contribuent de manière significative à la richesse nationale. L'industrie, bien que toujours en phase de développement, englobe des activités variées comme la transformation agroalimentaire, les industries minières, manufacturières et de construction. Ces domaines génèrent des emplois mieux rémunérés, mais ils sont majoritairement concentrés dans les grandes agglomérations, notamment à Dakar.

Le secteur des services, comprenant les télécommunications, la finance, et le tourisme, connaît également une expansion rapide, dynamisant l'économie urbaine. Cependant, cette croissance reste largement inaccessible pour les populations rurales, qui n'ont pas les moyens d'en bénéficier pleinement.

***Un accès restreint aux opportunités économiques en milieu rural***

Les disparités entre les secteurs agricole et industriel sont amplifiées par le manque d'infrastructures dans les régions rurales. Ce déficit limite l'accès des agriculteurs aux marchés, aux services financiers, et aux outils nécessaires pour transformer leurs productions. L'absence d'un soutien structuré freine l'intégration des populations rurales dans les chaînes de valeur industrielles, les isolant des opportunités économiques et approfondissant les inégalités socio-économiques.

***Vers une harmonisation sectorielle***

Pour réduire ces disparités, il est impératif de moderniser le secteur agricole à travers l'introduction de technologies adaptées, le renforcement des infrastructures rurales, et le développement de l'agro-industrie. En parallèle, il convient d'élargir les activités industrielles et de services dans les zones rurales, afin de stimuler la création d'emplois et d'inclure ces populations dans la dynamique de croissance nationale. L'équilibre entre ces secteurs est essentiel pour garantir un développement harmonieux, inclusif et durable au Sénégal.

### 3. Disparités dans l'accès aux infrastructures et aux services publics

Les inégalités dans l'accès aux infrastructures de base et aux services publics constituent un obstacle majeur au développement équitable au Sénégal. Ces disparités se creusent particulièrement entre les zones urbaines, bien dotées en équipements, et les zones rurales, souvent marginalisées. Les écarts observés touchent des secteurs essentiels tels que le transport, la santé, l'éducation, l'eau potable et l'électricité, amplifiant les déséquilibres économiques et sociaux.

### *Un accès insuffisant aux infrastructures de transport dans les zones rurales*

Les régions rurales du Sénégal pâtissent d'un déficit criant en infrastructures de transport modernes. L'état précaire des routes secondaires et l'absence de lignes ferroviaires opérationnelles dans certaines localités freinent considérablement la mobilité des populations et des marchandises. Cette situation isole les producteurs ruraux des grands marchés nationaux et régionaux, augmentant les coûts de transaction et limitant leur compétitivité. Ces entraves structurent un déséquilibre économique durable, restreignant les opportunités pour les habitants des zones reculées.

### *Des inégalités marquées dans l'accès à l'éducation et aux soins de santé*

L'accès à l'éducation et aux services de santé illustre parfaitement le fossé entre les zones urbaines et rurales. Les grandes villes comme Dakar disposent d'une concentration d'établissements scolaires de qualité et de structures hospitalières bien équipées. En revanche, les régions rurales manquent cruellement d'infrastructures éducatives adaptées et de centres de santé fonctionnels. Ce déséquilibre entraîne des écarts significatifs dans les performances scolaires et dans les indicateurs de santé, compromettant à long terme l'équité des chances et la prospérité socio-économique des zones défavorisées.

### *L'électrification et l'accès à l'eau potable : des défis persistants*

Malgré les avancées dans le domaine de l'électrification, portées notamment par le développement des énergies renouvelables, de nombreuses localités rurales restent privées d'un accès stable à l'électricité. Cette carence entrave non seulement les activités économiques, mais affecte aussi le quotidien des habitants. De même, l'accès à l'eau potable demeure problématique dans certaines régions éloignées, où les infrastructures hydrauliques sont limitées. Ces insuffisances réduisent la qualité de vie des populations rurales et freinent leur intégration dans le tissu économique national.

### *Vers une réduction des disparités*

Pour combler ces écarts, il est impératif d'investir massivement dans les infrastructures rurales, qu'il s'agisse des routes, des écoles, des hôpitaux ou des réseaux d'électricité et d'eau. Une politique plus inclusive, axée sur le développement des zones marginalisées, permettra de favoriser une croissance équitable et d'assurer une meilleure répartition des bénéfices du développement économique. En améliorant l'accès aux services publics de base, le Sénégal pourra poser les fondations d'un développement harmonieux et inclusif, à même de réduire les disparités régionales et sectorielles.

### 4. Disparités dans l'accès aux financements et aux technologies

L'accès aux financements et aux technologies constitue un levier essentiel pour le développement économique. Pourtant, de profondes inégalités subsistent entre les zones urbaines et rurales, mais également entre les grandes entreprises bien établies et les petites entreprises ou producteurs individuels. Ces disparités limitent les opportunités de croissance, entravent l'innovation et renforcent les déséquilibres économiques.

#### *Accès restreint aux financements pour les PME et les agriculteurs*

Les petites et moyennes entreprises (PME) ainsi que les agriculteurs, particulièrement dans les régions rurales, peinent à obtenir les financements nécessaires pour développer leurs activités. Les institutions bancaires, majoritairement concentrées dans les centres urbains, sont souvent réticentes à accorder des prêts à ces acteurs économiques en raison de leur faible solvabilité perçue ou de l'absence de garanties solides. Cette difficulté d'accès aux capitaux freine l'investissement, la modernisation des outils de production et l'expansion des activités économiques dans des secteurs cruciaux comme l'agriculture et l'artisanat. En conséquence, ces segments de l'économie demeurent sous-exploités, creusant ainsi les écarts avec les entreprises mieux dotées.

#### *Inégalités dans l'adoption des technologies modernes*

L'accès aux technologies de pointe est un autre domaine où les disparités sont particulièrement marquées. Dans les grandes villes, les entreprises industrielles et de services bénéficient d'un accès privilégié aux technologies modernes, améliorant ainsi leur productivité, leur compétitivité, et leur capacité à innover. À l'inverse, les agriculteurs et les petites entreprises situés dans les zones rurales restent largement déconnectés de ces avancées technologiques. Ils manquent souvent d'équipements tels que des outils de mécanisation agricole, des systèmes d'irrigation performants ou des solutions numériques, qui pourraient transformer leur productivité et leur rentabilité. Cette fracture technologique ralentit la modernisation des secteurs agricoles et freine l'intégration des zones rurales dans l'économie nationale.

### *Vers une équité dans l'accès aux financements et aux technologies*

Pour réduire ces disparités, il est impératif de renforcer les mécanismes de financement inclusif, en créant des fonds dédiés aux PME et aux agriculteurs, ou en développant des systèmes de microcrédit adaptés aux besoins des zones rurales. Par ailleurs, des politiques publiques favorisant la diffusion des technologies modernes, à travers des subventions ou des programmes de formation, sont essentielles pour stimuler la productivité des secteurs sous-développés. En investissant dans ces domaines, le Sénégal peut non seulement réduire les écarts économiques entre les territoires et les acteurs, mais aussi favoriser une croissance plus inclusive et durable.

## 5. Disparités de revenus et persistance de la pauvreté

Les inégalités économiques au Sénégal se traduisent par des écarts marqués de revenus entre les régions, les secteurs d'activité, et les groupes socio-économiques. Ces disparités exacerbent la pauvreté dans certaines zones et maintiennent de profondes inégalités sociales, freinant ainsi les efforts de développement inclusif.

### *Pauvreté rurale persistante*

Dans les zones rurales, la pauvreté demeure un problème structurel, largement lié à une économie dominée par l'agriculture de subsistance. Les agriculteurs, qui constituent une grande partie de la population rurale, perçoivent souvent des revenus faibles et instables, soumis aux aléas climatiques et à une faible productivité. L'absence d'infrastructures, de services financiers, et de marchés accessibles renforce cet état de précarité. Ces populations, isolées et sous-équipées, sont limitées dans leur capacité à diversifier leurs sources de revenus ou à améliorer leurs conditions de vie, creusant davantage l'écart avec les zones urbaines.

### *Inégalités de revenus en milieu urbain*

Dans les zones urbaines, bien que Dakar et d'autres grandes villes concentrent une grande partie des richesses nationales, les disparités de revenus entre les différents segments de la population restent importantes. Les travailleurs du secteur formel, bénéficiant de revenus stables et souvent mieux rémunérés, contrastent fortement avec ceux du secteur informel, qui représente une part significative de la main-d'œuvre urbaine. Ces derniers, souvent sans protection sociale ni sécurité d'emploi, vivent dans une précarité économique qui limite leur capacité à profiter des opportunités offertes par l'urbanisation et la croissance économique.

Cette fracture au sein de la population urbaine reflète une distribution inégale des richesses, même dans les régions les plus développées.

***Vers une réduction des inégalités***

Pour remédier à ces disparités de revenus, il est crucial de mettre en place des politiques publiques ciblées, visant à renforcer les opportunités économiques dans les zones rurales et à intégrer les travailleurs du secteur informel dans le tissu économique formel. L'amélioration des infrastructures, l'accès élargi aux services financiers, et la mise en place de programmes de protection sociale sont autant de leviers pour réduire les écarts de revenus et favoriser une croissance plus équitable. En agissant sur ces fronts, le Sénégal pourra non seulement réduire la pauvreté, mais également bâtir une société plus inclusive et cohésive.

**6. Disparités liées au genre et à l'inclusion sociale**

Les inégalités économiques au Sénégal trouvent également leur expression dans les écarts de genre et les obstacles auxquels sont confrontés les groupes vulnérables, tels que les jeunes et les personnes handicapées. Ces disparités freinent leur participation à l'économie et perpétuent des dynamiques d'exclusion sociale.

***Inégalités de genre : des barrières persistantes***

Les femmes, en particulier dans les zones rurales, font face à des difficultés majeures pour accéder aux ressources économiques essentielles, comme la propriété foncière, les crédits financiers, et les opportunités de formation. Ces obstacles limitent leur capacité à s'intégrer pleinement dans l'économie formelle et à tirer parti des opportunités entrepreneuriales et professionnelles. Cette marginalisation économique des femmes contribue à creuser les écarts de revenus et ralentit la réalisation d'un développement réellement inclusif. Par ailleurs, les femmes sont souvent cantonnées à des emplois informels et précaires, ce qui réduit leur capacité à accumuler des richesses et à améliorer leurs conditions de vie.

***Exclusion des jeunes et des groupes marginalisés***

Le chômage des jeunes demeure une problématique structurelle, particulièrement dans les zones rurales et périurbaines. Le manque de perspectives professionnelles et de formations adaptées contribue à leur exclusion économique et sociale, les poussant parfois vers des activités informelles ou des migrations vers les centres urbains. De même, les personnes handicapées et d'autres groupes marginalisés, en raison des préjugés et d'un accès limité aux infrastructures et aux services, rencontrent des difficultés accrues pour s'intégrer dans le marché du travail. Ces barrières renforcent les inégalités et entravent leur participation au développement économique.

***Vers un développement inclusif et équitable***

Les disparités économiques au Sénégal, qu'elles soient géographiques, sectorielles ou sociales, constituent des freins majeurs à une croissance équilibrée et inclusive. Pour y remédier, des politiques ambitieuses doivent être mises en œuvre, visant à :

- **Promouvoir l'égalité des genres**, en facilitant l'accès des femmes aux ressources économiques, aux formations professionnelles, et aux opportunités entrepreneuriales.
- **Intégrer les jeunes et les groupes vulnérables** dans l'économie formelle grâce à des programmes ciblés de formation et d'emploi.
- **Réduire les inégalités dans l'accès aux services publics**, en renforçant les infrastructures éducatives, sanitaires et sociales, notamment dans les zones rurales et pour les populations défavorisées.

Un Sénégal plus inclusif passe par une approche globale, où chaque citoyen, indépendamment de son genre, de son âge ou de son statut, bénéficie des opportunités nécessaires pour contribuer pleinement au développement national.

### C. Défis de productivité et de compétitivité des PME africaines

Les petites et moyennes entreprises (PME) occupent une place prépondérante dans les économies africaines, générant une part substantielle des emplois et contribuant de manière significative à la croissance économique ainsi qu'au développement des communautés locales. Cependant, ces acteurs essentiels de l'économie se heurtent à de nombreux obstacles qui entravent leur productivité et leur compétitivité, limitant ainsi leur capacité à croître, à innover et à s'intégrer efficacement dans les chaînes de valeur régionales et internationales.

#### 1. L'accès limité aux financements : un frein au développement des PME africaines

L'un des principaux obstacles au développement des petites et moyennes entreprises (PME) en Afrique réside dans leur difficulté à accéder aux financements nécessaires pour soutenir leur croissance, moderniser leurs équipements et investir dans l'innovation. Ce manque de financement constitue un frein majeur à leur compétitivité et à leur capacité à contribuer pleinement à l'économie.

***Une faiblesse des systèmes financiers locaux***

Dans de nombreux pays africains, les systèmes bancaires peinent à répondre aux besoins des PME. Cette frilosité des institutions financières s'explique par :

- **Perception de risque élevé** : Les banques considèrent souvent les PME comme des clients à haut risque, notamment en raison de l'absence de garanties solides ou d'antécédents financiers documentés.
- **Conditions strictes et taux d'intérêt prohibitifs** : Les conditions pour obtenir un prêt sont souvent inadaptées aux réalités des petites entreprises, et les taux d'intérêt élevés rendent le financement encore moins accessible.
- **Manque de produits financiers adaptés** : Les institutions financières offrent peu de solutions sur mesure pour les PME, limitant ainsi leur accès à des outils de financement innovants.

***Une dépendance accrue à l'autofinancement***

Face à ces contraintes, une grande partie des PME africaines doit se tourner vers des ressources internes ou des circuits informels pour financer leurs activités. Cette dépendance à l'autofinancement engendre plusieurs limites :

- **Croissance bridée** : Avec des fonds limités, les PME peinent à se développer, à recruter du personnel qualifié ou à élargir leur offre.
- **Frein à l'innovation** : Le manque de ressources financières entrave l'adoption de nouvelles technologies ou la mise en œuvre de projets innovants qui pourraient améliorer leur productivité et leur compétitivité.
- **Fragilité face aux aléas économiques** : Les PME disposant de peu de réserves financières sont plus vulnérables aux fluctuations du marché et aux chocs économiques.

***Un accès restreint aux financements internationaux***

Les PME africaines profitent rarement des opportunités de financement offertes par les acteurs internationaux, tels que les fonds de capital-risque, les investisseurs institutionnels ou les initiatives de soutien au développement. Ce manque d'accès s'explique par :

- **Visibilité limitée** : Les PME africaines peinent à se faire connaître des investisseurs étrangers en raison d'un déficit de communication et de mise en réseau.
- **Manque de préparation** : L'absence de compétences en matière de gestion financière et de présentation de projets freine leur capacité à attirer des investissements étrangers.
- **Insuffisance des structures d'accompagnement** : Peu de dispositifs existent pour connecter les PME aux investisseurs internationaux ou les former à répondre à leurs exigences.

***Vers des solutions pour améliorer l'accès aux financements***

Pour surmonter ces défis, il est essentiel de :

- **Développer des mécanismes de garantie des prêts**, permettant de réduire les risques pour les banques et d'encourager le financement des PME.
- **Promouvoir des solutions de microfinance** et des fonds spécialement dédiés aux petites entreprises.
- **Faciliter l'accès au capital-risque et aux investisseurs internationaux**, à travers des plateformes de mise en relation et des formations adaptées.
- **Renforcer les capacités des PME en matière de gestion financière**, afin de les rendre plus attractives pour les prêteurs et investisseurs.

Un meilleur accès aux financements permettra aux PME africaines de réaliser leur potentiel, de contribuer davantage à la croissance économique et de jouer un rôle clé dans l'intégration des économies africaines, en particulier dans le cadre de la ZLECAF.

**2. Adoption insuffisante des technologies modernes : un frein à la compétitivité des PME africaines**

L'une des causes majeures de la faible productivité des petites et moyennes entreprises (PME) africaines réside dans leur accès limité aux technologies modernes. Ce manque d'infrastructures numériques et d'équipements de production avancés freine leur développement et leur capacité à rivaliser sur les marchés régionaux et internationaux.

***Un déficit de transformation numérique***

La digitalisation, qui constitue un levier crucial pour améliorer l'efficacité des entreprises, reste encore peu développée au sein des PME africaines.

- **Accès limité à Internet et aux plateformes numériques** : Une grande partie des PME, notamment celles situées dans les zones rurales, ne bénéficie pas d'une connectivité Internet fiable ni d'outils numériques adaptés. Cette situation limite leur capacité à exploiter des plateformes de commerce électronique, à rationaliser leurs opérations ou à élargir leur portée commerciale.
- **Absence de systèmes de gestion automatisés** : De nombreuses PME n'ont pas adopté de technologies pour optimiser leurs processus, comme la gestion des stocks, la logistique, ou la planification de la production. Ce manque d'automatisation entraîne des inefficacités qui affectent leur productivité et leur rentabilité.

***Des équipements de production dépassés***

Dans des secteurs clés tels que l'agriculture, la manufacture ou l'artisanat, les PME africaines continuent de s'appuyer sur des équipements obsolètes et des pratiques traditionnelles.

- **Faible mécanisation** : L'usage limité de machines modernes dans des activités comme l'agriculture ou la transformation agroalimentaire réduit les rendements et augmente les coûts de production.
- **Technologies inadaptées** : Les équipements désuets ou mal entretenus limitent la capacité des PME à produire à grande échelle ou à répondre aux normes de qualité requises par les marchés internationaux.

***Une innovation bridée par le manque d'investissements en R&D***

L'innovation, indispensable pour améliorer la compétitivité et répondre aux besoins changeants des marchés, est entravée par le manque de moyens dédiés à la recherche et au développement (R&D).

- **Ressources financières limitées** : Les PME n'ont souvent pas les fonds nécessaires pour investir dans la création de nouveaux produits ou l'amélioration de leurs procédés.
- **Absence de partenariats stratégiques** : Peu d'entreprises collaborent avec des institutions académiques ou des centres de recherche pour accéder à des innovations ou développer des solutions adaptées à leurs besoins.

***Vers une adoption renforcée des technologies modernes***

Pour relever ces défis et permettre aux PME africaines d'embrasser pleinement les technologies modernes, plusieurs actions sont nécessaires :

1. **Améliorer l'accès à Internet et aux infrastructures numériques** : Développer les réseaux de télécommunications, en particulier dans les zones rurales, pour connecter davantage de PME au monde numérique.

2. **Encourager l'automatisation des processus** : Proposer des subventions ou des crédits pour aider les entreprises à adopter des logiciels de gestion, des systèmes de production automatisés, et d'autres technologies d'efficacité.

3. **Faciliter l'accès aux équipements modernes** : Promouvoir des programmes d'appui pour la modernisation des équipements, notamment par le biais de partenariats public-privé.

4. **Stimuler les investissements en R&D** : Encourager les PME à collaborer avec des centres de recherche et à intégrer l'innovation dans leurs stratégies de développement.

Une adoption accrue des technologies modernes permettra aux PME africaines d'améliorer leur productivité, de réduire leurs coûts et de s'intégrer plus efficacement aux chaînes de valeur régionales et internationales. Ce progrès est essentiel pour soutenir la transformation économique du continent, en particulier dans le cadre de la ZLECAF.

### 3. Infrastructures défaillantes et coûts logistiques prohibitifs : un frein à la compétitivité des PME africaines

Les insuffisances infrastructurelles et les coûts logistiques élevés figurent parmi les principaux obstacles entravant la croissance et la compétitivité des petites et moyennes entreprises (PME) africaines. Ces défis limitent leur capacité à intégrer les marchés régionaux et internationaux, réduisant ainsi leur potentiel de développement.

***Un réseau de transport inadapté aux besoins des entreprises***

Les infrastructures de transport, essentielles pour faciliter la mobilité des marchandises, sont souvent en mauvais état ou insuffisantes dans de nombreux pays africains.

- **Routes dégradées** : Une grande partie des routes reliant les zones rurales aux centres urbains et aux marchés régionaux est mal entretenue ou inexistante. Cela allonge les délais de livraison, augmente les frais de maintenance des véhicules, et réduit l'efficacité des chaînes d'approvisionnement.

- **Absence de lignes ferroviaires modernes** : Le transport ferroviaire, qui pourrait constituer une alternative économique et écologique pour le transport de marchandises lourdes sur de longues distances, est largement sous-développé dans plusieurs régions du continent.
- **Ports saturés et inefficaces** : Les ports africains, souvent saturés et équipés de technologies obsolètes, génèrent des délais importants pour le traitement des marchandises. Cette situation accroît les coûts d'importation et d'exportation, rendant les produits des PME moins compétitifs.

***Des coûts logistiques qui pèsent sur la compétitivité***

La combinaison de ces déficits infrastructurels entraîne une flambée des coûts logistiques, qui pèsent particulièrement sur les PME.

- **Frais de transport élevés** : En raison de l'état des infrastructures, les entreprises doivent souvent recourir au transport routier, qui reste coûteux et inefficace sur de longues distances. Ces frais supplémentaires réduisent les marges bénéficiaires des PME et augmentent les prix finaux de leurs produits.
- **Accès limité aux hubs logistiques** : Le manque de plateformes logistiques modernes, capables de centraliser les activités de stockage, de distribution et de transport, complique la coordination des chaînes d'approvisionnement. Cela limite la capacité des PME à acheminer leurs produits vers les marchés locaux, régionaux et internationaux de manière rentable.

***Un accès difficile aux marchés extérieurs***

Les lacunes infrastructurelles et les coûts logistiques élevés freinent l'accès des PME africaines aux marchés extérieurs, réduisant ainsi leurs opportunités de croissance.

- **Faible intégration aux chaînes de valeur régionales** : Les PME peinent à s'insérer dans les chaînes de valeur régionales en raison des obstacles logistiques. Elles ne peuvent pas exploiter pleinement les opportunités offertes par des initiatives telles que la ZLECAF, qui vise à faciliter les échanges intra-africains.
- **Marginalisation dans le commerce international** : Les coûts logistiques prohibitifs rendent les produits africains moins compétitifs sur les marchés mondiaux, ce qui limite leur capacité à rivaliser avec des entreprises étrangères bénéficiant de réseaux logistiques plus efficaces et moins coûteux.

*Vers des solutions structurelles pour soutenir les PME*

Pour surmonter ces défis et renforcer la compétitivité des PME africaines, il est impératif de :

1. **Moderniser les infrastructures de transport** : Investir dans l'entretien et l'expansion des réseaux routiers, ferroviaires et portuaires pour réduire les coûts et améliorer la fluidité des échanges commerciaux.
2. **Développer des hubs logistiques modernes** : Établir des plateformes centralisées pour le stockage, la distribution et le traitement des marchandises, facilitant ainsi l'intégration des PME dans les chaînes de valeur régionales.
3. **Promouvoir les partenariats public-privé** : Encourager la collaboration entre les gouvernements, les investisseurs privés et les bailleurs de fonds pour financer les projets d'infrastructures stratégiques.

En s'attaquant aux problématiques liées aux infrastructures et aux coûts logistiques, l'Afrique pourra non seulement améliorer la compétitivité de ses PME, mais également stimuler l'intégration économique régionale et positionner ses entreprises sur la scène internationale.

**4. Un environnement réglementaire contraignant : un frein à la croissance des PME**

L'environnement réglementaire en Afrique constitue l'une des principales barrières à la productivité et à la compétitivité des petites et moyennes entreprises (PME). Marqué par des démarches administratives complexes, des normes disparates et une fiscalité souvent inadaptée, ce contexte décourage l'innovation et freine l'expansion des entreprises, en particulier celles opérant dans le secteur informel.

*Des procédures administratives longues et coûteuses*

La création et la gestion d'une PME sont souvent synonymes de parcours du combattant.

- **Formalités administratives lourdes** : Les démarches nécessaires pour enregistrer une entreprise, obtenir des licences ou respecter les réglementations locales sont généralement longues, coûteuses, et fastidieuses. Pour de nombreuses PME, notamment celles issues du secteur informel, ces procédures exigent des ressources humaines et financières qu'elles ne peuvent mobiliser.
- **Frein à la formalisation** : Ce cadre réglementaire complexe pousse de nombreuses entreprises à opérer dans l'informel, ce qui limite

leur accès aux financements institutionnels, aux opportunités d'investissement, et aux programmes de soutien public. Ce cercle vicieux perpétue leur faible productivité et leur incapacité à s'intégrer pleinement dans l'économie formelle.

***Des barrières non tarifaires multiples et coûteuses***

Les PME africaines cherchant à exporter leurs produits ou services se heurtent souvent à des barrières non tarifaires qui entravent leur expansion.

- **Normes techniques et sanitaires fragmentées** : Les exigences techniques, sanitaires, et phytosanitaires varient considérablement d'un pays à l'autre, créant des obstacles à l'exportation. L'absence d'harmonisation des normes régionales, notamment dans le cadre de la ZLECAF, complique encore davantage les échanges intra-africains.
- **Coûts de conformité élevés** : Pour répondre aux différentes exigences, les PME doivent investir dans des certifications et des adaptations techniques coûteuses, ce qui alourdit leurs charges et réduit leur compétitivité sur les marchés régionaux et internationaux.

***Une fiscalité lourde et incohérente***

La fiscalité dans de nombreux pays africains représente un autre défi majeur pour les PME.

- **Taxes élevées et systèmes complexes** : Les petites entreprises doivent souvent faire face à des régimes fiscaux peu adaptés à leur taille et à leur capacité financière. Les taux d'imposition élevés et les obligations fiscales complexes limitent leur rentabilité et entravent leur capacité à réinvestir pour croître.
- **Manque de transparence et incohérences** : L'absence de clarté dans les politiques fiscales et l'application inégale des lois génèrent une incertitude pour les entrepreneurs. Ce climat d'imprévisibilité freine les initiatives entrepreneuriales et dissuade les investissements, tant locaux qu'étrangers.

***Vers un environnement réglementaire plus favorable***

Pour libérer le potentiel des PME africaines et stimuler leur compétitivité, il est impératif de :

1. **Simplifier les démarches administratives** : Réduire les délais et les coûts d'enregistrement des entreprises, et introduire des guichets uniques pour centraliser les formalités administratives.

2. **Harmoniser les normes régionales** : Dans le cadre de la ZLECAF, établir des normes techniques, sanitaires, et phytosanitaires unifiées pour faciliter les échanges intra-africains et réduire les coûts de conformité.

3. **Adopter une fiscalité adaptée** : Mettre en place des régimes fiscaux favorables aux PME, incluant des taux réduits, des exonérations temporaires, et des mesures incitatives pour encourager la formalisation des entreprises.

4. **Promouvoir la transparence et la prévisibilité** : Renforcer la clarté et la cohérence des politiques fiscales et réglementaires pour instaurer un climat de confiance parmi les entrepreneurs.

Un cadre réglementaire plus léger, harmonisé et transparent permettra non seulement de réduire les contraintes pesant sur les PME, mais aussi d'encourager leur formalisation, leur croissance, et leur intégration dans les chaînes de valeur régionales et internationales.

**5. Compétences managériales limitées et formation insuffisante : un frein à la compétitivité des PME**

L'absence de compétences solides en gestion et le déficit de formation technique représentent des obstacles majeurs pour les petites et moyennes entreprises (PME) africaines. Ces lacunes affectent leur capacité à optimiser leurs opérations, à innover, et à rivaliser sur des marchés de plus en plus compétitifs.

***Un manque criant de compétences en gestion***

- **Carence en planification stratégique** : De nombreux entrepreneurs africains manquent de formation en gestion d'entreprise, ce qui les empêche de structurer efficacement leurs activités. Cette insuffisance se traduit par une mauvaise gestion des ressources financières, humaines et matérielles, limitant ainsi la performance et la durabilité de leurs entreprises.
- **Gestion financière inefficace** : L'incapacité à établir des prévisions budgétaires, à analyser les coûts ou à diversifier les sources de financement constitue une barrière importante à la croissance des PME. Sans ces outils fondamentaux, les entreprises peinent à naviguer dans des environnements complexes et à saisir les opportunités de développement.

***Une formation technique insuffisante pour les employés***

- **Manque de qualifications modernes** : Dans des secteurs clés comme l'industrie manufacturière, l'agriculture ou l'artisanat, les travailleurs n'ont souvent pas accès à des programmes de formation technique adaptés aux exigences actuelles. Cela limite leur productivité et freine l'adoption de technologies modernes qui pourraient améliorer la compétitivité des entreprises.

- **Absence de formation continue** : Les PME manquent également d'initiatives pour améliorer les compétences de leurs employés par le biais de formations continues. Cette lacune empêche les entreprises de rester à jour avec les évolutions technologiques et les meilleures pratiques sectorielles.

***Une culture d'innovation insuffisante***

- **Réticence au changement** : Le déficit de compétences managériales et techniques engendre une faible appétence pour l'innovation. De nombreuses PME s'appuient sur des modèles d'affaires traditionnels et éprouvent des difficultés à explorer de nouveaux produits, services, ou marchés.
- **Manque d'investissement dans la R&D** : L'absence de culture de l'innovation et de recherche-développement limite la capacité des entreprises à se différencier de leurs concurrents et à s'adapter aux nouvelles dynamiques économiques.

***Vers une montée en compétences des PME***

Pour surmonter ces défis, il est impératif de renforcer les capacités managériales et techniques des entrepreneurs et de leurs employés. Voici quelques pistes :

1. **Promouvoir la formation en gestion d'entreprise** : Mettre en place des programmes spécifiques pour enseigner les fondamentaux de la planification stratégique, de la gestion financière, et de l'analyse des marchés. Ces formations pourraient être proposées par des institutions publiques ou des organisations de soutien aux PME.
2. **Développer la formation technique** : Introduire des programmes de formation adaptés aux secteurs prioritaires, tels que l'agriculture, l'industrie légère et les technologies numériques. Ces initiatives devraient inclure la mécanisation, les pratiques modernes de production, et les compétences en gestion des outils numériques.
3. **Encourager l'innovation et la formation continue** : Créer des incitations pour les PME qui investissent dans la recherche et le développement ou dans la formation continue de leurs employés. Cela permettra d'adopter une approche proactive face aux évolutions technologiques et de marché.

4. **Établir des partenariats stratégiques** : Collaborer avec des institutions internationales, des universités, et des experts pour fournir des solutions de formation et des ressources accessibles aux PME.

Renforcer les compétences managériales et techniques des PME africaines est essentiel pour stimuler leur productivité, favoriser l'innovation, et leur permettre de se positionner durablement sur des marchés compétitifs. Une montée en compétences généralisée est la clé d'une croissance économique plus inclusive et durable à l'échelle régionale.

**6.** Une intégration insuffisante aux chaînes de valeur régionales et mondiales

Malgré leur rôle crucial dans les économies africaines, les petites et moyennes entreprises (PME) peinent à s'insérer dans les chaînes de valeur régionales et internationales. Cette difficulté découle de leur faible compétitivité, de leur taille modeste, et de leur incapacité à satisfaire les normes et exigences des marchés globaux.

***Une taille limitée freinant les ambitions internationales***

- **Capacité de production insuffisante** : La majorité des PME africaines se caractérisent par leur petite taille, ce qui limite leur capacité à répondre à des volumes de production élevés, souvent requis par les marchés internationaux. Ce manque d'envergure réduit leur compétitivité et les empêche de s'imposer comme des fournisseurs fiables dans les chaînes d'approvisionnement mondiales.
- **Fragmentation du secteur** : Les PME opèrent souvent de manière isolée, sans coopérations ou regroupements qui pourraient leur permettre d'atteindre une masse critique pour répondre à des commandes importantes ou pour mutualiser les coûts d'accès aux marchés internationaux.

***Conformité aux normes internationales : un défi de taille***

- **Difficultés de mise à niveau** : Le respect des normes de qualité, de sécurité, et de durabilité imposées par les marchés étrangers constitue un obstacle majeur pour les PME africaines. L'absence d'équipements modernes et le manque de formation sur les exigences normatives freinent leur capacité à adapter leurs systèmes de production.
- **Barrières à l'exportation** : Les certifications internationales, indispensables pour accéder à certains marchés, sont souvent coûteuses et complexes à obtenir pour les petites entreprises, ce qui les exclut des opportunités d'intégration aux chaînes de valeur mondiales.

***Un déficit en partenariats et en réseaux commerciaux***

- **Manque de visibilité internationale** : Les PME africaines souffrent d'un déficit de notoriété sur les marchés étrangers, ce qui limite leur capacité à nouer des partenariats stratégiques avec des acteurs internationaux. Cette situation est exacerbée par le manque de plateformes de mise en relation ou d'événements favorisant la visibilité des entreprises africaines à l'étranger.
- **Absence de stratégies collaboratives** : Faute de ressources et d'accompagnement, peu de PME sont en mesure de développer des stratégies commerciales solides ou de s'inscrire dans des réseaux commerciaux existants, tant au niveau régional qu'international.

***Vers une intégration accrue dans les chaînes de valeur***

Pour renforcer leur participation aux chaînes de valeur régionales et internationales, il est impératif de soutenir les PME dans leur transformation structurelle. Quelques axes prioritaires incluent :

1. **Développer des regroupements et des coopératives** : Encourager les PME à se regrouper au sein de clusters ou de coopératives sectorielles pour mutualiser les ressources, augmenter leur capacité de production, et réduire les coûts liés à l'accès aux marchés.
2. **Renforcer les capacités techniques et normatives** : Mettre en place des programmes de formation et d'accompagnement pour aider les PME à respecter les normes internationales et à obtenir les certifications nécessaires.
3. **Créer des partenariats stratégiques** : Faciliter la mise en relation des PME africaines avec des investisseurs, des distributeurs, et des fournisseurs étrangers grâce à des foires commerciales, des plateformes numériques, et des missions économiques, organiser les réseaux diasporiques pour la captation du marché de nos produits communautaires et pour diffuser les produits locaux dans les pays de résidences des diasporas africaines
4. **Promouvoir des soutiens financiers ciblés** : Développer des mécanismes de financement adaptés aux besoins des PME pour leur permettre d'investir dans des équipements modernes, d'améliorer leur capacité de production, et d'innover.

En intégrant les PME africaines dans les chaînes de valeur régionales et internationales, les économies locales pourraient bénéficier d'un développement accéléré, d'une création d'emplois renforcée, et d'une plus grande résilience face aux aléas économiques globaux.

### 7. Prédominance de l'informalité et faible institutionnalisation

Une proportion significative des petites et moyennes entreprises (PME) africaines évoluent dans le secteur informel, un facteur limitant leur développement et leur contribution pleine et entière à l'économie. Cette situation entrave leur accès aux financements, aux marchés publics, et aux dispositifs de soutien mis en place pour accompagner les entreprises.

*Une économie largement dominée par l'informalité*

- **Prépondérance du secteur informel** : Dans de nombreux pays africains, le secteur informel constitue l'épine dorsale de l'économie, représentant une part considérable des activités commerciales et de l'emploi. Cependant, les PME opérant dans ce cadre sont souvent dépourvues de reconnaissance juridique, ce qui limite leur capacité à croître et à se structurer. Sans accès aux financements bancaires, aux incitations fiscales, ou aux subventions gouvernementales, ces entreprises restent cantonnées à des activités à petite échelle.
- **Capacités de croissance limitées** : L'absence de formalisation prive les PME informelles des outils nécessaires pour se développer. Le manque de comptabilité formelle, de documentation juridique, et de transparence dans leurs opérations entrave leur intégration dans l'économie formelle et freine leur potentiel de croissance.

*Exclusion des opportunités économiques formelles*

- **Accès restreint aux marchés publics** : Les PME non institutionnalisées sont souvent exclues des appels d'offres publics et des contrats gouvernementaux, qui représentent pourtant des opportunités significatives de développement. Cette exclusion les empêche de tirer parti des programmes de soutien à l'entrepreneuriat et des initiatives économiques nationales.
- **Manque d'accès aux aides gouvernementales** : Les dispositifs de soutien, tels que les subventions, les réductions fiscales, ou les programmes de formation, sont généralement conçus pour les entreprises formelles. Les PME informelles, ne remplissant pas les critères d'éligibilité, restent en marge de ces opportunités cruciales pour leur expansion et leur modernisation.

*Une transition nécessaire vers l'économie formelle*

Pour maximiser le potentiel des PME africaines et renforcer leur compétitivité, il est indispensable d'encourager leur transition vers l'économie formelle. Cela nécessitera des politiques incitatives et des réformes ciblées :

1. **Simplifier les procédures de formalisation** : Alléger les démarches administratives et les coûts liés à l'enregistrement des entreprises afin d'encourager les entrepreneurs informels à intégrer le secteur formel.
2. **Offrir des incitations financières** : Introduire des programmes d'incitation, tels que des subventions ou des allègements fiscaux pour les entreprises nouvellement enregistrées, afin de rendre la formalisation économiquement avantageuse.
3. **Développer des programmes de sensibilisation** : Informer les entrepreneurs des avantages de la formalisation, notamment l'accès aux financements, aux marchés publics, et aux services de soutien.
4. **Créer des passerelles vers les financements** : Faciliter l'accès des PME formalisées à des prêts à faible taux d'intérêt, à des garanties de crédit, et à des programmes de microfinance adaptés à leurs besoins.

La transition des PME africaines vers l'économie formelle représente un levier majeur pour libérer leur potentiel économique. Cela permettrait non seulement d'améliorer leur productivité et leur compétitivité, mais aussi de stimuler la croissance économique globale et de favoriser une répartition plus équitable des opportunités sur le continent.

**Enjeux pour le Sénégal :**

**A. Fragilité des infrastructures portuaires et logistiques en Afrique**

Les infrastructures portuaires et logistiques constituent des piliers stratégiques pour le développement économique des pays africains. En favorisant la fluidité des échanges commerciaux, elles renforcent l'intégration régionale et mondiale, tout en soutenant la compétitivité des économies locales. Cependant, des insuffisances structurelles et opérationnelles persistent, entravant la pleine exploitation des opportunités qu'offrent la mondialisation et des initiatives comme la Zone de Libre-Échange continental africaine (ZLECAF).

**1. Saturation des ports et insuffisance des capacités**

Les ports africains, malgré leur rôle central dans le commerce international et régional, peinent à répondre à la demande croissante en raison d'une saturation chronique et d'une capacité limitée. Cette situation freine les échanges commerciaux, alourdit les coûts logistiques, et compromet la compétitivité des économies du continent.

*Capacités de traitement insuffisantes*

- **Pression sur les terminaux à conteneurs** : Les ports africains majeurs, tels que Lagos au Nigeria, Abidjan en Côte d'Ivoire, ou encore Dakar au Sénégal, sont confrontés à une saturation croissante de leurs terminaux à conteneurs. Ces installations peinent à absorber les volumes accrus de marchandises, entraînant des retards considérables dans le déchargement et l'expédition. Les navires, immobilisés plus longtemps qu'à l'accoutumée, subissent des surcoûts qui se répercutent sur les entreprises locales et les consommateurs.
- **Augmentation des flux commerciaux** : L'essor des échanges mondiaux, couplé à l'intégration économique africaine, a significativement augmenté le volume des marchandises transitant par les ports africains. Toutefois, les infrastructures portuaires existantes ne sont pas conçues pour gérer cette accélération, ce qui limite la fluidité des opérations.

*Absence d'infrastructures modernes*

- **Quais et équipements dépassés** : De nombreux ports africains manquent de quais en eau profonde, essentiels pour accueillir les navires de grande capacité utilisés dans le commerce maritime moderne. L'insuffisance de grues performantes et de systèmes automatisés de manutention alourdit encore davantage les délais de traitement des cargaisons.
- **Comparaison internationale défavorable** : En raison de ces carences, les ports africains sont en concurrence déséquilibrée avec des installations ultramodernes en Europe, en Asie, ou en Amérique du Nord. Ces derniers disposent de technologies avancées et de processus hautement optimisés, offrant des services plus rapides et plus rentables.

*Une nécessité de modernisation*

Pour remédier à ces insuffisances, il est impératif que les ports africains, dont celui de Dakar, investissent dans des infrastructures modernes et des technologies de pointe. Des quais adaptés, des systèmes automatisés et une meilleure gestion de la logistique portuaire sont autant d'éléments indispensables pour accroître la capacité de traitement, réduire les délais, et renforcer la compétitivité des ports africains sur la scène internationale.

### 2. Problématiques de congestion portuaire

La congestion portuaire constitue un défi majeur pour de nombreux ports africains, affectant leur efficacité et leur compétitivité. Ce phénomène résulte principalement d'une combinaison de capacités insuffisantes, d'une gestion inadaptée, et de l'absence d'infrastructures terrestres performantes pour assurer l'évacuation rapide des marchandises.

***Surcharge des ports africains***

- **Temps d'attente prolongés** : Dans des hubs commerciaux tels que Lagos (Nigeria), Mombasa (Kenya) ou Durban (Afrique du Sud), il n'est pas rare que les navires soient contraints d'attendre plusieurs jours, voire des semaines, avant de décharger leurs cargaisons. Ces retards engendrent des surcoûts significatifs pour les compagnies maritimes et les opérateurs logistiques, affectant directement les chaînes d'approvisionnement et les coûts des produits pour les consommateurs.
- **Manque de zones de stockage** : La saturation des infrastructures de stockage dans les ports aggrave cette situation. Faute d'espace suffisant pour entreposer les marchandises, celles-ci demeurent plus longtemps sur les quais, ce qui ralentit les opérations portuaires et amplifie la congestion.

***Inefficacité dans la gestion portuaire***

- **Systèmes de gestion obsolètes** : Les opérations portuaires en Afrique sont souvent entravées par des outils de planification dépassés, incapables de gérer les flux croissants de marchandises de manière fluide. Ces systèmes limitent la coordination entre les différents acteurs portuaires, tels que les autorités, les services douaniers, et les transporteurs, entraînant des délais inutiles.
- **Manque de synergie entre les parties prenantes** : L'absence d'une coordination efficace entre les parties impliquées dans la chaîne logistique portuaire-opérateurs de terminaux, autorités douanières et entreprises de transport – se traduit par des inefficacités opérationnelles, exacerbant les problèmes de congestion.

***Infrastructures terrestres inadaptées***

- **Connexion insuffisante aux zones intérieures** : Les infrastructures terrestres, notamment les routes et les réseaux ferroviaires, sont souvent sous-développées ou mal entretenues. Cela limite la capacité à transporter rapidement les marchandises des ports vers les centres économiques ou les pays voisins, créant des goulots d'étranglement logistiques.
- **Effet domino sur la chaîne logistique** : Ces lacunes dans les infrastructures de transport retardent l'évacuation des marchandises des ports, prolongeant leur séjour et augmentant les niveaux de congestion.

*Un impératif de modernisation et de coordination*

Pour remédier à ces défis, il est essentiel que les ports africains investissent dans des solutions modernes de gestion et dans le développement d'infrastructures logistiques intégrées. La mise en place de systèmes automatisés, l'élargissement des zones de stockage, et l'amélioration des connexions terrestres sont autant de mesures nécessaires pour fluidifier les opérations portuaires et maximiser l'efficacité des chaînes d'approvisionnement régionales.

**3. Infrastructures terrestres de transport insuffisantes**

Les infrastructures terrestres de transport, comprenant les réseaux routiers et ferroviaires, constituent un maillon faible dans les chaînes logistiques de nombreux pays africains. Leur état souvent inadapté ou dégradé ralentit considérablement l'acheminement des marchandises depuis les ports vers les marchés intérieurs, tout en augmentant les coûts logistiques, ce qui freine la compétitivité des économies du continent.

***Réseaux routiers de qualité inégale***

- **Entretien déficient et routes inadéquates** : Dans de nombreuses régions, les routes reliant les ports aux centres économiques majeurs sont en mauvais état ou tout simplement inexistantes. Ces infrastructures routières, souvent mal entretenues et incapables de supporter des charges importantes, engendrent des retards conséquents dans le transport des marchandises. Ce problème est particulièrement pénalisant pour les entreprises qui dépendent de délais de livraison fiables pour maintenir leur compétitivité.
- **Coûts logistiques élevés** : Les routes dégradées augmentent les coûts de transport en raison de l'usure accélérée des véhicules, des temps de trajet prolongés et des risques accrus d'accidents ou de pertes de marchandises. Ces surcoûts se répercutent inévitablement sur les prix des produits, limitant leur compétitivité sur les marchés locaux et internationaux.

***Faiblesse des infrastructures ferroviaires***

- **Absence ou vétusté des réseaux ferroviaires** : Le transport ferroviaire, qui pourrait offrir une alternative économique et durable pour le transport de marchandises sur de longues distances, est largement sous-utilisé en Afrique. Dans de nombreux pays, les infrastructures ferroviaires sont soit inexistantes, soit obsolètes. Par exemple, au Sénégal, la ligne Dakar-Bamako, autrefois stratégique pour le commerce régional, est aujourd'hui en état de délabrement avancé, nécessitant des investissements significatifs pour retrouver son potentiel.

- **Limites du transport intermodal** : L'absence d'intégration entre les infrastructures ferroviaires et les ports réduit considérablement l'efficacité des chaînes logistiques. Les ports africains peinent à établir des connexions ferroviaires fiables, ce qui complique l'évacuation rapide des marchandises et limite leur capacité à desservir efficacement les régions intérieures du continent.

***Un enjeu prioritaire pour l'intégration régionale***

Le développement de réseaux de transport terrestres modernes et interconnectés est crucial pour améliorer la fluidité des échanges commerciaux en Afrique. Investir dans la réhabilitation des routes et des corridors ferroviaires stratégiques, tels que la ligne Dakar-Bamako, permettra non seulement de réduire les coûts logistiques, mais aussi de renforcer l'intégration économique régionale et d'exploiter pleinement les opportunités offertes par la ZLECAF. Une approche coordonnée et des partenariats public-privé solides seront nécessaires pour surmonter ces défis structurels.

### 4. Inefficacité des Douanes et complexité des processus administratifs

Les procédures douanières et administratives dans les ports africains constituent un frein majeur au dynamisme des échanges commerciaux. Souvent marquées par leur lenteur, leur opacité et leur complexité, elles pénalisent gravement la compétitivité des exportateurs et importateurs en augmentant les coûts et les délais d'acheminement des marchandises.

***Délais prolongés dans le dédouanement***

- **Formalités administratives alourdies** : Les processus de dédouanement dans de nombreux ports africains, loin d'être fluides, s'avèrent particulièrement longs et fastidieux. La complexité des formalités, associée à un manque de modernisation des services douaniers, aboutit à des retards considérables. Les cargaisons sont souvent immobilisées pendant des jours, voire des semaines, en attente de contrôles et de validations administratives.

- **Coordination insuffisante** : Le manque de synergie entre les différentes agences impliquées dans les contrôles (douanes, inspections sanitaires, sécurité portuaire) aggrave encore la lenteur des opérations. L'absence de mécanismes efficaces pour harmoniser leurs interventions génère des goulots d'étranglement et retarde considérablement le flux des marchandises.

*Corruption et inefficacité endémiques*

- **Transparence déficiente** : Dans certains ports, la corruption demeure un problème récurrent, affectant directement l'efficacité des procédures douanières. Les entreprises sont souvent confrontées à des demandes informelles ou à des pratiques opaques qui ralentissent artificiellement le traitement des cargaisons.
- **Coûts supplémentaires pour les opérateurs** : Ces pratiques augmentent le coût global du commerce, contraignant les entreprises à payer des frais supplémentaires pour accélérer le dédouanement de leurs marchandises ou pour surmonter les obstacles bureaucratiques.

*Faiblesse des outils numériques*

- **Absence de digitalisation** : La majorité des ports africains ne disposent pas de systèmes numériques modernes pour gérer efficacement leurs opérations douanières et administratives. Le recours à des méthodes manuelles pour le suivi des cargaisons et les démarches administratives entraîne des erreurs, des inefficiences et des retards.
- **Opportunité des solutions technologiques** : L'implémentation de plateformes numériques intégrées pour la gestion des stocks, la traçabilité des marchandises et la coordination des acteurs portuaires offrirait un gain significatif en temps et en efficacité. Ces outils permettraient de fluidifier les processus, de réduire les erreurs humaines et de renforcer la transparence des opérations.

*Vers des réformes indispensables*

La modernisation des services douaniers et administratifs est une priorité pour améliorer la compétitivité des ports africains et libérer leur potentiel économique. Cela passe par une simplification des formalités, une digitalisation accrue des processus, et des efforts soutenus pour lutter contre la corruption. Une gestion douanière efficace et transparente permettrait non seulement de réduire les coûts et les délais, mais aussi d'attirer davantage d'investissements dans les infrastructures portuaires et les chaînes logistiques régionales.

**5. Absence de Hubs logistiques modernes**

Les hubs logistiques, véritables centres névralgiques regroupant infrastructures de transport, entrepôts de stockage et plateformes de distribution, sont indispensables pour fluidifier les chaînes d'approvisionnement. Cependant, l'Afrique souffre d'un déficit criant en hubs logistiques modernes, ce qui entrave gravement la circulation des marchandises entre les ports et les zones intérieures.

***Infrastructures de stockage insuffisantes***

- **Entreposage inadapté** : Les ports africains disposent rarement d'installations de stockage adaptées aux besoins des importateurs et exportateurs. Les marchandises en transit, notamment les produits périssables ou chimiques, souffrent souvent d'un manque de conditions de conservation adéquates. Ces insuffisances augmentent le risque de détérioration des produits, affectant particulièrement les exportateurs de denrées agricoles et de produits sensibles.
- **Impact sur les capacités d'exportation** : L'absence d'infrastructures de stockage modernes limite la compétitivité des exportations africaines. Les produits agricoles, par exemple, subissent des pertes post-récolte importantes en raison du manque de solutions de stockage à température contrôlée, ce qui réduit leur potentiel sur les marchés internationaux.

***Rareté des plateformes logistiques intégrées***

- **Gestion fragmentée des flux commerciaux** : Contrairement à d'autres régions du monde, où des plateformes logistiques modernes permettent une coordination fluide des opérations de transport, de stockage et de distribution, l'Afrique manque cruellement de ces infrastructures intégrées. Cette lacune se traduit par une gestion inefficace des flux commerciaux, entraînant des délais prolongés et des surcoûts logistiques pour les entreprises.
- **Inadaptation aux chaînes d'approvisionnement modernes** : L'absence de centres logistiques performants freine la capacité des pays africains à répondre aux exigences des chaînes d'approvisionnement mondialisées. Les exportateurs et importateurs, confrontés à ces contraintes, voient leurs coûts opérationnels grimper, ce qui réduit leur compétitivité sur les marchés régionaux et internationaux.

***Vers une transformation logistique***

Pour répondre aux défis liés au manque de hubs logistiques modernes, l'Afrique doit investir massivement dans le développement d'infrastructures logistiques de nouvelle génération. La création de plateformes intégrées, équipées de technologies modernes et capables de gérer efficacement le stockage, le transport et la distribution, est essentielle. Ces centres permettraient non seulement de réduire les coûts et les délais logistiques, mais aussi d'améliorer la compétitivité des exportateurs africains tout en attirant des investisseurs étrangers dans les secteurs du commerce et de l'industrie.

**6.** Faible Connectivité régionale et Absence de Corridors logistiques

L'Afrique souffre d'un déficit en corridors logistiques bien structurés, essentiels pour favoriser le commerce intra-régional et offrir aux pays enclavés un accès fluide aux ports maritimes. Ce manque freine le développement économique et complique l'intégration régionale.

***Corridors de transport sous-développés***

- **Infrastructure insuffisante** : Les corridors reliant les ports maritimes aux pays enclavés, tels que le Mali, le Niger ou le Burkina Faso, sont souvent caractérisés par des infrastructures inadéquates ou mal entretenues. Les routes et chemins de fer le long de ces axes stratégiques ne répondent pas aux besoins croissants des échanges commerciaux, limitant le transport efficace des marchandises.

- **Opportunités commerciales restreintes** : En l'absence de corridors performants, les pays enclavés peinent à accéder aux marchés mondiaux via les ports maritimes. Cela entrave non seulement leur compétitivité, mais réduit également leur contribution à l'économie régionale, renforçant les disparités économiques entre les États côtiers et leurs voisins sans littoral.

***Faible coordination transfrontalière***

- **Réglementations divergentes** : Les écarts dans les politiques nationales et les réglementations entre pays limitent la fluidité des échanges. Les divergences en matière de douanes, de normes techniques, et de contrôles transfrontaliers complexifient le commerce régional.

- **Barrières non tarifaires et points de contrôle** : Les multiples points de contrôle aux frontières, souvent mal organisés ou inefficaces, ralentissent considérablement le transit des marchandises. Ces obstacles augmentent non seulement les délais, mais aussi les coûts logistiques, décourageant les entreprises de s'engager dans le commerce transfrontalier.

- **Absence d'approches intégrées** : Le manque de projets conjoints entre États pour développer et gérer des corridors logistiques régionaux empêche la création d'un réseau cohérent. Cette fragmentation réduit le potentiel de commerce intra-africain et freine les ambitions de la Zone de Libre-Échange continentale africaine (ZLECAF)[98].

***Des corridors logistiques pour une Afrique intégrée***

Le développement de corridors logistiques modernes et bien coordonnés est indispensable pour renforcer la connectivité régionale. Une approche intégrée, impliquant une coopération accrue entre les États, des investissements dans les infrastructures et une harmonisation des réglementations, pourrait transformer ces axes en moteurs du commerce intra-africain. Ces efforts contribueraient non seulement à dynamiser les économies des pays enclavés, mais aussi à poser les bases d'une intégration économique plus forte à l'échelle du continent[99].

**7. Compétitivité limitée des ports africains face aux hubs internationaux**

Les ports africains peinent à rivaliser avec les grands ports internationaux en raison de leur inefficacité opérationnelle, de leurs coûts élevés, et de leur incapacité à gérer des volumes commerciaux croissants. Cette situation freine leur intégration dans les chaînes logistiques mondiales et limite le potentiel économique du continent.

***Coûts élevés des opérations portuaires***

- **Charges portuaires onéreuses** : Les frais liés à l'utilisation des ports africains, tels que les coûts d'amarrage, de manutention et de stockage, sont souvent nettement supérieurs à ceux pratiqués dans les ports d'Europe, d'Asie ou d'Amérique. Ces coûts élevés augmentent les dépenses des exportateurs africains, réduisant leur compétitivité sur les marchés internationaux, et découragent les investisseurs étrangers d'utiliser les ports africains comme hubs commerciaux.

- **Impact sur les exportateurs et investisseurs** : Les tarifs prohibitifs et les inefficacités logistiques rendent les exportations africaines moins attrayantes et renforcent la dépendance du continent à l'égard des ports situés en dehors de l'Afrique, souvent mieux équipés et plus compétitifs.

---

[98] *Commerce intra-africain : potentiel et défis, BAD, 2022.*
[99] *Commerce intra-africain : potentiel et défis, BAD, 2022.*

*Faible intégration dans les chaînes logistiques mondiales*

- **Incapacité à traiter de grands volumes** : En raison de l'insuffisance des infrastructures et des équipements modernes, de nombreux ports africains sont mal préparés pour accueillir les grands navires et gérer des volumes massifs de commerce international. Cela réduit leur attractivité auprès des grandes entreprises mondiales et limite les opportunités de développement pour les secteurs clés comme l'agriculture, les produits manufacturés, et les minerais.
- **Freins à la diversification des marchés** : L'inefficacité des ports africains entrave leur rôle dans la diversification des destinations d'exportation. Les entreprises locales, confrontées à des délais et coûts logistiques importants, ont du mal à accéder à de nouveaux marchés internationaux, ce qui freine la croissance et l'expansion de leurs activités.

*Améliorer la compétitivité portuaire pour un commerce renforcé*

Les infrastructures portuaires et logistiques en Afrique nécessitent des investissements massifs pour relever les défis structurels qui limitent leur compétitivité. Pour renforcer leur rôle dans le commerce international et régional, les priorités incluent :

- **Modernisation des infrastructures portuaires** : La mise en place de quais en eau profonde, de technologies de manutention automatisées et de systèmes de gestion intégrés pour accélérer les opérations portuaires.
- **Renforcement de la connectivité régionale** : Développer des corridors logistiques intégrés reliant les ports aux principaux centres économiques et aux pays enclavés pour fluidifier les échanges.
- **Optimisation des systèmes de gestion logistique** : Digitaliser les procédures douanières et logistiques pour améliorer l'efficacité et la transparence.

En surmontant ces défis, les ports africains pourront non seulement améliorer leur compétitivité, mais aussi devenir des catalyseurs pour le développement économique du continent, en soutenant l'intégration régionale et l'expansion des échanges internationaux.

**B. Défis des PME sénégalaises face à la conformité aux standards internationaux**

Les petites et moyennes entreprises (PME) du Sénégal constituent un pilier fondamental de l'économie nationale, contribuant significativement à la création d'emplois et au dynamisme économique local. Pourtant, elles se heurtent à des obstacles majeurs lorsqu'il s'agit de répondre aux standards internationaux. Ces normes, pourtant cruciales pour accéder aux marchés étrangers, intégrer les chaînes de valeur globales, et renforcer leur compétitivité, représentent un véritable défi pour ces entreprises. Les difficultés rencontrées dans ce domaine entravent les opportunités de croissance, limitant ainsi leur expansion à l'échelle internationale.

### 1. Insuffisance des ressources financières pour l'obtention des certifications

L'acquisition de certifications internationales, telles que les normes ISO (International Organization for Standardization) ou les labels spécifiques à certains secteurs comme l'agriculture biologique, représente un défi financier de taille pour les PME sénégalaises. Ces reconnaissances, pourtant essentielles pour s'aligner sur les exigences des marchés mondiaux, sont souvent hors de portée pour des entreprises évoluant avec des moyens limités.

#### *Coûts élevés liés aux certifications*

Se conformer aux standards internationaux implique des dépenses significatives, notamment pour les audits, la mise en conformité des processus, et l'acquisition des certifications. Pour une PME sénégalaise, ces coûts, souvent élevés, constituent une barrière quasi infranchissable, particulièrement lorsque les marges bénéficiaires sont déjà réduites. Par exemple, les ajustements nécessaires dans les domaines de la production, du contrôle qualité, ou encore de la gestion environnementale exigent des investissements qui excèdent fréquemment les capacités financières des petites entreprises.

#### *Accès limité aux soutiens financiers*

Malgré l'existence de programmes gouvernementaux et internationaux destinés à soutenir les entreprises dans leur quête de certifications, ces initiatives restent inaccessibles pour beaucoup de PME. Les obstacles incluent des formalités administratives souvent complexes, un manque d'information sur les aides disponibles, et l'incapacité à remplir les critères requis pour bénéficier de ces financements. Ce manque de soutien prive de nombreuses PME d'opportunités cruciales pour améliorer leur compétitivité et accéder à de nouveaux marchés.

***Renforcer l'accès aux ressources pour les certifications***

Pour permettre aux PME sénégalaises de surmonter cet obstacle, des mesures spécifiques peuvent être envisagées :

- **Subventions ciblées** : Mettre en place des subventions spécifiques pour couvrir une partie des coûts liés à la mise en conformité et à l'obtention de certifications.
- **Simplification des démarches** : Réduire la complexité administrative des programmes d'aide pour les rendre plus accessibles aux petites entreprises.
- **Sensibilisation et accompagnement** : Organiser des campagnes d'information et des ateliers pour sensibiliser les PME à l'importance des certifications et aux moyens de bénéficier des soutiens financiers disponibles.

En facilitant l'accès aux certifications internationales, le Sénégal pourrait ouvrir de nouvelles perspectives aux PME, leur permettant de s'imposer sur les marchés internationaux tout en renforçant la compétitivité globale de son économie.

**2. Insuffisante maîtrise des standards internationaux**

Les petites et moyennes entreprises (PME) sénégalaises se heurtent souvent à une méconnaissance des standards internationaux et des exigences propres aux marchés étrangers. Ce déficit d'information et de compétences constitue un frein majeur à leur capacité de se conformer aux normes et de s'intégrer efficacement dans les chaînes de valeur globales.

***Manque d'accès aux informations pertinentes***

Beaucoup de PME sénégalaises n'ont pas une vision claire des normes internationales applicables à leur secteur d'activité. Elles ignorent fréquemment les certifications nécessaires pour pénétrer des marchés étrangers ou satisfaire les attentes des partenaires commerciaux internationaux. Ce manque d'informations précises, souvent exacerbé par l'absence de plateformes centralisées ou de campagnes de sensibilisation, limite leur capacité à anticiper les adaptations nécessaires et à aligner leurs pratiques sur les standards internationaux.

***Carence en compétences techniques spécialisées***

Se conformer aux normes internationales implique une expertise technique dans des domaines tels que la gestion de la qualité, la traçabilité des produits, ou encore la conformité environnementale. Malheureusement, de nombreuses PME sénégalaises manquent de personnel qualifié ou d'accès à des consultants spécialisés pour les accompagner dans ces démarches complexes. Cette insuffisance en compétences techniques entrave leur capacité à ajuster leurs processus, à garantir une conformité stricte, et à répondre aux attentes des marchés mondiaux.

***Renforcer la sensibilisation et les compétences techniques***

Pour pallier ces lacunes, des mesures stratégiques peuvent être envisagées :

- **Création de centres d'information** : Établir des plateformes dédiées pour diffuser des informations claires et actualisées sur les normes internationales et les certifications sectorielles.
- **Programmes de formation technique** : Développer des formations ciblées pour renforcer les compétences des entrepreneurs et des employés des PME dans les domaines de la qualité, de la traçabilité, et de la conformité environnementale.
- **Accompagnement personnalisé** : Mettre en place des dispositifs d'accompagnement, comme des services de conseil ou des partenariats avec des experts internationaux, pour guider les PME dans leur transition vers une conformité aux normes.

En comblant ce manque d'informations et de compétences, le Sénégal pourra mieux préparer ses PME à relever les défis des marchés internationaux et à saisir pleinement les opportunités de croissance offertes par la mondialisation.

### 3. Infrastructures insuffisantes pour garantir la conformité

Le respect des normes internationales nécessite une infrastructure adaptée, comprenant des laboratoires de test, des dispositifs de contrôle qualité, et des systèmes logistiques efficaces. Au Sénégal, ces infrastructures font souvent défaut, ce qui entrave la capacité des entreprises à se conformer aux standards requis et à accéder aux marchés internationaux.

***Manque de laboratoires certifiés et compétents***

Dans des secteurs clés comme l'agriculture et l'agroalimentaire, la conformité aux normes internationales exige des tests rigoureux et des certifications délivrées par des laboratoires accrédités. Or, le Sénégal dispose de peu de laboratoires répondant aux standards internationaux. Cette carence oblige souvent les entreprises à envoyer leurs produits à l'étranger pour effectuer des analyses, ce qui engendre des coûts élevés, des délais prolongés, et une complexité logistique accrue.

***Chaîne logistique inadaptée***

Les standards internationaux, notamment dans les domaines sanitaires et phytosanitaires, imposent des exigences strictes en matière de traçabilité et de transport. Cependant, les infrastructures logistiques sénégalaises peinent à répondre à ces attentes. Par exemple, l'absence ou l'insuffisance de systèmes de chaîne du froid dans certaines régions constitue un obstacle majeur pour l'exportation de produits périssables, tels que les fruits, les légumes, et les produits de la mer. De plus, les installations de stockage et les moyens de transport ne sont pas toujours conformes aux normes nécessaires pour préserver la qualité des marchandises.

***Renforcer les infrastructures pour soutenir la conformité***

Pour surmonter ces défis, plusieurs initiatives pourraient être envisagées :

- **Développement de laboratoires certifiés** : Investir dans la création ou la modernisation de laboratoires locaux capables de délivrer des certifications reconnues à l'échelle internationale.
- **Mise en place de chaînes logistiques adaptées** : Développer des infrastructures logistiques modernes, notamment des systèmes de chaîne du froid et des installations de stockage conformes aux normes internationales.
- **Partenariats public-privé** : Encourager des collaborations entre le secteur public, les organisations internationales, et les acteurs privés pour financer et opérer des infrastructures répondant aux standards mondiaux.

Ces investissements stratégiques permettraient aux entreprises sénégalaises dc garantir la qualité de leurs produits, de renforcer leur compétitivité, et de mieux s'intégrer dans les chaînes de valeur régionales et internationales.

### 4. Obstacles à la modernisation des processus de production

L'accès aux marchés internationaux impose souvent une modernisation des processus de production afin de satisfaire les standards de qualité, de volume, et d'efficacité. Cependant, les PME sénégalaises font face à d'importantes difficultés pour atteindre ces objectifs en raison de l'obsolescence des technologies utilisées et de leurs capacités d'investissement limitées.

***Technologies de production dépassées***

Dans de nombreux secteurs, notamment l'agriculture, l'artisanat, et les petites industries manufacturières, les PME continuent de recourir à des équipements et méthodes de production traditionnelles. Ces pratiques, bien qu'adaptées à des marchés locaux moins exigeants, ne répondent pas aux normes internationales en matière de qualité et d'efficacité. Cela entrave la compétitivité des entreprises sénégalaises sur des marchés internationaux de plus en plus concurrentiels, où l'innovation et la précision jouent un rôle clé.

***Faible mécanisation et rendement limité***

Le faible niveau de mécanisation, particulièrement dans l'agriculture, réduit la capacité des PME à produire en quantité suffisante tout en maintenant des standards de qualité constante. Cette lacune affecte leur aptitude à répondre aux exigences de volumes élevés ou aux délais de livraison stricts imposés par les marchés étrangers. De plus, les outils et infrastructures souvent inadéquats nuisent à la productivité, aggravant les écarts de compétitivité avec les acteurs internationaux mieux équipés.

***Investissements élevés et besoins en formation***

Moderniser les processus de production nécessite des investissements importants, que ce soit pour acquérir des équipements modernes, adopter des technologies innovantes, ou former les équipes à de nouvelles compétences techniques. Toutefois, de nombreuses PME peinent à réunir les fonds nécessaires en raison de l'accès limité aux financements et de leurs ressources financières restreintes. Par ailleurs, le manque de programmes de formation spécifiques complique davantage l'adoption de technologies avancées.

***Favoriser la modernisation pour renforcer la compétitivité***

Pour relever ces défis, il est impératif de soutenir les PME sénégalaises dans leurs efforts de modernisation. Les solutions pourraient inclure :

- **Incitations financières** : Mettre en place des mécanismes de subventions ou de crédits bonifiés pour aider les PME à investir dans des équipements modernes.

- **Partenariats technologiques** : Favoriser les collaborations avec des acteurs internationaux pour accéder à des technologies adaptées et transférer des compétences.
- **Programmes de formation** : Développer des initiatives de renforcement des capacités pour accompagner les entreprises dans l'adoption de technologies avancées et l'optimisation de leurs processus.

En facilitant l'accès à des technologies modernes et en soutenant la formation continue, les PME sénégalaises pourraient significativement améliorer leur productivité, accroître leur compétitivité, et mieux répondre aux exigences des marchés internationaux.

### 5. Complexité des normes spécifiques aux marchés étrangers

La diversité et la rigueur des normes internationales représentent un défi majeur pour les PME sénégalaises, en particulier lorsqu'elles s'efforcent d'accéder à des marchés étrangers. Chaque région ou pays impose des exigences distinctes, ce qui complique leur conformité et alourdit les coûts associés.

***Normes sanitaires et phytosanitaires : un défi pour l'agriculture et l'agroalimentaire***

Dans les secteurs agricoles et agroalimentaires, les exigences sanitaires et phytosanitaires des grands marchés comme l'Union européenne ou les États-Unis figurent parmi les plus strictes. Les PME doivent non seulement garantir la qualité et la sécurité de leurs produits, mais aussi mettre en place des systèmes avancés de traçabilité et de gestion de la sécurité alimentaire. Ces démarches, complexes et coûteuses, nécessitent des investissements considérables en équipements, en formation, et en gestion des processus.

***Normes environnementales et sociales : l'émergence de nouvelles exigences***

Avec la montée des préoccupations environnementales et sociales, de nombreux marchés imposent des critères rigoureux en matière de durabilité et de responsabilité sociale. Les entreprises sont désormais tenues de réduire leur empreinte carbone, de minimiser leur impact environnemental, et de prouver leur engagement envers des pratiques éthiques, notamment le respect des droits des travailleurs. Pour répondre à ces exigences, les PME doivent adapter leurs méthodes de production, intégrer des technologies écologiques, et démontrer leur conformité à travers des audits et des certifications spécifiques. Ces efforts nécessitent des ressources financières et humaines souvent limitées.

***Naviguer dans la complexité des normes internationales***

Pour aider les PME sénégalaises à surmonter ces obstacles, plusieurs actions peuvent être envisagées :

- **Accompagnement technique** : Mettre en place des programmes de soutien pour guider les PME dans la compréhension et la mise en conformité avec les normes spécifiques des marchés étrangers.
- **Accès à des financements ciblés** : Offrir des subventions ou des prêts à taux préférentiels pour aider les entreprises à financer les investissements nécessaires à la mise en conformité.
- **Partenariats stratégiques** : Encourager les collaborations avec des institutions internationales et des entreprises expérimentées pour partager les meilleures pratiques et faciliter le transfert de savoir-faire.

En renforçant leur capacité à se conformer aux normes sanitaires, environnementales et sociales, les PME sénégalaises pourront non seulement accéder à des marchés plus vastes, mais également renforcer leur positionnement sur le marché mondial comme acteurs responsables et compétitifs.

### 6. Faible intégration dans les chaînes de valeur internationales

L'intégration des PME sénégalaises dans les chaînes de valeur internationales demeure un défi de taille. Leur taille modeste, leur visibilité limitée, et leur incapacité à satisfaire les volumes et standards requis par les grandes entreprises multinationales freinent leur accès à ces opportunités stratégiques.

***Une production insuffisante pour répondre aux volumes requis***

La capacité de production réduite des PME sénégalaises constitue un obstacle majeur à leur intégration dans les chaînes d'approvisionnement mondiales. Ces entreprises ne parviennent souvent pas à satisfaire les volumes importants exigés par les donneurs d'ordre internationaux, ce qui les prive de contrats significatifs. Les grandes entreprises recherchent des partenaires capables de produire en quantités substantielles tout en respectant des délais de livraison stricts, des exigences souvent hors de portée pour les PME locales.

***Des normes de qualité exigeantes et uniformes***

Les chaînes de valeur internationales imposent des standards de qualité rigoureux et uniformes à chaque étape de la production. Les grandes entreprises multinationales s'assurent ainsi que leurs fournisseurs respectent ces exigences pour garantir une cohérence dans leurs produits et services. Cependant, les PME sénégalaises rencontrent des difficultés à maintenir une qualité constante en raison de facteurs tels que les variations saisonnières de la production, les limites technologiques, ou les contraintes financières. Cette irrégularité dans la qualité réduit leur attractivité en tant que partenaires commerciaux fiables sur les marchés internationaux.

***Lever les obstacles à l'intégration***

Pour renforcer leur intégration dans les chaînes de valeur internationales, les PME sénégalaises doivent relever plusieurs défis essentiels :

- **Augmentation des capacités de production** : Investir dans des équipements modernes et optimiser les processus de production pour répondre aux volumes requis par les donneurs d'ordre internationaux.
- **Renforcement des normes de qualité** : Mettre en place des systèmes de gestion de la qualité pour garantir une constance dans la production et répondre aux attentes des marchés globaux.
- **Accès aux réseaux internationaux** : Développer des partenariats avec des institutions et des entreprises internationales pour accroître leur visibilité et établir des liens avec des acheteurs potentiels.

En se positionnant comme des partenaires capables de satisfaire aux exigences des grandes entreprises multinationales, les PME sénégalaises pourront mieux s'intégrer dans les chaînes de valeur mondiales, stimuler leur croissance, et contribuer à renforcer la compétitivité économique du pays.

**7. Insuffisance des structures de soutien**

Le manque de structures d'accompagnement adaptées constitue un frein majeur pour les PME sénégalaises dans leur quête de conformité aux normes internationales. Les agences de promotion des exportations, les chambres de commerce et les programmes de formation existants ne suffisent souvent pas à fournir l'expertise et les ressources nécessaires pour répondre aux exigences des marchés mondiaux.

***Un déficit en programmes de formation spécialisés***

Les PME sénégalaises disposent de peu de formations dédiées pour les aider à appréhender les attentes des marchés internationaux et à adapter leurs opérations en conséquence. Les entrepreneurs manquent d'un accompagnement concret et technique pour identifier les étapes nécessaires à la mise en conformité, obtenir des certifications ou encore adopter des processus de production alignés sur les standards internationaux. Ce manque de formation freine leur capacité à se préparer efficacement pour intégrer des marchés plus exigeants.

***Un soutien institutionnel encore limité***

Les institutions publiques et les organisations de soutien, telles que les chambres de commerce ou les agences de développement économique, ne disposent pas toujours des moyens financiers, humains ou techniques pour accompagner les PME. Elles peinent à offrir des services adaptés, comme la mise à disposition d'informations claires sur les certifications, l'assistance technique pour répondre aux normes, ou encore la création de liens avec des experts capables d'intervenir sur le terrain. Ce déficit d'accompagnement réduit les chances des PME de réussir leur transition vers des standards internationaux.

***Renforcer l'accompagnement pour une meilleure compétitivité***

Pour permettre aux PME sénégalaises de se conformer aux normes internationales et de saisir les opportunités sur les marchés étrangers, plusieurs initiatives clés doivent être mises en place :

- **Développement de programmes de formation adaptés** : Concevoir des formations pratiques et techniques, axées sur les besoins spécifiques des PME, notamment en matière de gestion de la qualité, de traçabilité, et de respect des normes environnementales et sociales.

- **Renforcement des capacités institutionnelles** : Doter les agences de promotion des exportations et les chambres de commerce des ressources nécessaires pour offrir un accompagnement ciblé et accessible. Cela inclut la mise en place de centres d'expertise dédiés aux certifications internationales.

- **Création de partenariats stratégiques** : Collaborer avec des organisations internationales, des bailleurs de fonds, et des acteurs du secteur privé pour fournir un soutien technique et financier aux PME dans leur démarche de conformité.

En renforçant les structures de soutien et en favorisant un accompagnement sur mesure, le Sénégal pourra mieux outiller ses PME pour répondre aux exigences des marchés internationaux, intégrer les chaînes de valeur mondiales, et contribuer significativement au développement économique du pays.

# CHAPITRE 5

## Gouvernance, Corruption et Réglementation

### A. Gouvernance économique : défis et perspectives

La gouvernance économique se définit comme l'art et la manière dont les institutions publiques, privées, et la société civile orchestrent l'utilisation et la gestion des ressources économiques d'un pays. Elle constitue un levier fondamental pour instaurer un développement durable, garantir une croissance économique équilibrée, et préserver la stabilité sociale. Toutefois, de nombreux pays, notamment en développement, se heurtent à des obstacles structurels et systémiques qui entravent une gestion optimale de leurs économies.

Une gouvernance économique performante repose sur une transparence rigoureuse, une répartition équitable des ressources, et une collaboration harmonieuse entre les différents acteurs économiques. Néanmoins, les défis liés à la corruption, à l'instabilité institutionnelle, et à des politiques incohérentes fragilisent souvent cet équilibre, limitant le potentiel de transformation des économies émergentes.

Dans ce contexte, il devient impératif d'identifier des solutions pragmatiques pour surmonter ces entraves. Cela implique une refonte des mécanismes de régulation, un renforcement des institutions, et une promotion active de la redevabilité et de l'efficacité administrative. Un cadre de gouvernance économique transparent et inclusif est non seulement une exigence pour un développement soutenu, mais également une condition sine qua non pour une compétitivité accrue sur la scène internationale.

#### 1. Corruption et manque de transparence : un défi majeur

La corruption figure parmi les entraves les plus redoutables au développement économique et social. Elle fragilise les institutions, détourne les ressources publiques essentielles, et mine la crédibilité des politiques économiques. Ses répercussions s'étendent bien au-delà des sphères administratives, affectant directement la croissance, l'équité sociale, et la confiance des citoyens envers l'État.

***Obstacles liés à la corruption :***

- **Détournement de fonds publics :** Les ressources destinées à des investissements vitaux dans les infrastructures, l'éducation, la santé, et d'autres secteurs essentiels sont souvent siphonnées, compromettant ainsi les projets de développement.
- **Érosion de la confiance :** La corruption affaiblit la confiance des citoyens envers leurs dirigeants et des investisseurs envers les institutions, rendant l'environnement économique instable et imprévisible.
- **Creusement des inégalités :** Elle favorise les élites au détriment des populations vulnérables, amplifiant les disparités économiques et sociales tout en limitant l'accès aux services de base.

***Solutions pour une gouvernance plus transparente :***

- **Transparence et accès à l'information :** Instituer des mécanismes de transparence rigoureux, tels que des audits publics réguliers, la publication des budgets nationaux, et une communication claire sur l'utilisation des fonds publics. Ces pratiques permettent de renforcer la redevabilité des institutions.
- **Renforcement des institutions anticorruption :** Mettre en place des agences indépendantes, dotées d'un pouvoir réel d'enquête et de sanction, pour lutter efficacement contre les pratiques corruptives. Associer la société civile à la surveillance des finances publiques pour favoriser un contrôle citoyen accru.
- **Digitalisation des services publics :** La numérisation des processus administratifs, tels que le paiement des impôts ou la gestion des marchés publics, limite les interactions humaines, réduit les opportunités de fraude et accélère la transparence dans les transactions.

Adopter ces mesures ne constitue pas seulement une réponse au fléau de la corruption, mais aussi un moyen de restaurer la confiance, de promouvoir une gestion plus équitable des ressources, et de poser les bases d'un développement inclusif et durable.

### 2. Faiblesse des institutions économiques : un frein au développement

Des institutions économiques robustes et efficaces sont le pilier d'une gestion saine des ressources, d'une planification stratégique cohérente, et de la mise en œuvre réussie des réformes économiques. Cependant, la fragilité ou l'inefficacité de ces institutions représente un obstacle majeur pour de nombreux pays en développement, compromettant leur capacité à atteindre leurs objectifs de croissance et de développement.

***Obstacles liés aux institutions économiques faibles***

- **Mauvaise gouvernance interne :** Les institutions publiques sont souvent confrontées à un déficit de cadres qualifiés et à des systèmes de gestion inadéquats. Cela limite leur aptitude à concevoir et à appliquer efficacement des politiques et des réformes économiques ambitieuses.
- **Fragmentation institutionnelle :** Un manque de coordination entre les ministères et les agences gouvernementales engendre une dispersion des efforts, des chevauchements de compétences, et parfois des conflits d'intérêts, ce qui nuit à l'efficacité globale des projets et des politiques.
- **Instabilité institutionnelle :** Les réorganisations fréquentes des structures administratives, les changements de personnel, et les révisions répétées des politiques sapent la continuité des réformes et freinent l'avancement des projets à long terme.

***Solutions pour des institutions plus fortes et performantes***

- **Renforcement des capacités institutionnelles :**
- Investir dans la formation continue des cadres publics, développer des outils modernes de gestion, et améliorer les processus internes afin d'accroître la responsabilité, la transparence, et l'efficacité des institutions.
- **Harmonisation des politiques économiques :** Instaurer des mécanismes de coordination interinstitutionnelle pour garantir une cohérence dans les décisions politiques et favoriser des synergies entre les différents ministères et agences. La création de comités de pilotage ou de plateformes de dialogue interinstitutionnel pourrait grandement améliorer cette coordination.
- **Stabilité institutionnelle :** Réduire la fréquence des réorganisations administratives et politiques pour permettre une mise en œuvre cohérente des réformes et une meilleure continuité dans les projets à long terme.

Des institutions économiques solides sont la pierre angulaire d'un développement durable. En renforçant leur gouvernance interne, en coordonnant leurs actions, et en favorisant leur stabilité, il devient possible de maximiser leur impact, de garantir une gestion optimale des ressources, et de catalyser une transformation économique réelle et pérenne.

**3. Insuffisance de diversification économique : un défi pour la résilience et la compétitivité**

La dépendance à un nombre limité de secteurs économiques, tels que l'agriculture ou l'exploitation des ressources naturelles, réduit la capacité des économies à faire face aux fluctuations mondiales et aux chocs externes. Ce manque de diversification freine la croissance inclusive et limite les opportunités de développement dans des secteurs émergents et stratégiques.

***Obstacles à la diversification économique***

- **Vulnérabilité aux chocs externes :** Les économies trop dépendantes d'un ou deux secteurs, comme les matières premières, subissent de plein fouet les variations des prix sur les marchés mondiaux ou les effets des catastrophes naturelles. Cette instabilité menace la stabilité économique et freine les efforts de développement durable.
- **Faible compétitivité dans les secteurs émergents :** En l'absence d'investissements significatifs dans des industries diversifiées, comme les technologies, l'innovation ou la manufacture, les économies peu diversifiées peinent à s'imposer sur les marchés régionaux et internationaux, et restent marginalisées dans les chaînes de valeur mondiales.
- **Inégalités de revenus :** La concentration des richesses dans quelques secteurs spécifiques, souvent urbains ou capitalistiques, exacerbe les écarts de revenus entre régions et groupes sociaux, laissant les zones rurales et les populations vulnérables en marge des bénéfices économiques.

***Solutions pour favoriser une diversification économique durable***

- **Soutien accru aux PME et à l'entrepreneuriat :** Stimuler la création et l'expansion des petites et moyennes entreprises dans des secteurs porteurs, tels que l'agro-industrie, les technologies de l'information, les énergies renouvelables et le tourisme. Ces initiatives permettent de générer des emplois, de réduire la dépendance aux matières premières, et de renforcer la résilience économique.
- **Investissement dans l'innovation et la recherche :** Encourager les investissements publics et privés dans la recherche et le développement (R&D) pour favoriser l'émergence d'industries innovantes et compétitives. La création de centres d'innovation et l'accompagnement

des start-ups dans les secteurs technologiques et manufacturiers sont des leviers stratégiques.

- **Amélioration des infrastructures stratégiques :** Moderniser les infrastructures de transport, d'énergie et de télécommunications afin de créer un environnement propice à l'essor de secteurs diversifiés. Des infrastructures fiables et performantes attirent les investisseurs et facilitent le développement de nouvelles activités économiques.

***Vers une économie plus diversifiée et résiliente***

La diversification économique est essentielle pour renforcer la compétitivité et la stabilité des économies tout en réduisant les inégalités. En soutenant l'innovation, en investissant dans des secteurs émergents, et en créant un cadre propice à l'entrepreneuriat, les économies peuvent surmonter leur dépendance aux ressources traditionnelles et construire une croissance durable et inclusive.

### 4. Manque de participation citoyenne et d'inclusivité : un frein à une gouvernance économique légitime

Une gouvernance économique véritablement efficace ne peut ignorer la voix de ses citoyens. L'exclusion de groupes vulnérables tels que les femmes, les jeunes, et les populations rurales compromet non seulement la légitimité des politiques économiques, mais également leur impact sur le développement durable et inclusif.

***Obstacles à une participation citoyenne équitable***

- **Exclusion des groupes vulnérables :** Les politiques économiques qui négligent les populations marginalisées, comme les femmes et les jeunes, renforcent les disparités sociales et économiques. Ces groupes, souvent exclus des processus décisionnels, peinent à accéder aux opportunités économiques ou à bénéficier des réformes.
- **Manque de transparence et de dialogue :** L'absence de consultation publique dans l'élaboration des politiques économiques alimente la méfiance envers les autorités et freine l'adhésion aux réformes. Sans dialogue inclusif, les décisions prises risquent de ne pas répondre aux attentes ni aux besoins réels des citoyens.
- **Concentration des ressources et des décisions :** Dans de nombreux contextes, les décisions économiques sont centralisées, écartant les gouvernements locaux et les communautés de base du processus. Cette approche limite l'efficacité des politiques à répondre aux besoins spécifiques des différentes régions et populations.

*Solutions pour renforcer l'inclusivité et la participation citoyenne*

- **Promouvoir la démocratie participative :** Instaurer des mécanismes formels de consultation publique, tels que des forums citoyens, des sondages participatifs, ou des consultations locales, pour inclure les citoyens, les entrepreneurs, et la société civile dans le processus décisionnel. Une gouvernance économique participative renforce la transparence, l'adhésion populaire et la légitimité des réformes.
- **Inclusion des femmes et des jeunes :** Développer des programmes ciblés pour intégrer les femmes et les jeunes dans les secteurs économiques formels. Cela inclut des formations, des incitations économiques, et un soutien à l'entrepreneuriat, afin de garantir que ces groupes contribuent activement à la croissance économique et en bénéficient.
- **Renforcer la décentralisation économique :** Transférer davantage de pouvoirs et de ressources aux gouvernements locaux pour qu'ils puissent concevoir et mettre en œuvre des politiques adaptées aux besoins des communautés qu'ils servent. Une meilleure répartition des ressources permet de réduire les inégalités régionales et d'encourager un développement plus équilibré.

*Vers une gouvernance économique inclusive*

Une gouvernance économique inclusive est non seulement plus légitime, mais aussi plus efficace. En intégrant toutes les voix dans le processus de décision, les autorités peuvent élaborer des politiques qui répondent réellement aux besoins de la population, favorisant ainsi un développement économique équitable et durable.

**5. Manque de financements pour le développement : un frein à la croissance durable**

La mobilisation insuffisante des ressources financières, qu'elles soient publiques ou privées, constitue un obstacle majeur pour les pays en développement. Ce déficit de financement limite la mise en œuvre de projets essentiels, notamment dans les infrastructures, l'éducation, et la santé, ralentissant ainsi le progrès socio-économique.

*Obstacles au financement du développement*

- **Collecte fiscale inefficace :** Les systèmes fiscaux de nombreux pays en développement souffrent d'une base d'imposition restreinte et d'une collecte inefficace. Une grande partie des acteurs économiques, en particulier dans le secteur informel, échappe à l'impôt, privant ainsi les gouvernements de ressources cruciales pour financer leurs politiques publiques.

- **Endettement excessif :** Les niveaux élevés de dette publique pèsent lourdement sur les finances des États, limitant leur capacité à emprunter pour financer des projets structurants. Les paiements liés au service de la dette réduisent les fonds disponibles pour les investissements dans les secteurs clés du développement.

- **Faible attractivité pour les investissements privés :** Les incertitudes économiques, la corruption, et l'instabilité politique découragent les investisseurs, qu'ils soient nationaux ou étrangers. Cette méfiance limite les flux d'investissement direct, essentiels pour compléter les ressources publiques et stimuler le développement.

***Solutions pour un financement efficace et durable***

- **Réformes fiscales :** Moderniser les systèmes fiscaux pour élargir la base d'imposition et améliorer l'efficacité de la collecte des impôts. Cela implique l'intégration du secteur informel, la lutte contre l'évasion fiscale, et la mise en place de mécanismes transparents pour rassurer les contribuables quant à l'utilisation des fonds publics.

- **Partenariats public-privé (PPP) :** Encourager les collaborations entre les gouvernements et le secteur privé pour financer des projets structurants dans les infrastructures et les services publics. Les PPP permettent de réduire la pression sur les finances publiques tout en bénéficiant de l'expertise et des ressources du secteur privé.

- **Accès aux financements internationaux :** Explorer des solutions innovantes telles que les financements verts pour les projets respectueux de l'environnement, les obligations pour le développement durable, et les fonds souverains. Ces mécanismes offrent des alternatives viables pour mobiliser des ressources à moindre coût tout en répondant aux défis du développement durable.

***Vers une mobilisation optimale des ressources***

Un financement efficace et inclusif est essentiel pour soutenir une croissance économique durable et répondre aux besoins de développement des populations. En mettant en œuvre des réformes fiscales ambitieuses, en attirant les investissements privés, et en diversifiant les sources de financement international, les pays en développement pourront renforcer leur capacité à financer des projets transformateurs et à bâtir des sociétés prospères et résilientes.

### 6. Faible intégration régionale et internationale : Un frein à la compétitivité et aux opportunités commerciales

Une intégration insuffisante dans les marchés régionaux et internationaux limite l'accès des économies locales aux opportunités offertes par le commerce mondial, tout en freinant leur compétitivité. Cette faible interconnexion freine également la capacité des pays à tirer parti des avantages de la mondialisation et des échanges intra-régionaux.

***Obstacles à une intégration accrue***

- **Barrières commerciales persistantes :** Les pays africains continuent de faire face à des barrières tarifaires et non tarifaires significatives, compliquant les échanges commerciaux intra-africains et avec le reste du monde. Ces obstacles freinent la fluidité des échanges et augmentent les coûts pour les entreprises.
- **Infrastructures de transport insuffisantes :** L'absence de corridors logistiques efficaces et le manque d'infrastructures transfrontalières (routes, chemins de fer, ports) réduisent considérablement la connectivité entre les pays africains, rendant les échanges plus lents, coûteux, et inefficaces.
- **Manque d'harmonisation des normes :** L'absence de coordination dans les réglementations commerciales, les normes de qualité et les cadres juridiques entre les pays africains complique les échanges transfrontaliers. Cette fragmentation accroît les coûts et les délais pour les entreprises, limitant ainsi leur compétitivité.

***Solutions pour une intégration renforcée***

- **Harmonisation des politiques commerciales :** Encourager la mise en œuvre d'accords commerciaux régionaux, comme la Zone de Libre-Échange continentale africaine (ZLECAF), pour éliminer les barrières tarifaires et non tarifaires. Cette harmonisation des politiques commerciales renforcera l'intégration économique, facilitant les échanges et stimulant la croissance.
- **Investissements dans les infrastructures régionales :** Prioriser le développement d'infrastructures transfrontalières, telles que des corridors logistiques, des routes modernes, des chemins de fer, et des ports adaptés, pour améliorer la connectivité entre les pays. Ces infrastructures permettront de fluidifier le commerce intra-régional et de réduire les coûts logistiques.

- **Renforcement de la coordination régionale :** Créer et soutenir des institutions régionales capables de coordonner les efforts des gouvernements pour harmoniser les normes, les politiques commerciales et les réglementations. Cette coordination renforcera la compétitivité des entreprises locales sur les marchés régionaux et internationaux.

***Vers une gouvernance économique inclusive et efficace***

Une gouvernance économique solide est un levier indispensable pour le développement durable et la prospérité partagée. Les défis liés à l'intégration économique, tels que les barrières commerciales, la faiblesse des infrastructures et la fragmentation des normes, freinent les progrès. Cependant, en renforçant la transparence dans la gestion publique, en investissant dans des infrastructures régionales, et en adoptant des politiques inclusives et coordonnées, les pays africains peuvent surmonter ces obstacles. Une intégration économique réussie stimulera les échanges commerciaux, renforcera la compétitivité des entreprises locales et contribuera à un développement inclusif et pérenne.

**B. Renforcer la transparence et combattre la corruption dans les échanges commerciaux**

La corruption constitue un frein majeur au progrès économique et social, particulièrement dans le domaine des échanges commerciaux. Elle entrave la croissance, dissuade les investisseurs et affaiblit l'impact des politiques publiques. Ses manifestations sont multiples et insidieuses : pots-de-vin, détournements de fonds, fraudes douanières ou encore pratiques de favoritisme. Ces dysfonctionnements sapent la compétitivité économique et érodent la confiance dans les institutions.

Pour éradiquer ce fléau, il est crucial d'instaurer des mécanismes qui favorisent une gouvernance ouverte, une gestion rigoureuse et une culture profondément ancrée dans l'intégrité. Cela passe par la mise en œuvre de politiques et d'instruments visant à garantir la transparence et à responsabiliser les différents acteurs du commerce.

***Les défis posés par la corruption dans les échanges commerciaux***

- **Un frein à la croissance économique :** Les coûts indirects engendrés par la corruption alourdissent les transactions commerciales, réduisant ainsi les marges des entreprises et leur compétitivité.
- **Un climat d'affaires défavorable :** Les pratiques corruptives dissuadent les investisseurs étrangers, qui perçoivent un environnement opaque et risqué.

- **Une accentuation des inégalités :** Les élites bénéficiant de la corruption au détriment des ressources publiques creusent les écarts sociaux et économiques.

**1. Les obstacles liés à la corruption dans les échanges commerciaux**

***Pots-de-vin et pratiques illicites***

Dans le cadre des échanges commerciaux, la demande de pots-de-vin par des fonctionnaires, des agents des douanes ou d'autres intermédiaires est une pratique malheureusement répandue. Ces agissements consistent souvent à solliciter des paiements illégaux pour accélérer ou faciliter des démarches administratives, telles que le dédouanement des marchandises ou l'obtention de licences commerciales. Ces pratiques, bien que illicites, minent profondément l'intégrité des échanges et entravent le développement économique.

**Conséquences :**

- **Hausse des coûts pour les entreprises :** Les entreprises se voient fréquemment contraintes de verser des sommes supplémentaires pour faire avancer leurs dossiers ou transporter leurs marchandises. Ces frais imprévus, qui s'ajoutent aux coûts normaux de transaction, pèsent lourdement sur les budgets des petites et moyennes entreprises (PME). Cette situation réduit leur compétitivité et leur capacité à pénétrer de nouveaux marchés.
- **Distorsion de la concurrence :** La corruption fausse le jeu économique. Les entreprises refusant de s'engager dans de telles pratiques se retrouvent souvent désavantagées face à celles qui, par le biais de pots-de-vin, parviennent à contourner les règles, à obtenir des autorisations plus rapidement, ou à bénéficier d'avantages injustes. Cette iniquité affaiblit l'esprit d'entrepreneuriat et dévalorise les principes d'une saine concurrence.

Ces pratiques représentent un frein majeur au développement d'un environnement commercial équitable et transparent, où chaque acteur pourrait évoluer selon ses mérites et son efficacité. La lutte contre ces pratiques devient ainsi impérative pour instaurer une dynamique économique saine et durable.

***La fraude douanière***

La fraude douanière constitue une autre forme de corruption qui fragilise les échanges commerciaux et les finances publiques. Elle se traduit par des pratiques telles que la sous-évaluation des marchandises, des déclarations erronées sur leur valeur réelle, ou encore l'utilisation de classifications tarifaires incorrectes dans le but d'éluder les droits de douane et les taxes imposées sur les produits importés ou exportés. Ces manipulations sapent non seulement l'équité commerciale, mais également la capacité des États à mobiliser les ressources nécessaires à leur développement.

***Conséquences***

- **Érosion des revenus de l'État :** La fraude douanière prive les gouvernements de recettes essentielles qui auraient pu être affectées au financement des infrastructures, des systèmes éducatifs, ou des programmes de santé publique. Cette perte de revenus affaiblit les capacités des États à répondre aux besoins de leurs populations et à investir dans leur développement socio-économique.
- **Déstabilisation des marchés :** Les entreprises respectueuses des réglementations douanières se retrouvent désavantagées face à celles qui contournent les règles pour réduire leurs coûts. Cette concurrence déloyale nuit à l'intégrité des marchés, décourage les investissements et dévalorise les efforts des entreprises qui opèrent dans un cadre légal.

***Manque de transparence dans les marchés publics***

Dans de nombreux pays, les processus d'appel d'offres et d'attribution des marchés publics sont fréquemment entachés d'opacité, ouvrant la voie à des pratiques de favoritisme et de népotisme. Ces dérives détournent les marchés publics de leur vocation première – promouvoir la concurrence et garantir la meilleure qualité au meilleur coût –, les transformant en instruments de collusion et de détournement de fonds publics.

***Conséquences***

- **Attribution inéquitable des contrats :** Les entreprises n'appartenant pas à des cercles d'influence ou n'ayant pas recours à des pratiques corruptives se trouvent systématiquement exclues des appels d'offres publics. Cette situation réduit la diversité des prestataires, fausse la concurrence et limite les opportunités pour des acteurs compétents mais moins connectés.
- **Dégradation de la qualité des infrastructures et des services :** Lorsque des marchés publics sont attribués à des entreprises non qualifiées sur la base de relations privilégiées, cela conduit souvent à des

projets mal exécutés et à des infrastructures de piètre qualité. Les retards dans la livraison, les dépassements de coûts, et la non-conformité aux normes en vigueur en sont les conséquences directes, privant ainsi les citoyens des bénéfices attendus des investissements publics.

Le manque de transparence dans les marchés publics mine la confiance des citoyens et des investisseurs dans les institutions étatiques, tout en entravant la mise en œuvre de projets de développement structurants. Renforcer la transparence et l'équité dans l'attribution des marchés publics est une condition essentielle pour stimuler la concurrence, garantir des services de qualité et optimiser l'utilisation des ressources publiques.

## Solutions pour lutter contre la corruption et promouvoir la transparence

### *Renforcer la digitalisation et l'automatisation des processus*

La transition numérique constitue un levier stratégique pour éradiquer les pratiques de corruption et renforcer la transparence dans les échanges commerciaux. En réduisant les interactions humaines au sein des procédures administratives et douanières, la digitalisation limite les opportunités de malversations tout en optimisant l'efficacité des processus.

*Actions proposées*

- **Automatisation des systèmes douaniers :** Déployer des plateformes numériques dédiées à la gestion des déclarations douanières et au paiement des taxes. Ces systèmes automatisés minimisent les contacts directs entre les agents et les opérateurs économiques, rendant ainsi plus difficile toute tentative de corruption.
- **Suivi électronique des marchandises :** Intégrer des technologies avancées, telles que la blockchain, pour assurer une traçabilité complète des marchandises, depuis leur point d'origine jusqu'à leur destination finale. Une telle approche permet de réduire les risques de manipulation frauduleuse et de garantir une transparence accrue à chaque étape des échanges commerciaux.

*Exemple concret*

Le **Kenya TradeNet**, une plateforme numérique centralisée, a transformé la gestion des importations et des exportations en numérisant toutes les transactions. Ce système a permis de réduire significativement les délais de traitement, tout en limitant les interactions physiques et les opportunités de corruption.

La digitalisation, en automatisant et en sécurisant les processus, incarne une solution incontournable pour instaurer une gouvernance commerciale plus transparente et efficace.

***Renforcement de la transparence dans les marchés publics***

La transparence dans les processus de passation des marchés publics constitue un pilier fondamental dans la lutte contre la corruption. Garantir des appels d'offres équitables, ouverts et compétitifs permet de créer un climat de confiance et d'assurer une gestion responsable des ressources publiques. Ces processus doivent être accessibles à toutes les entreprises, assortis d'une supervision indépendante pour prévenir les abus.

***Mesures à entreprendre***

- **Portails publics accessibles et interactifs :** Mettre en place des plateformes numériques ouvertes où les appels d'offres, les cahiers des charges, et les résultats des marchés publics sont publiés de manière systématique. Ces outils garantissent un accès équitable à l'information et réduisent les opportunités de collusion ou de favoritisme.
- **Audits réguliers et impartiaux :** Instituer des mécanismes d'audit rigoureux, menés par des organismes indépendants, pour vérifier que les contrats sont attribués dans le respect des lois en vigueur. Ces audits permettent d'identifier et de sanctionner toute irrégularité ou violation des procédures.
- **Participation citoyenne accrue :** Encourager les organisations de la société civile, les médias, et les citoyens à jouer un rôle actif dans la surveillance des processus de passation des marchés publics. Cette approche participative renforce la responsabilisation des institutions et offre un contre-pouvoir essentiel pour prévenir les abus.

***Exemple pratique***

Le **Portail des Marchés Publics du Sénégal** illustre cette démarche en centralisant en ligne les avis d'appels d'offres et les résultats des adjudications. Cette initiative favorise la transparence en rendant ces informations accessibles à tous, limitant ainsi les pratiques opaques et instaurant une plus grande équité dans l'attribution des contrats publics.

En établissant des processus ouverts et surveillés, les marchés publics peuvent devenir des leviers de développement économique et social tout en renforçant la confiance entre les institutions et les citoyens.

***Renforcement des sanctions contre la corruption***

La lutte contre la corruption dans les échanges commerciaux nécessite un cadre juridique rigoureux et des sanctions dissuasives pour les contrevenants. Sans des institutions fortes et indépendantes pour surveiller et réprimer ces pratiques, les efforts pour instaurer la transparence et l'intégrité dans les échanges resteront inefficaces. Il est donc impératif de doter les organes de lutte contre la corruption des moyens nécessaires pour agir en toute autonomie et garantir l'application stricte des lois.

***Mesures à entreprendre***

- **Renforcement des législations anti-corruption :** Adopter ou réviser des lois strictes qui prévoient des sanctions sévères pour toute implication dans des pratiques corruptives, incluant des peines d'emprisonnement, des amendes substantielles, et la confiscation des biens acquis illégalement. Ces dispositions doivent viser à dissuader non seulement les individus, mais aussi les entités juridiques complices.
- **Institutions indépendantes et autonomes :** Mettre en place ou renforcer des organismes dédiés, tels que des agences anticorruption, avec un mandat clair pour surveiller, enquêter et poursuivre les cas de corruption. Ces institutions doivent disposer d'une indépendance totale vis-à-vis des pouvoirs politiques et économiques, ainsi que de ressources suffisantes pour mener leurs missions de manière efficace.
- **Protection des lanceurs d'alerte :** Développer des mécanismes solides pour encourager et protéger les lanceurs d'alerte qui dénoncent des actes de corruption. Ces mécanismes doivent garantir leur anonymat, assurer leur sécurité et leur fournir une protection légale contre les représailles, afin de créer un climat favorable à la dénonciation des pratiques illicites.

***Illustration exemplaire***

L'agence anticorruption du Botswana, la *Directorate on Corruption and Economic Crime* (DCEC), est souvent citée comme un modèle de réussite. Grâce à son indépendance et à sa capacité d'intervention, cet organisme a significativement contribué à réduire les pratiques corruptives dans le pays, consolidant ainsi la réputation du Botswana en matière de bonne gouvernance et de transparence.

En instaurant des sanctions rigoureuses et en renforçant les mécanismes de contrôle, il devient possible de créer un environnement commercial éthique, de restaurer la confiance des investisseurs, et de promouvoir une croissance économique durable.

***Renforcer la coopération internationale***

La corruption dans les échanges commerciaux transcende souvent les frontières, s'appuyant sur des réseaux complexes et transnationaux. Face à cette réalité, une réponse purement nationale ne suffit pas. Il devient impératif de renforcer la coopération internationale pour combattre efficacement ces pratiques illicites et protéger l'intégrité des échanges mondiaux.

***Axes d'action***

- **Renforcement des liens entre les agences douanières :** Encourager une collaboration active entre les services douaniers de différents pays à travers des mécanismes d'échange d'informations et des enquêtes conjointes. Cette coopération permet de démanteler les réseaux transfrontaliers de fraude douanière et de mieux surveiller les mouvements de marchandises suspectes.
- **Adhésion aux initiatives internationales :** Intégrer les conventions et accords internationaux tels que la *Convention des Nations Unies contre la corruption (CNUCC)* ou les protocoles de l'*Organisation de Coopération et de Développement Économiques (OCDE)*. Ces cadres établissent des normes communes et facilitent l'harmonisation des pratiques de lutte contre la corruption dans les échanges commerciaux.
- **Création de plateformes de transparence globales :** Mettre en place des systèmes internationaux partagés pour répertorier et surveiller les entreprises impliquées dans des activités frauduleuses ou corruptives. Ces bases de données accessibles aux autorités mondiales permettraient d'identifier, de suivre et de sanctionner les acteurs économiques fautifs, tout en dissuadant de futures malversations.

***Impact attendu***

En favorisant une coopération transfrontalière plus étroite et en s'appuyant sur des mécanismes partagés, les pays peuvent non seulement contrer plus efficacement la corruption, mais aussi renforcer la transparence et la confiance dans le commerce international. Cette synergie internationale est essentielle pour garantir un environnement commercial équitable et respectueux des normes mondiales.

***Sensibilisation et formation des acteurs économiques***

La sensibilisation et la formation des différents acteurs économiques constituent des outils stratégiques pour enrayer la corruption et promouvoir une culture d'intégrité et de transparence. Qu'il s'agisse des entreprises, des fonctionnaires ou des citoyens, chacun a un rôle à jouer dans l'établissement d'échanges commerciaux justes et équitables.

***Axes d'action***

- **Lancer des campagnes de sensibilisation :** Mener des campagnes d'information visant à mettre en lumière les dangers de la corruption sur l'économie et la société. Ces initiatives doivent également inclure des instructions claires sur les mécanismes disponibles pour signaler des pratiques frauduleuses ou corruptives.
- **Mettre en place des programmes de formation en éthique des affaires :** Proposer des formations adaptées aux entrepreneurs, aux fonctionnaires et aux intermédiaires commerciaux afin de les initier aux bonnes pratiques commerciales et aux normes d'éthique. Ces programmes permettront de développer un écosystème économique basé sur des valeurs de transparence, de responsabilité et d'intégrité.
- **Encourager les partenariats public-privé pour promouvoir la transparence :** Collaborer avec le secteur privé pour l'adoption de chartes éthiques et de codes de conduite destinés à réguler les échanges commerciaux. Ces engagements volontaires doivent être accompagnés de mécanismes de suivi et de reddition des comptes.

***Exemple concret***

L'initiative **"Integrity Pact"** de Transparency International illustre parfaitement cette approche. Ce pacte engage les entreprises et les gouvernements à respecter des principes de transparence et d'équité dans les processus de passation des marchés publics. Mis en œuvre dans plusieurs pays, il a permis de prévenir de nombreuses pratiques corruptives tout en renforçant la confiance des citoyens et des investisseurs.

La lutte contre la corruption dans les échanges commerciaux repose sur un arsenal de mesures complémentaires : digitalisation des processus, transparence accrue dans les marchés publics, sanctions dissuasives, et mobilisation des acteurs économiques par la sensibilisation et la formation. La coopération internationale et le renforcement d'institutions autonomes et robustes sont également essentiels pour pérenniser les efforts de transparence. Une gouvernance fondée sur l'intégrité crée un climat propice à la croissance économique, attire les investissements étrangers, et favorise une concurrence saine et équitable.

### C. Renforcement des institutions pour la mise en œuvre efficace de la ZLECAF

L'instauration de la Zone de Libre-Échange continentale africaine (ZLECAF) représente une avancée décisive vers l'intégration économique du continent. Avec pour ambition de créer le plus grand marché unique au monde, englobant 54 pays africains, cette initiative promet de transformer les dynamiques économiques du continent et d'améliorer significativement les conditions de vie des populations. Cependant, la réussite de cette entreprise repose sur la solidité des institutions aux niveaux national, régional, et continental.

Un cadre institutionnel robuste et harmonisé est indispensable pour traduire les engagements en actions concrètes, garantir le respect des accords, et atteindre les objectifs fixés en matière de développement économique, d'expansion du commerce intra-africain, et d'intégration continentale[100].

#### 1. Coordination et harmonisation des politiques commerciales

L'un des principaux défis de la mise en œuvre de la Zone de Libre-Échange continentale africaine (ZLECAF) réside dans l'harmonisation des politiques commerciales des pays membres. La diversité des cadres réglementaires, des systèmes tarifaires, et des normes techniques au sein des nations africaines peut complexifier l'intégration économique et entraver les objectifs de la ZLECAF.

***Renforcer la coordination régionale***

Les Communautés économiques régionales (CER), telles que la CEDEAO, la SADC ou la CEA, constituent des piliers stratégiques pour la mise en œuvre de la ZLECAF. Il est impératif de renforcer leur rôle et leur capacité à coordonner efficacement les politiques commerciales régionales tout en veillant à leur alignement avec les objectifs fixés par l'Union africaine (UA). Cela nécessite une collaboration accrue entre les CER et l'UA pour assurer une approche cohérente et concertée dans l'élaboration et l'application des politiques commerciales.

[100] *Commerce intra-africain : potentiel et défis, BAD, 2022.*

*Créer des mécanismes pour l'harmonisation des normes*

Pour garantir le bon fonctionnement de la ZLECAF, il est essentiel d'établir des institutions dédiées à l'harmonisation des normes et des réglementations commerciales. Cela inclut des initiatives spécifiques pour aligner les normes techniques, sanitaires et phytosanitaires. Le renforcement des agences régionales spécialisées dans la certification et la conformité des produits permettra de réduire les obstacles non tarifaires, d'assurer la libre circulation des marchandises, et de favoriser une intégration économique plus fluide à l'échelle continentale.

En relevant ces défis, la ZLECAF pourra devenir un véritable catalyseur pour le commerce intra-africain et un outil efficace pour promouvoir l'intégration économique du continent[101].

**2. Modernisation des douanes et infrastructures pour la facilitation du commerce**

Dans le cadre de la mise en œuvre de la Zone de Libre-Échange continentale africaine (ZLECAF), les institutions douanières et les infrastructures de transport jouent un rôle fondamental. Leur renforcement et leur modernisation sont indispensables pour garantir des échanges commerciaux fluides, réduire les obstacles tarifaires, et stimuler le commerce transfrontalier.

*Modernisation des douanes*

Pour répondre aux exigences croissantes des échanges commerciaux intra-africains, les douanes doivent adopter des technologies et des pratiques modernes. Cela implique :

- **Digitalisation des processus :** La numérisation des procédures douanières est une priorité. Elle permet d'accélérer le traitement des marchandises, de réduire les délais aux frontières et de minimiser les interactions humaines, diminuant ainsi les opportunités de corruption.
- **Guichets uniques :** L'instauration de guichets uniques pour les formalités douanières simplifie les démarches administratives, améliore la coordination entre les différents acteurs impliqués, et réduit les coûts liés au commerce.
- **Technologies avancées :** L'adoption de solutions innovantes, telles que la blockchain, peut renforcer la traçabilité des marchandises,

[101] *Commerce intra-africain : potentiel et défis, BAD, 2022.*

sécuriser les échanges et lutter efficacement contre la fraude douanière et les déclarations inexactes.

***Renforcement des infrastructures de transport et de logistique***

La facilitation du commerce transfrontalier repose également sur des infrastructures robustes et efficaces :

- **Développement des infrastructures transfrontalières :** Les pays africains doivent collaborer pour construire et moderniser des réseaux de transport intégrés, incluant des routes, des voies ferrées, et des ports stratégiques. Ces infrastructures sont essentielles pour réduire les coûts logistiques et accélérer la circulation des marchandises.
- **Gestion optimisée des infrastructures :** Les institutions responsables des infrastructures de transport doivent être renforcées pour garantir une maintenance régulière et une gestion efficace, favorisant ainsi une connectivité accrue entre les régions.

En modernisant les douanes et en investissant dans des infrastructures de transport et de logistique performantes, les pays africains peuvent tirer pleinement parti des opportunités offertes par la ZLECAF, tout en stimulant le développement économique et en favorisant l'intégration continentale.

### 3. Renforcement des institutions financières et des mécanismes de financement

Pour assurer le succès de la Zone de Libre-Échange continental africaine (ZLECAF), il est impératif de garantir aux entreprises africaines, en particulier aux petites et moyennes entreprises (PME), un accès élargi aux financements. Ces ressources financières sont essentielles pour permettre aux acteurs économiques de tirer pleinement parti des opportunités commerciales offertes par cette intégration régionale.

***Renforcer les institutions financières africaines***

Les institutions financières continentales et régionales doivent jouer un rôle clé dans le financement du développement économique et commercial en Afrique. Les banques de développement, telles que la Banque africaine de développement (BAD), doivent être davantage consolidées pour soutenir les projets d'infrastructure indispensables à l'intégration économique. Ces infrastructures, qu'il s'agisse de routes, de ports ou de corridors logistiques, faciliteront le commerce intra-africain et renforceront les chaînes de valeur régionales. En parallèle, la création de fonds dédiés au financement des PME, à l'échelle régionale ou continentale, pourrait encourager les initiatives commerciales et industrielles. Ces fonds permettraient aux petites entreprises, souvent en manque de capital, d'accéder à des ressources nécessaires pour innover, se moderniser, et s'étendre sur les marchés continentaux[102].

***Faciliter l'accès au financement commercial***

Il est tout aussi crucial de développer ou de renforcer des institutions financières spécialisées dans le soutien au commerce. Cela inclut des mécanismes tels que les garanties de crédit, les assurances contre les risques commerciaux, et des lignes de financement adaptées aux exportateurs africains. À cet égard, des institutions comme l'Afreximbank (Banque africaine d'import-export) jouent un rôle central en sécurisant les transactions commerciales entre les pays membres de la ZLECAF. Leur renforcement contribuerait à réduire les incertitudes associées aux échanges transfrontaliers et à encourager les investisseurs à s'engager davantage sur les marchés africains.

En établissant une architecture financière solide et inclusive, l'Afrique pourra mieux soutenir ses entreprises, promouvoir une croissance économique durable, et maximiser les avantages que la ZLECAF peut offrir à l'ensemble du continent.

### 4. Renforcement des capacités institutionnelles pour la gestion des différends commerciaux

Avec l'intensification des échanges commerciaux intra-africains impulsée par la Zone de Libre-Échange continentale africaine (ZLECAF), l'émergence de différends commerciaux est inévitable. La mise en place de mécanismes robustes et efficaces de règlement de ces litiges est donc impérative pour garantir une application harmonieuse de l'accord et préserver la confiance entre les parties prenantes.

***Création d'institutions spécialisées pour le règlement des différends***

La nécessité de mettre en place des organes dédiés au règlement des différends commerciaux est primordiale. Ces institutions, sous forme de tribunaux spécialisés ou de panels d'arbitrage régionaux, devront être capables de traiter les litiges de manière rapide, équitable, et efficace. Pour garantir leur crédibilité et leur efficacité, ces structures devront être dotées de mandats clairs, assortis de mécanismes coercitifs

---

[102] *Commerce intra-africain : potentiel et défis, BAD, 2022.*

permettant de faire respecter les décisions rendues. Elles contribueront ainsi à instaurer un climat de confiance et de prévisibilité dans les échanges commerciaux au sein de la ZLECAF.

***Renforcement des compétences en matière de droit commercial et de résolution des conflits***

Le développement des capacités des institutions judiciaires et arbitrales africaines constitue une priorité. Cela passe par la formation et la spécialisation d'experts en droit commercial international, en arbitrage, et en médiation. Ces professionnels devront maîtriser les normes et pratiques internationales afin d'assurer que les différends soient résolus dans un cadre transparent et équitable. Par ailleurs, des programmes de sensibilisation et de formation continue destinés aux acteurs économiques et institutionnels permettront de renforcer leur compréhension des règles de la ZLECAF et d'anticiper les éventuels litiges.

La création d'un environnement juridique et institutionnel solide pour la gestion des différends commerciaux renforcera la crédibilité de la ZLECAF et facilitera l'intégration économique du continent. Ces efforts contribueront à instaurer une culture de règlement pacifique des litiges, essentielle pour stimuler les échanges et favoriser une croissance économique durable en Afrique.

**5. Favoriser l'inclusivité et renforcer la sensibilisation**

Pour que les bénéfices de la Zone de Libre-Échange continentale africaine (ZLECAF) soient pleinement partagés, il est indispensable de veiller à ce que tous les acteurs économiques, en particulier les petites et moyennes entreprises (PME), les jeunes, et les femmes entrepreneurs, puissent y accéder. Cette démarche nécessite des actions concrètes pour garantir une participation équitable et une sensibilisation accrue à travers des programmes adaptés.

***Renforcement des institutions de soutien aux PME***

Les PME, véritable pilier de l'économie africaine, jouent un rôle fondamental dans la création d'emplois et le développement local. Afin de leur permettre de tirer parti des opportunités offertes par la ZLECAF, il est essentiel de consolider les structures qui les accompagnent, telles que les chambres de commerce et les agences de promotion des investissements. Ces institutions doivent être outillées pour :

- **Aider les PME à se conformer aux normes commerciales internationales,** en leur offrant un soutien technique et juridique pour répondre aux exigences des marchés régionaux et internationaux.

- **Faciliter l'accès aux financements,** en mettant en place des mécanismes spécifiques adaptés aux besoins des petites entreprises.
- **Encourager l'internationalisation des PME,** en les aidant à identifier les opportunités commerciales dans la zone ZLECAF et à établir des partenariats transfrontaliers.

***Mise en place de programmes de formation et de sensibilisation***

Pour que les acteurs économiques comprennent et exploitent pleinement les opportunités qu'offre la ZLECAF, des programmes ciblés de formation et d'information doivent être élaborés. Ces initiatives doivent inclure :

- **Des formations pratiques sur les normes commerciales,** notamment les exigences en matière de qualité, de sécurité, et de durabilité, pour mieux intégrer les chaînes de valeur régionales et internationales.
- **Des sessions sur l'accès aux financements,** expliquant les outils disponibles et les stratégies pour mobiliser des ressources financières.
- **Un accompagnement dans la gestion des risques commerciaux,** pour aider les entrepreneurs à naviguer dans un environnement compétitif et à s'adapter aux évolutions du marché.

En promouvant l'inclusivité et en multipliant les efforts de sensibilisation, la ZLECAF peut devenir un véritable levier de transformation économique, offrant des opportunités à tous les segments de la société et renforçant la résilience et la compétitivité des économies africaines.

### 6. Institutions de gouvernance et de suivi

Pour garantir que la Zone de Libre-Échange continentale africaine (ZLECAF) atteigne ses objectifs ambitieux, la mise en place d'une gouvernance efficace et d'un suivi rigoureux est impérative. Ces mécanismes doivent permettre de surveiller l'avancée des initiatives, d'identifier les obstacles rencontrés, et de proposer des ajustements stratégiques pour maximiser les bénéfices économiques et sociaux de l'accord.

***Suivi et évaluation des performances***

Il est essentiel de créer ou de renforcer des institutions indépendantes chargées de superviser la mise en œuvre de la ZLECAF. Ces organismes doivent établir un cadre de suivi et produire des évaluations régulières pour mesurer les progrès accomplis. Ces rapports périodiques devront analyser l'impact de l'accord sur les économies africaines, en mettant en lumière les réussites et les défis, tout en proposant des ajustements nécessaires pour améliorer les résultats. Une telle transparence contribuera à maintenir la confiance des parties prenantes et à assurer une adhésion collective.

***Renforcement de la gouvernance***

Les organes de gouvernance de la ZLECAF, notamment son Secrétariat, doivent être dotés de ressources adéquates et de compétences renforcées pour mener à bien leur mission. Le Secrétariat joue un rôle central en coordonnant les efforts des pays membres, en fournissant un appui technique et juridique, et en veillant à l'harmonisation des politiques commerciales à l'échelle continentale. En renforçant sa capacité, le Secrétariat sera mieux à même de garantir une cohérence dans la mise en œuvre des mesures et de favoriser une intégration économique harmonieuse à travers le continent.

Un système de gouvernance solide et des mécanismes de suivi efficaces sont les garants de la réussite de la ZLECAF. Ils permettront d'assurer que cet accord historique devienne un véritable levier de transformation économique et d'intégration pour l'Afrique.

### 7. Encourager la coopération entre le secteur public et le secteur privé

La collaboration entre le secteur public et le secteur privé est un levier stratégique incontournable pour garantir le succès de la Zone de Libre-Échange continentale africaine (ZLECAF). Une synergie efficace entre ces deux sphères permettra d'exploiter pleinement les opportunités économiques offertes par cet ambitieux projet d'intégration régionale.

***Créer des espaces de dialogue public-privé***

Les gouvernements africains doivent instaurer des forums réguliers dédiés à l'échange entre les institutions publiques et les entreprises privées. Ces plateformes permettront d'identifier les défis spécifiques liés à la mise en œuvre de la ZLECAF et de co-construire des solutions adaptées. En intégrant les acteurs du secteur privé dans le processus de formulation des politiques commerciales, ces dialogues favoriseront un environnement des affaires plus propice et adapté aux besoins des entrepreneurs.

***Renforcer les agences de promotion des investissements***

Les agences de promotion des investissements jouent un rôle clé dans l'attraction des capitaux étrangers, notamment dans des secteurs stratégiques tels que l'industrialisation et les infrastructures. Leur mandat devrait être élargi et renforcé pour mieux accompagner le secteur privé, identifier des opportunités régionales prometteuses et promouvoir activement les atouts économiques de l'Afrique sur la scène internationale.

***Vers une gouvernance inclusive et transformative***

La réussite de la ZLECAF repose sur la capacité des institutions africaines à déployer une gouvernance efficace, une coopération régionale renforcée, et une gestion transparente des échanges commerciaux. Les efforts doivent se concentrer sur le renforcement des structures douanières, financières et juridiques, tout en améliorant la coordination entre les pays membres.

En modernisant les infrastructures, en soutenant activement le secteur privé, et en promouvant un cadre économique inclusif et compétitif, la ZLECAF peut devenir un catalyseur de transformation économique. Cette approche intégrée, portée par une vision commune, positionnera l'Afrique comme un acteur clé sur la scène économique mondiale.

**Le Défi de la Gouvernance au Sénégal :**

**A. Initiatives du gouvernement sénégalais pour renforcer la transparence dans les échanges commerciaux**

Le Sénégal s'est engagé dans un processus ambitieux pour améliorer la transparence et l'intégrité dans ses échanges commerciaux, avec pour objectif de renforcer sa compétitivité économique, d'attirer davantage d'investissements étrangers, et de lutter efficacement contre la corruption. Ces initiatives s'inscrivent dans une vision de gouvernance moderne, plus responsable et transparente, mettant en avant des réformes institutionnelles, la digitalisation des services publics et une meilleure gestion des marchés publics.

**1. Digitalisation des procédures douanières et commerciales**

La digitalisation des procédures douanières et administratives figure parmi les réformes les plus ambitieuses entreprises par le gouvernement sénégalais pour renforcer la transparence et l'efficacité des échanges commerciaux. En modernisant ces processus, l'objectif est non seulement de simplifier les formalités, mais également de minimiser les interactions humaines et, par conséquent, de réduire les opportunités de pratiques corruptives.

***Guichet unique du Commerce extérieur (ORBUS)***

Le Sénégal a développé le Guichet unique du Commerce extérieur (ORBUS), une plateforme numérique innovante destinée à centraliser toutes les démarches liées aux importations et exportations. Cette solution technologique permet aux opérateurs économiques de gérer leurs formalités commerciales en ligne, supprimant ainsi de nombreux obstacles administratifs.

***Objectifs principaux***

- **Faciliter les échanges commerciaux :** En automatisant et en centralisant les démarches, ORBUS réduit considérablement les délais de traitement des documents et simplifie les opérations douanières.
- **Réduire les interactions humaines :** En limitant les contacts directs entre les entreprises et les fonctionnaires, la plateforme contribue à réduire les risques de corruption et de favoritisme.
- **Renforcer la traçabilité et la transparence :** La numérisation des processus garantit un suivi précis des transactions commerciales, améliorant ainsi la visibilité et la crédibilité des échanges.

***Impact tangible***

L'introduction d'ORBUS a eu un effet significatif sur le commerce transfrontalier. Le temps de traitement des documents d'importation et d'exportation a été drastiquement réduit, ce qui a permis d'améliorer l'efficacité logistique et de renforcer la compétitivité des entreprises sénégalaises sur les marchés régionaux et internationaux.

En s'appuyant sur des outils numériques comme ORBUS, le Sénégal se positionne comme un exemple en matière de modernisation des échanges commerciaux en Afrique, créant un environnement plus transparent et favorable aux investisseurs.

***Programme de Modernisation des Douanes***

Dans le cadre de ses réformes, le Programme de Modernisation des Douanes a mis en œuvre des innovations technologiques majeures pour renforcer la transparence et l'efficacité dans la gestion des frontières. Ces initiatives visent à rationaliser les procédures douanières tout en limitant les risques de corruption et de fraude. L'une des mesures emblématiques de ce programme est l'introduction de **systèmes de gestion des risques**, conçus pour cibler avec précision les contrôles douaniers et accélérer les transactions légitimes.

***Systèmes de gestion des risques***

- **Un ciblage intelligent des contrôles :** Ces systèmes analysent les données des importateurs et des exportateurs afin de les classer selon leur profil de risque. Les opérateurs à faible risque bénéficient d'un traitement plus rapide et allégé, tandis que les contrôles sont concentrés sur les transactions suspectes ou les profils à risque élevé.
- **Réduction des interventions physiques :** En limitant les contrôles systématiques et inutiles, ces outils diminuent les opportunités d'interactions directes entre les agents douaniers et les opérateurs, réduisant ainsi les risques de pratiques corruptives.

***Impact***

- **Renforcement de l'efficacité des douanes :** Grâce à une meilleure allocation des ressources et à une approche axée sur les risques, les douanes sénégalaises ont considérablement amélioré la fluidité des échanges commerciaux tout en maintenant un haut niveau de sécurité et de conformité.
- **Réduction des opportunités de corruption :** En minimisant les contrôles physiques superflus, ces systèmes ont contribué à limiter les pratiques illicites, favorisant ainsi un environnement plus transparent et équitable pour les opérateurs économiques.

Le Programme de Modernisation des Douanes illustre comment l'utilisation de la technologie et des approches stratégiques peut transformer un secteur clé, tout en posant les bases d'une gouvernance commerciale plus rigoureuse et plus compétitive.

## 2. Transparence dans les marchés publics et les partenariats public-privé

Afin de renforcer la transparence et l'équité dans la gestion des ressources publiques, le Sénégal a initié plusieurs réformes destinées à améliorer les processus d'attribution des marchés publics et à encourager une saine concurrence entre les entreprises. Ces initiatives visent à garantir une gestion rigoureuse des contrats et à instaurer un climat de confiance pour les opérateurs économiques, tant nationaux qu'internationaux.

***Rôle stratégique de l'Autorité de Régulation des Marchés publics (ARMP)***

Créée en 2007, l'Autorité de Régulation des Marchés publics (ARMP) est un pilier central de la gouvernance économique sénégalaise. En tant qu'institution indépendante, elle a pour mission de veiller à la transparence, à la concurrence loyale, et à l'efficacité dans la gestion des marchés publics. Son rôle dépasse la simple régulation en établissant un cadre propice à une utilisation optimale des fonds publics.

***Actions menées par l'ARMP***

- **Publication des appels d'offres :** L'ARMP s'assure que tous les appels d'offres publics soient publiés et accessibles à travers le *Portail des Marchés Publics*. Ce site en ligne permet aux entreprises de consulter les opportunités disponibles et de soumissionner dans des conditions de transparence totale.
- **Audits des marchés publics :** L'ARMP effectue des audits réguliers pour évaluer la conformité des processus d'attribution des marchés avec les normes en vigueur. Ces contrôles permettent d'identifier et de corriger les éventuelles irrégularités, réduisant ainsi les risques de favoritisme, de gaspillage, ou de pratiques corruptives.

***Impact des réformes***

Grâce à l'intervention de l'ARMP, le Sénégal a réalisé des progrès significatifs en matière de transparence et d'intégrité dans la gestion des marchés publics. Ces avancées ont permis de limiter les pratiques de favoritisme, de renforcer la confiance des investisseurs, et d'optimiser l'utilisation des ressources publiques. Ainsi, le pays se positionne comme un modèle de bonne gouvernance économique dans la sous-région.

***Renforcement des Partenariats Public-Privé (PPP)***

Pour promouvoir la transparence et l'efficacité dans les collaborations entre le secteur public et le secteur privé, le Sénégal a instauré une **Cellule de Partenariat Public-Privé (CPPP)**. Cette structure joue un rôle central dans la supervision des projets PPP, en veillant à ce que les processus de sélection des partenaires privés soient menés dans un cadre équitable, ouvert et compétitif. La CPPP s'inscrit dans une dynamique de gouvernance responsable, destinée à attirer les investissements tout en maximisant les bénéfices pour l'économie nationale.

***Effets positifs***

- **Renforcement de la transparence :** La CPPP a instauré des normes rigoureuses pour assurer que les contrats entre l'État et les entreprises privées soient négociés et exécutés de manière claire et transparente. Ce cadre réduit les risques de favoritisme et de corruption, tout en augmentant la responsabilité des parties prenantes.

- **Confiance accrue des investisseurs :** En garantissant l'équité des processus de sélection et en limitant les pratiques opaques, la CPPP a contribué à renforcer la confiance des investisseurs privés, particulièrement dans des secteurs stratégiques tels que les infrastructures, les télécommunications, et l'énergie. Cette confiance se traduit par une augmentation des projets d'envergure et un flux accru de capitaux privés vers des initiatives de développement.

Le rôle de la CPPP illustre l'importance des institutions dans l'amélioration de la gouvernance économique, en mettant l'accent sur la transparence et la collaboration efficace entre les secteurs public et privé pour favoriser une croissance durable.

**3. Promotion de la bonne gouvernance et de la transparence financière**

Le Sénégal a intensifié ses efforts pour instaurer une gestion transparente et responsable des ressources publiques, tout en améliorant la régulation des transactions commerciales. Ces initiatives visent à renforcer la confiance des citoyens et des investisseurs, tout en consolidant les bases d'un développement durable.

***Initiatives de lutte contre la corruption***

Conscient de l'impact négatif de la corruption sur le développement économique et social, le gouvernement sénégalais a entrepris de multiples réformes pour en limiter l'ampleur. Ces actions incluent la mise en place de mécanismes de contrôle renforcés et la sensibilisation des agents publics à l'importance de l'intégrité dans la gestion des affaires de l'État.

- **Création de l'Office National de Lutte contre la Fraude et la Corruption (OFNAC) :** Fondé en 2012, l'OFNAC est un organisme indépendant chargé de prévenir, détecter et sanctionner les actes de corruption dans les sphères publique et privée. Cet organe joue un rôle central dans la promotion de la transparence en enquêtant sur les pratiques frauduleuses et en assurant un suivi rigoureux des allégations de corruption. Il œuvre également pour sensibiliser les fonctionnaires et les institutions aux principes de bonne gouvernance.

***Impact***

- **Amélioration de la transparence administrative :** Grâce à ses investigations et recommandations, l'OFNAC contribue à assainir la gestion publique, réduisant ainsi les pratiques illégales dans les administrations et renforçant la confiance des citoyens.

- **Renforcement de la transparence commerciale :** En luttant contre la fraude et les pratiques corruptives dans les échanges commerciaux, l'OFNAC participe à la création d'un environnement d'affaires plus juste et compétitif, stimulant ainsi les investissements et les échanges économiques.

Ces initiatives témoignent de l'engagement du Sénégal à promouvoir une gouvernance exemplaire et à établir une culture d'intégrité, essentielle pour garantir un développement équitable et inclusif.

***L'adhésion à l'Initiative pour la Transparence dans les Industries extractives (ITIE)***

Le Sénégal s'est engagé dans une démarche de transparence en intégrant l'Initiative pour la Transparence dans les Industries extractives (ITIE), un cadre mondial conçu pour optimiser la gestion des ressources naturelles et garantir une transparence accrue dans les secteurs pétrolier, gazier et minier. Cette initiative vise à instaurer une gouvernance responsable des richesses naturelles, tout en favorisant la reddition des comptes et la participation citoyenne.

***Actions menées dans le cadre de l'ITIE***

- **Publication régulière des revenus :** Le Sénégal produit des rapports ITIE détaillés qui mettent en lumière les revenus générés par l'exploitation de ses ressources naturelles. Ces publications offrent aux citoyens une visibilité sur la gestion des fonds publics issus des industries extractives et renforcent la transparence dans leur utilisation.
- **Participation active de la société civile :** L'ITIE promeut l'implication de la société civile dans la surveillance des flux financiers liés aux industries extractives. Ce dialogue tripartite entre le gouvernement, les entreprises et les citoyens favorise un climat de responsabilité partagée et de transparence accrue.

***Impacts concrets***

- **Renforcement de la crédibilité internationale :** L'adhésion à l'ITIE a consolidé l'image du Sénégal sur la scène internationale en tant que pays engagé dans une gestion responsable et transparente de ses ressources naturelles. Cela a également contribué à attirer des investissements internationaux respectueux des bonnes pratiques.

- **Amélioration de la gestion des ressources publiques :** Grâce à la transparence instaurée par l'ITIE, les ressources issues du secteur extractif sont mieux surveillées, garantissant ainsi une répartition plus équitable des richesses et une utilisation optimale pour le développement national.

En adoptant les principes de l'ITIE, le Sénégal affirme sa volonté de promouvoir une gouvernance exemplaire dans le secteur extractif, tout en renforçant la confiance des citoyens et des investisseurs dans la gestion des ressources nationales.

**4. Engagement en faveur d'une coopération internationale accrue**

Le Sénégal, conscient des défis liés à la corruption et à l'opacité dans les échanges commerciaux, s'est résolument engagé à renforcer sa coopération avec les institutions internationales et les organisations régionales. Cet effort vise à aligner les pratiques commerciales du pays sur les normes mondiales de transparence et à combattre efficacement les pratiques illicites.

***Partenariats avec les organisations internationales***

En collaboration avec des organismes tels que la Banque mondiale, le Fonds monétaire international (FMI) et l'Organisation mondiale du commerce (OMC), le Sénégal a entrepris des réformes profondes pour moderniser ses systèmes économiques et réglementaires.

***Exemples d'initiatives notables***

- **Renforcement des capacités douanières :** Avec le soutien de l'OMC, le Sénégal a modernisé ses services douaniers en adoptant des technologies avancées pour rationaliser les contrôles et réduire les opportunités de corruption dans les échanges transfrontaliers.
- **Lutte contre le blanchiment d'argent :** En collaboration avec le Groupe d'action financière (GAFI), des réformes ont été mises en place pour combattre les flux financiers illicites et renforcer les mécanismes de surveillance des capitaux, consolidant ainsi la crédibilité financière du pays.

***Impact de ces initiatives***

Ces partenariats internationaux ont permis au Sénégal de :

- **Renforcer ses institutions :** Des services publics modernisés et mieux équipés pour répondre aux exigences de transparence.

- **Adopter les meilleures pratiques :** Un alignement sur les standards internationaux en matière de gestion économique et commerciale.
- **Promouvoir un climat d'affaires attractif :** Une plus grande transparence qui favorise la confiance des investisseurs et stimule les échanges commerciaux.

En s'appuyant sur ces collaborations, le Sénégal démontre son engagement à jouer un rôle actif sur la scène économique internationale tout en consolidant les bases de son développement durable.

### 5. Sensibilisation et formation des acteurs économiques

Conscient des enjeux liés à la corruption et à la transparence, le gouvernement sénégalais a mis en œuvre plusieurs initiatives pour sensibiliser et former les acteurs économiques. Ces efforts visent à renforcer une culture de transparence et d'intégrité, essentielle à la compétitivité et à la croissance économique du pays.

#### *Initiatives de sensibilisation et de formation*

- **Programmes de formation :** Des formations spécialisées en éthique et en conformité sont proposées aux fonctionnaires, aux entreprises, et aux acteurs du secteur privé. Ces programmes visent à inculquer les bonnes pratiques en matière de transparence, à renforcer les capacités des agents publics et à encourager les entreprises à respecter les normes internationales de conformité.
- **Campagnes de sensibilisation :** Le gouvernement mène des campagnes de sensibilisation à grande échelle, diffusées sur les médias publics et privés, pour informer les entreprises et les citoyens des avantages d'une gestion commerciale transparente. Ces initiatives mettent également en lumière les mécanismes disponibles pour signaler les pratiques corruptives, offrant ainsi des outils pour lutter activement contre la corruption.

#### *Un engagement pour une économie transparente*

Les efforts déployés par le Sénégal en faveur de la transparence dans les échanges commerciaux témoignent d'une volonté ferme de bâtir une économie plus équitable et attrayante pour les investisseurs. La digitalisation des procédures douanières, la promotion de la transparence dans les marchés publics, et l'adhésion à des initiatives internationales telles que l'Initiative pour la Transparence dans les Industries extractives (ITIE) illustrent cet engagement.

Ces réformes, en instaurant un climat commercial plus prévisible et fiable, contribuent à consolider la compétitivité du Sénégal, à renforcer la confiance des investisseurs, et à poser les bases d'une croissance économique durable et inclusive.

## B. Renforcer les institutions sénégalaises pour garantir la compétitivité dans le marché unique

En tant que membre actif de la Zone de Libre-Échange continentale africaine (ZLECAF), le Sénégal s'engage à jouer un rôle clé dans l'intégration économique à l'échelle régionale et continentale. Cependant, pour tirer pleinement parti des opportunités offertes par ce marché unique africain, il est impératif de consolider ses institutions. La compétitivité des entreprises sénégalaises dépend étroitement de l'efficacité des structures publiques et privées chargées de réguler, soutenir et promouvoir les activités économiques. Des institutions robustes assurent une mise en œuvre harmonieuse des politiques commerciales, renforcent l'attractivité du pays pour les investisseurs internationaux et créent un environnement propice à l'essor des affaires.

### 1. Modernisation des institutions douanières et facilitation des échanges

Une circulation fluide et efficiente des marchandises à travers les frontières est essentielle pour garantir la compétitivité du Sénégal au sein du marché unique africain. À cette fin, les institutions douanières doivent être modernisées pour répondre aux exigences du commerce intra-africain[103].

***Pourquoi renforcer les douanes ?***

- **Réduction des délais et des coûts :** Des douanes transparentes et efficaces diminuent les délais d'attente aux frontières, réduisent les coûts de transaction et minimisent les perturbations dans les chaînes logistiques, contribuant ainsi à améliorer la compétitivité des entreprises sénégalaises.
- **Attractivité accrue :** Des procédures douanières simplifiées attirent davantage de partenaires commerciaux et d'investisseurs, consolidant le rôle du Sénégal comme plaque tournante des échanges en Afrique de l'Ouest.

[103] *Commerce intra-africain : potentiel et défis, BAD, 2022.*

*Actions prioritaires pour le renforcement des capacités*

- **Digitalisation des processus douaniers :** Accélérer la transition vers des systèmes numériques intégrés, tels que le guichet unique ORBUS, pour automatiser les procédures, réduire les délais de traitement et limiter les interactions humaines, contribuant ainsi à une transparence accrue et à une diminution des risques de corruption.
- **Gestion proactive des risques :** Déployer des systèmes avancés de gestion des risques pour cibler avec précision les contrôles douaniers. Cela permet aux entreprises conformes de bénéficier d'un passage accéléré de leurs marchandises, tout en renforçant la sécurité et l'intégrité des frontières.
- **Coopération régionale accrue :** Travailler en étroite collaboration avec les pays voisins pour harmoniser les normes douanières, aligner les politiques tarifaires et améliorer la coordination transfrontalière. Cette coopération est essentielle pour fluidifier les échanges et favoriser l'intégration régionale.

Le renforcement des institutions douanières est une étape cruciale pour positionner le Sénégal comme un acteur clé au sein de la ZLECAF, en facilitant les échanges commerciaux et en stimulant la compétitivité des entreprises nationales. En modernisant ces structures, le Sénégal pourra mieux répondre aux exigences du commerce mondial et exploiter pleinement le potentiel de l'intégration économique africaine.

**2. Renforcement des institutions financières pour soutenir les entreprises**

Un accès adéquat au financement constitue un levier fondamental pour permettre aux entreprises sénégalaises d'investir, d'innover et de renforcer leur compétitivité sur le marché unique africain. Pour relever ce défi, il est impératif de consolider les capacités des institutions financières afin qu'elles répondent efficacement aux besoins spécifiques des entreprises, notamment les petites et moyennes entreprises (PME), qui représentent l'épine dorsale de l'économie nationale.

*Un impératif stratégique*

Sans un accès suffisant aux capitaux, les entreprises sénégalaises peineront à moderniser leurs équipements, à adopter des technologies de pointe et à se conformer aux normes internationales. Cette lacune limiterait leur capacité à rivaliser dans un environnement commercial de plus en plus concurrentiel, tant sur les marchés locaux que régionaux.

*Axes de renforcement des capacités*

- **Appui spécifique aux PME :** Renforcer les structures de soutien aux PME, telles que la **Délégation générale à l'Entrepreneuriat rapide des Femmes et des Jeunes (DER/FJ)**, en augmentant leur capacité à offrir des crédits abordables, des garanties financières adaptées, et des subventions ciblées. Ces dispositifs permettront aux PME de surmonter les obstacles financiers qui freinent leur développement.
- **Modernisation des institutions financières spécialisées :** Promouvoir la création ou la revitalisation d'institutions financières dédiées, telles que des fonds d'investissement ou des banques de développement sectorielles. Ces entités pourraient concentrer leurs efforts sur des secteurs stratégiques comme l'agro-industrie, les technologies de l'information et de la communication (TIC), ou les industries manufacturières, offrant ainsi un soutien financier adapté et ciblé.
- **Adoption de financements innovants :** Encourager l'usage de mécanismes de financement alternatifs et novateurs, tels que les **partenariats public-privé (PPP)** et le **financement participatif (crowdfunding)**. Ces solutions offrent des opportunités supplémentaires pour mobiliser les capitaux nécessaires à l'expansion des entreprises tout en diversifiant les sources de financement.

*Vers une compétitivité accrue*

En soutenant les entreprises sénégalaises par des structures financières robustes et innovantes, le pays peut renforcer leur capacité à saisir les opportunités offertes par le marché unique africain et par les échanges internationaux. Une approche stratégique dans ce domaine contribuera à transformer le tissu économique national, en le rendant plus résilient et compétitif.

### 3. Renforcement des institutions de formation et d'innovation

Pour permettre aux entreprises sénégalaises de s'imposer dans le marché unique africain, il est impératif de renforcer les capacités en formation et en innovation. La compétitivité du pays repose en grande partie sur sa capacité à moderniser ses secteurs clés et à améliorer leur productivité par l'acquisition de compétences adaptées et par le développement de solutions innovantes.

*Un impératif stratégique*

Le déficit de compétences spécialisées et d'innovation constitue un frein majeur à la compétitivité, notamment dans les secteurs technologiques et industriels. Les petites et moyennes entreprises (PME), ainsi que celles opérant dans les secteurs traditionnels, doivent se doter des outils et des savoir-faire nécessaires pour répondre aux exigences d'un marché en constante évolution. Cela inclut l'adoption de technologies modernes et la mise en place de processus innovants.

***Axes de renforcement***

- **Développement des instituts de formation technique :** Investir dans les centres de formation professionnelle et technique pour former une main-d'œuvre qualifiée, capable de répondre aux besoins des secteurs porteurs tels que l'agro-industrie, les technologies de l'information, et l'industrie manufacturière. Ces formations doivent être adaptées aux réalités du marché et intégrer des compétences pratiques immédiatement exploitables.
- **Promotion de l'innovation et de la recherche :** Encourager les universités et les centres de recherche à établir des partenariats stratégiques avec les entreprises locales. Ces collaborations permettront de stimuler l'innovation et de développer des produits adaptés aux besoins du marché. L'introduction d'incitations fiscales pour les entreprises investissant dans la recherche et le développement (R&D) pourrait également jouer un rôle déterminant.
- **Soutien aux start-ups et à l'entrepreneuriat :** Créer des incubateurs et des accélérateurs d'entreprises pour accompagner les jeunes entrepreneurs et les start-ups dans leurs démarches innovantes. Ces structures offriront un appui en matière de formation, de financement, et de mise en réseau, permettant ainsi aux start-ups de se positionner efficacement sur le marché unique africain.

Renforcer les institutions de formation et d'innovation constitue une étape incontournable pour transformer le potentiel économique du Sénégal. En développant les compétences techniques, en soutenant la recherche, et en favorisant l'entrepreneuriat, le pays pourra se doter des outils nécessaires pour rivaliser avec succès sur les marchés régionaux et internationaux.

**4. Renforcer les institutions de réglementation et de normalisation**

L'accès des entreprises sénégalaises aux marchés internationaux, en particulier dans le cadre de la Zone de Libre-Échange continentale africaine (ZLECAF), repose sur leur capacité à satisfaire aux normes internationales de qualité et de sécurité. Le renforcement des institutions de réglementation et de normalisation est donc un levier stratégique pour leur compétitivité et leur intégration dans les chaînes de valeur mondiales.

*Enjeux et défis*

- **Obligation de conformité :** Pour exporter leurs produits dans le marché unique, les entreprises sénégalaises doivent se conformer à des normes sanitaires, environnementales et techniques rigoureuses. Le non-respect de ces exigences peut créer des barrières non tarifaires qui freinent leur accès aux marchés étrangers et réduisent leurs opportunités commerciales.

*Axes de renforcement des capacités*

1. **Modernisation des agences de normalisation :** Renforcer l'**Agence sénégalaise de Normalisation (ASN)** afin qu'elle puisse mieux accompagner les entreprises sénégalaises dans leur démarche de mise en conformité. Cela inclut l'amélioration de ses infrastructures, la formation de son personnel, et le développement de partenariats avec des organismes internationaux pour faciliter l'obtention de certifications reconnues.
2. **Création de centres régionaux de certification :** Mettre en place des centres de certification décentralisés, dotés d'équipements modernes, pour offrir des services de test, de contrôle, et de vérification. Ces centres garantiront que les produits destinés à l'exportation respectent les exigences du marché unique africain et des marchés internationaux, tout en réduisant les coûts et délais liés à la certification.
3. **Lancement de programmes d'accompagnement :** Développer des programmes spécifiques pour soutenir les PME dans leur mise en conformité avec les normes internationales. Ces programmes pourraient inclure :

    - **Formations spécialisées** pour sensibiliser les entreprises aux normes applicables à leurs secteurs.
    - **Subventions ciblées** pour couvrir une partie des coûts liés à la certification.
    - **Audits de conformité** pour identifier les améliorations nécessaires dans leurs processus de production.

Renforcer les institutions de réglementation et de normalisation permettra non seulement de positionner les entreprises sénégalaises sur les marchés étrangers, mais aussi de promouvoir la qualité et la compétitivité des produits nationaux. Cela constitue une étape cruciale pour tirer pleinement parti des opportunités offertes par la ZLECAF et les accords commerciaux internationaux.

### 5. Renforcement des institutions de gouvernance et de transparence

Pour que le Sénégal puisse s'imposer comme un acteur compétitif au sein du marché unique africain, il est impératif de garantir un cadre institutionnel à la fois transparent, efficace et affranchi de toute forme de corruption. Des institutions de gouvernance solides constituent le socle d'une mise en œuvre harmonieuse des politiques économiques et renforcent la confiance des investisseurs, pierre angulaire de toute stratégie de développement durable.

***Un impératif stratégique***

La corruption et l'opacité dans la gestion des affaires publiques fragilisent la confiance des acteurs économiques et créent un climat d'affaires marqué par l'incertitude. Ces faiblesses institutionnelles freinent non seulement la compétitivité des entreprises sénégalaises, mais compromettent également l'attractivité du pays auprès des investisseurs étrangers, essentiels à son essor économique.

***Axes de renforcement***

1. **Renforcer les capacités de l'Office National de Lutte contre la Fraude et la Corruption (OFNAC) :** Il est primordial de doter cet organisme des ressources humaines, techniques et financières nécessaires pour intensifier ses actions dans les secteurs critiques, tels que les douanes, les marchés publics, et les infrastructures. Cela inclut également l'amélioration de ses pouvoirs d'investigation et de sanction.

2. **Optimiser la transparence dans la passation des marchés publics :** La digitalisation des processus de passation des marchés publics doit être poursuivie et renforcée, garantissant que les contrats sont attribués dans un cadre équitable et compétitif. Cette démarche permettra de limiter les pratiques frauduleuses et d'accroître la confiance des entreprises locales et internationales dans le système.

3. **Instituer des mécanismes rigoureux de suivi et d'évaluation des politiques publiques :** Mettre en place des systèmes d'évaluation performants pour mesurer l'impact réel des réformes économiques et des politiques publiques. Ces outils de suivi permettront une gestion optimisée des ressources, une meilleure allocation des fonds, et garantiront la pérennité d'un environnement propice aux affaires.

En bâtissant des institutions résilientes et transparentes, le Sénégal pourra non seulement renforcer sa crédibilité sur la scène internationale, mais également poser les bases d'une croissance économique inclusive et durable, où la confiance des investisseurs et des citoyens sera le moteur du développement.

### 6. Coopération régionale et renforcement des institutions commerciales

La Zone de Libre-Échange continentale africaine (ZLECAF) repose sur une collaboration étroite entre les pays africains pour éliminer les barrières commerciales et promouvoir une intégration économique harmonieuse. Pour maximiser les opportunités offertes par ce marché unique, le Sénégal doit renforcer ses institutions en charge du commerce et de la coopération régionale, tout en s'assurant que ses politiques nationales sont alignées sur les objectifs régionaux.

***L'importance d'une coopération régionale renforcée***

La coopération régionale constitue un levier essentiel pour garantir une mise en œuvre fluide des accords commerciaux. Elle facilite les échanges transfrontaliers, réduit les obstacles au commerce, et permet de tirer le meilleur parti des avantages compétitifs offerts par le marché unique africain. Pour le Sénégal, cette dynamique est d'autant plus cruciale qu'elle contribue à positionner le pays comme un acteur central dans l'intégration économique de la sous-région.

***Axes stratégiques pour le renforcement des capacités***

- **Coordination avec la CEDEAO :** Consolider les institutions nationales responsables de la coopération avec la Communauté économique des États de l'Afrique de l'Ouest (CEDEAO) pour assurer une harmonisation des politiques commerciales régionales avec les principes de la ZLECAF. Cette coordination est indispensable pour aligner les priorités stratégiques et éviter les chevauchements réglementaires.
- **Facilitation des échanges transfrontaliers :** Mettre en place des guichets uniques régionaux destinés à simplifier les procédures commerciales avec les pays voisins. Ces guichets permettraient une gestion intégrée des formalités douanières et administratives, réduisant ainsi les délais et les coûts liés à la circulation des marchandises.
- **Promotion des corridors économiques régionaux :** Collaborer avec les pays limitrophes pour développer des corridors économiques stratégiques. Cela inclut des projets d'infrastructures transfrontalières,

tels que des réseaux routiers, ferroviaires, et portuaires, visant à dynamiser les flux commerciaux et à renforcer l'interconnexion régionale.

***Vers un Sénégal compétitif dans le marché unique africain***

Pour s'imposer dans le cadre de la ZLECAF, le Sénégal doit impérativement moderniser ses douanes, soutenir les entreprises par des mécanismes de financement et d'innovation, et garantir une gouvernance transparente. Ces efforts doivent être menés de manière concertée avec le secteur privé, dont l'implication est cruciale pour ancrer durablement ces réformes.

En adoptant une approche stratégique et inclusive, le Sénégal pourra non seulement relever les défis de l'intégration régionale, mais également capitaliser sur les opportunités offertes par le marché unique africain pour renforcer sa compétitivité économique et son rayonnement sur le continent.

# CHAPITRE 6

## Intégration des marchés et barrières non tarifaires

### A. L'harmonisation des politiques commerciales : un pilier de l'intégration économique en Afrique

L'harmonisation des politiques commerciales constitue un levier fondamental pour assurer une intégration économique effective dans le cadre de la Zone de Libre-Échange continentale africaine (ZLECAF) et d'autres initiatives régionales. Cette démarche consiste à coordonner les cadres réglementaires, les droits de douane, et les normes commerciales entre les États membres, dans le but de fluidifier les échanges, d'éliminer les barrières non tarifaires, et de promouvoir un marché unique. En facilitant la coopération économique, l'harmonisation renforce non seulement la compétitivité des économies africaines, mais pose également les bases d'une intégration régionale durable.

#### 1. Pourquoi l'Harmonisation des Politiques commerciales est-elle essentielle ?

L'Afrique est caractérisée par une mosaïque de régimes commerciaux et réglementaires propres à chaque pays. Ces disparités, qui concernent les droits de douane, les normes sanitaires et phytosanitaires, ainsi que les exigences administratives, créent une fragmentation des marchés. Ce morcellement engendre des obstacles majeurs pour les entreprises cherchant à commercer au sein du continent ou avec le reste du monde.

***Réduction des Obstacles au Commerce***

La diversité des politiques commerciales entre les pays africains génère des barrières aux échanges intra-africains. Parmi elles, on retrouve les normes techniques disparates, les formalités douanières complexes, ou encore les contrôles aux frontières, qui allongent les délais et augmentent les coûts pour les entreprises.

- **Enjeu :** L'harmonisation des politiques commerciales permettrait de supprimer ces barrières, offrant ainsi aux entreprises un environnement plus fluide et compétitif. Une réduction des coûts et des délais logistiques renforcerait leur compétitivité sur les marchés régionaux et internationaux.

***Amélioration de la Compétitivité régionale***

Un cadre commercial harmonisé favorise la création d'un marché unique et intégré, capable d'attirer davantage d'investissements directs étrangers (IDE). Les entreprises africaines, évoluant dans un environnement économique cohérent, pourraient ainsi exploiter des économies d'échelle et accroître leur productivité.

- **Enjeu :** En l'absence d'une telle harmonisation, les entreprises africaines restent cloisonnées dans des marchés locaux fragmentés, limitant leur potentiel de croissance et leur contribution au développement industriel du continent.

***Renforcement de l'Intégration régionale***

L'harmonisation des politiques commerciales est également un prérequis pour une intégration régionale effective. Bien que les communautés économiques régionales (CER) comme la CEDEAO, la SADC ou la CEEAC aient pour ambition de créer des blocs commerciaux intégrés, ces efforts sont souvent freinés par les divergences entre les politiques nationales.

- **Enjeu :** En établissant des règles communes, l'harmonisation permettrait non seulement de rapprocher ces communautés, mais également de maximiser les bénéfices de la ZLECAF en posant les fondations d'une véritable union économique africaine.

L'harmonisation des politiques commerciales est donc plus qu'une simple formalité administrative : elle constitue un impératif stratégique pour l'Afrique. Elle permet de surmonter la fragmentation des marchés, d'améliorer la compétitivité des entreprises africaines, et de poser les bases d'une croissance économique inclusive et durable, dans un continent résolument tourné vers l'intégration régionale et mondiale.

### 2. Les Enjeux de l'Harmonisation des Politiques commerciales

L'harmonisation des politiques commerciales en Afrique constitue une ambition majeure pour promouvoir l'intégration économique du continent. Toutefois, cette entreprise se heurte à des défis complexes, mais ouvre également des perspectives prometteuses pour stimuler la croissance et améliorer la compétitivité collective des économies africaines.

***Diversité des Cadres Réglementaires***

L'une des principales entraves à l'harmonisation réside dans la diversité des régimes réglementaires adoptés par les différents États africains. Chaque pays applique ses propres lois et normes dans des domaines essentiels tels que le commerce, les droits de douane, la sécurité des produits, la propriété intellectuelle, et la fiscalité. Cette disparité rend la convergence des politiques commerciales ardue, ralentissant ainsi la mise en œuvre d'une stratégie continentale unifiée.

- **Proposition de Solution :** Un dialogue structuré et régulier entre les gouvernements nationaux, les communautés économiques régionales et les institutions continentales, comme l'Union africaine, est indispensable pour parvenir à une convergence progressive des pratiques. En parallèle, il est crucial de renforcer les capacités des administrations nationales afin qu'elles puissent mener à bien les réformes nécessaires pour intégrer des cadres harmonisés.

***Protection des Industries locales***

La perspective d'une harmonisation des politiques commerciales suscite des inquiétudes légitimes, notamment sur la capacité des industries locales à faire face à une concurrence accrue. Les secteurs sensibles, tels que l'agriculture et l'industrie manufacturière, risquent de se voir fragilisés par l'ouverture des marchés et la réduction des droits de douane.

- **Proposition de Solution :** Des mécanismes de sauvegarde temporaires doivent être instaurés pour protéger les industries vulnérables, leur laissant le temps de s'adapter. Par ailleurs, des programmes spécifiques de modernisation et des incitations fiscales peuvent être mis en place pour renforcer la compétitivité des entreprises locales. Une libéralisation progressive, accompagnée d'un soutien ciblé, permettra une transition harmonieuse vers une intégration plus ouverte.

***Renforcement des Infrastructures et des Capacités***

L'harmonisation des politiques commerciales nécessite un cadre logistique et institutionnel robuste pour en garantir le succès. Cependant, les disparités existantes dans la qualité des infrastructures, des douanes et des services financiers entre les pays africains représentent un frein majeur. L'absence de connectivité fluide et de systèmes modernes complique les échanges et ralentit les ambitions d'intégration.

- **Proposition de Solution :** Investir dans la modernisation des infrastructures est impératif. Cela inclut le développement de corridors de transport régionaux, la numérisation et l'amélioration des procédures douanières, ainsi que le renforcement des institutions responsables de la gestion des infrastructures. Par ailleurs, la mise en place de systèmes de paiement transfrontaliers efficaces facilitera les transactions et stimulera les échanges commerciaux.

L'harmonisation des politiques commerciales en Afrique constitue un pilier essentiel pour la réussite de projets comme la Zone de Libre-Échange continentale africaine (ZLECAF). Surmonter les défis liés à la diversité réglementaire, à la protection des industries locales et aux insuffisances infrastructurelles nécessitera des efforts concertés, des investissements significatifs et une volonté politique forte. Toutefois, les bénéfices attendus, notamment une croissance économique soutenue et une intégration régionale accrue, en font une démarche incontournable pour l'avenir économique du continent.

### 3. Étapes vers une harmonisation réussie des politiques commerciales

Pour instaurer une harmonisation efficace des politiques commerciales en Afrique, un certain nombre d'étapes stratégiques sont nécessaires. Ces actions permettront de surmonter les obstacles actuels et de favoriser une intégration commerciale fluide au sein de la ZLECAF et au-delà.

#### *Harmonisation des tarifs douaniers*

La première étape essentielle réside dans l'uniformisation des tarifs douaniers et la réduction progressive des droits de douane entre les États membres de la ZLECAF. Cette initiative doit être coordonnée de manière à garantir des conditions tarifaires équitables sur tout le continent.

- **Mesure clé :** Instaurer un **Tarif extérieur commun (TEC)** à l'échelle africaine, calqué sur l'exemple de la CEDEAO. Ce TEC simplifierait les échanges commerciaux tout en imposant des droits uniformes aux produits provenant des pays non membres, garantissant ainsi une concurrence loyale.

#### *Harmonisation des normes techniques et sanitaires*

Les normes sanitaires, phytosanitaires et techniques jouent un rôle crucial dans le commerce intra-africain. Leur harmonisation est indispensable pour éliminer les barrières non tarifaires et faciliter la libre circulation des produits[104].

- **Mesure clé :** Renforcer les capacités des institutions de normalisation et de certification, telles que l'**Agence sénégalaise de Normalisation (ASN)** et l'**Organisation africaine de Normalisation (ARSO)**. Ces entités doivent coordonner leurs efforts pour établir des standards communs, uniformément appliqués dans l'ensemble des pays membres.

***Facilitation des échanges et simplification des procédures douanières***

Les formalités administratives complexes et les procédures douanières inefficaces constituent des freins majeurs au commerce. Leur simplification est cruciale pour réduire les délais et les coûts associés aux échanges transfrontaliers.

- **Mesure clé :** Généraliser les **guichets uniques numériques** pour le commerce extérieur, sur le modèle de la plateforme **ORBUS** du Sénégal. Ces outils permettent aux entreprises de gérer toutes leurs démarches administratives en un seul point, optimisant ainsi les processus d'importation et d'exportation.

***Renforcement de la coopération régionale***

Les **Communautés économiques régionales (CER)** jouent un rôle central dans la mise en œuvre des politiques d'intégration. Une collaboration étroite entre ces organisations et les États membres est essentielle pour assurer la cohérence des initiatives régionales avec les objectifs de la ZLECAF.

- **Mesure clé :** Établir un cadre de concertation entre les CER et les organes de la ZLECAF afin de synchroniser les réglementations et de garantir une intégration économique fluide entre les différentes régions africaines.

***Mise en place d'un mécanisme de règlement des différends***

L'harmonisation des politiques commerciales peut donner lieu à des différends entre les États membres. Un mécanisme solide et impartial est nécessaire pour traiter efficacement ces litiges et maintenir la stabilité du commerce intra-africain.

---

[104] *Commerce intra-africain : potentiel et défis, BAD, 2022.*

- **Mesure clé :** Créer un **Tribunal commercial continental** dédié à la ZLECAF, inspiré des mécanismes de l'**Organisation mondiale du Commerce (OMC)**. Ce tribunal aurait pour mission de résoudre rapidement et équitablement les différends, renforçant ainsi la confiance entre les partenaires commerciaux.

L'harmonisation des politiques commerciales africaines est une entreprise ambitieuse mais indispensable pour maximiser les opportunités offertes par la ZLECAF. En suivant ces étapes clés, l'Afrique pourra surmonter les obstacles actuels, promouvoir des échanges plus fluides, et jeter les bases d'une véritable intégration économique continentale.

### 4. L'impact de l'harmonisation des politiques commerciales sur le Sénégal

Pour le Sénégal, l'harmonisation des politiques commerciales dans le cadre de la Zone de Libre-Échange continentale africaine (ZLECAF) constitue une opportunité stratégique de renforcer sa compétitivité régionale et de diversifier ses échanges commerciaux. En alignant ses politiques avec celles de ses partenaires africains, le pays peut tirer parti de cette dynamique pour stimuler son développement économique et son intégration régionale.

***Opportunités offertes par l'harmonisation***

- **Facilitation des exportations :** L'harmonisation des normes et la réduction progressive des barrières tarifaires et non tarifaires permettront aux entreprises sénégalaises d'accéder plus facilement aux marchés régionaux. Cela se traduira par une augmentation significative des opportunités d'exportation, en particulier dans des secteurs tels que l'agro-industrie, les produits halieutiques, et les services numériques.
- **Renforcement des chaînes de valeur régionales :** Grâce à l'harmonisation, le Sénégal pourra s'intégrer de manière plus efficace dans les chaînes de valeur régionales. Cela sera particulièrement bénéfique dans des secteurs stratégiques tels que l'agro-industrie, les énergies renouvelables, et les technologies de l'information. Une meilleure intégration permettra non seulement de stimuler la croissance économique, mais aussi de créer des emplois durables dans des secteurs à fort potentiel.
- **Attraction des investissements étrangers :** L'intégration au marché unique africain et l'harmonisation des politiques commerciales renforceront l'attrait du Sénégal pour les investisseurs étrangers. Ces derniers verront le pays comme une porte d'entrée stratégique vers un

marché continental en expansion, ce qui augmentera les flux d'investissements directs étrangers dans des secteurs clés.

***Vers une intégration réussie***

L'harmonisation des politiques commerciales est un levier essentiel pour maximiser les bénéfices de la ZLECAF. Elle permettra de lever les obstacles structurels qui freinent le commerce intra-africain et de garantir une participation équitable des entreprises sénégalaises au marché continental.

**Pour y parvenir, le Sénégal devra :**

- **Adopter des réformes structurelles,** en simplifiant les procédures administratives et douanières ;
- **Renforcer ses infrastructures logistiques** pour répondre aux exigences des marchés régionaux ;
- **Promouvoir un dialogue continu** avec les secteurs privés et publics afin de garantir une mise en œuvre efficace des politiques harmonisées.

En s'engageant activement dans ce processus, le Sénégal a l'occasion de consolider son rôle de moteur économique en Afrique de l'Ouest, tout en renforçant sa compétitivité et en diversifiant ses échanges au sein du marché unique africain.

**B. Le rôle crucial des douanes et des régulations transfrontalières dans le commerce international**

Les douanes et les régulations transfrontalières occupent une position centrale dans l'organisation et la gestion des échanges commerciaux entre les nations. En contrôlant les flux de marchandises, elles garantissent non seulement le respect des lois et des régulations en vigueur, mais également la sécurité et la fluidité des échanges. Ces mécanismes protègent les intérêts économiques, sanitaires et sécuritaires des États tout en jouant un rôle déterminant dans l'intégration régionale et internationale.

Dans le cadre de projets ambitieux tels que la **Zone de Libre-Échange continentale africaine (ZLECAF)**, le rôle des douanes et des régulations transfrontalières prend une importance accrue, en tant qu'instrument de réduction des barrières commerciales et de facilitation des échanges intra-africains. Voici une analyse approfondie des fonctions essentielles des douanes, des défis qu'elles rencontrent et des pistes d'amélioration possibles.

### 1. Fonctions essentielles des douanes dans le commerce international

Les douanes assurent plusieurs missions fondamentales qui influencent directement la compétitivité des entreprises, la sécurité des États et l'efficacité des flux commerciaux mondiaux.

***Contrôle et collecte des droits de douane***

L'une des fonctions premières des douanes est la perception des droits de douane, taxes et redevances sur les marchandises entrant ou sortant des territoires nationaux. Ces recettes constituent une source de revenus essentielle pour les gouvernements, contribuant au financement des infrastructures, des services publics, et des programmes de développement économique.

- **Rôle économique :** En instaurant des droits de douane, les gouvernements peuvent protéger les industries locales contre des importations massives à bas prix, tout en stimulant le développement des entreprises nationales. Cette stratégie permet également de réguler la concurrence internationale et de promouvoir des secteurs stratégiques.
- **Enjeux :** Les entreprises doivent s'assurer de respecter les régulations douanières pour éviter des pénalités, des retards dans les livraisons, ou la confiscation de leurs marchandises, ce qui peut affecter leur activité.

***Sécurité et conformité réglementaire***

Les douanes jouent un rôle clé dans la sécurisation des frontières nationales. Elles s'assurent que les marchandises importées respectent les normes techniques, sanitaires, et phytosanitaires, tout en luttant activement contre les pratiques illégales.

- **Rôle sécuritaire :** En contrôlant les importations, les douanes participent à la lutte contre le trafic de drogues, d'armes, de contrefaçons, et d'autres produits illégaux ou dangereux. Elles protègent ainsi la santé publique et l'environnement tout en garantissant le respect des normes de sécurité.
- **Enjeux :** Les produits qui ne respectent pas les réglementations en vigueur peuvent être bloqués, détruits ou entraîner des sanctions financières. Ces contraintes augmentent les coûts pour les entreprises et perturbent les chaînes d'approvisionnement.

***Facilitation du commerce et réduction des délais***

Outre leur fonction de contrôle, les douanes ont pour mission de faciliter les échanges commerciaux. En simplifiant les procédures administratives et en réduisant les délais de traitement aux frontières, elles contribuent à fluidifier les échanges dans un environnement économique globalisé.

- **Rôle dans la compétitivité :** Des processus douaniers simplifiés permettent de réduire les coûts de transaction et d'accélérer l'accès des entreprises aux marchés étrangers. Cette efficacité opérationnelle améliore la compétitivité des acteurs économiques, en particulier ceux impliqués dans des chaînes d'approvisionnement internationales.
- **Enjeux :** Les procédures complexes, les multiples contrôles et la bureaucratie peuvent freiner les échanges, entraînant des coûts supplémentaires pour les entreprises, notamment pour les petites et moyennes entreprises (PME) qui disposent de ressources limitées.

Les douanes et les régulations transfrontalières, au-delà de leur rôle de contrôle, sont des leviers essentiels pour promouvoir un commerce fluide, équitable et sécurisé. Cependant, des défis subsistent, notamment en matière de complexité des procédures, de transparence et d'adaptabilité aux évolutions des échanges internationaux. Une modernisation des infrastructures, une digitalisation accrue des processus, et une meilleure coordination régionale et internationale sont autant de solutions pour renforcer l'efficacité des douanes et favoriser une intégration économique durable et inclusive.

### 2. Régulations transfrontalières et leur rôle central dans le commerce

Les régulations transfrontalières, qui regroupent l'ensemble des règles et normes encadrant les échanges commerciaux entre pays, jouent un rôle fondamental dans la fluidité et l'équité des transactions internationales. Qu'il s'agisse de droits de douane, de normes sanitaires, environnementales ou techniques, ces régulations visent à garantir une concurrence équitable, à protéger les consommateurs, et à préserver la cohérence des marchés.

***L'harmonisation des régulations comme levier pour faciliter le commerce***

L'harmonisation des régulations entre les pays constitue une condition indispensable pour simplifier les échanges commerciaux. Des règles trop divergentes imposent aux entreprises de s'adapter aux exigences spécifiques de chaque pays, alourdissant les coûts et les démarches administratives.

- **Rôle dans l'intégration régionale :** Dans le contexte de la Zone de Libre-Échange continentale africaine (ZLECAF), l'harmonisation des régulations transfrontalières contribue à éliminer les barrières non tarifaires, notamment les disparités de normes, facilitant ainsi la libre circulation des biens et des services à travers le continent.
- **Défis à relever :** L'absence d'une harmonisation cohérente freine l'intégration économique régionale et limite les bénéfices des accords commerciaux. Les entreprises doivent alors composer avec des normes multiples et parfois contradictoires, ce qui entrave leur compétitivité et leur expansion.

***Les régulations sanitaires et phytosanitaires (SPS)***

Ces régulations visent à protéger la santé humaine, animale et végétale en imposant des normes strictes sur les produits alimentaires et agricoles. Elles sont essentielles pour prévenir la propagation de maladies et garantir la sécurité des denrées échangées.

- **Importance sanitaire :** Les normes SPS permettent aux autorités douanières de s'assurer que les produits importés ne présentent aucun risque pour la santé publique, renforçant ainsi la confiance des consommateurs.
- **Défis pour les entreprises :** Les normes SPS, bien qu'essentielles, peuvent se transformer en barrières commerciales lorsqu'elles ne sont pas harmonisées entre les pays. Pour les PME africaines, leur respect peut s'avérer coûteux et techniquement complexe, limitant ainsi leur capacité à s'insérer dans les marchés internationaux.

***Les régulations techniques et les normes de qualité***

Les normes techniques couvrent un large éventail de produits, des équipements électroniques aux biens manufacturés, en imposant des exigences en matière de sécurité, de performance, et de durabilité.

- **Rôle des normes techniques :** Ces régulations garantissent que les produits respectent des critères de qualité et de sécurité. Elles protègent les consommateurs tout en établissant des bases équitables pour la concurrence entre entreprises.
- **Enjeux liés aux divergences :** Des normes techniques variées entre les pays engendrent des coûts supplémentaires pour les entreprises,

qui doivent adapter leurs produits en fonction des marchés cibles. L'harmonisation des normes techniques est donc cruciale pour simplifier les échanges transfrontaliers et réduire les obstacles inutiles.

Les régulations transfrontalières, bien qu'essentielles pour sécuriser et encadrer les échanges commerciaux, posent de nombreux défis lorsqu'elles sont mal harmonisées. Pour maximiser les bénéfices des accords tels que la ZLECAF, il est impératif de standardiser ces régulations à l'échelle régionale et continentale. Cette démarche permettra non seulement de faciliter les échanges et d'accroître la compétitivité des entreprises africaines, mais aussi de poser les bases d'une intégration économique durable et prospère.

### 3. Défis liés aux douanes et aux régulations transfrontalières

Bien que les douanes et les régulations transfrontalières soient des piliers essentiels pour faciliter les échanges commerciaux, elles présentent encore de nombreux obstacles qui freinent la fluidité des transactions et l'intégration régionale.

*Complexité des procédures douanières*

Dans de nombreux pays, les procédures douanières restent laborieuses, marquées par une bureaucratie excessive qui génère des retards significatifs aux frontières. Ces lenteurs administratives se traduisent par une hausse des coûts opérationnels pour les entreprises, affectant particulièrement les petites et moyennes entreprises (PME) qui manquent des ressources nécessaires pour faire face à ces contraintes.

**Proposition de solution :**

- **Digitalisation des processus douaniers :** La mise en place de guichets uniques pour le commerce extérieur permettrait de simplifier les démarches administratives et d'accélérer les formalités.
- **Adoption de technologies innovantes :** L'utilisation de technologies comme la blockchain pourrait garantir une meilleure transparence, sécuriser les transactions, et limiter la fraude douanière.

*Corruption et manque de transparence*

La corruption reste un défi majeur dans les services douaniers et les régulations transfrontalières. Elle se manifeste par des demandes de pots-de-vin ou des retards intentionnels dans le traitement des cargaisons, entraînant des surcoûts pour les entreprises et minant la compétitivité des économies locales.

**Proposition de solution :**

- **Transparence renforcée :** Digitaliser les processus administratifs pour réduire les interactions humaines, souvent sources de pratiques corruptives.
- **Formation et responsabilisation des agents douaniers :** Sensibiliser et former les agents pour améliorer leur éthique professionnelle.
- **Mécanismes de dénonciation :** Mettre en place des plateformes sécurisées permettant aux entreprises de signaler les abus sans crainte de représailles.

***Divergence des régulations entre les pays***

L'hétérogénéité des régulations entre les pays africains constitue un frein majeur à l'intégration économique régionale. Les normes sanitaires, phytosanitaires, et techniques diffèrent d'un pays à l'autre, compliquant les échanges commerciaux et augmentant les coûts de conformité pour les entreprises.

**Proposition de solution :**

- **Harmonisation des régulations :** Les efforts dans le cadre de la Zone de Libre-Échange continentale africaine (ZLECAF) doivent viser à standardiser les normes et réglementations, facilitant ainsi les échanges transfrontaliers.
- **Rôle des communautés économiques régionales :** Des organisations comme la CEDEAO doivent intensifier leurs efforts pour établir des cadres réglementaires uniformisés, en priorité dans les secteurs stratégiques.

Ces mesures visent à lever les obstacles structurels qui entravent le commerce transfrontalier, à renforcer la compétitivité des économies africaines, et à favoriser une intégration économique plus profonde et harmonieuse.

### 4. Modernisation et digitalisation des douanes et régulations transfrontalières

La modernisation et la digitalisation des processus douaniers et des régulations transfrontalières représentent des leviers indispensables pour fluidifier les échanges commerciaux, renforcer la transparence et stimuler la compétitivité économique. Ces innovations permettent de réduire les inefficacités, de limiter les risques de fraude et de simplifier les formalités administratives.

*Guichets uniques pour le commerce extérieur*

Les guichets uniques offrent une plateforme centralisée où les entreprises peuvent accomplir l'ensemble des formalités douanières et administratives en ligne. En simplifiant et en harmonisant les procédures, ces outils réduisent significativement les délais de traitement et les coûts liés aux échanges transfrontaliers.

**Exemple concret :** Le Sénégal a introduit le **guichet unique ORBUS**, un système qui centralise les procédures d'importation et d'exportation. Ce dispositif a permis de raccourcir les délais de traitement des marchandises tout en augmentant la transparence des opérations commerciales, renforçant ainsi la compétitivité des entreprises sénégalaises.

***Technologies de blockchain***

L'intégration de la blockchain dans les processus douaniers offre une solution innovante pour assurer une traçabilité et une transparence totales des flux commerciaux. Cette technologie permet de suivre les marchandises en temps réel tout au long de leur parcours transfrontalier, réduisant les risques de fraude, les erreurs administratives, et les pertes économiques.

**Avantages :**

- Garantie de l'intégrité des données liées aux transactions commerciales.
- Renforcement de la confiance entre les parties prenantes grâce à une transparence accrue.
- Amélioration de la collaboration entre les autorités douanières des différents pays.

***Formation des agents douaniers***

La compétence des agents douaniers est essentielle pour garantir une application rigoureuse et efficace des régulations en vigueur. La formation continue de ces professionnels permet de les familiariser avec les nouvelles technologies, les normes internationales et les exigences techniques, notamment les normes sanitaires et phytosanitaires (SPS). Ces initiatives renforcent leur capacité à effectuer des contrôles rapides et précis tout en respectant les standards internationaux.

**Un enjeu stratégique pour l'Afrique** Les douanes et les régulations transfrontalières jouent un rôle crucial dans la facilitation des échanges et la protection des économies nationales. Dans le cadre de la **Zone de**

**Libre-Échange continentale africaine (ZLECAF)**, une modernisation harmonisée des douanes est essentielle pour réduire les barrières au commerce, encourager l'intégration régionale et renforcer la compétitivité des entreprises locales.

**Priorités :**

- **Digitalisation des processus** : Automatiser les systèmes pour réduire les inefficacités et améliorer la transparence.
- **Coopération régionale** : Favoriser une harmonisation des politiques douanières et des régulations techniques entre les pays africains.
- **Renforcement des infrastructures** : Développer des systèmes technologiques robustes pour soutenir la gestion efficace des échanges transfrontaliers.

Ces transformations permettront non seulement de surmonter les défis liés aux douanes, mais aussi de positionner les économies africaines comme des acteurs majeurs dans le commerce régional et international.

### C. Coordination des normes et des réglementations sanitaires et phytosanitaires (SPS)

La coordination des normes et des réglementations sanitaires et phytosanitaires (SPS) est cruciale pour faciliter le commerce international tout en garantissant la protection de la santé humaine, animale et végétale. Ces normes, qui régissent la sécurité des produits agricoles et alimentaires, sont essentielles pour protéger les populations et les écosystèmes des maladies, des ravageurs et des risques liés à la consommation de produits contaminés. Cependant, des divergences dans les réglementations SPS entre les pays peuvent créer des barrières commerciales importantes, en particulier dans le cadre d'accords régionaux tels que la Zone de Libre-Échange continentale africaine (ZLECAF).

La coordination des normes SPS vise à harmoniser les règles et à garantir que les pays appliquent des normes communes, réduisant ainsi les obstacles non tarifaires et facilitant les échanges.

#### 1. L'importance des normes et réglementations sanitaires et phytosanitaires (SPS)

Les normes sanitaires et phytosanitaires (SPS) occupent une place centrale dans la régulation des échanges commerciaux de produits agricoles et alimentaires. Conçues pour prévenir la propagation de maladies et de ravageurs, elles englobent des exigences strictes en matière d'inspection, de certification, et de contrôle des produits importés et exportés. Ces normes régulent également l'utilisation d'additifs chimiques, de résidus de pesticides, et de contaminants microbiologiques, garantissant ainsi la sécurité des consommateurs et la préservation des écosystèmes.

***Protection de la santé publique***

Les normes sanitaires visent à garantir la sécurité des aliments destinés à la consommation humaine. Elles permettent de limiter les risques liés à la présence de résidus chimiques, d'additifs non conformes, ou d'agents pathogènes dans les produits alimentaires.

**Exemple**

La mise en œuvre de normes rigoureuses pour les produits tels que la viande, les fruits, les légumes, et les produits laitiers contribue à prévenir des maladies d'origine alimentaire comme la salmonellose ou les intoxications liées à *Escherichia coli*. Ces réglementations protègent les consommateurs tout en renforçant la confiance dans les échanges internationaux.

***Préservation des ressources animales et végétales***

Les normes phytosanitaires jouent un rôle crucial dans la protection des écosystèmes agricoles et naturels contre l'introduction de parasites, ravageurs, ou maladies pouvant perturber la production locale. Elles établissent des restrictions claires sur l'importation de produits agricoles à risque.

**Exemple**

Des inspections phytosanitaires rigoureuses sur des exportations comme le maïs ou le coton permettent d'éviter l'introduction de nuisibles tels que le charançon du riz ou la mouche des fruits, qui pourraient gravement affecter les cultures locales et entraîner des pertes économiques significatives.

***Facilitation du commerce***

L'harmonisation des normes SPS entre les pays facilite les échanges commerciaux en réduisant les barrières non tarifaires. Lorsque les normes divergent, les exportateurs doivent adapter leurs produits aux exigences spécifiques de chaque marché, ce qui engendre des surcoûts et allonge les délais.

**Exemple**

Si les pays membres de la Zone de Libre-Échange continentale africaine (ZLECAF) adoptent des normes communes, les exportateurs sénégalais pourront accéder plus facilement aux marchés africains sans devoir satisfaire à des exigences multiples et contradictoires. Cette harmonisation renforcera la compétitivité des produits agricoles sénégalais sur l'ensemble du continent.

Les normes SPS, en assurant la sécurité des consommateurs, la protection des ressources naturelles, et la fluidité des échanges, sont indispensables pour bâtir un commerce durable et équitable dans le cadre des échanges internationaux.

### 2. Défis liés à la coordination des normes sanitaires et phytosanitaires (SPS)

La coordination et l'harmonisation des normes sanitaires et phytosanitaires (SPS) représentent des enjeux majeurs pour les économies émergentes et les pays en développement, particulièrement en Afrique. Ces normes, conçues pour garantir la sécurité alimentaire et la protection des consommateurs, posent des défis techniques, institutionnels, et économiques, qui freinent souvent les échanges commerciaux régionaux et internationaux.

***Disparités dans les capacités techniques***

Les capacités techniques nécessaires à la mise en œuvre des normes SPS varient considérablement d'un pays à l'autre. Dans de nombreuses nations africaines, les infrastructures de laboratoire, les systèmes d'inspection, et les mécanismes d'analyse des risques restent insuffisants, voire inexistants.

- **Enjeu :** Les pays disposant de capacités techniques limitées peinent à garantir la conformité de leurs produits aux normes SPS exigées par les marchés internationaux ou régionaux. Cette lacune réduit leurs opportunités d'exportation et affaiblit leur compétitivité économique.
- **Solution :** Renforcer les institutions nationales responsables de la mise en œuvre des normes SPS est impératif. Cela peut inclure :
    - **Programmes de formation** : Former des agents douaniers et des inspecteurs spécialisés dans les contrôles sanitaires et phytosanitaires.
    - **Investissements dans les infrastructures** : Développer des laboratoires modernes capables de tester et certifier les produits conformément aux standards internationaux.

◦ **Centres d'excellence régionaux** : Établir des centres spécialisés qui servent de références pour le contrôle SPS, favorisant une approche régionale de la conformité.

***Divergences entre les réglementations nationales***

Chaque pays établit des normes SPS en fonction de ses besoins spécifiques, de ses priorités sanitaires, et de ses capacités locales. Cette fragmentation crée des barrières non tarifaires, rendant le commerce complexe pour les entreprises qui doivent satisfaire à des réglementations différentes selon les marchés.

- **Enjeu :** Ces divergences freinent l'intégration commerciale, notamment au sein des blocs économiques comme la **CEDEAO** ou la **ZLECAF**. Les entreprises doivent adapter leurs produits à des réglementations multiples, ce qui augmente les coûts et limite la fluidité des échanges.
- **Solution :** L'harmonisation des normes SPS à l'échelle régionale ou continentale est cruciale. Cela nécessite :

◦ **Adoption de standards communs** : S'inspirer des normes internationales établies par l'**OMC** ou le **Codex Alimentarius** pour aligner les régulations nationales.

◦ **Dialogue intergouvernemental** : Organiser des consultations entre pays membres pour parvenir à un consensus sur les priorités sanitaires et phytosanitaires.

◦ **Mécanismes de mise en œuvre régionaux** : Mettre en place des structures supranationales pour superviser et harmoniser l'application des normes.

***Coûts de conformité pour les PME***

Pour les petites et moyennes entreprises (PME), se conformer aux normes SPS représente un investissement considérable. Les coûts incluent la modernisation des pratiques agricoles ou industrielles, la mise en place de systèmes de traçabilité, et les frais liés aux inspections et certifications.

- **Enjeu :** Les PME, particulièrement celles des pays en développement, disposent souvent de marges limitées. Ces contraintes financières les empêchent de répondre aux normes SPS, ce qui les exclut des marchés régionaux ou internationaux.
- **Solution :** Mettre en place des programmes de soutien spécifiques pour alléger les coûts de conformité :

○ **Subventions ciblées** : Offrir des aides financières pour la modernisation des équipements ou l'adoption de pratiques conformes.

○ **Crédits à taux préférentiel** : Fournir des prêts à faible taux d'intérêt pour couvrir les coûts d'investissement liés à la conformité SPS.

○ **Formations techniques** : Sensibiliser et former les PME aux bonnes pratiques agricoles et industrielles pour améliorer leur productivité et leur capacité à répondre aux exigences normatives.

***Vers une meilleure coordination des normes SPS***

La mise en place de normes SPS harmonisées est un levier clé pour faciliter les échanges commerciaux, renforcer la sécurité alimentaire, et intégrer les économies africaines dans les marchés internationaux. Cependant, cela nécessite une approche concertée impliquant les gouvernements, les institutions régionales, et le secteur privé. Investir dans les infrastructures, renforcer les capacités techniques, et alléger les contraintes financières pour les PME sont autant d'actions indispensables pour transformer ces défis en opportunités durables.

### 3. Stratégies pour la coordination des normes et réglementations SPS

La coordination des normes sanitaires et phytosanitaires (SPS) représente un levier stratégique essentiel pour promouvoir le commerce international et intra-régional tout en garantissant la sécurité sanitaire des populations et la protection des écosystèmes. Les disparités actuelles dans les réglementations SPS entre les pays africains constituent un obstacle majeur au commerce, mais des solutions innovantes et collaboratives peuvent surmonter ces défis.

***Alignement sur les normes internationales***

Adopter les standards internationaux est une approche éprouvée pour harmoniser les réglementations SPS et faciliter l'accès aux marchés mondiaux. Des organisations comme le **Codex Alimentarius** (pour la sécurité alimentaire), la **Convention internationale pour la protection des végétaux** (CIPV), et l'**Organisation mondiale de la santé animale** (OIE) fournissent des cadres globaux reconnus.

- **Exemple :** En alignant ses normes sur celles du Codex Alimentarius, le Sénégal pourrait garantir que ses produits alimentaires répondent aux critères internationaux de sécurité, ouvrant ainsi la voie à leur exportation vers des marchés exigeants tels que l'Union européenne ou l'Amérique du Nord.

- **Impact :** L'adhésion à ces normes renforcerait la confiance des partenaires commerciaux étrangers et améliorerait la compétitivité des produits sénégalais.

***Renforcement de la coopération régionale***

Une coopération régionale efficace est indispensable pour harmoniser les réglementations SPS et éviter des incohérences qui nuisent au commerce intra-africain. Les **communautés économiques régionales** (CER), telles que la **CEDEAO**, jouent un rôle central dans cette harmonisation.

- **Exemple :** La CEDEAO pourrait créer un **Comité régional sur les normes SPS** chargé de coordonner les politiques des États membres, de concevoir des cadres réglementaires communs, et de surveiller leur mise en œuvre.
- **Impact :** Une telle initiative réduirait les divergences réglementaires entre les pays africains, rendant les échanges plus fluides tout en renforçant la sécurité sanitaire des produits échangés.

***Développement de centres d'excellence et laboratoires régionaux***

Le déficit en infrastructures techniques, comme les laboratoires de tests et les centres de certification, limite la capacité des pays africains à garantir la conformité de leurs produits aux normes SPS. La mise en place de **centres d'excellence régionaux** et de laboratoires accrédités peut pallier ces insuffisances.

- **Exemple :** Un **centre régional de tests SPS en Afrique de l'Ouest**, situé dans un pays stratégique comme le Sénégal, pourrait fournir des services de certification aux exportateurs de toute la région.
- **Impact :** Ces infrastructures permettraient aux producteurs de réduire les coûts liés aux tests à l'étranger et d'accélérer les délais de certification, stimulant ainsi les exportations.

***Mise en œuvre de programmes de formation et d'assistance technique***

Le respect des normes SPS nécessite une connaissance approfondie des exigences et des meilleures pratiques. Les programmes de formation ciblant les producteurs, les exportateurs, et les agents douaniers sont essentiels pour renforcer les capacités locales.

- **Exemple :** En collaboration avec des partenaires internationaux tels que la **FAO** et l'**OMC**, l'Union africaine pourrait organiser des ateliers pour former les institutions nationales aux inspections, à la certification, et à la gestion des risques sanitaires.
- **Impact :** Une main-d'œuvre mieux formée améliorerait la conformité des produits et renforcerait la compétitivité des exportateurs africains sur le marché mondial.

***Création de bases de données régionales***

La transparence et l'accès à l'information sont des piliers essentiels pour faciliter le commerce. Une base de données régionale regroupant les exigences SPS des différents pays permettrait aux exportateurs de mieux se préparer aux attentes des marchés cibles.

- **Exemple :** Un **portail SPS africain** centraliserait les informations sur les normes et les réglementations de chaque pays, fournissant un guide clair aux producteurs et exportateurs.
- **Impact :** Cette initiative réduirait les incertitudes liées à la conformité, diminuerait les coûts administratifs, et favoriserait une plus grande fluidité dans les échanges commerciaux.

***Une intégration harmonisée pour un commerce renforcé***

La coordination des normes et réglementations SPS est un impératif stratégique pour surmonter les obstacles non tarifaires, garantir la sécurité sanitaire, et stimuler le commerce intra-africain et international. Grâce à l'adoption de standards internationaux, au renforcement de la coopération régionale, et à l'investissement dans les infrastructures et les capacités techniques, les pays africains, et en particulier le Sénégal, peuvent se positionner comme des acteurs compétitifs sur la scène mondiale. En tant que membre clé de la **ZLECAF**, le Sénégal a une opportunité unique de jouer un rôle moteur dans cette transformation, en alignant ses politiques sur les meilleures pratiques internationales et en encourageant une intégration régionale harmonisée.

# CHAPITRE 7

## Inclusion sociale et développement durable

### A. Impacts de la ZLECAF sur les Petites Entreprises et les Agriculteurs

La mise en œuvre de la Zone de Libre-Échange continentale africaine (ZLECAF) constitue une opportunité sans précédent pour les petites entreprises (PME) et les agriculteurs, véritables piliers des économies africaines, et particulièrement au Sénégal. En offrant un accès élargi à un marché continental et en supprimant les barrières tarifaires, la ZLECAF vise à stimuler la compétitivité économique et à favoriser l'intégration régionale. Toutefois, cette dynamique prometteuse s'accompagne de défis de taille, notamment en termes d'adaptation aux normes internationales, de compétitivité accrue et de transformation des modèles économiques traditionnels.

#### 1. Opportunités offertes par la ZLECAF pour les Petites Entreprises et les Agriculteurs

La ZLECAF offre un éventail d'opportunités pour dynamiser les activités des PME et des agriculteurs africains en facilitant leur intégration dans un marché continental unifié.

***Accès à de Nouveaux Marchés***

L'élimination progressive des barrières tarifaires entre les 54 pays membres de la ZLECAF ouvre les portes d'un marché continental regroupant plus de **1,3 milliard de consommateurs**. Cette transformation du paysage économique africain promet de redéfinir les opportunités pour les PME et les agriculteurs.

- **Pour les PME :** Les entreprises sénégalaises, souvent limitées par la taille réduite du marché national, auront désormais la possibilité d'élargir leur clientèle à travers tout le continent. Ce potentiel de diversification géographique offre des perspectives de croissance considérables, en permettant aux PME de conquérir de nouveaux segments de marché et d'accroître leurs revenus.

- **Pour les agriculteurs :** L'accès simplifié aux marchés régionaux permettra aux producteurs agricoles de vendre leurs récoltes dans des pays où la demande est forte. Par exemple, les surplus de cultures comme l'arachide, le mil ou les fruits tropicaux, actuellement confrontés à des saturations de marché au niveau local, trouveront des débouchés dans les pays voisins. Ce désenclavement commercial pourrait contribuer à stabiliser et augmenter les revenus des agriculteurs.

***Diversification des chaînes de Valeur***

La ZLECAF encourage le développement de chaînes de valeur régionales, favorisant l'intégration économique et la spécialisation des acteurs locaux. Cette diversification permettra aux PME et aux agriculteurs de s'inscrire dans des systèmes de production continentaux plus complexes et mieux organisés.

- **Pour les PME :** Les entreprises sénégalaises pourront se positionner sur des segments spécifiques des chaînes de valeur, tels que la transformation agroalimentaire ou la production de composants industriels. Par exemple, une PME spécialisée dans la fabrication d'emballages pourrait approvisionner les producteurs locaux ou régionaux, générant ainsi une dynamique économique circulaire.
- **Pour les agriculteurs :** Les produits agricoles, souvent exportés sous forme brute, pourront être mieux valorisés grâce à la création de centres de transformation locaux et régionaux. Par exemple, les récoltes d'arachide pourraient être transformées en huile ou en pâte avant d'être commercialisées, augmentant leur valeur ajoutée et les revenus des producteurs.

***Réduction des Coûts commerciaux***

L'un des avantages stratégiques de la ZLECAF réside dans l'harmonisation des réglementations, la simplification des formalités douanières, et l'amélioration des infrastructures commerciales. Ces réformes visent à réduire les coûts liés au commerce transfrontalier, un enjeu crucial pour les PME et les agriculteurs.

- **Pour les PME :** Les petites entreprises, souvent les plus impactées par les délais et les frais administratifs élevés, bénéficieront directement des simplifications introduites par la ZLECAF. Une harmonisation des procédures douanières et une réduction des coûts de transaction permettront aux PME d'augmenter leurs marges et de devenir plus compétitives sur les marchés régionaux.

- **Pour les agriculteurs :** La modernisation des infrastructures, comme les routes, les chemins de fer, et les entrepôts de stockage, réduira considérablement les coûts logistiques pour les agriculteurs. Par exemple, la création de corridors économiques facilitera l'acheminement des produits agricoles vers les marchés urbains ou internationaux, minimisant les pertes post-récolte et maximisant les profits.

La ZLECAF représente une opportunité unique pour les PME et les agriculteurs africains de sortir de leur isolement économique et de s'intégrer dans une dynamique continentale prometteuse. L'accès à de nouveaux marchés, la diversification des chaînes de valeur, et la réduction des coûts commerciaux sont autant de leviers susceptibles de transformer le tissu économique sénégalais. Toutefois, pour maximiser ces bénéfices, il sera essentiel d'accompagner ces acteurs dans leur montée en compétence, leur mise à niveau technologique, et leur adaptation aux exigences des marchés internationaux.

### 2. Défis de la ZLECAF pour les petites entreprises et les agriculteurs

La Zone de Libre-Échange continentale africaine (ZLECAF) représente une opportunité historique pour le Sénégal et les autres pays africains de stimuler le commerce intra-africain et de diversifier leurs économies. Cependant, pour les petites entreprises et les agriculteurs, ces opportunités s'accompagnent de défis considérables. Ces derniers devront surmonter des obstacles structurels et stratégiques afin de tirer pleinement parti des avantages de cette ouverture des marchés.

#### *Compétitivité accrue : Une concurrence renforcée à l'échelle continentale*

L'élimination des barrières tarifaires au sein de la ZLECAF ouvrira les marchés africains, augmentant ainsi la concurrence entre les entreprises des différents pays membres. Cette nouvelle dynamique mettra les petites entreprises et les agriculteurs face à des acteurs mieux établis et souvent plus performants.

- **Défi pour les PME :** Les petites et moyennes entreprises (PME) sénégalaises, qui opèrent souvent avec des ressources limitées et des infrastructures obsolètes, devront rivaliser avec des entreprises étrangères ou régionales mieux équipées. Ces dernières disposent généralement d'un accès privilégié aux technologies modernes, aux financements, et à des stratégies de marketing sophistiquées. Pour survivre, les PME sénégalaises devront investir dans l'innovation, la modernisation de leurs outils de production, et le développement de pratiques commerciales compétitives.

- **Défi pour les agriculteurs :** Les petits exploitants agricoles sénégalais, qui utilisent encore majoritairement des méthodes traditionnelles et peu mécanisées, devront affronter des produits importés issus de pays africains où l'agriculture est davantage industrialisée et subventionnée. Ces produits, souvent à moindre coût, risquent de capturer des parts importantes du marché, fragilisant ainsi la compétitivité des producteurs locaux.

***Mise en conformité avec les normes : Une exigence incontournable***

Pour pleinement bénéficier des opportunités offertes par la ZLECAF, les produits destinés aux marchés régionaux doivent respecter des normes sanitaires, phytosanitaires (SPS), et techniques. Cette mise en conformité constitue un défi pour les petites entreprises et les agriculteurs en raison de son coût et de sa complexité.

- **Défi pour les PME :** Les entreprises devront obtenir des certifications, comme les normes ISO, et mettre à niveau leurs processus de production pour répondre aux exigences de qualité des marchés régionaux. Ces ajustements nécessitent des audits coûteux, des investissements dans des équipements modernes, et une formation adéquate du personnel.
- **Défi pour les agriculteurs :** Les normes SPS, telles que la gestion des résidus de pesticides ou les pratiques agricoles durables, représentent un obstacle majeur pour les petits exploitants. Ces derniers manquent souvent des connaissances techniques et des moyens financiers pour adapter leurs méthodes de production à ces standards internationaux.

***Accès au financement : Une barrière persistante***

L'accès limité aux financements constitue un obstacle majeur à la croissance des petites entreprises et des exploitations agricoles. Ce problème est aggravé par des institutions financières réticentes à prêter aux PME et aux agriculteurs en raison des risques perçus.

- **Défi pour les PME :** De nombreuses PME ne disposent pas des garanties requises pour obtenir des crédits à des taux compétitifs. Cette situation limite leur capacité à investir dans l'amélioration de leur productivité, l'acquisition de technologies modernes, ou l'extension de leurs activités vers de nouveaux marchés.

- **Défi pour les agriculteurs :** Les petits agriculteurs, en particulier ceux des zones rurales, peinent à accéder aux financements nécessaires pour moderniser leurs exploitations. L'absence de mécanismes de micro-financement adaptés ou de subventions ciblées freine leur capacité à adopter des technologies innovantes et à améliorer leurs rendements.

***Infrastructures et connectivité insuffisantes : Un frein logistique majeur***

Le commerce régional repose sur des infrastructures de transport et de logistique efficaces. Au Sénégal, comme dans de nombreuses régions d'Afrique, ces infrastructures restent insuffisantes, ce qui complique l'accès aux marchés.

- **Défi pour les PME :** Les coûts de transport élevés, dus à des routes en mauvais état ou à des systèmes ferroviaires vétustes, augmentent les coûts d'exploitation des petites entreprises. Les retards aux frontières, causés par des formalités douanières complexes et des infrastructures sous-développées, réduisent leur compétitivité et limitent leur capacité à satisfaire les demandes des marchés régionaux.
- **Défi pour les agriculteurs :** Les agriculteurs des régions rurales éloignées peinent à acheminer leurs produits vers les marchés urbains ou régionaux en raison de l'absence de routes fiables, de systèmes de stockage adaptés (comme la chaîne du froid), ou de services logistiques efficaces. Ces défis logistiques limitent leur capacité à exporter leurs produits dans des conditions compétitives.

Si la ZLECAF représente une opportunité unique pour dynamiser le commerce intra-africain, elle impose aux petites entreprises et aux agriculteurs sénégalais de relever des défis structurels et opérationnels de taille. La compétitivité, la conformité aux normes, l'accès au financement, et les infrastructures logistiques sont autant de domaines nécessitant des réformes stratégiques et des investissements ciblés. Pour permettre à ces acteurs clés de bénéficier pleinement de cette dynamique, il sera essentiel de renforcer les capacités locales, d'améliorer les infrastructures, et de mettre en place des mécanismes de soutien adaptés.

### 3. Solutions et Recommandations pour maximiser les Bénéfices de la ZLECAF

La mise en œuvre de la Zone de Libre-Échange continentale africaine (ZLECAF) représente une opportunité historique pour transformer les économies africaines. Cependant, pour tirer pleinement parti des avantages qu'elle offre, il est impératif d'adopter des mesures stratégiques visant à surmonter les obstacles structurels et à renforcer les capacités des acteurs économiques, notamment les petites entreprises et les agriculteurs. Voici un ensemble de solutions et recommandations pour maximiser l'impact de la ZLECAF.

***Soutien à la modernisation des PME et des exploitations agricoles***

La compétitivité des petites et moyennes entreprises (PME) et des exploitations agricoles dépend de leur capacité à adopter des technologies modernes, à optimiser leurs processus de production, et à répondre aux exigences de qualité des marchés régionaux.

- **Modernisation des PME :** Les gouvernements et les institutions financières devraient mettre en place des programmes spécifiques pour faciliter l'accès des PME à des technologies modernes et aux certifications nécessaires. Cela inclut :
  - **Programmes de subventions et prêts à faible taux d'intérêt** : Ces initiatives permettront aux PME d'investir dans des équipements performants, de digitaliser leurs opérations et d'améliorer leurs pratiques managériales.
  - **Incitations fiscales** : Réduire les taxes sur les équipements importés et les technologies modernes nécessaires pour la production.
- **Transformation des exploitations agricoles :** Les agriculteurs doivent bénéficier d'un appui ciblé pour adopter des pratiques agricoles innovantes. Parmi les recommandations :
  - **Accès élargi aux technologies agricoles** : Fournir des subventions pour l'acquisition de systèmes d'irrigation, de machines agricoles, et de semences améliorées pour accroître la productivité.
  - **Création de centres de services agricoles** : Ces structures fourniraient aux petits exploitants des outils partagés, des formations, et un appui technique adapté à leurs besoins.

***Renforcement des infrastructures et des chaînes logistiques***

Des infrastructures de transport et de logistique modernes et bien connectées sont essentielles pour réduire les coûts commerciaux et améliorer l'intégration régionale.

- **Amélioration des Corridors économiques :** Investir dans des corridors logistiques reliant les zones de production aux principaux ports et marchés régionaux. Cela inclut :

- La construction et l'entretien de routes, de voies ferrées, et de ports modernes.
- Le développement de **hubs logistiques régionaux**, équipés de centres de stockage et de systèmes de gestion numérique des marchandises.

- **Infrastructures de Transport rural :** Créer des routes secondaires et des ponts pour connecter les zones rurales aux grands axes logistiques, permettant ainsi aux agriculteurs d'accéder facilement aux marchés.

*Accès au Financement adapté*

L'accès au financement est un levier crucial pour soutenir la croissance des PME et des exploitations agricoles.

- **Produits financiers pour les PME :** Les banques et les institutions financières doivent concevoir des produits adaptés aux besoins des PME :

  - **Microcrédits et prêts garantis** : Ces outils réduiraient les risques pour les institutions financières tout en facilitant l'investissement des entreprises.
  - **Fonds d'appui à l'exportation** : Créer des fonds spécialisés pour aider les PME à pénétrer les marchés régionaux.

- **Financements pour les Agriculteurs :** Développer des programmes de microfinance spécifiquement destinés aux petits exploitants agricoles, leur permettant d'acheter des équipements modernes et de financer des intrants de qualité.

*Formation et renforcement des capacités*

La réussite de la ZLECAF repose également sur la capacité des acteurs économiques à comprendre et à répondre aux exigences des marchés régionaux.

- **Formations pour les PME :** Organiser des ateliers et des programmes éducatifs sur :

  - Les normes régionales et internationales.
  - Les certifications, la gestion de la qualité, et les stratégies d'exportation.
  - L'utilisation des technologies numériques pour accroître la visibilité et l'efficacité des PME.

- **Programmes de formation agricole :** Mettre en place des centres de formation pour les agriculteurs, axés sur :
  - Les bonnes pratiques agricoles.
  - La gestion des risques phytosanitaires.
  - Les techniques de production durable et de transformation agroalimentaire.

La ZLECAF représente un moteur potentiel pour le développement économique inclusif du continent africain. Cependant, sa réussite dépendra de la capacité des gouvernements, des institutions régionales, et des acteurs privés à relever les défis structurels qui entravent les petites entreprises et les agriculteurs.

En investissant dans la modernisation des entreprises, le renforcement des infrastructures, l'accès au financement, et la formation des acteurs économiques, il sera possible de libérer tout le potentiel de la ZLECAF. Ces mesures, combinées à une volonté politique forte et à une gouvernance efficace, permettront non seulement de stimuler la croissance économique, mais aussi de renforcer l'intégration régionale et de promouvoir un développement durable et équitable.

### B. Assurer une croissance inclusive : emploi, genre et jeunesse

Dans le cadre de la mise en œuvre de la Zone de Libre-Échange continentale africaine (ZLECAF), garantir une croissance inclusive est une nécessité impérative. Ce projet ambitieux, conçu pour stimuler les échanges intra-africains et renforcer l'intégration économique du continent, recèle un potentiel transformateur, mais ses bénéfices ne seront pleinement réalisés que s'ils profitent équitablement à tous les segments de la population. Une attention particulière doit être portée à la création d'emplois, à la promotion de l'égalité des genres et à l'inclusion des jeunes, souvent les plus marginalisés dans les dynamiques économiques actuelles.

#### 1. Croissance inclusive et création d'emplois

***Opportunités d'emploi générées par la ZLECAF***

La création d'un marché continental unique sous l'égide de la ZLECAF pourrait transformer l'emploi sur le continent. En renforçant les chaînes de valeur régionales et en facilitant les échanges, la ZLECAF ouvre la voie à des opportunités d'emploi significatives dans des secteurs variés.

- **Dans l'agriculture :** L'agriculture, secteur prédominant employant la majorité des Africains, bénéficiera d'une demande accrue pour approvisionner le marché régional. Cela inclut non seulement l'expansion de la production, mais aussi l'essor de la transformation agroalimentaire, de la logistique et des exportations. Ces dynamiques renforceront les chaînes de valeur agricoles et créeront des opportunités pour les communautés rurales.
- **Dans l'industrie manufacturière :** La réindustrialisation de l'Afrique, portée par la ZLECAF, pourrait générer des emplois formels dans des secteurs comme la production manufacturière, la logistique et la distribution. La multiplication des zones économiques spéciales et des parcs industriels stimulera l'activité économique et attirera des investissements directs étrangers (IDE).
- **Dans les services et la technologie :** La ZLECAF favorisera également l'essor de secteurs émergents tels que le commerce électronique, les fintechs, et d'autres industries technologiques. Ces domaines en plein essor offriront des opportunités d'emploi pour des profils jeunes et dynamiques, en phase avec la transformation numérique du continent.

***Défis pour une création d'emplois inclusive***

Si la ZLECAF recèle un potentiel important en termes de création d'emplois, ces opportunités ne profiteront pas automatiquement à l'ensemble de la population. Plusieurs défis doivent être relevés pour garantir une répartition équitable des bénéfices :

- **Déficit de compétences :** Les nouvelles opportunités dans des secteurs techniques et innovants nécessitent des compétences spécifiques, souvent absentes sur le marché du travail actuel. Sans une montée en compétences, une partie significative de la population active, notamment les jeunes et les femmes, risque d'être exclue.
- **Inégalités géographiques :** Les zones rurales et éloignées, manquant d'infrastructures de base, pourraient être marginalisées par rapport aux centres urbains mieux connectés et industrialisés. Cette fracture territoriale menace d'aggraver les disparités régionales.
- **Exclusion des jeunes et des femmes :** Les jeunes et les femmes, pourtant au cœur de la population active africaine, font face à des obstacles structurels tels que les discriminations, le manque de capital initial, et les responsabilités domestiques non partagées.

***Solutions pour une croissance inclusive en matière d'emploi***

Pour transformer le potentiel de la ZLECAF en une réalité inclusive, des stratégies ciblées doivent être mises en œuvre :

- **Investissements massifs dans la formation professionnelle :** Développer des programmes de formation technique adaptés aux secteurs porteurs comme l'agro-industrie, les énergies renouvelables, et les technologies numériques. Des partenariats public-privé peuvent contribuer à rendre ces formations accessibles et pertinentes pour les jeunes et les femmes.
- **Renforcement des infrastructures rurales :** La connexion des zones rurales aux marchés régionaux passe par des investissements dans les routes, les infrastructures logistiques, et l'électrification. Ces améliorations faciliteront la mobilité, réduiront les coûts et ouvriront les opportunités économiques aux populations marginalisées.
- **Mécanismes incitatifs pour l'emploi des jeunes et des femmes :** Les gouvernements peuvent encourager les entreprises à embaucher des jeunes et des femmes en proposant des incitations fiscales, des subventions, ou des programmes de mentorat. Cela inclut également la création d'espaces de travail flexibles pour répondre aux besoins spécifiques des femmes.

La ZLECAF offre une occasion sans précédent de transformer le paysage économique africain, mais son succès dépendra de la capacité des gouvernements et des acteurs privés à créer une croissance inclusive. Assurer des opportunités équitables pour les jeunes, les femmes et les communautés rurales ne sera pas seulement un impératif moral, mais aussi un facteur clé pour stimuler la productivité, renforcer la cohésion sociale et garantir la durabilité du développement économique.

## 2. Promotion de l'égalité de genre dans la ZLECAF

La Zone de Libre-Échange continentale africaine (ZLECAF) représente une opportunité unique pour transformer les dynamiques économiques et sociales en Afrique, mais son plein potentiel ne peut être réalisé sans une inclusion équitable des femmes. Représentant une part significative de la population active africaine, les femmes sont souvent reléguées à des positions marginales en raison de contraintes structurelles, culturelles et économiques. Lever ces barrières est essentiel pour assurer une participation équitable et maximiser les bénéfices de la ZLECAF pour tous les citoyens du continent.

### *Défis spécifiques aux femmes dans le commerce et l'emploi*

Malgré leur rôle central dans de nombreux secteurs économiques, les femmes africaines font face à des obstacles systémiques qui entravent leur pleine participation aux opportunités offertes par la ZLECAF.

- **Accès limité aux financements :** Les femmes entrepreneures et agricultrices se heurtent souvent à des barrières importantes lorsqu'elles tentent d'accéder aux crédits et aux financements bancaires. Ce manque de soutien financier limite leur capacité à investir dans leurs entreprises, à augmenter leur productivité ou à se positionner sur les marchés régionaux et internationaux.
- **Prédominance dans le secteur informel :** Une majorité des femmes africaines travaillent dans le secteur informel, caractérisé par une faible rémunération, l'absence de sécurité sociale, et des conditions de travail précaires. Cette situation les prive des avantages liés aux secteurs formels, tels que la protection juridique, les incitations fiscales, et les opportunités de croissance offertes par la ZLECAF.
- **Inégalités dans l'accès aux ressources productives :** Dans les zones rurales, les femmes ont souvent un accès restreint à des éléments essentiels comme la terre, les équipements agricoles modernes, et les formations techniques. Cette inégalité les empêche d'améliorer leur productivité et leur compétitivité, que ce soit dans l'agriculture ou d'autres secteurs économiques clés.
- **Charge des responsabilités domestiques :** Les normes culturelles assignent souvent aux femmes la double responsabilité de leur travail et des tâches domestiques, ce qui réduit le temps et les ressources qu'elles peuvent consacrer à leur développement professionnel ou entrepreneurial.

### *Solutions pour promouvoir l'égalité de genre dans la ZLECAF*

Pour garantir une participation effective et équitable des femmes dans la ZLECAF, il est impératif de mettre en œuvre des mesures ciblées et inclusives.

- **Accès facilité aux financements :** La création de fonds de soutien dédiés aux femmes entrepreneures, couplée à des lignes de crédit spéciales, est essentielle. Les institutions financières devraient être incitées à développer des produits adaptés aux besoins des femmes, avec des conditions avantageuses, telles que des taux d'intérêt réduits ou des garanties allégées. De plus, des programmes d'éducation financière pourraient aider les femmes à mieux gérer leurs ressources et à accéder aux opportunités de financement.

- **Formalisation des entreprises dirigées par des femmes :** Les gouvernements et les organisations de soutien aux entreprises doivent promouvoir la formalisation des activités économiques dirigées par des femmes. Cela pourrait inclure des formations sur les avantages de la formalisation, des réductions fiscales pour les nouvelles entreprises formalisées, et un accompagnement pour naviguer dans les processus administratifs. La formalisation leur permettrait également de bénéficier des protections légales et d'accéder aux marchés régionaux.
- **Renforcement des compétences et du leadership :** Des programmes de formation adaptés aux besoins des femmes doivent être mis en place, notamment dans les domaines du leadership, de la gestion d'entreprise, de la technologie, et des pratiques durables. Ces formations doivent être accessibles et soutenues par des initiatives de mentorat où des femmes entrepreneures expérimentées partagent leurs connaissances et offrent un accompagnement personnalisé.
- **Accès aux ressources productives :** Les gouvernements doivent mettre en place des réformes pour garantir aux femmes un accès équitable à la terre, aux technologies modernes, et aux formations techniques. Cela pourrait inclure des subventions pour l'achat d'équipements agricoles ou industriels et des programmes de sensibilisation dans les zones rurales pour réduire les barrières culturelles.
- **Réduction des charges domestiques :** Investir dans des infrastructures sociales, comme les crèches et les centres communautaires, peut permettre aux femmes de mieux équilibrer leurs responsabilités professionnelles et domestiques. Cela favoriserait leur participation active aux initiatives économiques et commerciales.
- **Intégration des femmes dans les chaînes de valeur régionales :** La ZLECAF peut être utilisée comme un levier pour intégrer les femmes dans des chaînes de valeur régionales, en identifiant et en promouvant des secteurs où elles jouent déjà un rôle clé, comme l'agriculture, l'artisanat, ou les services.

***Une ZLECAF inclusive pour un développement durable***

Assurer l'égalité de genre dans la mise en œuvre de la ZLECAF n'est pas seulement une question de justice sociale, mais aussi un impératif économique. Une participation équitable des femmes renforcerait les bases d'une croissance inclusive, améliorerait la compétitivité régionale, et favoriserait la stabilité sociale. En investissant dans des politiques inclusives et en démantelant les obstacles structurels auxquels les femmes sont confrontées, l'Afrique peut maximiser les avantages de la ZLECAF et construire un avenir plus équitable et prospère pour tous.

***Défis spécifiques aux femmes dans le commerce et l'emploi***

Bien que les femmes représentent une part importante de la population active en Afrique, leur contribution au commerce et à l'économie formelle est entravée par des barrières structurelles et culturelles profondément enracinées. Ces obstacles limitent leur participation dans les secteurs à forte croissance et leur capacité à tirer parti des opportunités offertes par des initiatives comme la Zone de Libre-Échange continentale africaine (ZLECAF).

***Accès limité aux financements***

Les femmes entrepreneures, bien qu'ambitieuses et souvent à la tête de petites entreprises, peinent à accéder aux financements nécessaires pour développer leurs activités. Les institutions financières traditionnelles, soumises à des exigences strictes en matière de garanties, privilégient généralement les hommes, considérés comme plus solvables ou plus fiables. Ce biais systémique empêche de nombreuses femmes de transformer leurs idées novatrices en entreprises florissantes ou d'étendre leurs exploitations agricoles.

***Prépondérance dans le secteur informel***

La majorité des femmes africaines travaillent dans le secteur informel, qui est souvent marqué par des emplois précaires, des salaires insuffisants et l'absence de protection sociale. Ce déséquilibre les prive de l'accès aux avantages des échanges régionaux structurés, comme les subventions, les allègements fiscaux et les infrastructures modernes. Cela les place également dans une position désavantagée lorsqu'il s'agit d'intégrer les chaînes de valeur régionales ou internationales.

***Inégalités dans l'accès aux ressources productives***

Dans de nombreuses régions rurales d'Afrique, les femmes ont un accès limité à des ressources clés telles que la terre, les équipements agricoles modernes, les intrants de qualité et la formation technique. Cette marginalisation freine leur productivité et leur compétitivité dans des secteurs cruciaux comme l'agriculture, où elles jouent pourtant un rôle prépondérant.

### *Solutions pour promouvoir l'égalité de genre dans la ZLECAF*

Pour que la ZLECAF devienne un levier de transformation socio-économique inclusif, il est impératif de lever les obstacles systémiques qui freinent la pleine participation des femmes au commerce et à l'emploi. Cela passe par des initiatives ciblées, intégrées dans les politiques nationales et régionales, afin de promouvoir l'égalité des sexes et de maximiser les contributions des femmes.

#### *Programmes d'accès au financement pour les femmes*

Il est essentiel de mettre en place des fonds dédiés et des lignes de crédit spécialement conçues pour répondre aux besoins des femmes entrepreneures et agricultrices. Ces mécanismes doivent être assortis de conditions de prêt adaptées, comme des taux d'intérêt réduits et des exigences de garantie plus flexibles. Les gouvernements peuvent également collaborer avec des institutions financières pour créer des incitations, telles que des garanties publiques ou des subventions ciblées, afin de stimuler les prêts accordés aux femmes.

#### *Encourager la formalisation des entreprises dirigées par des femmes*

Des campagnes de sensibilisation et des programmes de formation devraient être déployés pour encourager les femmes à formaliser leurs entreprises. La formalisation ouvre des portes vers des avantages tels que l'accès aux marchés publics, la protection juridique et sociale, ainsi que des incitations fiscales. Les gouvernements peuvent accompagner ce processus en simplifiant les démarches administratives et en réduisant les coûts liés à l'enregistrement des entreprises.

#### *Renforcer les compétences par la formation et le mentorat*

Investir dans la formation des femmes est crucial pour les aider à s'imposer dans des secteurs porteurs comme la technologie, l'agro-industrie et les services. Des programmes ciblés devraient offrir des formations en gestion, en leadership et en utilisation des technologies modernes. En parallèle, des réseaux de mentorat réunissant des entrepreneures expérimentées et des jeunes talents peuvent jouer un rôle déterminant en transmettant des connaissances pratiques et en favorisant la création de partenariats stratégiques.

#### *Faciliter l'accès aux ressources productives*

Les gouvernements et les partenaires de développement doivent prioriser l'amélioration de l'accès des femmes aux terres agricoles, aux intrants de qualité, et aux infrastructures modernes comme les systèmes d'irrigation ou les chaînes du froid. Cela pourrait inclure des réformes législatives visant à garantir des droits équitables sur la propriété foncière et des programmes d'équipements subventionnés spécifiquement pour les agricultrices.

***Vers une intégration égalitaire et inclusive***

La ZLECAF offre une opportunité unique de corriger les déséquilibres historiques en matière de genre et d'inclusion économique. En adressant les défis spécifiques auxquels sont confrontées les femmes dans le commerce et l'emploi, les décideurs politiques et les acteurs économiques peuvent non seulement libérer le potentiel économique des femmes, mais aussi stimuler une croissance plus inclusive et durable pour tout le continent. L'égalité de genre dans le commerce n'est pas seulement une question de justice sociale ; elle est aussi une condition sine qua non pour la réussite économique de l'Afrique.

### 3. Inclusion des jeunes dans la croissance économique de la ZLECAF

L'Afrique, avec sa population parmi les plus jeunes au monde, dispose d'un atout démographique unique pour stimuler son développement économique. L'intégration des jeunes dans la dynamique de la Zone de Libre-Échange continentale africaine (ZLECAF) représente une opportunité stratégique pour assurer une croissance durable et inclusive. Cependant, cette ambition ne pourra se concrétiser sans des actions concrètes pour lever les obstacles spécifiques auxquels les jeunes font face.

***Opportunités offertes aux jeunes par la ZLECAF***

La ZLECAF ouvre des perspectives inédites pour les jeunes Africains en leur permettant d'exploiter les potentialités d'un marché unifié comptant plus de 1,3 milliard de consommateurs. Ces opportunités se concentrent particulièrement dans des secteurs porteurs qui allient innovation et croissance rapide.

- **Émergence des nouvelles technologies :** Les jeunes Africains, souvent à l'avant-garde de l'adoption des outils numériques, peuvent tirer parti des avancées technologiques pour innover et répondre aux besoins du marché. Le commerce électronique, les fintechs, la blockchain et les plateformes de services numériques offrent des opportunités inédites pour créer des entreprises dynamiques. Par exemple, les fintechs peuvent améliorer l'accès aux services financiers pour les populations sous-bancarisées, tandis que le commerce électronique permet d'accéder à de nouveaux marchés régionaux.

- **Participation aux chaînes de valeur régionales :** Avec l'harmonisation des échanges et la réduction des barrières tarifaires, les jeunes entrepreneurs peuvent s'intégrer plus facilement dans les chaînes de valeur de la ZLECAF. L'agro-industrie, l'industrie légère, et les services représentent des secteurs où les jeunes peuvent bâtir des entreprises prospères en bénéficiant d'une plus grande visibilité et d'un accès direct aux marchés régionaux.

- **Entrepreneuriat dans les secteurs traditionnels et émergents :** Les jeunes agriculteurs, artisans ou industriels peuvent également diversifier leurs activités en accédant à des marchés plus vastes, favorisant ainsi une croissance économique inclusive tout en stimulant la production locale.

***Défis spécifiques rencontrés par les jeunes***

Malgré ces promesses, les jeunes Africains doivent surmonter des défis structurels qui freinent leur participation active aux opportunités créées par la ZLECAF.

- **Un taux de chômage élevé et une précarité généralisée :** Le chômage des jeunes en Afrique subsaharienne demeure alarmant, poussant la majorité à occuper des emplois précaires ou à s'engager dans des activités informelles. Ces réalités limitent leur capacité à planifier des projets à long terme ou à accéder à des financements.

- **Manque de capital social et de réseaux professionnels :** Les jeunes entrepreneurs peinent à s'intégrer dans des écosystèmes d'affaires structurés. L'absence de mentorat, de partenariats stratégiques et de liens avec les grandes entreprises limite leur croissance et leur accès aux marchés.

- **Insuffisance des financements dédiés :** Les jeunes rencontrent des difficultés pour lever des fonds en raison d'un manque de garanties, de programmes de financement adaptés ou de l'incapacité des institutions financières traditionnelles à comprendre leurs besoins spécifiques.

***Solutions pour intégrer les jeunes dans la ZLECAF***

Pour que la ZLECAF devienne un moteur de transformation pour la jeunesse africaine, des politiques ciblées et des programmes innovants doivent être mis en place.

- **Soutenir l'entrepreneuriat des jeunes :** Les gouvernements, en partenariat avec les institutions régionales et les entreprises privées, doivent promouvoir des programmes de soutien aux start-ups et PME dirigées par des jeunes. Cela inclut des concours d'innovation, des incubateurs, et des accélérateurs sectoriels qui leur fourniront des ressources, un mentorat et une visibilité accrue.
- **Renforcer la formation et les compétences :** Les jeunes Africains doivent bénéficier de programmes de formation adaptés aux besoins du marché, avec un accent particulier sur les secteurs à forte croissance comme la technologie, l'agro-industrie et les énergies renouvelables. Des formations en gestion d'entreprise et en innovation numérique doivent être largement accessibles.
- **Faciliter l'accès au financement :** Des mécanismes financiers spécifiques, tels que des fonds d'amorçage, des prêts à taux réduit ou des garanties pour les jeunes entrepreneurs, doivent être développés. Par ailleurs, la promotion des fintechs peut aider à diversifier les sources de financement, tout en réduisant les barrières traditionnelles.
- **Favoriser l'insertion dans les chaînes de valeur régionales :** Les jeunes doivent être encouragés à collaborer avec des entreprises plus grandes pour intégrer des chaînes de valeur existantes. Cela nécessite des politiques facilitant les partenariats public-privé et des incitations fiscales pour les entreprises qui intègrent les jeunes entrepreneurs dans leurs écosystèmes.

***Une jeunesse au cœur de la transformation économique***

Pour que la ZLECAF remplisse ses promesses de croissance inclusive, elle doit se positionner comme un levier de transformation pour les jeunes Africains. Investir dans leur formation, leur donner les outils pour innover, et leur offrir un accès élargi aux financements et aux marchés permettra de bâtir une nouvelle génération d'acteurs économiques, capables de relever les défis du continent et de dynamiser son développement. Une jeunesse bien intégrée dans les dynamiques économiques de la ZLECAF est une garantie de prospérité durable pour l'Afrique.

### C. Intégrer les Défis environnementaux dans les Politiques commerciales

Les politiques commerciales sont des leviers essentiels pour le développement économique, mais elles doivent également intégrer les préoccupations environnementales, face aux défis croissants liés au changement climatique et à la dégradation des écosystèmes. La croissance économique ne peut être durable que si elle s'appuie sur une gestion responsable des ressources naturelles et sur des pratiques commerciales respectueuses de l'environnement. Dans le contexte de la **Zone de Libre-Échange continentale africaine (ZLECAF)**, qui vise à stimuler le commerce intra-africain, il est impératif de concilier les ambitions économiques avec les impératifs environnementaux.

### 1. Les Enjeux du commerce et de l'environnement

#### *Impact du commerce sur les ressources naturelles*

L'ouverture des marchés, facilitée par des accords comme la ZLECAF, peut entraîner une intensification des activités économiques, notamment dans des secteurs comme l'agriculture, l'exploitation minière, et l'industrie manufacturière. Cette dynamique, bien qu'orientée vers la croissance, peut engendrer une surexploitation des ressources naturelles en l'absence de régulations strictes.

- **Exploitation agricole intensive :** L'accroissement des exportations agricoles, encouragé par l'intégration régionale, peut favoriser une intensification de l'agriculture commerciale. Si elle n'est pas accompagnée de pratiques durables, cette intensification risque de provoquer une déforestation massive, une perte de biodiversité, et un appauvrissement des sols. Les terres arables, essentielles à la sécurité alimentaire du continent, pourraient s'éroder sous l'effet d'une exploitation non encadrée.
- **Extraction minière non durable :** L'augmentation de la demande internationale pour les ressources minérales africaines peut intensifier des pratiques extractives parfois destructrices. Les conséquences incluent la dégradation des terres, la contamination des nappes phréatiques et des écosystèmes locaux, et une pollution accrue qui affecte la santé humaine et environnementale.

#### *Émissions de gaz à effet de serre et transport*

Le commerce repose sur des chaînes logistiques complexes, impliquant des modes de transport variés comme le maritime, le routier et l'aérien. Ces activités génèrent une part importante des émissions de gaz à effet de serre (GES) liées au commerce.

- **Transport maritime :** Bien que relativement efficace pour transporter des marchandises sur de longues distances, le transport maritime reste une source majeure d'émissions de carbone. L'accélération des échanges commerciaux intra-africains, si elle s'appuie sur des infrastructures et technologies obsolètes, risque d'accroître ces émissions de manière significative.

- **Transport routier :** La faiblesse des infrastructures ferroviaires en Afrique conduit à une dépendance accrue au transport routier, qui est souvent moins respectueux de l'environnement. Une logistique inefficiente aggrave l'impact écologique des échanges commerciaux, notamment en augmentant les émissions dues à la consommation de carburants fossiles.

***Vers un Commerce durable***

Pour éviter que le développement économique induit par la ZLECAF ne s'effectue au détriment de l'environnement, plusieurs actions stratégiques sont nécessaires.

**2. Défis environnementaux liés aux politiques commerciales**

***Renforcer les régulations environnementales***

Les politiques commerciales doivent être accompagnées de cadres réglementaires qui imposent des normes strictes pour protéger les ressources naturelles. Cela inclut des lois sur la gestion durable des terres, la protection des forêts, et la régulation des pratiques extractives. Ces mesures permettront de limiter les impacts négatifs sur les écosystèmes.

***Promouvoir des pratiques commerciales responsables***

Les entreprises participant aux échanges commerciaux doivent être encouragées à adopter des pratiques respectueuses de l'environnement. Des incitations fiscales ou des subventions pourraient être mises en place pour favoriser les investissements dans des technologies vertes et des systèmes de production durables.

***Encourager l'économie circulaire***

L'intégration de l'économie circulaire dans les politiques commerciales africaines permettrait de limiter les déchets et de maximiser l'utilisation des ressources. Par exemple, les entreprises pourraient être incitées à recycler ou à réutiliser leurs produits et sous-produits, réduisant ainsi leur empreinte environnementale.

***Moderniser les chaînes logistiques***

Le développement d'infrastructures de transport modernes et durables est une priorité. Les investissements dans des technologies de transport propre, comme les véhicules électriques ou les carburants alternatifs pour le transport maritime, peuvent réduire considérablement les émissions de GES associées au commerce.

***Intégrer des clauses environnementales dans les accords commerciaux***

Les accords commerciaux, y compris la ZLECAF, devraient inclure des dispositions spécifiques pour la protection de l'environnement. Cela pourrait inclure des engagements à respecter des normes environnementales minimales, des objectifs de réduction des émissions, ou des mécanismes de suivi pour garantir une mise en œuvre effective.

L'intégration des considérations environnementales dans les politiques commerciales n'est pas seulement un impératif moral, mais également une condition essentielle pour assurer une croissance économique durable. En plaçant l'environnement au cœur de leurs stratégies commerciales, les pays africains peuvent non seulement préserver leurs richesses naturelles, mais également renforcer leur résilience face aux défis climatiques et environnementaux mondiaux. La ZLECAF, en tant qu'instrument phare de l'intégration régionale, peut devenir un modèle de commerce durable si des mesures proactives sont prises pour équilibrer développement et préservation.

**3. Solutions pour intégrer les défis environnementaux dans les politiques commerciales**

Face aux enjeux croissants liés à la dégradation environnementale, il devient impératif d'intégrer des considérations écologiques dans les politiques commerciales. Cela nécessite une transformation structurelle des approches économiques, en mettant l'accent sur la durabilité et la préservation des écosystèmes.

***Adopter des pratiques commerciales durables***

Les politiques commerciales doivent encourager activement des pratiques respectueuses de l'environnement, en intégrant des critères de durabilité dans tous les secteurs d'activité.

- **Promouvoir un commerce vert :** Encourager la production, l'exportation, et la consommation de produits respectueux de l'environnement, comme les produits biologiques, les énergies renouvelables, et les technologies propres. Ces initiatives peuvent s'appuyer sur des filières de production responsables dans l'agriculture, l'industrie manufacturière et les services.
- **Intégrer la durabilité dans les accords commerciaux :** Les accords de libre-échange devraient inclure des clauses incitant à des investissements dans les technologies vertes, favorisant la transition vers

des industries à faibles émissions de carbone. Cela garantirait que l'expansion du commerce ne se fasse pas au détriment de l'environnement.

**Exemple :** L'Union européenne inclut régulièrement des chapitres sur le commerce et le développement durable dans ses accords, une approche qui pourrait être adoptée par la Zone de Libre-Échange continentale africaine (ZLECAF).

***Réglementations environnementales dans les accords commerciaux***

Les accords commerciaux, à l'échelle régionale et internationale, doivent impérativement intégrer des réglementations environnementales contraignantes pour protéger les ressources naturelles.

- **Établir des normes environnementales minimales :** Ces normes devraient couvrir des domaines tels que la gestion durable des terres, la protection de la biodiversité, et la prévention de la pollution. Elles permettraient d'éviter que les politiques commerciales n'exacerbent les pressions sur les écosystèmes.
- **Engagements contraignants :** Les pays membres des accords commerciaux doivent s'engager à adopter des pratiques durables, avec des mécanismes de suivi et de sanctions pour garantir le respect des obligations environnementales.

**Exemple :** Intégrer des clauses sur la gestion durable des forêts et la préservation des ressources hydriques dans la ZLECAF pour lutter contre la déforestation et la surconsommation de l'eau.

***Certification environnementale et éco-labels***

Les certifications et éco-labels offrent une garantie que les produits échangés respectent des normes environnementales élevées. Ces outils renforcent la compétitivité des entreprises sur les marchés internationaux, où la demande pour des produits durables est en pleine expansion.

- **Avantages des certifications :** Les certifications environnementales telles que ISO 14001, Fair Trade ou Rainforest Alliance permettent aux exportateurs de se positionner favorablement sur les marchés internationaux, tout en valorisant leurs pratiques écologiques.
- **Incitations pour les entreprises :** Les gouvernements peuvent offrir des incitations financières ou fiscales aux entreprises qui s'engagent dans des démarches de certification, afin d'encourager une adoption plus large.

**Exemple :** Les exportateurs de cacao ou de café certifiés Rainforest Alliance bénéficient souvent d'une prime sur le marché, reconnaissant leurs efforts en faveur de la durabilité.

***Investir dans des infrastructures et des technologies durables***

La transition vers un commerce durable repose également sur des investissements dans des infrastructures modernes et des technologies propres.

- **Développer des infrastructures vertes :** Construire des ports, des réseaux ferroviaires, et des systèmes de transport bas-carbone pour réduire l'empreinte écologique des chaînes logistiques.
- **Encourager l'agriculture durable :** Promouvoir des techniques agricoles respectueuses de l'environnement, telles que l'agroécologie, la rotation des cultures, et l'agriculture biologique, pour limiter l'impact des exportations agricoles sur les écosystèmes.

**Exemple :** Les ports verts, équipés de technologies réduisant les émissions de CO2, peuvent devenir des modèles pour le commerce durable en Afrique.

***Renforcement des capacités pour la gestion environnementale***

Pour intégrer efficacement les considérations environnementales dans les politiques commerciales, il est crucial de développer les capacités institutionnelles et techniques des pays africains.

- **Programmes de formation :** Les gouvernements, les entreprises, et les institutions publiques doivent bénéficier de formations sur la gestion environnementale, la conformité aux normes internationales, et l'adoption de pratiques commerciales durables.
- **Coopération régionale :** Les communautés économiques régionales, comme la CEDEAO ou la SADC, doivent coordonner leurs efforts pour élaborer des politiques communes de protection de l'environnement et de développement durable.

**Exemple :** La mise en place d'une plateforme régionale d'échange d'expertise sur les meilleures pratiques en matière de commerce durable pourrait renforcer l'efficacité des politiques environnementales.

La prise en compte des enjeux environnementaux dans les politiques commerciales est essentielle pour garantir un développement économique durable et harmonieux. Adopter des pratiques commerciales vertes, intégrer des normes environnementales dans les accords commerciaux, et investir dans des infrastructures écologiques sont autant de leviers pour transformer le commerce africain. En renforçant les capacités institutionnelles et en favorisant la coopération régionale, l'Afrique pourra non seulement protéger ses ressources naturelles, mais aussi accroître sa compétitivité sur les marchés mondiaux en répondant à la demande croissante pour des produits et services durables.

**4. Intégration des préoccupations climatiques dans les politiques commerciales**

L'intégration des enjeux climatiques dans les politiques commerciales constitue une condition indispensable pour un développement économique durable et équitable. Dans un contexte mondial marqué par des défis environnementaux croissants, tels que le réchauffement climatique, la désertification, et les catastrophes naturelles, les politiques commerciales doivent se transformer en leviers pour soutenir les objectifs de durabilité. En Afrique, cette intégration revêt une importance cruciale, car le continent, bien qu'il soit l'un des plus faibles émetteurs de gaz à effet de serre, reste particulièrement vulnérable aux effets du changement climatique.

***Politiques commerciales pour atténuer le changement climatique***

Aligner les politiques commerciales sur les objectifs climatiques nationaux et internationaux, notamment ceux de l'Accord de Paris, est essentiel pour garantir que le commerce favorise des pratiques respectueuses de l'environnement tout en réduisant les émissions de gaz à effet de serre.

- **Taxes carbone et tarification du carbone :** Les politiques commerciales pourraient inclure des mécanismes tels que des taxes carbone sur les produits à forte intensité de carbone. Ces instruments fiscaux incitent les entreprises à adopter des technologies plus propres et réduisent l'empreinte carbone des chaînes d'approvisionnement. Par exemple, un système de "tarif climatique" appliqué aux importations et exportations peut encourager l'innovation dans des secteurs à forte intensité énergétique.
- **Encouragement des énergies renouvelables :** Les accords de libre-échange, tels que ceux promus dans le cadre de la ZLECAF, pourraient jouer un rôle clé en facilitant les investissements dans les énergies renouvelables. Cela inclut la suppression des barrières tarifaires sur les équipements de production d'énergie solaire, éolienne ou hydraulique, et la création d'incitations fiscales pour encourager leur adoption. En favorisant les technologies à faible émission de carbone,

ces politiques permettent de concilier objectifs climatiques et développement économique.

- **Promotion des technologies durables :** Les politiques commerciales doivent également encourager le transfert de technologies écologiques, en facilitant l'accès des pays africains à des solutions technologiques innovantes pour l'agriculture durable, la gestion de l'eau, et la réduction des déchets industriels. Cela peut inclure des accords bilatéraux et multilatéraux visant à réduire les barrières techniques au commerce de ces technologies.

***Adaptation au changement climatique***

Outre l'atténuation, les politiques commerciales doivent intégrer des mesures spécifiques pour aider les pays africains à s'adapter aux effets déjà visibles du changement climatique. Ces mesures doivent être centrées sur la résilience des secteurs les plus vulnérables et la sécurisation des moyens de subsistance des populations affectées.

- **Soutien aux secteurs vulnérables :** L'agriculture, qui emploie une large part de la population africaine, est particulièrement exposée aux aléas climatiques tels que les sécheresses, la désertification, et les inondations. Les politiques commerciales devraient inclure des dispositions favorisant les investissements dans la résilience climatique, comme le développement de variétés de cultures résistantes à la sécheresse et l'amélioration des systèmes d'irrigation. Par exemple, des incitations pour le commerce de semences résilientes ou d'équipements d'irrigation modernes peuvent transformer les défis climatiques en opportunités d'innovation.
- **Infrastructure verte :** Investir dans des infrastructures vertes, telles que des réseaux de transport à faible émission de carbone ou des systèmes d'énergie renouvelable, peut renforcer la résilience économique tout en limitant l'impact environnemental. Les politiques commerciales doivent encourager la coopération régionale pour développer ces infrastructures et favoriser leur adoption à l'échelle continentale.
- **Soutien financier et technique :** Les pays africains devraient bénéficier d'un soutien accru de la part des partenaires internationaux et des institutions multilatérales pour financer les mesures d'adaptation. Cela inclut l'accès à des financements verts, comme les fonds climatiques, et l'accompagnement technique pour développer des projets intégrant des considérations environnementales.

### *La ZLECAF : Un cadre pour un commerce durable*

La Zone de Libre-Échange continentale africaine (ZLECAF) peut jouer un rôle central dans la promotion d'un commerce respectueux de l'environnement à travers le continent. En intégrant des considérations climatiques dans ses cadres réglementaires et ses objectifs stratégiques, la ZLECAF peut devenir un modèle de développement durable. Les pratiques commerciales durables, combinées à des investissements massifs dans les infrastructures vertes et à une coopération régionale renforcée, permettront de :

1. Réduire les émissions de carbone liées aux échanges commerciaux ;
2. Renforcer la résilience des économies africaines face aux changements climatiques ;
3. Positionner l'Afrique comme un acteur clé dans la transition mondiale vers une économie verte.

L'intégration des préoccupations climatiques dans les politiques commerciales africaines est donc une nécessité impérieuse, non seulement pour protéger l'environnement, mais aussi pour garantir un développement économique pérenne et inclusif.

### Défis sociaux et environnementaux pour le Sénégal

### A. Impact de la ZLECAF sur les petits producteurs sénégalais

La **Zone de Libre-Échange continentale africaine (ZLECAF)** représente un levier stratégique pour l'intégration économique du continent et la stimulation de la croissance à travers l'ouverture d'un marché de plus de 1,3 milliard de consommateurs. Pour le Sénégal, cette initiative continentale peut transformer les opportunités économiques pour divers acteurs, notamment les petits producteurs opérant dans les secteurs agricoles, artisanaux, et manufacturiers. Cependant, ces acteurs, qui constituent une part importante de l'économie locale, sont également confrontés à des vulnérabilités structurelles. Si la ZLECAF peut amplifier leur rayonnement économique, elle présente également des défis significatifs.

Voici une analyse approfondie des opportunités, défis et solutions nécessaires pour permettre aux petits producteurs sénégalais de tirer pleinement parti de cet accord commercial ambitieux.

## 1. Opportunités offertes par la ZLECAF pour les petits producteurs sénégalais

### *Accès à de nouveaux marchés continentaux*

L'élimination progressive des barrières tarifaires par la ZLECAF permet aux petits producteurs sénégalais de pénétrer des marchés régionaux et continentaux, autrefois limités par des tarifs douaniers prohibitifs.

- **Accès élargi :** Les producteurs locaux peuvent désormais exporter leurs produits vers des pays africains comme le Nigéria, le Ghana ou la Côte d'Ivoire sans supporter de lourds droits de douane. Cette ouverture facilite la diversification de leurs débouchés et réduit leur dépendance au marché intérieur.
- **Exemple – Agriculture :** Les agriculteurs spécialisés dans des produits comme l'arachide, le mil ou le poisson séché peuvent répondre à une demande croissante sur les marchés régionaux. Ces produits, déjà prisés pour leur qualité, peuvent devenir des atouts majeurs dans des pays où les importations agricoles constituent une part importante de la consommation.

### *Développement des chaînes de valeur régionales*

L'intégration économique continentale favorise la création de **chaînes de valeur régionales** où les petits producteurs sénégalais peuvent occuper des positions stratégiques.

- **Agriculture :** Au lieu de vendre leurs produits à l'état brut, les petits producteurs peuvent s'associer à des entreprises locales ou régionales pour transformer leurs matières premières. Par exemple, les producteurs d'arachides pourraient s'inscrire dans des chaînes de transformation pour produire des huiles ou des beurres d'arachide, répondant ainsi à une demande croissante pour des produits transformés.
- **Artisanat :** Le secteur artisanal, comprenant le textile, la poterie ou la bijouterie, peut bénéficier de la popularité croissante des produits artisanaux africains sur les marchés urbains, notamment à Nairobi, Johannesburg ou Lagos. En collaborant à l'échelle régionale, les artisans sénégalais peuvent accéder à de nouvelles opportunités commerciales tout en valorisant leur savoir-faire.

### *Réduction des coûts commerciaux*

La ZLECAF vise à réduire les coûts associés aux échanges commerciaux, ce qui constitue un avantage considérable pour les petits producteurs souvent pénalisés par des frais élevés.

- **Réduction des droits de douane :** L'élimination des barrières tarifaires permet de rendre les produits sénégalais plus compétitifs sur les marchés africains en réduisant les coûts à l'exportation.
- **Simplification des procédures douanières :** La standardisation des processus douaniers diminue les délais administratifs et les frais liés à l'exportation, offrant une fluidité accrue aux producteurs sénégalais. Cela constitue un avantage essentiel pour les petits producteurs ayant des capacités limitées à gérer des procédures complexes.

### 1. Défis rencontrés par les petits producteurs sénégalais

#### *Vulnérabilité face à la concurrence régionale*

Bien que la ZLECAF ouvre des marchés, elle expose également les petits producteurs sénégalais à une **concurrence accrue** de leurs homologues africains. Ces derniers, provenant de pays avec des coûts de production plus faibles ou des industries plus mécanisées, peuvent saturer les marchés régionaux avec des produits à bas prix.

#### *Insuffisance des infrastructures logistiques*

Pour tirer parti des marchés continentaux, les petits producteurs sénégalais ont besoin d'infrastructures logistiques performantes. Cependant, l'absence de systèmes de transport efficaces, de plateformes logistiques modernes et de chaînes du froid limite leur capacité à exporter des produits agricoles périssables ou à livrer dans des délais compétitifs.

#### *Accès limité aux financements et aux technologies*

La modernisation des processus de production est essentielle pour répondre aux normes de qualité internationales et accroître la compétitivité. Cependant, de nombreux producteurs manquent d'accès au financement pour investir dans des équipements modernes ou des formations techniques.

### 1. Solutions pour renforcer les capacités des petits producteurs sénégalais

#### *Renforcement des capacités techniques et financières*

- **Accès au financement :** Développer des mécanismes de financement adaptés aux besoins des petits producteurs, tels que des subventions ou des prêts à taux réduits, pour leur permettre d'investir dans des technologies modernes et d'améliorer leurs capacités de production.

- **Formation et transfert de compétences :** Mettre en place des programmes de formation pour aider les petits producteurs à adopter des techniques modernes et à comprendre les dynamiques des marchés régionaux.

***Développement des infrastructures logistiques***

Investir dans les infrastructures de transport, de stockage, et de distribution, notamment dans les zones rurales, permettra aux producteurs d'accéder plus facilement aux marchés régionaux et internationaux.

***Création de coopératives et partenariats régionaux***

Favoriser la création de **coopératives** permettra aux petits producteurs de mutualiser leurs ressources, d'améliorer leur pouvoir de négociation et de répondre aux demandes des chaînes de valeur régionales.

La ZLECAF constitue une opportunité exceptionnelle pour transformer les activités des petits producteurs sénégalais en véritables moteurs de croissance économique. Cependant, pour maximiser ces avantages, il est crucial de mettre en œuvre des politiques publiques adaptées, d'investir dans les infrastructures, et de renforcer les capacités techniques et financières des acteurs locaux. Avec un soutien approprié, les petits producteurs sénégalais pourront non seulement répondre aux défis posés par cet espace économique continental, mais aussi s'imposer comme des contributeurs clés à l'intégration économique de l'Afrique.

**B. Intégration des jeunes et des femmes dans les chaînes de valeur : Un levier pour une croissance inclusive et durable**

L'intégration des jeunes et des femmes dans les chaînes de valeur constitue un impératif stratégique pour promouvoir une croissance inclusive, atténuer les inégalités sociales et maximiser les opportunités économiques offertes par la Zone de Libre-Échange continentale africaine (ZLECAF). Ces deux groupes, qui représentent une part significative de la population active du continent, sont porteurs d'un potentiel immense pour accélérer la transformation économique de l'Afrique. Leur inclusion dans des secteurs stratégiques tels que l'agriculture, l'industrie manufacturière, et les services est essentielle pour bâtir des économies résilientes et durables.

Toutefois, ces groupes restent souvent marginalisés en raison de multiples obstacles : accès limité aux ressources, stéréotypes de genre, et disparités dans l'accès aux opportunités économiques. Pour libérer leur potentiel, il est crucial de mettre en œuvre des politiques ciblées, de renforcer les infrastructures et de développer des programmes d'accompagnement adaptés.

### 1. L'importance de l'intégration des jeunes et des femmes dans les chaînes de valeur

#### *Une contribution clé à la croissance économique*

Les jeunes et les femmes représentent des piliers essentiels du développement économique. Leur pleine participation dans les chaînes de valeur permet d'accroître la productivité, d'améliorer la compétitivité des entreprises, et de renforcer la croissance économique à tous les niveaux.

- **Les jeunes, vecteurs d'innovation et de dynamisme :** Avec une population majoritairement jeune, l'Afrique dispose d'un vivier unique de talents et d'idées novatrices. Leur intégration dans les chaînes de valeur, notamment dans l'agro-industrie, les technologies de l'information et les énergies renouvelables, peut transformer des secteurs entiers, répondre aux défis du chômage, et insuffler un dynamisme à l'économie.
- **Les femmes, moteurs de résilience économique :** Bien qu'elles constituent une large part de la main-d'œuvre africaine, les femmes restent sous-représentées dans les secteurs formels et dans les postes de leadership. En intégrant davantage les femmes dans les chaînes de valeur, non seulement les entreprises débloquent un potentiel économique colossal, mais elles renforcent également la stabilité et l'efficacité des structures économiques.

#### *Réduction de la pauvreté et autonomisation économique*

L'intégration des jeunes et des femmes est un puissant levier pour réduire la pauvreté, en particulier dans les zones rurales où ces groupes sont les plus vulnérables. En leur fournissant des opportunités économiques viables, on favorise leur autonomisation, tout en améliorant leur qualité de vie.

- **Autonomisation des jeunes :** Former les jeunes et leur offrir un accès aux chaînes de valeur à forte valeur ajoutée, comme la transformation des produits agricoles ou la production manufacturière, crée des emplois durables et contribue à réduire le chômage structurel qui affecte cette catégorie. Ces opportunités économiques leur permettent de devenir des acteurs clés de la transformation économique.
- **Autonomisation des femmes :** Les femmes, en particulier celles vivant en milieu rural, bénéficient de l'accès aux chaînes de valeur par

le biais d'initiatives telles que des coopératives agricoles, des programmes de microfinance, et des formations en gestion. Cela leur permet non seulement d'obtenir une indépendance financière, mais aussi de réduire les disparités de genre en renforçant leur rôle dans les prises de décision économiques.

***Une compétitivité accrue pour les entreprises***

La diversité des idées et des compétences apportées par les jeunes et les femmes constitue un atout majeur pour améliorer la compétitivité des entreprises africaines. Ces groupes introduisent des approches nouvelles, favorisent l'innovation, et participent activement à la modernisation des chaînes de valeur.

- **Innovation technologique portée par les jeunes :** Les jeunes, naturellement enclins à adopter des technologies modernes, peuvent jouer un rôle clé dans l'amélioration de l'efficacité des chaînes de valeur. Par exemple, dans l'agro-industrie, l'utilisation de solutions numériques pour la gestion des cultures ou la logistique peut transformer les pratiques traditionnelles et augmenter la compétitivité des produits africains sur les marchés internationaux.
- **Leadership féminin et performance économique :** Lorsque les femmes occupent des postes de gestion et de direction, elles introduisent des approches collaboratives et inclusives qui renforcent la performance des entreprises. Dans des secteurs tels que l'agriculture, où elles ont une expertise reconnue, leur contribution à la planification stratégique et au développement des produits peut créer une valeur significative.

***Stratégies pour une intégration réussie***

Pour maximiser le potentiel des jeunes et des femmes dans les chaînes de valeur, il est indispensable de mettre en place des initiatives ciblées et inclusives :

- **Accès aux ressources et au financement :** Des mécanismes de microfinance et des programmes de subventions spécifiques doivent être développés pour répondre aux besoins financiers des jeunes entrepreneurs et des femmes. Cela inclut également un accès simplifié aux crédits pour investir dans les outils et technologies nécessaires à leur insertion dans les chaînes de valeur.
- **Formation et renforcement des compétences :** La création de programmes de formation technique et entrepreneuriale adaptés aux besoins des jeunes et des femmes est cruciale pour renforcer leur

employabilité. Ces formations doivent inclure des compétences en gestion, en utilisation des technologies modernes, et en conformité aux normes internationales.

- **Réduction des barrières structurelles :** L'élimination des stéréotypes de genre et des pratiques discriminatoires est essentielle pour encourager une participation équitable. Les politiques publiques doivent promouvoir activement l'égalité des genres et l'intégration des jeunes dans les secteurs économiques clés.

L'intégration des jeunes et des femmes dans les chaînes de valeur n'est pas seulement une question d'équité sociale, mais une nécessité économique pour libérer tout le potentiel de l'Afrique. En investissant dans ces groupes, les économies africaines peuvent non seulement réduire les inégalités, mais aussi construire des chaînes de valeur plus résilientes, compétitives et adaptées aux défis du XXIe siècle.

## 2. Défis à l'intégration des jeunes et des femmes dans les chaînes de valeur

L'intégration des jeunes et des femmes dans les chaînes de valeur constitue un levier fondamental pour une croissance économique inclusive et durable. Cependant, ces groupes continuent de faire face à des obstacles structurels et systémiques qui limitent leur participation active et leur contribution à ces chaînes économiques. Ces défis se manifestent à travers des limitations d'accès aux ressources, des inégalités de genre profondément enracinées, et un déficit de compétences techniques adaptées aux exigences des secteurs clés.

### *Accès limité aux ressources*

L'accès restreint aux ressources essentielles, telles que le financement, la terre, les technologies, et les réseaux professionnels, constitue l'un des freins majeurs à l'intégration des jeunes et des femmes dans les chaînes de valeur.

- **Accès au financement :** Les jeunes entrepreneurs et les femmes peinent souvent à accéder à des financements adaptés à leurs besoins, que ce soit sous forme de crédits, de prêts, ou de subventions. Les institutions financières, percevant ces groupes comme présentant un risque élevé, imposent des conditions strictes qui les excluent de facto. Ce manque de financement freine leur capacité à créer, à développer ou à moderniser leurs entreprises, les éloignant ainsi des segments à forte valeur ajoutée des chaînes de valeur.

- **Accès à la terre :** Pour les femmes, en particulier dans les zones rurales, l'accès à la terre reste un défi majeur. Les lois foncières discriminatoires et les pratiques coutumières, qui favorisent souvent les hommes, limitent leur capacité à posséder ou à exploiter des terres. Cette exclusion entrave leur participation à l'agriculture commerciale et leur empêche de s'intégrer pleinement dans les chaînes agroalimentaires.
- **Accès aux technologies et aux réseaux :** Les jeunes et les femmes sont souvent exclus des écosystèmes technologiques et des réseaux professionnels qui pourraient leur permettre de renforcer leur productivité et leur compétitivité. Cette exclusion les maintient à l'écart des opportunités dans les secteurs dynamiques comme les technologies de l'information, la transformation agroalimentaire et l'industrie manufacturière.

***Inégalités de genre et stéréotypes***

Les inégalités structurelles et les stéréotypes de genre continuent de limiter la participation des femmes dans les chaînes de valeur, en particulier dans les secteurs traditionnellement dominés par les hommes.

- **Stéréotypes de genre :** Dans de nombreux secteurs, les femmes sont perçues comme moins compétentes ou moins capables, notamment dans les industries à forte intensité technologique ou physique, comme l'ingénierie ou la construction. Ces préjugés réduisent leur accès à des postes de responsabilité et les cantonnent souvent à des fonctions moins valorisées ou moins bien rémunérées.
- **Inégalités salariales :** Les disparités salariales entre hommes et femmes persistent, même lorsqu'elles occupent des postes similaires. Ce traitement inégal réduit leur motivation à s'engager dans les secteurs à forte valeur ajoutée et perpétue leur marginalisation économique.
- **Secteurs dominés par les hommes :** Les femmes peinent à entrer et à progresser dans les secteurs comme les STEM (sciences, technologies, ingénierie et mathématiques), où elles sont sous-représentées. Cette sous-représentation limite leur rôle dans les chaînes de valeur innovantes et émergentes.

***Déficit de compétences***

Le manque de compétences techniques et de formation professionnelle est un obstacle majeur à l'intégration des jeunes et des femmes dans les chaînes de valeur modernes, particulièrement dans les secteurs nécessitant une expertise avancée.

- **Manque de formation technique :** Les jeunes issus des zones rurales manquent souvent d'accès à des programmes de formation technique de qualité. Cela les empêche de se positionner dans des segments stratégiques des chaînes de valeur, tels que la transformation industrielle, l'agro-industrie, ou encore les technologies de pointe.
- **Écart de compétences pour les femmes :** En raison de leur faible présence dans les secteurs STEM, les femmes ne disposent pas des compétences nécessaires pour accéder aux industries où ces connaissances sont essentielles. Ce déficit les maintient dans des activités peu rémunératrices et les empêche de contribuer pleinement aux chaînes de valeur modernes.
- **Absence de formation continue :** Les opportunités de formation continue, indispensables pour s'adapter aux évolutions technologiques et aux exigences des marchés, sont rares pour ces groupes. Cela limite leur capacité à évoluer et à saisir de nouvelles opportunités économiques.

L'intégration des jeunes et des femmes dans les chaînes de valeur exige une action concertée pour lever les barrières structurelles et institutionnelles auxquelles ils font face. Cela passe par une meilleure accessibilité au financement, à la terre, et aux technologies, mais aussi par la promotion de formations techniques et professionnelles inclusives. De plus, des efforts ciblés doivent être déployés pour éliminer les stéréotypes de genre et favoriser l'égalité des chances dans les secteurs économiques stratégiques. En investissant dans ces leviers, il devient possible de transformer ces groupes en acteurs majeurs du développement économique durable et équitable.

### 3. Solutions pour une intégration renforcée des jeunes et des femmes dans les chaînes de valeur

L'intégration des jeunes et des femmes dans les chaînes de valeur est une condition indispensable pour garantir une croissance inclusive et équitable. Ces groupes représentent des forces motrices inexploitées qui, lorsqu'elles sont mobilisées et soutenues, peuvent transformer les économies locales et régionales. Cela nécessite un engagement concerté pour lever les obstacles auxquels ils font face et créer des environnements propices à leur participation active et productive.

#### *Accès élargi aux financements et ressources productives*

Un des défis majeurs pour les jeunes et les femmes entrepreneurs réside dans l'accès limité aux capitaux, aux technologies et aux ressources essentielles pour développer leurs activités économiques.

Combler ce fossé est essentiel pour maximiser leur participation aux chaînes de valeur.

- **Création de fonds dédiés :** Les gouvernements, en partenariat avec les institutions financières, doivent établir des fonds de soutien spécifiquement destinés aux jeunes et aux femmes. Ces fonds peuvent inclure des prêts à taux préférentiels, des subventions ciblées, et des mécanismes de garantie pour faciliter l'accès au financement. Par exemple, un fonds destiné à l'entrepreneuriat féminin dans l'agro-industrie pourrait permettre à des milliers de femmes de transformer leurs initiatives locales en entreprises compétitives.
- **Microcrédits et financements alternatifs :** Les programmes de microcrédit et les plateformes de financement participatif sont des solutions efficaces pour soutenir les petits producteurs et les entrepreneurs débutants. Ces mécanismes permettent de financer des projets à petite échelle, souvent exclus des circuits financiers traditionnels, et encouragent une participation accrue aux chaînes de valeur.
- **Accès équitable à la terre :** Les femmes, en particulier dans les zones rurales, se heurtent souvent à des barrières légales et culturelles qui limitent leur accès à la propriété foncière. Des réformes foncières claires et inclusives sont nécessaires pour garantir aux femmes les mêmes droits que les hommes en matière de propriété et d'exploitation des terres. Cela leur permettrait de contribuer pleinement à des secteurs clés comme l'agriculture commerciale.

***Formation professionnelle et développement des compétences***

Pour que les jeunes et les femmes puissent s'intégrer efficacement aux chaînes de valeur à haute valeur ajoutée, il est impératif de leur fournir des outils, des connaissances et des compétences adaptées aux exigences des marchés modernes.

- **Centres de formation technique et professionnelle :** Les gouvernements, en collaboration avec les entreprises privées, doivent créer des centres de formation professionnelle axés sur les compétences techniques nécessaires pour intégrer les chaînes de valeur émergentes. Ces centres pourraient offrir des formations en transformation agroalimentaire, en technologies de l'information, ou encore en production industrielle, avec un accent particulier sur les besoins des zones rurales.
- **Mentorat et programmes de leadership pour les femmes :** Des initiatives de mentorat et des formations en leadership destinées aux femmes entrepreneurs peuvent leur donner les outils nécessaires pour

surmonter les obstacles culturels et économiques. En parallèle, la création de réseaux de femmes entrepreneures peut leur permettre de partager des ressources, d'accroître leur visibilité, et d'accéder à de nouveaux marchés.

- **Compétences numériques pour les jeunes :** La révolution numérique offre des opportunités uniques aux jeunes pour entrer dans des chaînes de valeur axées sur l'économie numérique. Des formations en commerce électronique, en développement technologique, et en gestion des plateformes numériques sont essentielles pour intégrer les jeunes dans des secteurs tels que les fintechs ou les services numériques.

***Promotion de l'égalité de genre dans les politiques publiques***

L'intégration des femmes dans les chaînes de valeur ne peut se faire sans des politiques publiques inclusives qui encouragent leur participation active et éliminent les discriminations structurelles.

- **Discrimination positive :** Adopter des politiques de discrimination positive pourrait garantir aux femmes un accès privilégié aux secteurs historiquement dominés par les hommes, comme la technologie ou l'industrie manufacturière. Cela pourrait inclure des quotas dans les programmes de formation ou des subventions réservées aux entreprises dirigées par des femmes.
- **Dimension de genre dans les accords commerciaux :** Les accords commerciaux régionaux, comme la ZLECAF, doivent intégrer des dispositions spécifiques visant à promouvoir l'inclusion des femmes. Cela peut inclure des mécanismes pour encourager les entreprises féminines à participer aux marchés publics ou des initiatives pour éliminer les barrières structurelles limitant leur accès aux chaînes de valeur.

***Partenariats public-privé et coopération régionale***

La collaboration entre les secteurs public et privé, ainsi que la coopération régionale, sont essentielles pour ouvrir de nouvelles perspectives aux jeunes et aux femmes dans les chaînes de valeur.

- **Initiatives public-privé :** Les gouvernements et les entreprises privées peuvent collaborer pour développer des programmes de formation en apprentissage, tout en offrant des opportunités d'emploi dans des secteurs porteurs comme l'agro-industrie, l'énergie renouvelable, ou le textile. Ces partenariats peuvent également stimuler l'innovation et l'investissement dans des projets entrepreneuriaux dirigés par des jeunes ou des femmes.

- **Chaînes de valeur régionales :** Dans le cadre de la ZLECAF, les chaînes de valeur régionales offrent un cadre idéal pour intégrer les jeunes et les femmes à des secteurs stratégiques tels que l'agriculture, le textile, ou l'énergie. En encourageant la coopération entre les entreprises africaines, ces chaînes de valeur favorisent une intégration inclusive et un développement équilibré à l'échelle continentale.

Assurer l'intégration des jeunes et des femmes dans les chaînes de valeur est une nécessité pour bâtir une économie africaine inclusive et durable. Cela passe par un accès élargi aux financements, des opportunités de formation adaptées, et la mise en œuvre de politiques publiques inclusives. En éliminant les obstacles structurels et en renforçant les compétences, les gouvernements, les entreprises, et les institutions régionales peuvent transformer ces groupes sous-représentés en moteurs clés de la transformation économique du continent.

### C. Mesures pour une croissance durable dans les secteurs industriels et agricoles

Assurer une croissance durable dans les secteurs industriels et agricoles exige un équilibre subtil entre le développement économique, la préservation des ressources naturelles et la promotion d'un progrès social équitable. La Zone de Libre-Échange continentale africaine (ZLECAF) constitue une opportunité majeure pour renforcer la production sur le continent tout en respectant les impératifs environnementaux et sociaux. Une telle approche exige une vision stratégique, soutenue par des mesures concrètes et intégrées.

#### 1. Mesures pour une croissance durable dans le secteur agricole

***Promouvoir une agriculture durable et résiliente face au changement climatique***

Pour garantir la durabilité, l'agriculture doit adopter des pratiques qui non seulement minimisent son empreinte environnementale, mais renforcent aussi la résilience des exploitations face aux aléas climatiques. Cela passe par des approches novatrices, respectueuses de l'environnement et axées sur la préservation des ressources naturelles :

- **Agriculture de conservation :** Mettre en œuvre des pratiques telles que le non-labour, la rotation des cultures et les couverts végétaux permet de protéger les sols, de préserver leur fertilité, et de limiter l'érosion. Ces techniques améliorent aussi la rétention d'eau, essentielle dans les zones sujettes à la sécheresse.

- **Agroforesterie :** L'intégration d'arbres dans les exploitations agricoles renforce la biodiversité, améliore la fertilité des sols et offre des bénéfices multiples, tels que la production de bois, de fruits, et même de biomasse énergétique. Ce modèle est particulièrement adapté aux contextes ruraux africains.
- **Agriculture biologique :** Promouvoir des pratiques biologiques qui évitent les pesticides chimiques et les engrais nocifs contribue à la préservation de la santé des sols et des écosystèmes locaux tout en répondant à une demande croissante sur les marchés internationaux.
- **Systèmes d'irrigation économes :** Des solutions comme l'irrigation goutte à goutte, combinées à l'usage d'énergies renouvelables, permettent une gestion optimale des ressources en eau et une amélioration significative des rendements agricoles, même dans les zones arides.

***Encourager la diversification des cultures***

La monoculture, souvent dominante dans les systèmes agricoles africains, expose les producteurs à des risques élevés. Diversifier les cultures constitue une stratégie clé pour garantir la sécurité alimentaire, réduire la dépendance économique, et renforcer la résilience.

- **Polyculture et diversification :** L'encouragement à cultiver différentes espèces végétales dans un même système agricole réduit la vulnérabilité aux maladies et aux conditions climatiques extrêmes, tout en diversifiant les sources de revenus.
- **Introduction de cultures résilientes :** Miser sur des variétés adaptées aux contraintes climatiques locales, comme le mil, le sorgho ou les variétés résistantes à la sécheresse, permet de maintenir des niveaux de production stables face au changement climatique.

***Faciliter l'accès aux technologies vertes et aux financements durables***

La transition vers une agriculture respectueuse de l'environnement nécessite un accès accru à des outils modernes et à des ressources financières adaptées.

- **Technologies vertes :** Encourager l'utilisation d'équipements solaires pour l'irrigation, de bio-intrants pour la fertilisation, et de solutions numériques pour la gestion des cultures est essentiel pour réduire l'empreinte environnementale tout en améliorant les rendements.

- **Mécanismes de financement durable :** Créer des fonds de soutien dédiés aux agriculteurs, incluant des prêts à faible taux d'intérêt et des subventions pour l'achat d'équipements respectueux de l'environnement, est crucial pour permettre aux petits exploitants de moderniser leurs activités.

***Réduire les pertes post-récolte et optimiser la chaîne de valeur***

Les pertes post-récolte, estimées à près de 30 % de la production agricole dans de nombreuses régions africaines, représentent un défi environnemental et économique majeur.

- **Infrastructures de stockage modernes :** Investir dans des silos, des entrepôts frigorifiques et d'autres installations adaptées permet de préserver la qualité des produits agricoles et de prolonger leur durée de conservation.
- **Renforcement de l'accès aux marchés :** La ZLECAF offre une opportunité unique d'ouvrir les marchés régionaux aux produits agricoles africains. En garantissant une meilleure connectivité logistique et en simplifiant les procédures d'exportation, les agriculteurs pourront écouler plus rapidement leurs productions, réduisant ainsi les pertes.

## 2. Mesures pour une Croissance durable dans le Secteur industriel

Le secteur industriel, pilier de l'économie mondiale, est également l'une des principales sources de dégradation environnementale, notamment par ses émissions de gaz à effet de serre, sa consommation énergétique élevée et sa production de déchets. Face à ces défis, il est impératif de repenser les modèles de développement industriel pour intégrer les principes de durabilité, alliant compétitivité économique et responsabilité environnementale. Voici une feuille de route pour une croissance industrielle durable :

***Adoption des technologies de production propres***

L'intégration de technologies de production propres constitue une étape essentielle vers un développement industriel respectueux de l'environnement. Ces technologies permettent de réduire l'impact écologique tout en améliorant l'efficacité des processus.

- **Efficacité énergétique :** Encourager les industries à moderniser leurs équipements et à adopter des systèmes de gestion énergétique avancés. Ces innovations réduisent non seulement la consommation énergétique, mais également les émissions de carbone, tout en augmentant la rentabilité des entreprises.

- **Énergies renouvelables :** Inciter les entreprises à intégrer des sources d'énergie renouvelable, telle que l'énergie solaire, éolienne, ou la biomasse, dans leurs processus de production. Par exemple, l'installation de panneaux solaires sur les sites industriels peut répondre à une partie significative des besoins énergétiques.
- **Économie circulaire :** Promouvoir des modèles de production circulaire où les déchets sont réutilisés ou recyclés en nouveaux intrants. Ce système réduit la consommation de matières premières et minimise les déchets, tout en offrant des opportunités économiques nouvelles.

***Promotion de l'industrialisation verte et de la production durable***

L'industrialisation verte repose sur le développement d'activités industrielles à faible empreinte carbone et à impact environnemental réduit, tout en maximisant l'efficacité des ressources.

- **Production propre :** Adopter des procédés industriels qui minimisent l'utilisation des matières premières et de l'énergie, tout en réduisant les émissions de gaz à effet de serre et la production de déchets toxiques.
- **Industries axées sur les technologies vertes :** Favoriser la croissance de secteurs industriels spécialisés dans les solutions environnementales, comme la fabrication de panneaux solaires, d'équipements pour les énergies renouvelables, ou de matériaux recyclés.

***Amélioration de la gestion des déchets industriels***

Une gestion responsable des déchets industriels est essentielle pour limiter les risques environnementaux et protéger la santé publique.

- **Traitement et recyclage :** Déployer des technologies de pointe pour le traitement des déchets, en transformant les résidus industriels en sous-produits valorisables. Par exemple, le recyclage des métaux ou des plastiques issus des processus manufacturiers peut alimenter de nouvelles chaînes de production.
- **Réduction des plastiques :** Encourager les industries à limiter l'utilisation des plastiques à usage unique et à adopter des matériaux biodégradables ou recyclables, répondant ainsi à la demande croissante pour des alternatives durables.

***Financement des industries vertes et incitations fiscales***

La transition vers une industrie durable nécessite un soutien financier et fiscal adapté pour encourager les investissements et réduire les coûts de mise en conformité environnementale.

- **Incitations fiscales :** Proposer des allégements fiscaux pour les entreprises investissant dans des technologies propres ou intégrant des pratiques de production durables. Ces mesures peuvent inclure des crédits d'impôt pour les investissements dans les énergies renouvelables ou les systèmes d'économie circulaire.
- **Mécanismes de financement vert :** Développer des fonds dédiés au financement des projets verts, tels que des prêts à taux réduits ou des subventions pour l'amélioration de l'efficacité énergétique et la réduction des émissions de carbone.

***Développement des infrastructures industrielles durables***

La durabilité industrielle passe également par la création d'infrastructures modernes qui répondent aux exigences environnementales tout en soutenant la croissance économique.

- **Zones industrielles vertes :** Concevoir des parcs industriels intégrant des infrastructures communes, comme des systèmes de traitement des eaux usées, des installations de recyclage, ou des réseaux énergétiques renouvelables, pour mutualiser les ressources et minimiser les impacts écologiques.
- **Transport et logistique durables :** Relier les zones industrielles aux marchés grâce à des infrastructures de transport à faible émission de carbone, telles que les réseaux ferroviaires ou les systèmes de fret électriques. Ces initiatives réduisent l'empreinte environnementale des chaînes logistiques tout en améliorant l'efficacité des échanges commerciaux.

L'industrialisation durable n'est plus une option, mais une nécessité impérieuse pour répondre aux défis environnementaux et climatiques. En adoptant des technologies propres, en promouvant des modèles d'économie circulaire, et en renforçant les infrastructures durables, les industries peuvent non seulement réduire leur empreinte écologique, mais aussi saisir de nouvelles opportunités économiques. Cette transition requiert une mobilisation collective, impliquant les gouvernements, les entreprises, et les institutions financières, pour construire un avenir industriel plus résilient et responsable.

### 3. Encouragement de l'innovation et de la recherche pour une croissance durable

Dans un contexte mondial marqué par les défis environnementaux et la nécessité d'une transition vers des modèles économiques plus respectueux de l'environnement, l'innovation et la recherche se révèlent être des leviers essentiels pour la durabilité. Ces deux moteurs permettent de développer des solutions adaptées aux spécificités des secteurs industriels et agricoles tout en conciliant productivité, compétitivité et respect des écosystèmes.

***Investir dans la recherche appliquée et les technologies vertes***

L'encouragement de la recherche appliquée constitue une étape fondamentale pour identifier et mettre en œuvre des solutions qui allient performances économiques et préservation de l'environnement. Les gouvernements, en collaboration avec les acteurs privés, doivent se concentrer sur la création et le financement de **centres d'innovation et de recherche spécialisés**, axés sur des thématiques cruciales telles que :

- **Le développement de technologies propres :** Innovations en matière de production industrielle qui réduisent les émissions de gaz à effet de serre, optimisent l'utilisation des ressources naturelles et minimisent les déchets.
- **La gestion durable des ressources :** Approches novatrices pour préserver les ressources en eau, améliorer la fertilité des sols et exploiter les matières premières de manière responsable.
- **L'amélioration des pratiques agricoles :** Adoption de techniques modernes, comme l'agriculture de précision, pour augmenter les rendements tout en limitant l'impact environnemental.

Ces centres doivent non seulement produire des avancées technologiques, mais aussi servir de plateformes de transfert de connaissances vers les entreprises locales, renforçant ainsi les capacités des secteurs concernés.

***Créer des synergies grâce aux partenariats public-privé***

Les **partenariats public-privé (PPP)** constituent un modèle efficace pour stimuler l'innovation. Ils permettent de combiner les ressources et les compétences des secteurs public et privé pour répondre aux défis environnementaux et économiques. Ces collaborations peuvent prendre diverses formes :

- **Financement conjoint de projets de recherche :** Mobilisation de fonds publics et privés pour soutenir des initiatives qui favorisent l'adoption de pratiques durables dans les entreprises.
- **Incubateurs et accélérateurs technologiques :** Structures qui accompagnent les start-ups et les PME dans le développement et la commercialisation de solutions innovantes.
- **Projets pilotes régionaux :** Mise en œuvre à petite échelle de solutions technologiques pour évaluer leur impact avant un déploiement plus large.

En encourageant ces alliances, les gouvernements garantissent une approche intégrée qui répond non seulement aux besoins des entreprises, mais également aux objectifs de développement durable.

***Bâtir une économie résiliente et durable***

Pour que l'intégration économique dans le cadre de la **Zone de Libre-Échange continentale africaine (ZLECAF)** se réalise sans compromettre les écosystèmes, les solutions doivent reposer sur des axes stratégiques solides :

1. **Adoption de technologies propres :** Prioriser les équipements et processus qui réduisent l'empreinte carbone et encouragent l'efficacité énergétique.
2. **Gestion efficace des ressources naturelles :** Mettre en œuvre des politiques qui protègent la biodiversité et garantissent l'utilisation rationnelle des ressources.
3. **Promotion de pratiques respectueuses de l'environnement :** Intégrer des critères environnementaux dans les cadres réglementaires et encourager leur adoption par les entreprises.

En combinant **recherche, innovation et financement durable**, les pays africains, notamment dans le cadre de la ZLECAF, peuvent transformer les contraintes environnementales en opportunités de croissance. Cette approche permet non seulement de garantir une meilleure compétitivité économique sur le long terme, mais aussi de répondre aux attentes d'une communauté internationale de plus en plus sensible aux enjeux climatiques.

En fin de compte, le développement durable ne doit pas être considéré comme un obstacle au progrès, mais comme une condition indispensable à la prospérité collective et à la préservation des générations futures.

# PARTIE III

# OPPORTUNITÉS OFFERTES PAR LA ZLECAF : SECTEURS CLES ET STRATÉGIES DE CROISSANCE

# CHAPITRE 8

## Industrialisation et transformation économique

### A. La ZLECAF comme catalyseur pour l'industrialisation du continent

La **Zone de Libre-Échange continentale africaine (ZLECAF)** marque une étape historique dans l'émancipation économique de l'Afrique. Rassemblant 55 nations dans un espace commercial unique, elle a pour ambition de transformer les économies africaines en stimulant les échanges intra-continentaux, en favorisant l'intégration économique et, surtout, en catalysant une industrialisation soutenue. Cette initiative s'inscrit dans une vision où l'industrialisation est perçue comme le levier stratégique pour diversifier les économies africaines, réduire leur dépendance aux matières premières brutes, et générer des emplois formels de qualité.

#### 1. Réduction des barrières tarifaires et facilitation des échanges intra-africains

***Création d'un vaste marché régionale***

Avec la réduction progressive des droits de douane et l'élimination des barrières tarifaires, la ZLECAF crée un **marché intégré de plus de 1,3 milliard de consommateurs**, offrant ainsi une opportunité sans précédent pour les industries manufacturières du continent. Cette mesure permet aux produits fabriqués en Afrique de circuler plus librement entre les pays membres, stimulant la production locale et renforçant la compétitivité des industries africaines.

- **Une opportunité pour les économies d'échelle :** En accédant à ce marché élargi, les industries africaines bénéficieront de volumes de production plus importants, réduisant ainsi les coûts unitaires et augmentant leur compétitivité. Ce nouvel élan favorisera également une baisse de la dépendance vis-à-vis des produits manufacturés importés.
- **Exemple concret :** Un fabricant de textiles basé au Sénégal pourra désormais exporter ses produits vers des marchés clés, comme le Nigéria ou l'Afrique du Sud, sans faire face à des droits de douane

prohibitifs. Cela stimulera non seulement la production locale mais augmentera aussi la demande pour les produits « made in Africa ».

***Développement des chaînes de valeur régionales***

La ZLECAF encourage également le développement de **chaînes de valeur régionales**, en incitant les pays membres à exploiter leurs avantages comparatifs pour collaborer sur différentes étapes de la production. Ce modèle d'intégration permettra de renforcer l'industrialisation du continent tout en favorisant une spécialisation économique coordonnée.

- **Un modèle intégré pour l'agro-industrie :** Dans le secteur de l'agro-industrie, par exemple, la Côte d'Ivoire, premier producteur mondial de cacao, pourrait fournir sa matière première à des entreprises sénégalaises spécialisées dans la transformation agroalimentaire. Ce partenariat valoriserait les produits agricoles africains en les exportant sous forme de produits finis à haute valeur ajoutée, plutôt que de matières brutes.
- **Bénéfices économiques :** De telles synergies permettront non seulement de réduire les coûts de production et d'exportation, mais aussi de stimuler les capacités industrielles locales, tout en renforçant l'intégration économique régionale.

***Accès facilité aux intrants industriels***

En facilitant la circulation des biens et services entre ses membres, la ZLECAF offre aux industries africaines un accès amélioré aux **intrants industriels essentiels**, tels que les matières premières, les équipements et les technologies. Cette fluidité des échanges est cruciale pour développer des secteurs manufacturiers compétitifs.

- **Exemple concret :** Dans le secteur de la construction, les pays disposant de vastes ressources en ciment, en acier ou en matériaux de construction, tels que l'Égypte ou l'Afrique du Sud, pourront exporter ces intrants vers d'autres nations africaines à des coûts réduits. Ces échanges fluides permettront à des pays en développement rapide, comme le Kenya ou le Rwanda, de soutenir leur croissance urbaine tout en réduisant les coûts liés à l'importation d'intrants depuis l'extérieur du continent.

***Un avenir industriel en perspective***

La ZLECAF offre aux pays africains une opportunité unique de **transformer leur structure économique** en dynamisant les secteurs manufacturiers et en favorisant une industrialisation coordonnée. Grâce à l'élimination des barrières tarifaires, au développement des chaînes de valeur régionales et à l'amélioration de l'accès aux intrants industriels, cette zone de libre-échange se positionne comme un catalyseur stratégique pour accélérer la transformation économique de l'Afrique.

L'enjeu reste toutefois de mobiliser les investissements nécessaires, de moderniser les infrastructures et de mettre en place des politiques industrielles ambitieuses pour tirer pleinement parti de cet outil puissant qu'est la ZLECAF. En relevant ces défis, l'Afrique pourrait s'affirmer comme une **puissance manufacturière mondiale**, diversifiée et résiliente.

## 2. Stimulation de la production industrielle locale

L'une des ambitions majeures de la Zone de Libre-Échange continentale africaine (ZLECAF) est de catalyser l'industrialisation du continent africain, en renforçant la capacité des pays membres à produire des biens manufacturés localement. Cette initiative vise à transformer les économies africaines en véritables centres de production compétitifs, capables de rivaliser avec les acteurs mondiaux et de réduire leur dépendance aux importations extérieures.

### *Réduction de la dépendance aux importations*

Historiquement, les pays africains ont largement dépendu des importations pour satisfaire leurs besoins en produits manufacturés, notamment dans des secteurs clés comme l'électronique, les biens de consommation, et les équipements industriels. La ZLECAF aspire à inverser cette tendance en favorisant l'essor d'une industrie locale robuste et diversifiée.

- **Impact économique :** En stimulant la production locale, l'Afrique peut progressivement réduire ses importations, contribuant ainsi à améliorer la balance commerciale de ses pays membres. Cette dynamique génère également des effets multiplicateurs en termes de création d'emplois, d'amélioration des compétences de la main-d'œuvre, et de développement d'écosystèmes industriels durables.
- **Autonomie industrielle :** En renforçant sa capacité à produire localement, l'Afrique réduit sa vulnérabilité aux fluctuations des marchés internationaux et aux tensions géopolitiques qui perturbent les chaînes d'approvisionnement globales.

### Exemple : Développement de l'électronique et des biens de consommation

Plutôt que de continuer à importer des appareils électroniques, des électroménagers ou des biens de consommation courante, les pays africains peuvent développer des industries locales. En mutualisant les compétences et en établissant des partenariats régionaux, il serait possible de fabriquer ces produits sur le continent. Par exemple, des hubs régionaux spécialisés pourraient émerger pour produire des téléviseurs, des smartphones ou des réfrigérateurs, en exploitant les avantages comparatifs de chaque pays.

***Augmentation de la valeur ajoutée***

Un autre objectif central de la ZLECAF est de promouvoir la transformation des matières premières africaines avant leur exportation. Cela permet d'ajouter de la valeur aux produits, augmentant ainsi leur compétitivité sur les marchés internationaux tout en maximisant les revenus pour les économies locales.

- **Transformation des matières premières :** L'Afrique, riche en ressources naturelles telles que les minerais, le pétrole, ou les produits agricoles, a souvent exporté ses matières premières à l'état brut. Cette pratique limite considérablement les bénéfices économiques et la création d'emplois. La ZLECAF offre une opportunité unique de développer des industries locales de transformation, permettant aux pays africains de produire des biens à haute valeur ajoutée.
- **Impact industriel :** La transformation locale des matières premières stimule l'industrialisation, réduit la dépendance vis-à-vis des marchés extérieurs, et positionne les produits africains sur des segments de marché plus lucratifs.

**Exemple : Transformation minière**

Prenons l'exemple des ressources minières. La Guinée, premier exportateur mondial de bauxite, pourrait investir dans la production d'aluminium, un produit à plus forte valeur ajoutée, plutôt que d'exporter uniquement la bauxite brute. De même, la République démocratique du Congo, riche en cobalt, pourrait développer des usines locales pour fabriquer des batteries destinées aux véhicules électriques, répondant ainsi à une demande croissante sur les marchés mondiaux. Ces initiatives permettraient de créer des emplois qualifiés, de diversifier l'économie, et de renforcer les chaînes de valeur régionales.

En stimulant la production industrielle locale et en favorisant l'ajout de valeur aux matières premières, la ZLECAF pourrait transformer les économies africaines en acteurs industriels compétitifs à l'échelle mondiale. Cette démarche, portée par une réduction de la dépendance aux importations et un renforcement des capacités de transformation, ouvre la voie à une nouvelle ère de prospérité pour le continent africain, où l'autosuffisance industrielle et l'intégration régionale deviennent des leviers majeurs de développement durable.

### 3. Renforcement des industries stratégiques : une clé pour la transformation économique

La Zone de Libre-Échange continentale africaine (ZLECAF) représente une opportunité inédite pour stimuler l'industrialisation en Afrique et renforcer les secteurs stratégiques. En s'appuyant sur des industries à forte intensité de main-d'œuvre et sur des secteurs à haute valeur technologique, l'Afrique peut répondre aux défis socio-économiques, tels que la création d'emplois pour sa population jeune, tout en diversifiant ses économies et en améliorant sa compétitivité internationale.

#### *Développement de secteurs à forte intensité de main-d'œuvre : une réponse aux défis sociaux*

L'Afrique, dotée d'une population jeune et dynamique, dispose d'un potentiel inégalé pour développer des industries à forte intensité de main-d'œuvre. Ces industries peuvent jouer un rôle crucial dans la réduction du chômage, l'augmentation des revenus et l'amélioration des conditions de vie, en particulier dans les zones rurales et périurbaines.

**Exemple 1 : Textile et habillement**

Le secteur du textile et de l'habillement représente une opportunité exceptionnelle pour l'Afrique. La disponibilité d'une main-d'œuvre abondante et peu coûteuse, combinée à une augmentation de la demande continentale grâce à la ZLECAF, crée un environnement favorable à l'émergence de ce secteur. Des pays comme l'Éthiopie ont déjà montré la voie, attirant des investisseurs internationaux grâce à des zones industrielles dédiées. Le développement de cette industrie peut non seulement créer des millions d'emplois, mais également dynamiser les exportations africaines et réduire la dépendance vis-à-vis des importations de vêtements.

**Exemple 2 : Agro-industrie**

L'agro-industrie constitue une autre piste prometteuse pour générer des emplois sur l'ensemble de la chaîne de valeur. Depuis la production agricole jusqu'à la transformation et la distribution, ce secteur peut absorber une main-d'œuvre importante tout en ajoutant de la valeur aux matières premières locales. Par exemple, la transformation des produits agricoles comme le cacao, le café ou les fruits tropicaux peut permettre à l'Afrique de mieux se positionner sur les marchés internationaux tout en augmentant les revenus des agriculteurs et en réduisant les pertes post-récoltes.

***Encourager les industries à forte valeur technologique : préparer l'avenir***

Si les industries à forte intensité de main-d'œuvre répondent aux besoins actuels, les secteurs à forte valeur technologique permettent de positionner l'Afrique comme un acteur clé dans l'économie mondiale du XXI^e^ siècle. Ces industries offrent des opportunités de diversification économique, favorisent l'innovation, et stimulent la compétitivité.

**Exemple 1 : Technologies de l'information et de la communication (TIC)**

Les TIC constituent un levier stratégique pour l'Afrique. Des pays comme le Kenya et le Rwanda illustrent déjà le potentiel africain, avec des initiatives telles que la « Silicon Savannah » ou la transformation numérique au Rwanda. En s'appuyant sur la ZLECAF, ces pays peuvent devenir des hubs technologiques régionaux, attirant des investissements dans les services numériques, les fintech, et les solutions de e-commerce. De telles avancées peuvent catalyser une économie numérique africaine, stimulant à la fois les **exportations et l'innovation locale.**

**Exemple 2 : Énergies renouvelables**

Le développement des énergies renouvelables représente une double opportunité pour l'Afrique : répondre aux besoins croissants en énergie et jouer un rôle de leader mondial dans la transition écologique. Avec ses vastes ressources naturelles, notamment en énergie solaire, éolienne et hydroélectrique, l'Afrique a la capacité de développer des industries locales spécialisées dans les technologies vertes. Par exemple, la fabrication de panneaux solaires, de turbines éoliennes ou de batteries peut non seulement renforcer la souveraineté énergétique du continent, mais également créer des emplois qualifiés et attirer des investisseurs étrangers.

***Un écosystème favorable à l'industrialisation africaine***

Pour que ces opportunités se concrétisent pleinement, il est essentiel de créer un environnement propice au développement industriel :

1. **Investissements dans les infrastructures :** Des infrastructures modernes, notamment en transport, énergie, et télécommunications,

sont indispensables pour réduire les coûts de production et attirer les investisseurs.

2. **Soutien aux PME et start-ups :** Encourager les petites et moyennes entreprises dans ces secteurs stratégiques permettra de maximiser la création de valeur et de renforcer le tissu économique local.

3. **Formation et montée en compétences :** La création de programmes de formation axés sur les compétences techniques et technologiques garantira que la main-d'œuvre africaine est prête à répondre aux exigences des nouvelles industries.

4. **Incitations fiscales et réglementaires :** Les gouvernements doivent mettre en place des politiques incitatives pour attirer les investissements étrangers tout en favorisant la compétitivité des entreprises locales.

**Vers une transformation industrielle durable**

Le développement des industries stratégiques dans le cadre de la ZLECAF offre à l'Afrique une opportunité historique de transformer ses économies, de réduire le chômage, et de diversifier ses sources de revenus. En capitalisant sur ses atouts humains et naturels, le continent peut non seulement répondre aux besoins immédiats de sa population, mais également s'affirmer comme un acteur majeur de l'économie mondiale.

### 4. Renforcement des capacités productives grâce à la coopération régionale

La Zone de Libre-Échange continentale africaine (ZLECAF) offre une plateforme unique pour renforcer les capacités productives des pays africains en encourageant la coopération régionale et en mobilisant les ressources nécessaires à l'industrialisation. Par des initiatives conjointes, la coopération entre les secteurs public et privé peut transformer les infrastructures économiques, moderniser les systèmes de production et positionner l'Afrique comme un acteur clé dans les chaînes de valeur régionales et mondiales.

***Partenariats public-privé pour l'industrialisation***

L'industrialisation, pierre angulaire du développement économique, nécessite des partenariats solides entre les gouvernements, les investisseurs privés et les institutions financières. La ZLECAF crée un cadre propice à ces collaborations en facilitant les investissements transfrontaliers et en harmonisant les politiques industrielles à l'échelle régionale.

- **Développement des zones économiques spéciales (ZES) :** Les ZES constituent une stratégie essentielle pour stimuler l'industrialisation. En identifiant des secteurs industriels clés tels que l'automobile, les textiles, ou les technologies numériques, les pays africains peuvent créer des pôles de production régionaux attractifs pour les investissements directs étrangers (IDE). Ces zones, dotées d'infrastructures modernes et d'incitations fiscales compétitives, permettent de concentrer les ressources et d'attirer des entreprises à forte valeur ajoutée.

  - *Exemple concret :* Des pays comme le Rwanda et l'Éthiopie ont déjà démontré l'efficacité des ZES pour développer des industries compétitives, en attirant des entreprises internationales dans les secteurs du textile et de l'agro-industrie. La ZLECAF pourrait élargir cette dynamique à l'ensemble du continent, en encourageant les collaborations régionales pour maximiser les avantages comparatifs des différents pays.

- **Renforcement des capacités de production locale :** Les partenariats public-privé peuvent également encourager la formation de la main-d'œuvre, l'adoption de technologies avancées, et l'amélioration de la qualité des produits. Ces efforts permettront de positionner les entreprises africaines comme des acteurs compétitifs sur les marchés mondiaux.

***Mobilisation des investissements dans les infrastructures***

L'industrialisation ne peut être pleinement réalisée sans des infrastructures solides. Les routes, les ports, l'électricité, et les télécommunications sont les piliers qui soutiennent la production et le commerce. La ZLECAF joue un rôle catalyseur en renforçant la confiance des investisseurs, en ouvrant des marchés plus vastes et en créant des opportunités pour des projets d'infrastructure à grande échelle.

- **Investissements dans les infrastructures énergétiques :** L'énergie est un moteur essentiel pour l'industrialisation. Cependant, de nombreuses régions africaines souffrent de pénuries chroniques d'électricité, ce qui freine les capacités de production. La ZLECAF peut favoriser la création de partenariats régionaux pour développer des projets énergétiques, notamment dans le domaine des énergies renouvelables, comme le solaire et l'éolien. Ces projets, en plus de répondre aux besoins industriels, contribuent à une croissance durable et respectueuse de l'environnement.

  - *Exemple concret :* Des initiatives comme le projet Desertec, qui vise à exploiter l'énergie solaire dans le Sahara pour alimenter l'Afrique et l'Europe, montrent le potentiel de coopération régionale en matière d'énergie. Des centrales solaires ou éoliennes régionales pourraient alimenter des zones industrielles, réduisant les coûts de production et augmentant la compétitivité des industries locales.

- **Développement des corridors logistiques :** Les investissements dans les corridors de transport régionaux, tels que les réseaux routiers et ferroviaires reliant les zones industrielles aux ports et aux marchés intérieurs, sont essentiels pour réduire les coûts logistiques. Une intégration accrue entre les pays membres de la ZLECAF pourrait transformer le commerce intra-africain, en assurant un acheminement fluide et efficace des produits finis.

**Vers une transformation productive grâce à la coopération**

En favorisant les partenariats public-privé et en mobilisant des investissements stratégiques, la ZLECAF peut transformer les capacités productives de l'Afrique. L'industrialisation, soutenue par des infrastructures modernes et des projets énergétiques ambitieux, permettra non seulement de diversifier les économies africaines, mais aussi de positionner le continent comme un moteur de croissance global.

***Partenariats public-privé pour dynamiser l'industrialisation***

La Zone de Libre-Échange continentale africaine (ZLECAF) constitue une plateforme idéale pour promouvoir des partenariats stratégiques entre les secteurs public et privé, un levier essentiel pour accélérer l'industrialisation du continent. Cette coopération régionale permet non seulement d'attirer des capitaux, mais également de moderniser les infrastructures industrielles et d'améliorer les systèmes de production à l'échelle continentale.

***Zones économiques spéciales (ZES) comme moteur de croissance industrielle :***

Les pays africains peuvent exploiter les opportunités offertes par la ZLECAF pour développer des zones économiques spéciales (ZES), des espaces dédiés à des industries stratégiques telles que l'automobile, les textiles ou la technologie. Ces zones, conçues pour attirer les investissements directs étrangers (IDE), offrent un cadre propice à la création de centres de production régionaux intégrés, favorisant ainsi l'innovation, la compétitivité et la création d'emplois qualifiés.

- **Exemple concret :** Une ZES axée sur l'industrie automobile pourrait regrouper des usines d'assemblage, des fournisseurs de pièces détachées, et des services logistiques, permettant ainsi aux pays de se positionner comme des hubs industriels régionaux. De même, une ZES orientée vers la technologie pourrait attirer des investissements dans les startups, la fabrication électronique ou les centres de données.

***Bénéfices pour l'Afrique***

- **Renforcement de la chaîne de valeur régionale :** Les ZES permettent de transformer les matières premières locales en produits finis ou semi-finis, augmentant ainsi la valeur ajoutée des exportations africaines.
- **Création d'emplois qualifiés :** Ces zones stimulent l'emploi dans des secteurs à forte valeur ajoutée, réduisant ainsi la dépendance à l'agriculture de subsistance ou aux industries informelles.
- **Transfert de compétences et de technologies :** Les IDE apportent non seulement des capitaux, mais aussi des savoir-faire techniques et managériaux, indispensables à la transformation industrielle.

***Mobilisation des investissements pour des infrastructures modernes***

L'industrialisation africaine, pour être efficace et durable, repose sur des infrastructures robustes et modernes, notamment dans les domaines du transport, de l'énergie, des télécommunications et de la logistique. La ZLECAF joue un rôle central en renforçant la confiance des investisseurs et en ouvrant l'accès à de nouveaux marchés, créant ainsi un cadre favorable à la mobilisation de capitaux pour des projets d'infrastructures d'envergure.

***Investissements dans les infrastructures de transport et logistiques***

Des réseaux de transport intégrés, incluant des routes modernes, des lignes ferroviaires, des ports de classe mondiale et des hubs logistiques, sont essentiels pour connecter les zones industrielles aux marchés régionaux et internationaux. Ces infrastructures permettent de réduire les coûts de transport, d'accélérer les délais de livraison et d'améliorer la compétitivité des produits africains.

- **Exemple :** Le développement de corridors logistiques transfrontaliers reliant les ports maritimes aux régions enclavées peut transformer des pays sans littoral, comme le Mali ou le Niger, en acteurs clés du commerce intra-africain.

***Infrastructure énergétique pour soutenir la production industrielle***

L'industrialisation nécessite une alimentation énergétique fiable et durable. En Afrique, où le potentiel des énergies renouvelables est immense, la ZLECAF peut servir de catalyseur pour développer des partenariats régionaux en faveur d'investissements massifs dans les infrastructures énergétiques.

- **Exemple :** La construction de centrales solaires dans les zones sahéliennes ou de parcs éoliens dans les régions côtières peut fournir une énergie propre et abordable aux zones industrielles. Ces initiatives, soutenues par des partenariats public-privé et des financements internationaux, renforcent la durabilité et réduisent la dépendance aux énergies fossiles.

***Effets multiplicateurs des investissements dans les infrastructures***

1. **Amélioration de la connectivité régionale :** Des infrastructures modernes favorisent les échanges commerciaux et l'intégration économique entre les pays africains.
2. **Augmentation de la productivité :** Des infrastructures fiables permettent aux entreprises de réduire leurs coûts opérationnels et d'améliorer leur compétitivité sur les marchés internationaux.
3. **Attraction des investisseurs :** La modernisation des infrastructures crée un environnement propice aux affaires, attirant davantage d'investissements étrangers et nationaux.

Les partenariats public-privé et la mobilisation d'investissements dans les infrastructures constituent des piliers essentiels pour l'industrialisation de l'Afrique dans le cadre de la ZLECAF. Ces initiatives, combinées à des zones économiques spéciales bien conçues et à des projets énergétiques innovants, offrent une opportunité unique de transformer le paysage économique du continent, renforçant ainsi sa compétitivité et son autonomie sur la scène mondiale.

### 5. Défis à surmonter pour l'industrialisation grâce à la ZLECAF

La Zone de Libre-Échange continentale africaine (ZLECAF) représente une opportunité sans précédent pour l'industrialisation du continent. En créant un marché unique et en stimulant les échanges intra-africains, elle pose les bases nécessaires pour une transformation économique durable. Toutefois, ce potentiel est freiné par des défis structurels et institutionnels que les pays africains doivent surmonter pour maximiser les bénéfices de cette initiative.

***Disparités dans les capacités industrielles***

L'Afrique est un continent marqué par de fortes disparités dans les capacités industrielles et productives de ses États membres. Certains pays, dotés d'industries relativement développées, sont mieux positionnés pour profiter des opportunités offertes par la ZLECAF. En revanche, d'autres, caractérisés par une faible industrialisation, des infrastructures limitées et un manque de main-d'œuvre qualifiée, risquent de ne pas tirer pleinement parti de cet accord.

**Enjeux**

- **Inégalités dans la structure industrielle :** Des économies principalement axées sur l'agriculture ou l'exploitation de matières premières ne disposent pas d'une base manufacturière suffisante pour participer aux chaînes de valeur régionales.
- **Main-d'œuvre insuffisamment formée :** Le manque de compétences techniques et managériales freine le développement des secteurs industriels dans de nombreux pays.
- **Accès limité aux technologies modernes :** Les technologies de production avancées restent inaccessibles à de nombreux pays, ce qui limite leur compétitivité sur les marchés régionaux et internationaux.

**Solutions**

- **Renforcement des capacités productives :** Investir dans la formation professionnelle et technique pour développer une main-d'œuvre qualifiée et adaptée aux besoins des industries modernes.
- **Modernisation technologique :** Encourager l'adoption de technologies de pointe par des incitations fiscales, des transferts de technologies et des partenariats internationaux.
- **Partenariats régionaux :** Promouvoir des collaborations industrielles entre pays africains pour compenser les disparités et encourager le partage de ressources et d'expertises.

***Infrastructures insuffisantes***

Le manque d'infrastructures adéquates reste un obstacle majeur à l'industrialisation en Afrique. Des infrastructures de transport défaillantes, des réseaux énergétiques instables et des services de télécommunications limités freinent la compétitivité industrielle et la fluidité des échanges commerciaux.

**Enjeux**

- **Transport :** Les routes, chemins de fer et ports sous-développés limitent l'acheminement des intrants et des produits finis vers les marchés locaux et régionaux.

- **Énergie :** Une fourniture d'électricité irrégulière et coûteuse rend les opérations industrielles peu fiables et inefficaces.
- **Télécommunications :** L'accès limité à des réseaux numériques robustes freine la transformation numérique des industries et leur intégration dans les chaînes de valeur modernes.

**Solutions**

- **Investissements massifs dans les infrastructures :** Prioriser les projets d'infrastructures régionales, notamment les corridors de transport, les centrales électriques et les réseaux de télécommunications.
- **Mobilisation de financements innovants :** Utiliser les partenariats public-privé (PPP), les fonds d'investissement régionaux et les financements internationaux pour développer des infrastructures adaptées.
- **Intégration des infrastructures régionales :** Renforcer la coopération entre les États pour construire des réseaux transfrontaliers efficaces et favoriser l'intégration économique.

***Vers une industrialisation durable grâce à la ZLECAF***

La ZLECAF peut agir comme un levier puissant pour transformer les économies africaines et renforcer leur base industrielle. En favorisant l'émergence d'un marché continental, elle crée des opportunités pour les industries locales d'élargir leur production, de réduire leur dépendance aux importations, et de s'intégrer aux chaînes de valeur régionales.

**Actions nécessaires**

- **Développement des chaînes de valeur régionales :** Encourager la spécialisation et la complémentarité industrielle entre les pays pour maximiser les avantages comparatifs.
- **Renforcement des capacités institutionnelles :** Accompagner les gouvernements dans la mise en œuvre de politiques industrielles cohérentes et adaptées aux réalités locales.
- **Approche inclusive :** Veiller à ce que les bénéfices de l'industrialisation profitent à toutes les couches de la société, notamment aux femmes et aux jeunes, en favorisant l'entrepreneuriat et l'accès à l'emploi.

L'industrialisation grâce à la ZLECAF est un projet ambitieux mais réalisable, à condition que les gouvernements africains s'engagent dans une démarche proactive pour surmonter les défis structurels, investir dans leurs infrastructures, et construire une base industrielle solide et compétitive.

### B. Les Secteurs stratégiques à développer dans le cadre de la ZLECAF : Agro-industrie, Textile, et Autres Secteurs Clés

La Zone de Libre-Échange continentale africaine (ZLECAF) représente une initiative historique pour favoriser la croissance économique du continent. En supprimant les barrières tarifaires et non tarifaires, cet accord vise à dynamiser les échanges intra-africains, à promouvoir l'industrialisation, et à renforcer la compétitivité des produits africains sur les marchés mondiaux. Parmi les secteurs stratégiques susceptibles de jouer un rôle central dans cette transformation économique, l'agro-industrie se démarque par son potentiel exceptionnel. Forte de ses vastes ressources agricoles et d'une population majoritairement engagée dans l'agriculture, l'Afrique dispose d'atouts considérables pour développer une agro-industrie florissante capable de maximiser la valeur ajoutée des produits agricoles, de créer des emplois, et de garantir une croissance inclusive et durable.

#### 1. L'Agro-Industrie : Maximiser la Valeur ajoutée de la Production agricole

L'agro-industrie occupe une place stratégique dans les économies africaines. Pourtant, une grande partie de la production agricole est encore exportée sous forme brute, privant le continent des bénéfices liés à la transformation locale. La ZLECAF offre une opportunité unique de restructurer les chaînes de valeur agricoles pour qu'elles créent davantage de richesses localement, tout en répondant aux besoins croissants des marchés africains et internationaux.

***Transformation des produits agricoles***

Plutôt que de se limiter à l'exportation de matières premières, les pays africains peuvent tirer parti de la ZLECAF pour développer des industries de transformation. Ces industries permettent non seulement de générer une valeur ajoutée importante, mais aussi de répondre à la demande croissante des consommateurs pour des produits transformés localement.

**Exemple :** Le Sénégal, grand producteur d'arachides, pourrait investir dans le développement d'industries de transformation pour produire de l'huile d'arachide, du beurre d'arachide, et d'autres produits alimentaires dérivés. Ces produits transformés, non seulement destinés aux marchés locaux et régionaux, pourraient également conquérir des parts de marché à l'international, tout en stimulant l'emploi et les revenus au niveau national.

### *Chaînes de valeur régionale en agro-industrie*

La ZLECAF encourage la collaboration entre les pays africains pour développer des chaînes de valeur régionales. Chaque pays peut se spécialiser dans une étape spécifique du processus agro-industriel, créant ainsi des synergies qui renforcent la compétitivité collective des produits africains.

**Exemple :** Les pays producteurs de cacao comme la Côte d'Ivoire et le Ghana, leaders mondiaux dans ce domaine, pourraient intensifier la transformation locale pour produire du chocolat et d'autres produits finis. Ces initiatives pourraient s'accompagner d'un soutien logistique ou technique de pays voisins spécialisés dans la distribution, l'emballage, ou l'exportation, permettant ainsi de maximiser les bénéfices de la chaîne de valeur.

### *Développement de l'Agro-Technologie et des Innovations*

Pour garantir la durabilité et l'efficacité de l'agro-industrie, l'innovation technologique est indispensable. L'adoption de technologies modernes peut augmenter la productivité agricole, améliorer la qualité des produits transformés, et réduire l'impact environnemental des pratiques agricoles.

**Exemple :** L'utilisation de drones pour surveiller les cultures, de systèmes d'irrigation goutte-à-goutte pour économiser l'eau, ou de logiciels avancés pour gérer la chaîne d'approvisionnement peut transformer la manière dont l'agro-industrie opère en Afrique. Ces innovations permettent aux agriculteurs et aux industriels de maximiser leur efficacité tout en répondant aux standards internationaux de qualité et de durabilité.

### *Un Tremplin pour la Croissance inclusive et durable*

Le développement de l'agro-industrie dans le cadre de la ZLECAF ne se limite pas à l'aspect économique : il contribue également à des objectifs sociaux et environnementaux. En stimulant l'emploi rural, en réduisant les pertes post-récolte, et en renforçant la sécurité alimentaire, l'agro-industrie peut devenir un véritable moteur de transformation pour le continent. De plus, en valorisant des pratiques agricoles durables et innovantes, l'Afrique peut non seulement répondre aux défis climatiques, mais aussi s'imposer comme un acteur clé dans la transition vers une économie mondiale plus verte.

La ZLECAF offre ainsi un cadre idéal pour maximiser le potentiel de l'agro-industrie africaine, transformant des défis structurels en opportunités stratégiques. Grâce à une coopération renforcée, des investissements ciblés, et une adoption généralisée de l'innovation, l'Afrique peut repositionner son agro-industrie comme un pilier incontournable de son développement économique et de sa compétitivité mondiale.

**2. Le textile et l'habillement : Un secteur stratégique à forte intensité de main-d'œuvre**

L'industrie du textile et de l'habillement représente une opportunité majeure pour les économies africaines, grâce à son fort potentiel de création d'emplois et à son rôle clé dans l'industrialisation. Ce secteur, particulièrement accessible en raison de l'abondance de la main-d'œuvre et des coûts de production compétitifs, peut devenir un levier de transformation économique dans le cadre de la Zone de Libre-Échange continentale africaine (ZLECAF).

***Développement des capacités locales de production***

Pour tirer pleinement parti de ce secteur, les pays africains doivent investir dans le renforcement de leurs capacités locales à produire des textiles et des vêtements à haute valeur ajoutée. Cela inclut :

- **Modernisation des infrastructures industrielles :** La mise à niveau des usines de textile, avec l'introduction de technologies modernes et plus efficaces, est essentielle pour accroître la compétitivité de l'Afrique sur les marchés mondiaux.
- **Formation de la main-d'œuvre :** Le développement d'un vivier de travailleurs qualifiés, notamment parmi les jeunes et les femmes, est crucial pour répondre aux exigences des grandes marques internationales et des consommateurs locaux.
- **Création de clusters industriels :** La formation de zones économiques dédiées au textile et à l'habillement, associant entreprises, universités, et centres de recherche, peut stimuler l'innovation et favoriser des économies d'échelle.

**Exemple :** Le Maroc et l'Éthiopie se distinguent déjà comme des hubs de production textile pour des marques internationales. Ces pays peuvent approfondir leur position en créant des clusters régionaux et en collaborant avec d'autres pays africains pour développer des chaînes de valeur locales. Par exemple, l'Éthiopie, avec son faible coût énergétique, peut attirer davantage d'investissements dans le textile.

*Chaînes de valeur intégrées pour les fibres naturelles*

L'Afrique possède une abondance de matières premières textiles, notamment le coton, la laine, et le lin. Toutefois, ces ressources sont souvent exportées sous forme brute, privant le continent de la valeur ajoutée qui pourrait être générée par leur transformation locale.

- **Transformation locale des fibres :** La ZLECAF offre une plateforme pour intégrer les chaînes de valeur et stimuler la transformation locale des matières premières. Les producteurs de coton, par exemple, peuvent collaborer avec des usines de filature et de confection pour produire des textiles et vêtements finis.
- **Développement régional :** Des partenariats entre pays africains pourraient permettre de répartir les étapes de production selon les avantages comparatifs de chacun. Par exemple, un pays producteur de coton pourrait alimenter des usines de filature dans un autre pays disposant d'une infrastructure industrielle plus développée.

**Exemple :** En Afrique de l'Ouest, des pays comme le Mali et le Burkina Faso, parmi les plus grands producteurs de coton, pourraient développer des filatures et des ateliers de confection pour produire des tissus ou vêtements finis, destinés aux marchés africains et internationaux. Cette stratégie permettrait non seulement de réduire les exportations de fibres brutes, mais aussi de stimuler l'emploi local.

*Mode éthique et durable*

Face à une demande mondiale **croissante** pour des produits éthiques et écologiquement durables, l'Afrique a une opportunité unique de se positionner comme un leader dans la production textile respectueuse de l'environnement. Ce positionnement peut être renforcé par :

- **Utilisation de fibres naturelles :** La production de textiles à partir de coton biologique, de laine et d'autres fibres locales, cultivées de manière durable, peut répondre aux attentes des consommateurs soucieux de l'environnement.
- **Teintures non toxiques et pratiques éthiques :** En adoptant des procédés de teinture et de production non polluants, les entreprises africaines peuvent attirer des marchés sensibles aux enjeux environnementaux, notamment en Europe et en Amérique du Nord.
- **Valorisation des savoir-faire artisanaux :** Les techniques textiles traditionnelles, associées à une démarche écoresponsable, offrent une différenciation unique pour conquérir des marchés haut de gamme.

**Exemple :** Les artisans africains, spécialisés dans des techniques comme le tissage manuel et l'utilisation de teintures naturelles, peuvent répondre à la demande mondiale de vêtements écologiques. Des marques internationales pourraient collaborer avec des coopératives locales pour produire des collections éthiques qui valorisent l'histoire et le savoir-faire africains.

L'industrie du textile et de l'habillement en Afrique, riche en potentiel de transformation économique, constitue une voie stratégique pour stimuler l'emploi, renforcer l'industrialisation et conquérir de nouveaux marchés. Grâce à la ZLECAF, les pays africains peuvent développer des chaînes de valeur intégrées, moderniser leurs capacités de production, et s'appuyer sur leurs ressources naturelles pour produire des textiles et vêtements compétitifs. En adoptant une démarche écoresponsable, l'Afrique peut également se positionner comme un acteur incontournable dans l'industrie mondiale de la mode durable.

***Renforcement de la production locale de médicaments***

La mise en œuvre de la Zone de Libre-Échange continentale africaine (ZLECAF) offre une opportunité historique de développer des capacités locales pour la production de médicaments génériques et essentiels. En promouvant une collaboration interétatique, les pays africains peuvent établir des industries pharmaceutiques régionales capables de répondre efficacement aux besoins de santé de leurs populations. Ces industries viseraient à produire des médicaments accessibles, tout en garantissant des standards élevés de qualité.

***Opportunité***

Le développement de la production locale permettrait non seulement de réduire la dépendance aux importations de médicaments coûteux en provenance d'autres continents, mais aussi de répondre aux besoins spécifiques de santé publique en Afrique, comme la lutte contre le paludisme, le VIH/SIDA ou les maladies chroniques. Cela créerait également des emplois qualifiés et stimulerait l'innovation dans le secteur pharmaceutique.

***Exemple***

L'Afrique du Sud, avec son secteur pharmaceutique relativement avancé, pourrait devenir un pôle de production majeur pour le continent. En intégrant les capacités de production de matières premières pharmaceutiques dans d'autres pays africains, comme le Nigeria ou le Kenya, une véritable chaîne de valeur régionale pourrait émerger, permettant de mutualiser les ressources et de renforcer l'autonomie sanitaire de l'Afrique.

***Investissements dans le développement de vaccins et produits biotechnologiques***

La pandémie de COVID-19 a mis en évidence l'urgence pour l'Afrique de produire localement des vaccins et autres produits biotechnologiques essentiels. La ZLECAF pourrait jouer un rôle stratégique dans la promotion d'investissements dans la recherche et le développement (R&D), en associant gouvernements, institutions internationales et secteur privé pour bâtir une industrie biotechnologique robuste.

*Perspectives :*

Un tel développement nécessiterait des partenariats scientifiques et financiers solides, ainsi qu'un transfert de technologies depuis des pays disposant d'une expertise avancée. La production de vaccins localement permettrait de réduire les délais d'approvisionnement, d'accroître l'autonomie sanitaire et de répondre rapidement aux urgences sanitaires régionales.

*Exemple :*

Le Sénégal, qui héberge l'Institut Pasteur de Dakar, constitue un acteur clé pour la production de vaccins en Afrique de l'Ouest. En collaboration avec des pays voisins, comme la Côte d'Ivoire et le Ghana, le Sénégal pourrait renforcer sa capacité de fabrication de vaccins tout en s'appuyant sur des réseaux régionaux pour développer des infrastructures de biotechnologie. Ce partenariat favoriserait également la création d'emplois hautement qualifiés dans le domaine scientifique.

***Facilitation des échanges de produits pharmaceutiques***

La ZLECAF offre une opportunité inédite pour réduire les barrières commerciales entravant l'exportation et l'importation de produits pharmaceutiques entre les pays africains. Une harmonisation des normes pharmaceutiques, combinée à une simplification des procédures administratives, pourrait transformer l'accès aux médicaments essentiels sur l'ensemble du continent.

*Impact :*

En facilitant les échanges intra-africains de produits pharmaceutiques, les pays disposant d'infrastructures de production sous-développées pourraient bénéficier d'un meilleur approvisionnement en médicaments abordables et de qualité. Cela réduirait également les coûts pour les patients et les systèmes de santé nationaux, tout en stimulant le commerce régional.

*Exemple :*

Un médicament produit en Afrique du Sud ou au Maroc pourrait être exporté sans encombre vers des pays enclavés comme le Burkina Faso ou le Mali grâce à des corridors logistiques efficaces et à la suppression des droits de douane. La collaboration au sein de la ZLECAF permettrait également de coordonner les réglementations pharmaceutiques, garantissant des standards uniformes de qualité et de sécurité.

Le développement d'une industrie pharmaceutique africaine intégrée, soutenue par la ZLECAF, est une étape cruciale pour améliorer l'accès à des soins de santé abordables et durables sur le continent. En renforçant la production locale, en investissant dans la biotechnologie et en facilitant les échanges commerciaux, l'Afrique pourrait non seulement relever ses défis sanitaires, mais aussi devenir un acteur compétitif sur le marché pharmaceutique mondial.

### 4. Les énergies renouvelables : Pilier d'une industrialisation verte

Le continent africain regorge de ressources en énergies renouvelables, telles que le solaire, l'éolien, l'hydroélectricité, et plus récemment la géothermie. Ces ressources, encore largement sous-exploitées, offrent une opportunité unique de soutenir une industrialisation durable tout en réduisant l'empreinte carbone du continent. La transition vers une économie verte peut non seulement positionner l'Afrique comme un leader mondial dans la lutte contre le changement climatique, mais également stimuler la croissance économique et créer des millions d'emplois dans les secteurs de l'énergie et de l'industrie.

#### *Développement d'une industrie africaine des énergies renouvelables*

L'émergence d'une industrie panafricaine spécialisée dans la production d'équipements pour les énergies renouvelables représente un levier essentiel pour l'industrialisation du continent. La ZLECAF, en éliminant les barrières tarifaires et en favorisant l'intégration économique, offre un cadre idéal pour établir des chaînes de valeur régionales dédiées à la fabrication et à la distribution de technologies vertes.

- **Fabrication locale d'équipements :** Le développement d'unités de production de panneaux solaires, de turbines éoliennes, et de batteries pour le stockage d'énergie permettrait de réduire la dépendance aux importations tout en favorisant la création d'emplois locaux. Des partenariats stratégiques entre pays africains dotés de ressources technologiques et ceux disposant de matières premières, comme le cobalt et le lithium, pourraient stimuler la production d'équipements énergétiques de pointe.

- **Exemple de collaboration :** Le Maroc, leader africain dans l'énergie solaire grâce à des projets phares comme Noor Ouarzazate, pourrait collaborer avec l'Égypte, qui dispose d'une expertise industrielle, et le Kenya, riche en ressources géothermiques, pour concevoir une chaîne de valeur continentale dédiée à la production et à la distribution de technologies solaires et éoliennes.

***Intégration des énergies renouvelables dans les infrastructures industrielles***

Pour accompagner la transition énergétique et favoriser une industrialisation verte, les pays africains doivent intégrer les énergies renouvelables dans leurs infrastructures industrielles et économiques. Cette démarche peut réduire les coûts énergétiques, attirer des investissements étrangers, et positionner les produits africains comme des alternatives durables sur les marchés mondiaux.

- **Zones économiques alimentées par des énergies renouvelables :** Les zones économiques spéciales (ZES) dédiées à l'industrie manufacturière ou à l'agro-industrie pourraient être alimentées par des sources d'énergie verte, comme des parcs solaires ou éoliens à proximité. Une telle approche contribuerait à la durabilité environnementale tout en renforçant la compétitivité des entreprises africaines sur les marchés internationaux.

- **Avantages économiques et environnementaux :** L'utilisation des énergies renouvelables dans les zones industrielles permettrait de réduire les coûts énergétiques, souvent élevés en Afrique en raison de la dépendance aux carburants fossiles importés. En outre, elle renforcerait la résilience énergétique des industries face aux fluctuations des prix du pétrole et aux pénuries d'énergie, tout en réduisant les émissions de gaz à effet de serre.

- **Exemple de projet intégré :** En Afrique de l'Est, une collaboration entre l'Éthiopie et le Kenya pourrait permettre de développer des ZES alimentées par des barrages hydroélectriques, couplés à des parcs solaires. Ces projets renforceraient l'intégration régionale et offriraient des opportunités de formation et d'emploi pour les populations locales.

### *Opportunités pour les exportations d'énergie verte*

L'Afrique a également le potentiel de devenir un exportateur majeur d'énergies renouvelables. Les excédents de production, notamment dans le solaire et l'éolien, pourraient être exportés vers d'autres régions du monde grâce à des projets de coopération énergétique.

- **Infrastructures transfrontalières :** La mise en place de réseaux électriques transfrontaliers, connectant les pays disposant d'un surplus d'énergie renouvelable à ceux en déficit énergétique, renforcerait l'intégration régionale et offrirait des débouchés commerciaux pour les producteurs africains.
- **Attractivité pour les investisseurs étrangers :** Les projets d'énergie renouvelable à grande échelle, comme le Trans-Saharan Solar Corridor, pourraient attirer des investissements étrangers massifs et positionner l'Afrique comme un fournisseur clé d'énergie propre pour l'Europe et le Moyen-Orient.

L'essor des énergies renouvelables en Afrique constitue une opportunité inédite pour impulser une industrialisation verte, durable et inclusive. En s'appuyant sur la ZLECAF pour promouvoir la coopération régionale, harmoniser les politiques énergétiques et développer des infrastructures communes, les pays africains peuvent non seulement répondre à leurs besoins énergétiques, mais aussi jouer un rôle de premier plan dans la transition énergétique mondiale. Cette démarche, conjuguée à des investissements dans la recherche, la formation et les technologies, pourrait transformer l'Afrique en un modèle d'industrialisation durable et respectueuse de l'environnement.

## 5. Les technologies de l'information et de la communication (TIC) : Un levier pour l'innovation numérique

Le secteur des technologies de l'information et de la communication (TIC) se positionne comme l'un des moteurs les plus prometteurs de la transformation économique en Afrique. Avec des pôles technologiques florissants dans des pays comme le Kenya, le Nigeria et le Rwanda, l'Afrique est en passe de devenir un acteur incontournable de l'économie numérique mondiale. Dans ce contexte, la Zone de Libre-Échange continentale africaine (ZLECAF) représente une opportunité inédite pour accélérer l'essor des TIC en favorisant l'innovation, l'entrepreneuriat numérique, et l'intégration technologique au sein des chaînes de valeur industrielles.

***Développement des services numériques : une impulsion pour l'économie digitale***

La ZLECAF peut jouer un rôle stratégique dans l'expansion des services numériques à travers le continent, en harmonisant les réglementations, en favorisant la standardisation des cadres juridiques, et en soutenant le déploiement d'infrastructures numériques modernes.

- **Commerce électronique :** L'harmonisation des politiques numériques entre les pays africains ouvre la voie au développement d'un marché continental du commerce électronique. Les plateformes de vente en ligne peuvent ainsi faciliter les échanges transfrontaliers, permettant aux petites et moyennes entreprises (PME) africaines d'accéder directement à une clientèle élargie. Cette dynamique réduit les barrières géographiques, abaisse les coûts de transaction, et offre aux entrepreneurs des opportunités de croissance à l'échelle régionale.

**Exemple :** Une PME sénégalaise spécialisée dans les produits artisanaux peut vendre ses créations directement à des consommateurs en Afrique du Sud ou au Maroc via une plateforme numérique, sans passer par des intermédiaires coûteux.

- **Services fintech et cloud :** L'intégration régionale promue par la ZLECAF favorise également l'expansion des services financiers numériques (fintech) et des solutions cloud, essentiels pour stimuler les entreprises. Les fintechs permettent une inclusion financière accrue, particulièrement dans les zones rurales, tandis que les solutions cloud renforcent l'efficacité opérationnelle des entreprises en réduisant leurs coûts d'infrastructure.

**Exemple** : Une startup rwandaise spécialisée dans les paiements mobiles peut élargir ses services à d'autres pays africains grâce à un cadre réglementaire harmonisé, tout en utilisant des solutions cloud pour optimiser ses opérations.

***Formation et renforcement des compétences numériques : bâtir un capital humain pour l'innovation***

Pour que l'Afrique tire pleinement parti de son potentiel numérique, il est impératif d'investir massivement dans la formation et le développement des compétences technologiques. La création d'une main-d'œuvre qualifiée et agile est la clé pour soutenir une croissance durable du secteur des TIC.

- **Éducation et programmes de formation :** Des initiatives visant à enseigner des compétences clés comme le codage, la gestion des données, l'intelligence artificielle, et la cybersécurité sont essentielles pour répondre aux besoins croissants de l'économie numérique. Ces programmes peuvent être déployés via des partenariats entre les gouvernements, le secteur privé, et les institutions internationales.

**Exemple** *:* Un programme panafricain de formation en codage, soutenu par la ZLECAF, pourrait former des milliers de jeunes à travers le continent, favorisant ainsi l'émergence d'une nouvelle génération d'entrepreneurs et d'innovateurs.

- **Appui aux entrepreneurs numériques :** Encourager les incubateurs technologiques et les hubs d'innovation dans les grandes villes et les zones rurales peut créer un écosystème propice à la créativité et à la collaboration. Ces structures permettent aux startups d'accéder à des mentors, à des ressources technologiques, et à des opportunités de financement.

***Les TIC au cœur de la transformation économique africaine***

Le secteur des TIC constitue un levier stratégique pour la diversification économique, la création d'emplois, et l'amélioration de la compétitivité globale du continent. En favorisant l'adoption des technologies numériques, la ZLECAF peut catalyser l'industrialisation de l'Afrique, non seulement dans les TIC elles-mêmes, mais également en intégrant ces technologies dans des secteurs clés tels que l'agro-industrie, les énergies renouvelables, et l'industrie manufacturière.

L'émergence d'un écosystème numérique robuste en Afrique est une condition sine qua non pour faire du continent un acteur majeur sur la scène économique mondiale. Par l'innovation technologique, l'harmonisation des cadres réglementaires, et l'investissement dans le capital humain, la ZLECAF peut transformer les défis actuels en opportunités tangibles pour assurer une croissance durable et inclusive.

## C. L'Industrialisation verte : une révolution durable pour l'Afrique

L'industrialisation verte, reposant sur une transition vers une économie à faible émission de carbone et respectueuse de l'environnement, représente une occasion exceptionnelle pour l'Afrique de conjuguer développement économique, préservation de ses ressources naturelles et réduction de son empreinte écologique. Dans le cadre de la Zone de Libre-Échange continentale africaine (ZLECAF), cette approche pourrait transformer les industries du continent en catalyseurs de croissance durable, tout en renforçant leur compétitivité à l'échelle mondiale et en contribuant à la lutte contre le changement climatique.

Ce paradigme de transformation offre d'immenses opportunités, mais il impose également des défis que l'Afrique devra surmonter pour pleinement profiter des avantages de cette transition.

**1. Opportunités de l'Industrialisation verte**

***Développement d'industries propres et durables***

L'industrialisation verte ouvre la voie à des industries qui, tout en minimisant leur impact environnemental, optimisent l'utilisation des ressources naturelles. L'Afrique possède un potentiel considérable dans des secteurs tels que les énergies renouvelables, l'économie circulaire, et la gestion durable des ressources.

- **Énergies renouvelables :** Le continent bénéficie d'un ensoleillement abondant, de vents constants et d'un réseau hydrographique riche, en faisant un terrain fertile pour l'exploitation des énergies renouvelables. La transition énergétique pourrait réduire la dépendance aux combustibles fossiles tout en répondant aux besoins croissants d'énergie propre.

  - **Exemple :** Le Maroc, avec la centrale solaire Noor à Ouarzazate, démontre qu'un investissement stratégique dans les énergies renouvelables peut attirer des financements internationaux tout en réduisant l'empreinte carbone.

- **Recyclage et économie circulaire :** L'économie circulaire transforme les déchets en ressources, créant ainsi de nouvelles chaînes de valeur. Le recyclage des plastiques, des métaux ou des déchets organiques pourrait non seulement réduire les volumes de déchets, mais aussi stimuler des secteurs industriels innovants et durables.

***Création d'emplois verts***

La transition vers une industrialisation verte génère des emplois dans des secteurs émergents, qui offrent une stabilité et une résilience accrues face aux crises économiques.

- **Énergies renouvelables :** L'installation et la maintenance des infrastructures solaires, éoliennes et hydroélectriques nécessitent une main-d'œuvre qualifiée. Ces projets pourraient offrir des millions d'emplois aux jeunes Africains, tout en renforçant l'indépendance énergétique du continent.

- **Construction durable :** Les normes de construction écologique favorisent des projets qui intègrent des techniques innovantes pour économiser l'énergie et réduire les émissions. Architectes, ingénieurs et ouvriers spécialisés trouveront de nombreuses opportunités dans ce secteur.

*Amélioration de la compétitivité internationale*

Les marchés mondiaux se tournent de plus en plus vers des produits et services durables. L'Afrique, en adoptant des pratiques écologiques dans ses industries, peut répondre à cette demande croissante et renforcer son positionnement.

- **Textile durable :** L'utilisation de fibres naturelles, combinée à des processus de production écologiques, permettrait à l'Afrique de se positionner comme un acteur majeur dans le secteur du textile écoresponsable.
- **Technologies propres :** La production de batteries pour véhicules électriques, de panneaux solaires ou d'équipements d'efficacité énergétique pourrait faire du continent un leader dans les industries à faible émission de carbone.

*Attirer les investissements verts*

Avec une attention croissante portée aux enjeux climatiques, les financements internationaux se dirigent de plus en plus vers des projets respectueux de l'environnement.

- **Financements climatiques :** Des institutions comme la Banque africaine de développement (BAD) ou le Fonds vert pour le climat soutiennent activement des initiatives industrielles vertes. Ces fonds permettent de réduire les coûts d'investissement pour les pays africains.
- **Obligations vertes :** Ces instruments financiers, qui permettent de lever des fonds pour des projets respectueux de l'environnement, se développent rapidement en Afrique. Des pays comme le Maroc et l'Égypte montrent la voie en finançant des infrastructures renouvelables via ces mécanismes.

**Défis à surmonter :**

Si les opportunités sont prometteuses, plusieurs défis devront être relevés pour assurer une transition réussie vers une industrialisation verte en Afrique.

- **Financements insuffisants :** Les projets verts nécessitent des investissements initiaux importants. Mobiliser des ressources financières, tout en évitant un endettement excessif, demeure un défi majeur pour de nombreux pays africains.
- **Manque de capacités techniques :** Le développement de technologies vertes exige des compétences spécifiques. Investir dans la formation et la recherche est essentiel pour combler ce déficit.
- **Infrastructures limitées :** La faiblesse des infrastructures de base, comme les réseaux électriques et les systèmes de transport, peut ralentir le déploiement des projets verts.
- **Résistance au changement :** La transition vers une économie verte nécessite un changement de paradigme. Les industries traditionnelles, souvent ancrées dans des pratiques non durables, peuvent opposer une résistance, nécessitant des politiques incitatives fortes.

**Une Vision pour l'Avenir**

L'industrialisation verte offre à l'Afrique une opportunité inédite de se positionner en tête de la transition vers une économie durable. En intégrant les principes de durabilité dans ses industries, le continent peut non seulement répondre aux défis environnementaux, mais également transformer ses économies en moteurs de croissance inclusive et résiliente. Avec des stratégies coordonnées, des financements innovants et un engagement politique fort, l'Afrique peut devenir un modèle mondial d'industrialisation responsable, ouvrant ainsi la voie à un avenir prospère et durable.

## 2. Secteurs stratégiques pour l'Industrialisation verte en Afrique

L'industrialisation verte constitue une opportunité majeure pour l'Afrique, en conciliant croissance économique et préservation de l'environnement. En s'appuyant sur des secteurs clés, le continent peut adopter un modèle de développement durable, capable de répondre aux besoins d'une population en forte expansion tout en limitant son empreinte écologique. Parmi ces secteurs, les énergies renouvelables, la construction durable, l'agriculture respectueuse de l'environnement, et la gestion des déchets jouent un rôle central.

***Énergies renouvelables : le pilier d'une transition verte***

L'Afrique est riche en ressources naturelles qui offrent un potentiel immense pour le développement des énergies renouvelables. La solarité abondante, les vents côtiers et les ressources hydrographiques du continent en font un territoire idéal pour une révolution énergétique verte.

- **Exemple : L'énergie solaire comme levier de transformation** L'Afrique bénéficie de l'un des plus forts taux d'ensoleillement au monde, avec plus de 300 jours de soleil par an dans de nombreuses régions. Ce potentiel inestimable peut être exploité à travers la construction de **fermes solaires** à grande échelle et de **micro-réseaux solaires communautaires**. Ces infrastructures permettent d'alimenter les zones rurales, souvent dépourvues de réseau électrique, tout en réduisant la dépendance aux énergies fossiles. L'intégration de batteries de stockage peut également assurer une fourniture continue, même en dehors des heures d'ensoleillement.

- **Impact :** En investissant dans les énergies renouvelables, les pays africains peuvent non seulement réduire leurs émissions de carbone, mais aussi générer des opportunités d'emploi dans les technologies solaires, éoliennes et hydrauliques, tout en devenant exportateurs d'énergie verte.

***Industrie de la Construction durable : Réinventer l'Urbanisation***

Avec une croissance démographique rapide et une urbanisation galopante, l'Afrique doit répondre à une demande croissante d'infrastructures et de logements. Cependant, cette expansion urbaine ne peut se faire au détriment de l'environnement. L'adoption de normes de construction durable est essentielle pour réduire l'impact écologique de la croissance des villes.

- **Exemple : Les bâtiments verts, une nécessité pour les villes africaines**Les **bâtiments verts** utilisent des matériaux écologiques, comme le bois issu de forêts certifiées, ou des briques en terre stabilisée, tout en intégrant des systèmes d'énergie renouvelable comme les panneaux solaires et les systèmes de récupération d'eau de pluie. Ces bâtiments sont conçus pour maximiser l'efficacité énergétique, réduisant ainsi les émissions de gaz à effet de serre.

- **Impact :** En adoptant des techniques de construction durable, l'Afrique peut limiter la consommation énergétique de ses villes en plein essor tout en améliorant le confort et la qualité de vie des habitants.

***Agriculture durable et agro-industrie écologique***

L'agriculture est au cœur des économies africaines, mais les méthodes intensives traditionnelles épuisent les sols et contribuent à la déforestation. En adoptant des pratiques agricoles durables, le continent peut augmenter ses rendements tout en préservant ses ressources naturelles.

• **Exemple : L'agro-industrie verte, un moteur de transformation rurale**

• La transformation durable des matières premières agricoles, comme le cacao, le café ou le coton, peut être réalisée avec des équipements économes en énergie et respectueux de l'environnement. Par ailleurs, des pratiques comme l'**agroécologie** et l'**agroforesterie** permettent de cultiver tout en protégeant les sols et la biodiversité.

• **Impact :** En valorisant les produits agricoles localement et en adoptant des technologies vertes, l'agro-industrie africaine peut devenir plus compétitive sur les marchés internationaux tout en améliorant les revenus des agriculteurs.

***Technologies de recyclage et gestion des déchets***

La gestion des déchets constitue un défi majeur pour l'Afrique, mais elle offre également des opportunités pour une économie circulaire qui valorise les déchets comme ressource.

• **Exemple : Recyclage des plastiques, une solution innovante :** Des initiatives comme celles du **Rwanda**, qui a interdit les plastiques à usage unique, montrent la voie. Le développement d'industries spécialisées dans le **recyclage des plastiques** permet de produire de nouvelles matières premières pour l'industrie locale, tout en réduisant la pollution.

• **Impact :** Le recyclage des déchets crée de nouveaux emplois, réduit la pollution et alimente les chaînes de production locales avec des matériaux réutilisables, renforçant ainsi l'économie circulaire.

**Perspectives pour l'Avenir**

L'industrialisation verte offre à l'Afrique une chance unique de se positionner comme un acteur majeur de l'économie durable mondiale. En exploitant ses ressources naturelles de manière responsable et en investissant dans des technologies vertes, le continent peut non seulement répondre à ses propres besoins énergétiques et industriels, mais aussi jouer un rôle clé dans la lutte mondiale contre le changement climatique. Une stratégie intégrée, soutenue par des politiques publiques ambitieuses et des partenariats internationaux, est essentielle pour faire de ces secteurs moteurs une réalité.

**3. Défis à surmonter pour une industrialisation verte**

L'industrialisation verte offre à l'Afrique une opportunité historique de concilier croissance économique, préservation environnementale, et engagement dans la lutte mondiale contre le changement climatique. Cependant, cette transition vers des industries durables est semée de nombreux défis structurels, financiers, et humains. Identifier ces obstacles et leur trouver des solutions adaptées est essentiel pour transformer cette vision en réalité.

*Accès aux financements : le nerf de la transition verte*

L'un des défis les plus pressants pour l'industrialisation verte en Afrique est l'accès au financement. Les projets industriels écologiques nécessitent généralement des investissements initiaux conséquents pour développer des technologies durables, moderniser les équipements et construire des infrastructures respectueuses de l'environnement. Malheureusement, les institutions financières locales, souvent limitées par des ressources insuffisantes et un manque d'expertise dans les projets verts, peinent à répondre à ces besoins.

**Solutions proposées :**

- **Mobilisation des financements verts internationaux :** Les gouvernements africains doivent collaborer étroitement avec des institutions telles que la Banque africaine de développement (BAD), le Fonds vert pour le climat, et d'autres bailleurs internationaux pour obtenir des financements destinés à soutenir des projets verts.
- **Mise en place de cadres réglementaires attractifs :** Des politiques incitatives, telles que des avantages fiscaux pour les investisseurs verts, des subventions pour les énergies renouvelables, et des garanties de prêt, peuvent attirer les capitaux privés vers des secteurs durables.
- **Développement de fonds nationaux dédiés :** La création de fonds nationaux pour l'innovation verte pourrait encourager l'investissement local et soutenir les PME impliquées dans des projets industriels verts.

*Infrastructures insuffisantes : une base à renforcer*

Le manque d'infrastructures de base constitue un frein majeur à la mise en œuvre de l'industrialisation verte. L'insuffisance des réseaux énergétiques fiables, des systèmes de transport durables et des infrastructures hydrauliques limite la capacité des industries vertes à prospérer.

**Solutions proposées :**

- **Investir dans des infrastructures intelligentes et résilientes :** Développer des réseaux électriques intelligents pour intégrer les énergies renouvelables, tels que le solaire et l'éolien, dans le mix énergétique, tout en minimisant les pertes et en optimisant l'efficacité énergétique.

- **Développer des transports écologiques :** Encourager les infrastructures de transport durable, comme les systèmes de transport en commun électriques ou les réseaux ferroviaires modernisés, pour réduire l'empreinte carbone liée à la logistique industrielle.
- **Renforcer l'accès à l'eau durable :** Développer des systèmes de gestion et de recyclage de l'eau adaptés aux besoins industriels pour limiter les impacts environnementaux et assurer une ressource essentielle à long terme.

***Formation et compétences techniques : préparer la main-d'œuvre du futur***

La transition vers une économie verte nécessite une main-d'œuvre hautement qualifiée, dotée de compétences techniques spécifiques dans des domaines tels que les énergies renouvelables, la gestion des déchets, l'efficacité énergétique, et les technologies propres. Cependant, de nombreuses économies africaines souffrent d'un déficit en formation technique, freinant ainsi la transition.

**Solutions proposées :**

- **Investir dans l'éducation et la formation technique :** Les gouvernements doivent soutenir le développement de programmes de formation professionnelle en partenariat avec des institutions académiques et des entreprises. Ces programmes doivent cibler les compétences nécessaires pour répondre aux besoins des industries vertes.
- **Encourager la recherche et l'innovation :** Collaborer avec des universités, des centres de recherche et des entreprises pour promouvoir l'innovation dans les technologies vertes.
- **Favoriser l'apprentissage par l'expérience :** Mettre en place des programmes de stages, d'apprentissage et de formation sur le terrain pour familiariser les travailleurs avec les technologies vertes et les pratiques durables.

***Coordination régionale et harmonisation des politiques***

Une industrialisation verte réussie ne peut être réalisée isolément par chaque pays. Elle nécessite une coopération régionale solide pour harmoniser les politiques environnementales et industrielles, ainsi que pour tirer parti des économies d'échelle offertes par la ZLECAF.

**Solutions proposées :**

- **Créer des cadres politiques communs :** Les communautés économiques régionales, comme la CEDEAO et la SADC, doivent harmoniser les normes environnementales et industrielles pour faciliter le commerce des technologies vertes et des produits durables à travers le continent.
- **Développer des chaînes de valeur régionales vertes :** Encourager la coopération transfrontalière pour développer des chaînes d'approvisionnement intégrées autour des industries vertes, en tirant parti des ressources naturelles et des compétences disponibles dans différentes régions.
- **Soutenir des projets collaboratifs :** Promouvoir des projets d'infrastructure verte à l'échelle régionale, tels que des parcs solaires partagés ou des corridors logistiques durables.

**Une opportunité unique pour l'Afrique**

L'industrialisation verte représente une opportunité inédite pour l'Afrique de se positionner comme un leader mondial dans la transition écologique. En investissant dans des secteurs tels que les énergies renouvelables, l'agro-industrie durable, le recyclage, et la construction écologique, le continent peut non seulement stimuler sa croissance économique, mais aussi jouer un rôle clé dans la lutte contre le changement climatique.

Pour réussir cette transformation, l'Afrique doit surmonter des défis complexes, notamment l'accès aux financements, le renforcement des infrastructures, le développement des compétences, et la coordination régionale. Grâce à la ZLECAF et à des partenariats stratégiques internationaux, le continent dispose d'un cadre idéal pour intégrer les principes de durabilité dans ses stratégies de développement. Une industrialisation verte bien planifiée pourrait ainsi devenir un moteur de prospérité durable et inclusive pour les générations futures.

**D. Les Opportunités pour l'Industrie sénégalaise : Vers une Transformation économique durable**

Le Sénégal, fort de sa position géographique stratégique en Afrique de l'Ouest et de ses richesses naturelles abondantes, se trouve à un tournant décisif pour exploiter pleinement son potentiel industriel. L'avènement de la **Zone de Libre-Échange continentale africaine (ZLECAF)** offre un cadre propice pour intégrer les chaînes de valeur régionales et internationales, transformant ainsi ses matières premières en produits à forte valeur ajoutée. Ce développement est porteur de croissance, de création d'emplois et de renforcement de la compétitivité économique du pays.

## 1. Développement de l'agro-industrie : un catalyseur pour la Transformation économique

### *Transformation des produits agricoles*

Le Sénégal, riche en ressources agricoles telles que l'arachide, le mil, le maïs et les fruits tropicaux, dispose d'une base solide pour développer son agro-industrie. Plutôt que de se limiter à l'exportation de matières premières, le pays peut maximiser la valeur de ces ressources en investissant dans la transformation locale.

- **L'arachide, un levier stratégique :** En tant que l'un des principaux producteurs d'arachides en Afrique, le Sénégal peut diversifier son offre avec des produits transformés tels que l'huile d'arachide, le beurre d'arachide, et des produits dérivés destinés aux marchés africains et internationaux. Ces produits répondraient à une demande croissante pour des denrées alimentaires de qualité et transformées localement.
- **La transformation des fruits tropicaux :** Avec des cultures fruitières comme la mangue, le Sénégal peut développer une industrie dynamique de jus de fruits, de confitures, et d'autres produits dérivés, renforçant ainsi son positionnement sur le marché des produits agroalimentaires transformés.

### *Renforcement des chaînes de valeur régionales*

La ZLECAF permet de consolider les chaînes de valeur entre pays africains. En collaboration avec des voisins comme la Guinée ou le Mali, le Sénégal peut se positionner comme un centre régional de transformation, contribuant à la sécurité alimentaire et à la réduction des importations de produits transformés.

- **Exemple : Le riz :** Le Sénégal pourrait, avec ses voisins, développer des infrastructures de transformation pour produire du riz décortiqué et conditionné, répondant ainsi à la forte demande régionale tout en créant de l'emploi localement.

***Modernisation des infrastructures et adoption de technologies vertes***

L'agro-industrie sénégalaise gagnerait à investir dans des infrastructures modernes et des technologies durables pour améliorer sa productivité et garantir des normes de qualité internationales.

- **Technologies de transformation :** L'introduction d'équipements économes en énergie et respectueux de l'environnement peut non seulement réduire les coûts, mais aussi renforcer l'attractivité des produits sénégalais auprès des consommateurs sensibilisés à la durabilité.

**2. Transformation des produits halieutiques : une opportunité stratégique**

Grâce à son vaste littoral, le Sénégal dispose d'une ressource halieutique précieuse qui peut être exploitée pour dynamiser une industrie de transformation compétitive.

***Valorisation des produits de la mer***

L'industrie de la pêche peut s'appuyer sur la transformation locale pour augmenter la valeur ajoutée des produits exportés.

- **Industrie de la conserve de poisson :** Le développement de conserveries spécialisées dans le thon, les sardines ou les maquereaux permettrait non seulement de diversifier les exportations, mais également de créer des emplois dans les zones côtières.

***Intégration dans les chaînes de valeur mondiales***

Avec des investissements dans la modernisation des infrastructures et le respect des normes internationales, le Sénégal peut élargir ses débouchés.

- **Produits dérivés :** En exploitant des produits comme les huiles de poisson et les protéines pour l'alimentation animale, le Sénégal peut répondre à une demande croissante sur les marchés asiatiques et européens.

***Gestion durable des ressources marines***

Pour garantir la pérennité de ce secteur, le Sénégal doit adopter des politiques de gestion durable, en associant conservation des stocks marins et diversification.

- **Aquaculture durable :** Le développement de fermes aquacoles respectueuses des écosystèmes marins est une alternative prometteuse pour réduire la pression sur les ressources naturelles.

### 3. Perspectives pour l'industrie sénégalaise à forte valeur ajoutée

***Création d'emplois et dynamisation économique***

Le développement de ces industries représente une opportunité majeure pour réduire le chômage et améliorer les conditions de vie des populations.

- **Emploi rural et côtier :** La transformation agroalimentaire et halieutique est un moteur d'emploi dans les zones rurales et côtières, particulièrement pour les jeunes et les femmes.

***Renforcement des infrastructures industrielles***

La modernisation des infrastructures est essentielle pour faciliter le transport des matières premières et des produits transformés.

- **Zones économiques spéciales :** La création de ZES dédiées à l'agro-industrie et à la pêche pourrait attirer des investisseurs et dynamiser les exportations.

***Mobilisation des investissements publics et privés***

Le succès de ces initiatives repose sur une mobilisation efficace des ressources financières.

- **Partenariats public-privé :** Ces partenariats peuvent accélérer le développement des infrastructures nécessaires tout en garantissant un partage des risques entre le public et le privé.

***Compétitivité et conformité internationale***

Pour s'imposer sur les marchés mondiaux, le Sénégal doit investir dans la formation et l'innovation.

- **Normes de qualité et certifications :** L'obtention de certifications internationales est indispensable pour renforcer la confiance des partenaires commerciaux et des consommateurs.

Le Sénégal dispose d'un potentiel immense pour développer des industries à forte valeur ajoutée, en capitalisant sur ses ressources naturelles et les opportunités offertes par la ZLECAF. En investissant dans l'infrastructure, l'innovation, et la durabilité, le pays peut se positionner comme un leader régional dans les secteurs de l'agro-industrie et de la transformation halieutique, tout en stimulant sa croissance économique et en créant des opportunités d'emploi pour ses citoyens.

## E. Positionnement du Sénégal comme plateforme régionale d'exportation : une ambition réalisable

Le Sénégal, fort de sa position stratégique à l'extrémité occidentale du continent africain et de sa stabilité politique, se trouve en excellente posture pour devenir un hub d'exportation majeur, non seulement pour l'Afrique, mais également pour les marchés internationaux. La mise en œuvre de la Zone de Libre-Échange continentale africaine (ZLECAF) amplifie ces perspectives en ouvrant de nouvelles opportunités de commerce intra-africain et international. À travers le renforcement de ses infrastructures, des politiques commerciales attractives et des secteurs industriels en plein essor, le Sénégal peut s'imposer comme un pilier incontournable des échanges économiques dans la région et au-delà.

### 1. Atouts stratégiques du Sénégal pour devenir une plateforme d'exportation

***Une situation géographique privilégiée et un accès étendu aux marchés régionaux***

Le Sénégal se distingue par sa localisation exceptionnelle à l'extrémité occidentale de l'Afrique, offrant un accès direct aux marchés de l'Afrique de l'Ouest, mais également à ceux de l'Europe et de l'Amérique du Nord grâce à son ouverture sur l'océan Atlantique. Cette position en fait une porte d'entrée naturelle pour les échanges commerciaux entre le continent africain et le reste du monde.

- **Connexion aux marchés régionaux :** En tant que membre actif de la Communauté économique des États de l'Afrique de l'Ouest (CEDEAO), le Sénégal bénéficie d'un marché intégré de plus de 400 millions de consommateurs. L'adhésion à la ZLECAF étend cette opportunité à l'ensemble du continent africain, avec la promesse d'une réduction progressive des barrières tarifaires et d'une harmonisation des réglementations. Le Sénégal peut ainsi capitaliser sur son appartenance à ces deux cadres pour devenir un acteur clé des échanges commerciaux intra-africains.
- **Proximité des marchés internationaux :** La position géographique du Sénégal lui offre une proximité stratégique avec les marchés européens et nord-américains. Cette situation géographique permet de réduire les délais et les coûts logistiques pour les entreprises orientées vers l'exportation, renforçant ainsi leur compétitivité sur la scène internationale.

### *Des infrastructures portuaires modernes et compétitives*

Le **Port autonome de Dakar**, déjà l'un des principaux ports d'Afrique de l'Ouest, constitue un atout majeur pour les ambitions commerciales du Sénégal. Sa capacité à accueillir des navires de grande envergure et son rôle dans les échanges avec l'Europe, l'Amérique et d'autres pays africains renforcent son statut de plateforme logistique régionale.

- **Un hub portuaire en expansion :** Le **projet du Port de Ndayane**, en cours de développement, promet de transformer davantage le Sénégal en un carrefour logistique de premier plan. Ce port, avec ses infrastructures de pointe et ses quais en eau profonde, sera capable d'accueillir les plus grands navires du commerce international, consolidant ainsi la capacité du Sénégal à servir de plateforme pour l'importation, la transformation, et la réexportation de produits.
- **Plateforme pour la transformation et la réexportation :** Grâce à ses infrastructures modernisées, le Sénégal peut se positionner comme un centre pour la transformation industrielle de produits importés, avant leur réexportation vers d'autres marchés, notamment ceux de l'Afrique de l'Ouest.

### *Une stabilité politique et un cadre réglementaire attractif*

La réputation du Sénégal comme l'une des démocraties les plus stables d'Afrique constitue un avantage compétitif pour attirer les investisseurs étrangers. Cette stabilité, combinée à un cadre juridique favorable, crée un environnement propice pour les affaires.

- **Réformes économiques incitatives :** À travers l'**Agence de Promotion des Investissements et des Grands Travaux (APIX)**, le Sénégal facilite les démarches administratives pour les entreprises étrangères et nationales. Des réformes telles que la simplification des procédures douanières et l'instauration d'incitations fiscales renforcent l'attractivité du pays pour les exportateurs.
- **Zones économiques spéciales (ZES) :** Le gouvernement sénégalais a mis en place des zones économiques spéciales pour offrir aux entreprises des infrastructures modernes, des avantages fiscaux, et un environnement favorable à l'investissement. Ces ZES jouent un rôle clé pour attirer des entreprises orientées vers l'exportation et encourager la diversification économique.

### *Un potentiel à concrétiser dans un contexte continental prometteur*

Le Sénégal dispose d'un ensemble d'atouts solides pour s'imposer comme une plateforme régionale d'exportation. Avec la ZLECAF comme levier stratégique, le pays peut renforcer ses connexions commerciales avec ses voisins africains tout en consolidant ses liens avec les marchés internationaux. Toutefois, pour concrétiser cette ambition, il est crucial de :

1. **Renforcer les infrastructures logistiques régionales,** en améliorant les connexions terrestres, ferroviaires, et maritimes entre le Sénégal et les pays enclavés d'Afrique de l'Ouest.
2. **Développer des capacités industrielles compétitives,** en soutenant l'innovation et la transformation locale des matières premières.
3. **Promouvoir une gouvernance économique efficace,** basée sur la transparence et la facilitation des échanges commerciaux.

Ainsi positionné, le Sénégal peut non seulement stimuler sa croissance économique, mais également devenir un catalyseur du développement commercial pour toute la région ouest-africaine.

**2. Développement des secteurs à fort potentiel pour l'exportation**

Le Sénégal regorge de ressources naturelles et d'atouts stratégiques qui, bien exploités, peuvent stimuler la croissance économique et positionner le pays comme un acteur majeur dans les échanges commerciaux internationaux. La diversification et le développement des secteurs à fort potentiel pour l'exportation constituent des piliers essentiels pour accroître la compétitivité du Sénégal sur les marchés régionaux et mondiaux. Voici une analyse approfondie des secteurs clés et des opportunités qu'ils offrent.

***Agro-industrie et produits agricoles***

Avec une agriculture riche et diversifiée, le Sénégal dispose d'un éventail de produits phares, notamment l'arachide, le riz, le mil, les fruits tropicaux (mangue, papaye) et les légumes. Ces ressources agricoles représentent une base solide pour le développement de l'agro-industrie, une activité qui consiste à transformer les matières premières locales en produits à plus forte valeur ajoutée.

- **Transformation des arachides et des fruits tropicaux :** En investissant dans des infrastructures de transformation agroalimentaire, le Sénégal peut diversifier sa gamme de produits exportables. Par exemple, la production d'huiles végétales, de beurres d'arachide, de jus de fruits tropicaux, ou encore de confitures peut répondre à une demande croissante sur les marchés régionaux et internationaux. Ces produits transformés offrent une meilleure valeur ajoutée et augmentent les revenus des acteurs locaux.

- **Exportation vers des marchés diversifiés :** La Zone de Libre-Échange continentale africaine (ZLECAF) ouvre de nouvelles perspectives pour élargir les exportations agricoles sénégalaises vers d'autres pays africains. En parallèle, la certification de produits biologiques et la traçabilité permettent de cibler les marchés exigeants d'Europe, d'Amérique du Nord et d'Asie, où les consommateurs recherchent des produits authentiques et de qualité.

***Pêche et produits halieutiques***

La façade maritime du Sénégal lui confère un avantage unique, avec une riche biodiversité marine comprenant des poissons, crustacés et fruits de mer prisés sur les marchés internationaux. Le secteur halieutique représente un potentiel stratégique pour augmenter les exportations et renforcer la balance commerciale.

- **Développement de la transformation locale :** La création d'industries de transformation des produits de la mer, telles que les conserves de poisson, les crevettes surgelées ou encore les produits dérivés comme les huiles de poisson, offre une opportunité de mieux répondre à la demande croissante des consommateurs internationaux.
- **Certification et compétitivité :** L'obtention de certifications internationales, notamment en matière de normes sanitaires et environnementales, est cruciale pour pénétrer les marchés européens et asiatiques. En investissant dans des technologies modernes et des chaînes de froid efficaces, le Sénégal peut garantir la qualité et la fraîcheur de ses produits, augmentant ainsi leur attractivité.

***Industrie manufacturière et textile***

L'industrie manufacturière, bien que naissante au Sénégal, représente un potentiel considérable, notamment dans les industries légères comme le textile et l'habillement. Ce secteur peut jouer un rôle clé dans la création d'emplois et dans la valorisation des ressources locales.

- **Textile et habillement :** Le développement d'une industrie textile axée sur l'utilisation de tissus locaux tels que le pagne tissé et le coton constitue une opportunité majeure. La production de vêtements prêt-à-porter, tant pour les marchés régionaux que pour l'exportation mondiale, peut positionner le Sénégal comme un hub régional de l'industrie de la mode africaine.

- **Chaînes de valeur régionales :** En intégrant les chaînes de valeur régionales dans le cadre de la ZLECAF, le Sénégal peut collaborer avec d'autres pays africains pour produire des vêtements et des accessoires compétitifs, répondant à la demande croissante pour des produits "Made in Africa".

***Énergies renouvelables***

Dans un contexte de transition énergétique mondiale, le Sénégal dispose d'un immense potentiel dans le domaine des énergies renouvelables, en particulier solaire et éolienne. Ce secteur offre une double opportunité : répondre à la demande intérieure en énergie propre tout en développant une industrie d'exportation.

- **Fabrication locale d'équipements :** Le Sénégal peut se positionner comme un producteur régional d'équipements pour les énergies renouvelables, tels que les panneaux solaires, les turbines éoliennes, et les batteries de stockage. Cela non seulement réduit la dépendance du pays à l'importation, mais permet aussi d'exporter ces technologies vers d'autres pays africains en quête de solutions énergétiques durables.
- **Promotion de partenariats stratégiques :** En collaborant avec des investisseurs étrangers et des institutions financières internationales, le Sénégal peut attirer des capitaux pour développer des usines de production et renforcer ses capacités technologiques. Ces partenariats peuvent également permettre le transfert de compétences et la formation d'une main-d'œuvre spécialisée dans le domaine des énergies renouvelables.

Le développement de ces secteurs stratégiques – agro-industrie, pêche, industrie manufacturière, et énergies renouvelables – offre au Sénégal une voie prometteuse pour diversifier son économie, accroître ses exportations et créer des emplois de qualité. Toutefois, la réussite de cette transformation nécessite des investissements ciblés, une modernisation des infrastructures, et une adaptation aux standards internationaux. En tirant parti des opportunités offertes par la ZLECAF et en adoptant une stratégie ambitieuse, le Sénégal peut consolider sa position en tant que leader économique régional et acteur compétitif sur les marchés mondiaux.

### 3. Le Sénégal comme plateforme logistique et commerciale

Avec sa position géographique stratégique à la croisée des routes maritimes et terrestres en Afrique de l'Ouest, le Sénégal dispose d'un potentiel unique pour devenir une plateforme régionale de premier plan en matière de logistique et de commerce. Toutefois, pour concrétiser cette ambition, il est impératif d'investir massivement dans les infrastructures de transport, les zones économiques spéciales et les solutions numériques afin de stimuler les exportations et renforcer l'intégration régionale et mondiale.

### *Renforcement des infrastructures logistiques*

L'amélioration des infrastructures logistiques est une condition sine qua non pour que le Sénégal joue un rôle central dans les chaînes d'approvisionnement régionales et internationales. Une logistique performante permettra non seulement d'accroître les volumes d'échanges, mais aussi de réduire les coûts et d'améliorer la compétitivité des produits sénégalais.

- **Modernisation des infrastructures portuaires et zones de transit :** Le port de Dakar, bien qu'il soit l'un des plus importants en Afrique de l'Ouest, doit être renforcé pour répondre à la demande croissante. Le développement du **Port de Ndayane**, une infrastructure de classe mondiale en cours de construction, offrira une capacité accrue pour accueillir des navires de grande taille et traiter des volumes importants de conteneurs. Parallèlement, la création de zones logistiques autour de ces infrastructures portuaires peut optimiser les opérations de transit et stimuler les exportations.
- **Renforcement des corridors économiques :** Le Sénégal doit capitaliser sur sa position de carrefour régional en développant des corridors économiques qui relient ses ports et ses zones de production aux pays enclavés voisins, tels que le Mali, la Guinée et le Burkina Faso. La modernisation des routes, des lignes ferroviaires et des postes-frontières le long de ces corridors est essentielle pour fluidifier les échanges transfrontaliers et renforcer l'intégration économique au sein de la CEDEAO.

### *Zones économiques spéciales (ZES)*

Les **zones économiques spéciales (ZES)** constituent un levier stratégique pour attirer les investissements directs étrangers (IDE), développer des industries exportatrices et diversifier l'économie sénégalaise. Ces zones, dotées d'infrastructures modernes et d'incitations fiscales avantageuses, permettent de concentrer les activités industrielles et de stimuler la création de valeur.

• **ZES de Diamniadio :** Située à proximité de Dakar, la **zone économique spéciale de Diamniadio** incarne le potentiel du Sénégal à devenir un hub régional de production et d'exportation. Axée sur les secteurs manufacturiers, cette ZES offre des installations modernes pour l'implantation d'entreprises nationales et internationales, favorisant la transformation locale de produits agricoles, halieutiques et industriels. En positionnant Diamniadio comme un modèle de ZES en Afrique, le Sénégal peut attirer davantage d'investissements dans des secteurs stratégiques comme l'agro-industrie, la production manufacturière et les énergies renouvelables.

• **Expansion et diversification des ZES :** Au-delà de Diamniadio, le Sénégal doit envisager la création de nouvelles ZES dans d'autres régions stratégiques, afin de répartir les opportunités de développement économique sur l'ensemble du territoire. Ces zones pourraient être spécialisées selon les atouts régionaux, tels que la pêche dans les régions côtières ou l'agriculture dans les zones rurales.

***Plateforme numérique pour le commerce électronique***

Le développement du commerce électronique offre une opportunité exceptionnelle pour positionner le Sénégal comme un leader du commerce digital en Afrique de l'Ouest. En exploitant les infrastructures numériques et les technologies financières, le pays peut non seulement faciliter les exportations, mais aussi intégrer davantage de petites et moyennes entreprises (PME) dans les marchés régionaux et mondiaux.

• **Promotion du e-commerce :** Le commerce électronique permet aux entreprises sénégalaises, même de petite taille, de surmonter les contraintes géographiques et de toucher une clientèle diversifiée sur l'ensemble du continent africain et au-delà. En investissant dans des plateformes numériques dédiées aux exportations, le Sénégal peut simplifier les transactions commerciales, promouvoir les produits locaux et renforcer la compétitivité des entreprises sur les marchés internationaux.

• **Rôle des fintech :** Les technologies financières (fintech) jouent un rôle crucial dans le développement du commerce électronique, en facilitant les paiements transfrontaliers et en sécurisant les transactions. En encourageant l'innovation dans ce domaine, le Sénégal peut lever les obstacles liés à l'absence de solutions de paiement adaptées, tout en soutenant les échanges commerciaux dans la région.

### Vision pour l'avenir : un Sénégal au cœur des échanges

Pour devenir une plateforme logistique et commerciale de référence, le Sénégal doit s'appuyer sur une stratégie ambitieuse, mêlant investissements dans les infrastructures, renforcement des capacités industrielles et adoption des technologies numériques. En misant sur le développement des corridors économiques, des zones économiques spéciales et des solutions digitales innovantes, le pays peut non seulement renforcer son rôle régional, mais également s'imposer comme un acteur incontournable des échanges commerciaux sur le continent africain et au-delà.

## 4. Opportunités dans le cadre de la ZLECAF

La mise en œuvre de la Zone de Libre-Échange continentale africaine (ZLECAF) ouvre des perspectives inédites pour le Sénégal. Ce cadre ambitieux, visant à abolir les barrières tarifaires et à harmoniser les échanges commerciaux entre les 54 États membres, constitue une opportunité stratégique pour le pays. Grâce à son positionnement géographique en Afrique de l'Ouest et ses ressources diversifiées, le Sénégal peut tirer parti de la ZLECAF pour dynamiser son commerce, diversifier ses partenaires commerciaux et mobiliser des investissements étrangers.

### *Expansion du commerce intra-africain*

La ZLECAF offre au Sénégal une plateforme idéale pour élargir ses débouchés commerciaux sur le continent. Avec la réduction des droits de douane sur 90 % des produits échangés, les entreprises sénégalaises bénéficient d'un accès privilégié aux marchés africains, jusque-là partiellement inexplorés.

- **Développement des exportations** : Des secteurs clés de l'économie sénégalaise, tels que l'agro-industrie, les produits halieutiques et les biens manufacturés, peuvent profiter de cette ouverture pour renforcer leur présence sur des marchés comme ceux de l'Afrique centrale, de l'Afrique de l'Est et de l'Afrique australe. Par exemple, les produits transformés à base d'arachide, de fruits tropicaux ou de poisson pourraient conquérir de nouveaux consommateurs sur le continent.
- **Intégration dans les chaînes de valeur régionales** : La ZLECAF facilite également l'intégration du Sénégal dans des chaînes de valeur continentales. En collaborant avec d'autres pays africains, le Sénégal peut se spécialiser dans certaines étapes de production, telles que la transformation agroalimentaire ou la fabrication de biens semi-finis,

pour approvisionner des marchés plus vastes. Cette dynamique favorise la complémentarité économique et stimule l'industrialisation régionale.

***Diversification des partenaires commerciaux***

Historiquement tourné vers l'Europe et l'Amérique du Nord, le Sénégal voit dans la ZLECAF une opportunité de diversifier ses partenaires commerciaux et de réduire sa dépendance aux marchés traditionnels.

- **Accès à de nouveaux marchés** : L'ouverture aux pays d'Afrique de l'Est, comme le Kenya ou l'Éthiopie, ainsi qu'à ceux de l'Afrique australe, comme l'Afrique du Sud et la Zambie, permet au Sénégal d'explorer des marchés dynamiques et en forte croissance. Ces régions, souvent en quête de produits transformés et de biens manufacturés, offrent un potentiel considérable pour les exportateurs sénégalais.
- **Partenariats avec d'autres blocs économiques** : La ZLECAF facilite les échanges avec d'autres regroupements régionaux, tels que la Communauté de l'Afrique de l'Est (CAE) et la Communauté de Développement de l'Afrique australe (SADC). Ces partenariats peuvent permettre au Sénégal d'exporter des produits à haute valeur ajoutée, tout en bénéficiant d'un partage de technologies et de savoir-faire.

***Mobilisation des investissements étrangers***

En tant que porte d'entrée vers le marché ouest-africain et plateforme pour le commerce intra-africain, le Sénégal dispose d'un avantage stratégique pour attirer des investissements directs étrangers (IDE).

- **Attirer des capitaux dans des secteurs clés** : Les investisseurs étrangers, séduits par l'accès au marché continental offert par la ZLECAF, peuvent être incités à s'implanter au Sénégal dans des secteurs tels que l'agro-industrie, la logistique, les énergies renouvelables ou encore les technologies de l'information. Ces investissements permettraient de renforcer les capacités de production locale et de stimuler l'emploi.
- **Encourager les partenariats public-privé (PPP)** : Les PPP peuvent jouer un rôle crucial dans le financement et le développement d'infrastructures stratégiques, telles que des zones industrielles, des plateformes logistiques ou des centres technologiques. Ces initiatives sont essentielles pour soutenir l'industrialisation et garantir la durabilité des projets d'exportation.

### *Le Sénégal : une plateforme régionale d'exportation*

Fort de sa position géographique stratégique et de ses infrastructures portuaires modernes, le Sénégal est bien placé pour devenir un hub économique en Afrique de l'Ouest. La ZLECAF renforce cette ambition en offrant un accès privilégié aux marchés continentaux.

- **Développement des secteurs à forte valeur ajoutée** : En diversifiant ses exportations vers des produits transformés dans l'agro-industrie, les textiles et les produits halieutiques, le Sénégal peut accroître ses revenus tout en réduisant sa dépendance aux exportations de matières premières.
- **Renforcement des infrastructures logistiques et numériques** : Pour capitaliser sur les opportunités offertes par la ZLECAF, le Sénégal doit moderniser ses infrastructures de transport et ses systèmes numériques, essentiels pour améliorer la compétitivité des entreprises locales et faciliter les échanges transfrontaliers.

La ZLECAF représente une chance historique pour le Sénégal de réinventer sa stratégie commerciale et d'accélérer son développement économique. En misant sur une meilleure intégration régionale, une diversification des partenariats et une mobilisation accrue des investissements étrangers, le Sénégal peut transformer son économie et se positionner comme un acteur incontournable du commerce intra-africain. Cependant, cette réussite dépendra de la mise en place de politiques favorables, de la modernisation des infrastructures et de la capacité du pays à améliorer sa compétitivité sur la scène continentale et mondiale.

# CHAPITRE 9

## Innovation, digitalisation et commerce électronique

### A. Le rôle de la technologie dans la transformation économique africaine

La technologie se positionne comme le levier principal de la transformation économique de l'Afrique. Dans un continent marqué par des défis structurels, mais également riche en opportunités, l'innovation technologique, la digitalisation et le commerce électronique apportent des solutions inédites pour stimuler la croissance, réduire les inégalités et favoriser une intégration plus poussée des économies locales aux marchés régionaux et mondiaux.

Dans le contexte de la Zone de Libre-Échange continentale africaine (ZLECAF), la technologie joue un rôle central en dynamisant les échanges commerciaux, en optimisant les chaînes de valeur régionales, et en offrant une connectivité accrue à des millions de consommateurs et d'entrepreneurs. Voici une analyse approfondie de l'impact transformateur de la technologie sur les secteurs clés de l'économie africaine.

#### 1. L'impact de la technologie sur la transformation des secteurs économiques africains

***Modernisation de l'agriculture grâce à la technologie***

L'agriculture, qui constitue l'épine dorsale de nombreuses économies africaines, est en train de vivre une révolution numérique. Grâce aux innovations technologiques, ce secteur traditionnel se transforme pour devenir plus productif, durable et compétitif.

- **AgriTech et productivité accrue :** Les technologies agricoles, connues sous le nom d'AgriTech, révolutionnent la gestion des exploitations agricoles. Des systèmes d'irrigation intelligente permettent une utilisation plus rationnelle des ressources hydriques, tandis que des drones surveillent les cultures pour détecter les maladies ou optimiser l'usage des intrants. Ces avancées augmentent les rendements, réduisent les pertes et renforcent la sécurité alimentaire.

- **Accès élargi aux marchés grâce aux plateformes numériques :** Des startups innovantes, comme **Mlouma** au Sénégal et **Twiga Foods** au Kenya, connectent directement les producteurs aux marchés, réduisant ainsi les intermédiaires. Ces plateformes offrent aux agriculteurs une meilleure visibilité sur la demande, des prix plus justes, et des revenus accrus. En facilitant l'intégration régionale, elles participent également à la dynamisation du commerce intra-africain.

***Transformation de l'industrie manufacturière grâce aux technologies***

L'industrie manufacturière africaine, longtemps perçue comme en retard, connaît une mutation profonde grâce à l'adoption des nouvelles technologies.

- **Industrie 4.0 et automatisation :** L'émergence de l'industrie 4.0, intégrant l'automatisation, l'intelligence artificielle (IA), et l'Internet des objets (IoT), offre aux entreprises africaines des outils pour moderniser leurs chaînes de production. Ces technologies réduisent les coûts, augmentent la productivité, et permettent une meilleure intégration dans les chaînes de valeur mondiales.
- **Impression 3D et fabrication locale :** L'impression 3D révolutionne les processus de fabrication en rendant possible la production locale de pièces et de produits à moindre coût. Par exemple, dans les secteurs de la santé ou de l'automobile, cette technologie réduit la dépendance aux importations tout en stimulant l'innovation locale.

***Digitalisation des services financiers***

Le secteur financier africain est un exemple éclatant de transformation technologique, grâce à l'essor des fintechs qui répondent aux besoins spécifiques d'une population majoritairement non bancarisée.

- **Révolution du mobile money :** Des solutions comme **M-Pesa** au Kenya ou **Wave** au Sénégal ont démocratisé l'accès aux services financiers, permettant aux utilisateurs de transférer de l'argent, de payer des factures, ou d'accéder à des microcrédits via leurs téléphones portables. Ces innovations favorisent l'inclusion financière et soutiennent l'essor du commerce électronique.
- **Blockchain et crypto-monnaies :** La blockchain apporte une transparence et une sécurité accrues aux transactions financières, tandis que les crypto-monnaies facilitent les paiements transfrontaliers. Ces technologies émergentes ouvrent de nouvelles perspectives pour le commerce africain, notamment dans le cadre de la ZLECAF.

***Développement du secteur des énergies renouvelables grâce aux technologies***

Les innovations technologiques dans le secteur de l'énergie jouent un rôle crucial dans la transition vers une économie durable et compétitive.

- **Solutions solaires et stockage d'énergie :** Des entreprises comme **M-KOPA** et **d.light** proposent des solutions solaires abordables, adaptées aux besoins des ménages et des entreprises en zones rurales. Ces technologies permettent non seulement d'électrifier des régions reculées, mais aussi de soutenir la productivité des PME et des artisans.
- **Intégration des énergies renouvelables dans l'industrie :** Les innovations en matière de production et de stockage d'énergie renouvelable favorisent l'autosuffisance énergétique des entreprises, réduisent les coûts de production, et contribuent à la réduction de l'empreinte carbone.

**Perspectives et recommandations :**

La technologie et la digitalisation représentent des leviers majeurs pour libérer le potentiel économique de l'Afrique. Cependant, pour maximiser ces opportunités, il est impératif de relever certains défis :

1. **Investissements dans l'infrastructure numérique :** Les gouvernements et les investisseurs doivent prioriser le développement des infrastructures technologiques, telles que l'accès à l'Internet haut débit, pour garantir une connectivité accrue.
2. **Soutien à l'entrepreneuriat technologique :** Encourager les startups technologiques en leur fournissant des incitations fiscales, des programmes de formation, et un meilleur accès au financement.
3. **Renforcement de la collaboration régionale :** Harmoniser les politiques numériques et les réglementations à l'échelle régionale pour faciliter l'intégration des économies africaines.
4. **Inclusion numérique :** Réduire la fracture numérique en investissant dans l'éducation technologique et en rendant les outils numériques accessibles aux populations rurales et marginalisées.

Grâce à l'innovation, à la digitalisation et au commerce électronique, l'Afrique peut non seulement accélérer sa croissance économique, mais également construire une économie résiliente, inclusive et tournée vers l'avenir. La technologie offre une chance unique de surmonter les barrières historiques et d'intégrer le continent dans l'économie mondiale.

## 2. La digitalisation : moteur de l'intégration régionale et du commerce intra-africain

La transformation numérique redéfinit les dynamiques économiques en Afrique, devenant un levier stratégique pour stimuler l'intégration régionale et favoriser le commerce intra-africain dans le cadre de la Zone de Libre-Échange continentale africaine (ZLECAF). En rationalisant les processus douaniers, en renforçant les chaînes d'approvisionnement et en démocratisant l'accès aux marchés régionaux, la digitalisation surmonte les contraintes traditionnelles liées aux infrastructures physiques et bureaucratiques insuffisantes.

### *Facilitation des échanges commerciaux grâce à la digitalisation*

L'adoption des technologies numériques simplifie considérablement les échanges commerciaux en Afrique, réduisant les délais, les coûts et les obstacles liés aux processus administratifs et logistiques.

- **Systèmes douaniers numériques :** La mise en place de guichets uniques électroniques transforme le paysage douanier en Afrique. Ces systèmes centralisés permettent aux entreprises de soumettre leurs documents en ligne, réduisant ainsi les délais de traitement et les coûts liés aux passages frontaliers. Par exemple, des pays comme le Rwanda et le Kenya ont déjà introduit ces plateformes, enregistrant des gains significatifs en termes d'efficacité.
- **Logistique et suivi des marchandises :** Les technologies telles que l'Internet des objets (IoT) et la blockchain améliorent la transparence et la sécurité des échanges. Grâce au suivi en temps réel des marchandises, les entreprises peuvent mieux gérer leurs chaînes d'approvisionnement, anticiper les retards et réduire les pertes. Ces innovations encouragent également la confiance entre partenaires commerciaux, renforçant ainsi la fluidité des échanges au sein de la ZLECAF.

### *Commerce électronique et intégration régionale*

Le commerce électronique émerge comme un pilier de l'intégration économique africaine, en particulier pour les petites et moyennes entreprises (PME) qui souhaitent accéder à de nouveaux marchés sans les contraintes des canaux traditionnels.

- **Plateformes de e-commerce régionales :** Des acteurs tels que Jumia, Konga ou Afrikrea révolutionnent la manière dont les produits africains atteignent les consommateurs régionaux. Ces plateformes permettent aux PME de divers pays de présenter leurs produits à un public continental, augmentant ainsi leur visibilité et leur portée. Par exemple, un artisan basé au Sénégal peut désormais vendre ses créations à des clients au Nigeria ou en Afrique du Sud sans intermédiaires coûteux.

- **Solutions de paiement numérique :** Les fintechs et les portefeuilles mobiles, comme M-Pesa, Wave ou Orange Money, facilitent les transactions transfrontalières en éliminant les complexités des systèmes bancaires traditionnels. Ces solutions permettent non seulement d'accélérer les paiements, mais aussi de réduire les coûts pour les PME, favorisant ainsi leur participation active au commerce intra-africain.

***Technologies numériques : catalyseur de l'intégration financière***

L'intégration financière est essentielle pour renforcer les échanges commerciaux et l'inclusion économique en Afrique. La digitalisation connecte les systèmes bancaires et de paiement à l'échelle régionale, surmontant les barrières traditionnelles liées à la fragmentation des marchés financiers.

- **Plateformes de paiement mobile :** Des solutions innovantes, telles que M-Pesa, Wave et EcoCash, permettent aux entreprises et aux individus de réaliser des transactions transfrontalières instantanées. Ces services sont particulièrement pertinents pour les PME et les populations marginalisées, qui sont souvent exclues des systèmes bancaires traditionnels. En intégrant ces outils, la ZLECAF favorise une participation plus large au commerce régional.
- **Fintechs et inclusion financière :** Les fintechs jouent un rôle clé dans la démocratisation de l'accès aux services financiers. Elles développent des outils adaptés aux besoins des populations rurales et urbaines, facilitant ainsi l'épargne, le crédit, et les paiements électroniques. Cette inclusion financière renforce la capacité des entreprises à investir et à croître, stimulant ainsi l'intégration régionale.

La digitalisation constitue un vecteur essentiel pour transformer le commerce intra-africain et renforcer l'intégration régionale. En simplifiant les processus douaniers, en révolutionnant les chaînes logistiques et en démocratisant l'accès aux marchés et aux services financiers, elle surmonte les défis historiques liés aux infrastructures insuffisantes et aux barrières administratives. Pour maximiser ces opportunités, il est crucial que les gouvernements et les acteurs privés investissent dans des infrastructures numériques robustes, favorisent l'adoption de technologies modernes et mettent en place des cadres réglementaires propices à l'innovation. Ainsi, la ZLECAF pourra pleinement réaliser son potentiel, soutenue par une économie africaine interconnectée et résiliente.

### 3. Le rôle transformateur du commerce électronique pour les PME africaines

Le commerce électronique se positionne aujourd'hui comme un levier incontournable pour la transformation des petites et moyennes entreprises (PME) africaines. En offrant des opportunités inédites d'accès aux marchés internationaux, de réduction des coûts d'entrée et de développement d'écosystèmes numériques, le e-commerce révolutionne les modèles économiques traditionnels, permettant aux PME de s'adapter aux exigences de l'économie mondiale.

***Un accès facilité aux marchés internationaux***

Le commerce électronique abolit les frontières physiques et connecte les PME africaines à une clientèle mondiale, leur permettant ainsi de concurrencer sur un pied d'égalité avec les entreprises internationales. En contournant les barrières géographiques et infrastructurelles, les PME peuvent désormais vendre leurs produits directement à des consommateurs situés aux quatre coins du globe.

- **Exportations facilitées via les plateformes numériques :** Des plateformes mondiales comme **Amazon**, **eBay**, ou encore **Alibaba** offrent aux PME africaines une vitrine sans précédent pour présenter leurs produits sur les marchés internationaux. Par exemple, des artisans locaux, des producteurs agricoles ou des fabricants de produits manufacturés peuvent désormais atteindre des consommateurs en Europe, en Amérique ou en Asie sans devoir passer par des réseaux de distribution coûteux. Cette exposition ouvre des perspectives de croissance considérables pour des secteurs tels que l'artisanat, le textile, ou les produits bio certifiés.

- **Valorisation des produits locaux :** Grâce à la digitalisation, les PME africaines peuvent raconter l'histoire unique de leurs produits – qu'il s'agisse d'une origine culturelle, de méthodes de production durables ou d'une qualité artisanale exceptionnelle. Cette narration renforce l'attrait des produits africains sur le marché mondial et permet de répondre à une demande croissante pour des produits authentiques et éthiques.

***Réduction significative des coûts d'entrée***

Le commerce électronique diminue drastiquement les obstacles financiers auxquels les PME sont confrontées lorsqu'elles cherchent à se développer, en leur évitant les lourds investissements dans des infrastructures physiques telles que les magasins ou les réseaux de distribution traditionnels.

- **Un modèle de vente directe aux consommateurs :** Le e-commerce permet aux PME africaines d'éliminer les intermédiaires coûteux et complexes. Grâce à des boutiques en ligne, les entreprises peuvent interagir directement avec les consommateurs, maximiser leurs marges bénéficiaires et personnaliser leurs offres en fonction des retours clients. Ce modèle est particulièrement avantageux pour les entrepreneurs débutants et les startups à faibles ressources.
- **Des outils accessibles et abordables :** Les plateformes numériques offrent des solutions simples et peu coûteuses pour créer des boutiques en ligne, gérer les paiements électroniques, et organiser la logistique. Par exemple, des services comme **Shopify** ou **Jumia** permettent aux PME africaines de lancer rapidement leurs activités en ligne sans nécessiter de connaissances techniques approfondies.

***La montée en puissance des écosystèmes numériques***

Pour permettre aux PME de pleinement exploiter les avantages du commerce électronique, les gouvernements africains, les institutions internationales, et le secteur privé investissent massivement dans le développement d'écosystèmes numériques structurés et inclusifs.

- **Incubateurs et hubs technologiques :** Des initiatives comme **CcHub** au Nigéria, **iHub** au Kenya, ou encore le **Société Générale Innovation Lab** au Sénégal, soutiennent les startups et les PME en leur offrant un accès privilégié à des ressources essentielles : technologies de pointe, mentorat, espaces de coworking, et opportunités de financement. Ces infrastructures créent un environnement propice à l'innovation et au développement d'entreprises compétitives.
- **Services financiers numériques :** L'essor des solutions de paiement électronique comme **M-Pesa** au Kenya ou **Wave** au Sénégal a joué un rôle clé dans l'intégration des PME au commerce électronique. Ces services offrent des moyens sécurisés et rapides de recevoir des paiements, même dans les zones rurales, facilitant ainsi les transactions et la confiance des consommateurs.

- **Programmes de formation en ligne :** Pour renforcer les compétences des entrepreneurs africains, des programmes de formation en ligne, tels que ceux proposés par des plateformes comme **Coursera**, **Google Digital Skills for Africa**, ou encore des institutions locales, enseignent les bases du commerce électronique, du marketing numérique et de la gestion de boutiques en ligne.

**Une révolution numérique en marche**

Le commerce électronique ouvre un nouveau chapitre pour les PME africaines, leur permettant de surmonter les limitations structurelles et d'accéder à des opportunités sans précédent. En facilitant l'accès aux marchés mondiaux, en réduisant les coûts d'entrée, et en développant des écosystèmes numériques robustes, le e-commerce transforme non seulement la trajectoire des petites entreprises, mais contribue également à l'émergence d'une Afrique numérique, compétitive et connectée. Pour maximiser cet impact, il est essentiel de continuer à investir dans les infrastructures numériques, la formation, et les cadres réglementaires favorisant l'inclusion et l'innovation.

### 4. Défis et opportunités pour maximiser le potentiel de la technologie en Afrique

La révolution numérique représente une opportunité inestimable pour transformer les économies africaines, améliorer la productivité, et connecter les entreprises aux marchés régionaux et mondiaux. Pourtant, des défis structurels et institutionnels freinent encore l'exploitation optimale de cette opportunité. Identifier et surmonter ces obstacles est essentiel pour propulser le continent dans une nouvelle ère de croissance durable et inclusive.

***Infrastructures numériques insuffisantes***

Les infrastructures numériques, socle de toute économie connectée, demeurent insuffisantes en Afrique, notamment dans les zones rurales. L'accès à Internet à haut débit reste limité, et les technologies de communication de pointe, telles que les réseaux 4G et 5G, sont inégalement réparties. Cette carence ralentit l'adoption des solutions numériques par les PME et empêche de nombreuses communautés de participer pleinement à l'économie numérique mondiale.

**Défis :**

- L'absence de connectivité dans les zones rurales perpétue le fossé numérique entre les régions urbaines et rurales.

- Les coûts élevés des équipements et des services Internet découragent de nombreux acteurs économiques, en particulier les petites entreprises.

**Solutions :**

- **Investissements stratégiques dans les infrastructures numériques :** Les gouvernements, en partenariat avec le secteur privé, doivent accélérer le déploiement des réseaux 4G/5G et développer des centres de données locaux pour garantir un accès abordable et fiable.
- **Promotion des partenariats public-privé (PPP) :** Ces collaborations peuvent mobiliser les fonds nécessaires pour développer des infrastructures à grande échelle et réduire les coûts pour les utilisateurs finaux.

***Manque de compétences numériques***

Le déficit de compétences numériques constitue un frein majeur à la transformation digitale du continent. Les entreprises africaines, particulièrement les PME, peinent à recruter une main-d'œuvre qualifiée pour adopter et exploiter efficacement les technologies numériques.

**Défis :**

- L'écart entre les besoins du marché et les formations disponibles dans les domaines clés tels que l'intelligence artificielle, la cybersécurité, et le commerce électronique.
- Une éducation inadaptée aux exigences d'un monde numérique, avec un accès limité aux outils de formation technologique.

**Solutions :**

- **Investir massivement dans la formation numérique :** Les gouvernements et les entreprises doivent collaborer pour développer des programmes de formation aux compétences numériques, avec un accent particulier sur les jeunes et les femmes, souvent sous-représentés dans ce domaine.
- **Création de pôles technologiques régionaux :** Ces hubs peuvent servir de centres de formation et d'innovation, soutenant la montée en compétences de la population active et favorisant l'émergence de start-ups.

***Fragmentation des marchés numériques***

Malgré les avancées de la Zone de Libre-Échange continentale africaine (ZLECAF), les marchés numériques africains restent éclatés en raison de régulations nationales disparates. Cette fragmentation complique les transactions transfrontalières, entrave le développement du commerce électronique, et limite l'intégration numérique du continent.

**Défis :**

- L'absence d'harmonisation des politiques sur des aspects clés tels que les paiements électroniques, la protection des données, et les taxes sur le commerce en ligne.
- La multiplicité des cadres juridiques nationaux, qui crée des barrières inutiles pour les entreprises opérant dans plusieurs pays.

**Solutions :**

- **Harmonisation des politiques numériques :** Les États africains doivent adopter des normes communes à l'échelle régionale pour les paiements électroniques, la régulation du commerce en ligne, et la cybersécurité.
- **Développement d'un cadre légal continental :** Inspirée par la ZLECAF, cette initiative permettrait de créer un marché numérique unifié, favorisant les échanges transfrontaliers et la collaboration économique.

**Maximiser le potentiel technologique pour une Afrique connectée**

La technologie, la digitalisation, et le commerce électronique sont des leviers puissants pour propulser l'Afrique vers un développement économique inclusif et durable. Grâce à la ZLECAF, la transformation numérique peut faciliter l'intégration des économies africaines, stimuler le commerce intra-africain, et offrir des opportunités sans précédent aux PME.

Toutefois, maximiser ce potentiel exige des efforts concertés pour :

1. **Renforcer les infrastructures numériques**, particulièrement dans les zones rurales ;
2. **Combler le déficit de compétences numériques**, en formant une main-d'œuvre qualifiée et adaptée ;
3. **Unifier les marchés numériques**, en harmonisant les régulations et en supprimant les barrières transfrontalières.

En surmontant ces défis, l'Afrique peut s'imposer comme un acteur majeur de l'économie numérique mondiale, capable de conjuguer innovation, compétitivité, et inclusion pour transformer durablement le continent.

### B. Le commerce électronique : un levier stratégique pour le développement des PME africaines

Le commerce électronique, véritable catalyseur de la transformation économique, ouvre de nouvelles perspectives pour les petites et moyennes entreprises (PME) africaines. En tirant parti de la digitalisation et de l'essor des technologies de l'information, le e-commerce permet de surmonter les contraintes géographiques, d'abaisser les barrières à l'entrée sur les marchés et de connecter les entreprises locales à une clientèle mondiale. Dans le cadre de la Zone de Libre-Échange continentale africaine (ZLECAF), cette révolution numérique constitue une opportunité unique pour les PME africaines, leur permettant d'intégrer plus aisément les chaînes de valeur régionales et internationales, tout en stimulant la croissance économique.

Voici comment le commerce électronique transforme les PME africaines, en les dotant des outils nécessaires pour se réinventer, croître et conquérir de nouveaux marchés.

#### 1. Un accès élargi aux marchés grâce au commerce électronique

***Réduction des frontières géographiques***

Le commerce électronique abolit les distances et offre aux PME africaines une passerelle vers les marchés régionaux et internationaux. Sans nécessiter de lourdes infrastructures physiques, une entreprise peut, grâce à une simple présence en ligne, atteindre des clients situés à des milliers de kilomètres.

- **Plateformes régionales :** Des acteurs tels que **Jumia** ou **Konga** ont permis à de nombreuses PME africaines de proposer leurs produits à un public continental, tout en bénéficiant de services intégrés de paiement et de livraison.
- **Portes ouvertes sur l'international :** Des géants mondiaux comme **Amazon** ou **Alibaba** offrent des opportunités aux PME africaines d'exporter leurs produits vers des marchés européens, asiatiques ou américains, stimulant ainsi leur expansion globale.

***Une démocratisation de l'accès aux marchés***

Le commerce électronique rend les marchés accessibles même aux petites entreprises, souvent marginalisées dans les systèmes traditionnels.

- **Vente directe :** Grâce aux boutiques en ligne et aux réseaux sociaux, les PME peuvent s'affranchir des intermédiaires et vendre leurs produits directement aux consommateurs, augmentant ainsi leurs marges bénéficiaires tout en offrant des prix compétitifs.

### 2. Une réduction des coûts d'entrée et d'exploitation

#### *Une baisse des besoins en infrastructures physiques*

Le commerce électronique élimine le besoin de magasins physiques et d'infrastructures de distribution coûteuses, offrant ainsi une alternative accessible pour le lancement d'une activité.

- **Exemple :** Une PME peut créer une boutique en ligne avec des plateformes comme **Shopify** ou **WooCommerce**, réduisant considérablement ses coûts initiaux tout en touchant un public élargi.

#### *Gestion optimisée des stocks*

Les outils numériques permettent une gestion en temps réel des inventaires, réduisant les coûts et les pertes.

- **Technologies basées sur le cloud :** Les PME peuvent anticiper la demande, suivre leurs niveaux de stock et planifier efficacement leurs réapprovisionnements grâce à des solutions logicielles modernes.

#### *Modèles économiques innovants*

Le commerce électronique favorise l'adoption de modèles tels que le **dropshipping** ou la **vente par abonnement**, offrant une flexibilité qui s'adapte aux besoins du marché.

### 3. Renforcement de la visibilité et de la compétitivité des PME

#### *Marketing numérique pour une visibilité accrue*

Les outils de marketing digital, tels que le référencement SEO ou les campagnes publicitaires en ligne, permettent aux PME d'atteindre une clientèle ciblée à moindre coût.

- **Exemple :** Les publicités sur **Facebook** ou **Google Ads** permettent de toucher des consommateurs locaux ou internationaux selon des critères précis, maximisant ainsi l'efficacité des campagnes.

#### *Différenciation par l'innovation*

Les consommateurs recherchent des produits personnalisés ou de niche. Le commerce électronique donne aux PME l'opportunité de se distinguer en proposant des produits innovants ou sur mesure.

- **Exemple :** Les plateformes comme **Etsy** permettent aux artisans africains de vendre leurs créations uniques, valorisant ainsi l'expertise locale sur la scène internationale.

***Une relation client renforcée***

Le e-commerce facilite des interactions personnalisées avec les clients, favorisant la fidélisation et la satisfaction.

- **Outils CRM :** Grâce aux solutions de gestion de la relation client, les PME peuvent analyser les préférences des consommateurs, personnaliser leurs offres et fidéliser leur clientèle via des programmes de récompenses.

**4. Une accélération de la transformation numérique des PME**

***Adoption des solutions de paiement numérique***

Les plateformes de paiement électronique facilitent les transactions et ouvrent des marchés même dans des zones où les infrastructures bancaires traditionnelles sont limitées.

- **Exemple :** Des solutions comme **Orange Money**, **M-Pesa**, ou **Wave** permettent aux PME d'accepter des paiements en ligne de manière sécurisée, même dans les régions rurales.

***Intégration dans des écosystèmes numériques élargis***

Le commerce électronique connecte les PME à des partenaires technologiques, logistiques et financiers, renforçant leur compétitivité et leur efficacité opérationnelle.

- **Exemple :** Des startups africaines comme **Kobo360** offrent des solutions logistiques qui s'intègrent directement aux plateformes de e-commerce, facilitant la distribution des produits.

**5. Défis à relever pour maximiser l'impact du commerce électronique**

***Infrastructures numériques insuffisantes***

L'accès limité à Internet, en particulier dans les zones rurales, reste un obstacle majeur.

- **Solution :** Investir dans l'extension des réseaux 4G/5G et des centres de données régionaux pour démocratiser l'accès numérique.

***Déficit en compétences numériques***

Les PME manquent souvent de personnel formé pour gérer efficacement leur activité en ligne.

- **Solution :** Mettre en place des programmes de formation dédiés pour renforcer les capacités des entrepreneurs et de leurs équipes.

***Cadre réglementaire fragmenté***

L'absence d'harmonisation des règles commerciales, fiscales et numériques entrave le commerce transfrontalier.

- **Solution :** Standardiser les réglementations à l'échelle de la ZLECAF pour faciliter les échanges et promouvoir un environnement e-commerce inclusif.

Le commerce électronique représente une opportunité inédite pour les PME africaines, leur permettant de transcender les barrières traditionnelles, de moderniser leurs modèles économiques et de s'intégrer dans une économie mondiale de plus en plus numérisée. En tirant parti des outils digitaux, les PME peuvent accéder à de nouveaux marchés, réduire leurs coûts, et améliorer leur compétitivité. Cependant, pour exploiter pleinement ce potentiel, il est crucial de surmonter les défis liés aux infrastructures, aux compétences et à la réglementation. Avec un soutien approprié, le e-commerce peut devenir un véritable moteur de transformation économique pour l'Afrique.

### C. Solutions numériques pour transformer les échanges commerciaux continentaux

La digitalisation révolutionne progressivement les échanges commerciaux en Afrique, offrant des solutions concrètes pour surmonter les défis traditionnels liés au commerce transfrontalier. En modernisant les systèmes douaniers, en simplifiant les paiements et en optimisant les chaînes logistiques, les outils numériques contribuent à renforcer l'intégration économique, particulièrement dans le cadre de la Zone de Libre-Échange continentale africaine (ZLECAF). Ces innovations, conçues pour être accessibles même aux petites et moyennes entreprises (PME), permettent de fluidifier les transactions, d'accroître la transparence et de dynamiser le commerce intra-africain.

Voici une analyse approfondie des principales solutions numériques et de leur impact dans le cadre de la ZLECAF.

**1. Modernisation des systèmes douaniers et des plateformes de commerce transfrontalier**

***Guichets uniques électroniques***

Les guichets uniques électroniques centralisent l'ensemble des démarches administratives nécessaires pour le commerce transfrontalier. Ces plateformes permettent aux entreprises d'effectuer leurs formalités douanières en ligne, réduisant les délais et les coûts.

- **Exemple :** Le **guichet unique de la CEDEAO** offre aux entreprises une interface numérique pour déclarer leurs marchandises et régler leurs droits de douane. Ce système simplifie considérablement les processus, favorisant une fluidité accrue des échanges au sein de l'espace ouest-africain.
- **Impact :** Ces plateformes réduisent la bureaucratie, diminuent les frictions aux frontières et harmonisent les procédures douanières entre les pays membres, facilitant ainsi le commerce intra-africain.

*Blockchain pour la transparence et la traçabilité*

La blockchain offre un registre décentralisé, immuable et sécurisé, idéal pour renforcer la traçabilité des marchandises et garantir l'authenticité des échanges commerciaux.

- **Exemple :** L'utilisation de la blockchain pour les **certificats d'origine** dans le cadre de la ZLECAF permet de vérifier que les produits respectent les critères d'éligibilité aux préférences tarifaires.
- **Impact :** En réduisant le risque de fraude et en renforçant la confiance entre les partenaires commerciaux, la blockchain stimule l'efficacité des transactions tout en garantissant la conformité aux réglementations.

**2. Simplification des paiements transfrontaliers grâce aux technologies numériques**

***Plateformes mobiles et fintech***

Les solutions de paiement mobile, telles que **M-Pesa** et **Orange Money**, ont transformé l'accès aux services financiers, en particulier pour les PME. Ces outils permettent des paiements rapides et sécurisés entre les pays africains.

- **Impact :** En offrant des solutions accessibles même sans compte bancaire classique, ces plateformes éliminent les barrières financières et réduisent les délais de transaction, dynamisant les échanges commerciaux dans le cadre de la ZLECAF.

*Systèmes de paiement transfrontaliers centralisés*

Des initiatives comme le **Pan-African Payment and Settlement System (PAPSS)** permettent d'effectuer des paiements en devises locales avec conversion automatique, supprimant ainsi les obstacles liés aux fluctuations monétaires.

- **Impact :** En réduisant les coûts des transactions internationales, le PAPSS facilite le commerce intra-africain et encourage les PME à explorer de nouveaux marchés régionaux.

**3. Optimisation logistique et gestion des chaînes d'approvisionnement**

*Technologies de suivi et gestion des expéditions*

L'Internet des objets (IoT) et les plateformes numériques comme **Kobo360** ou **Lori Systems** permettent un suivi en temps réel des marchandises, améliorant ainsi la transparence et l'efficacité des chaînes logistiques.

- **Impact :** Ces technologies réduisent les pertes, optimisent les itinéraires de transport et assurent une meilleure coordination entre les différents acteurs logistiques.

*Automatisation des entrepôts et gestion des stocks*

Les systèmes de gestion des entrepôts (WMS) permettent aux entreprises d'optimiser leurs flux de marchandises, de réduire les coûts liés aux stocks excédentaires et d'améliorer la satisfaction client.

- **Exemple :** L'adoption de WMS par les PME africaines leur offre une meilleure réactivité face aux fluctuations de la demande.
- **Impact :** Ces solutions renforcent la compétitivité des entreprises, en leur permettant de répondre efficacement aux exigences des marchés.

**4. Plateformes numériques pour le commerce régional**

*Marketplaces régionales*

Des plateformes comme **Jumia** facilitent les échanges entre les PME africaines et leurs clients, en leur fournissant un espace pour promouvoir et vendre leurs produits à travers le continent.

- **Impact :** Ces marketplaces éliminent les barrières géographiques, ouvrent des débouchés pour les PME et dynamisent les échanges commerciaux au sein de la ZLECAF.

***Plateformes B2B***

Des outils tels qu'**AfricaPLC** connectent directement les entreprises africaines, leur offrant un espace pour négocier et conclure des transactions en toute sécurité.

- **Impact :** Ces plateformes favorisent les collaborations interentreprises, renforcent les chaînes de valeur régionales et encouragent l'intégration économique.

**5. Digitalisation des processus commerciaux**

***E-procurement pour les achats transfrontaliers***

L'e-procurement centralise les processus d'achat, réduisant les coûts et améliorant la transparence. Les solutions numériques permettent aux entreprises de répondre rapidement aux appels d'offres publics et privés.

- **Exemple :** Les plateformes d'e-procurement adoptées par des pays comme le Rwanda simplifient les interactions entre les fournisseurs et les acheteurs publics.
- **Impact :** Cette technologie améliore la transparence et réduit les coûts liés aux processus d'approvisionnement.

***Facturation électronique***

Des outils tels que **QuickBooks** ou **Zoho** facilitent la gestion des paiements et des taxes, tout en renforçant la conformité aux réglementations fiscales locales.

- **Impact :** La facturation électronique accélère les délais de paiement et réduit les erreurs administratives, améliorant ainsi la gestion financière des entreprises.

La transformation numérique est au cœur de l'intégration économique africaine. Grâce à des solutions comme les guichets uniques, les fintechs, ou encore les plateformes logistiques, la ZLECAF bénéficie d'un cadre technologique qui simplifie les échanges, renforce la compétitivité des PME et favorise l'intégration des chaînes de valeur régionales. Toutefois, pour maximiser ces avantages, il est essentiel d'investir davantage dans les infrastructures numériques, de former les entrepreneurs aux nouvelles technologies, et d'harmoniser les réglementations à l'échelle continentale. L'avenir du commerce intra-africain repose sur une digitalisation inclusive et stratégique, capable de transformer le potentiel économique du continent.

## Le Rôle du Sénégal dans l'Économie numérique africaine

### A. Le Potentiel du Secteur des Technologies de l'Information et de la Communication (TIC) au Sénégal

#### 1. Une Infrastructure numérique en Pleine Expansion

***Accès à Internet et connectivité***

Le Sénégal connaît une avancée remarquable dans l'amélioration de l'accès à Internet. Grâce à une couverture croissante des réseaux 4G et à l'introduction de la 5G, le pays fait preuve de sa capacité à embrasser les technologies de pointe. Des initiatives ambitieuses telles que le **Projet Smart Sénégal** visent à connecter toutes les régions, y compris les zones les plus reculées, pour garantir une inclusion numérique à l'échelle nationale. Cette transformation numérique ouvre de nouvelles opportunités économiques et renforce la position stratégique du Sénégal en Afrique de l'Ouest.

*Infrastructures technologiques*

Les infrastructures technologiques du Sénégal se développent rapidement, avec l'émergence de centres de données modernes et d'initiatives visant à renforcer l'infrastructure cloud. Ces installations attirent les entreprises technologiques internationales et encouragent les start-ups locales à adopter des solutions innovantes. En investissant dans la digitalisation des infrastructures, le Sénégal établit une base solide pour devenir un hub technologique régional.

#### 2. Un Écosystème entrepreneurial dynamique

***Dakar, Hub technologique de l'Afrique de l'Ouest***

La capitale sénégalaise s'impose comme un centre névralgique pour les start-ups, avec une concentration croissante d'initiatives dans des secteurs tels que les **fintechs**, le commerce électronique, la santé digitale, et l'éducation numérique. Des incubateurs tels que **CTIC Dakar** jouent un rôle crucial dans l'accompagnement des jeunes entrepreneurs et dans la promotion de l'innovation.

***Soutien des investisseurs et partenariats internationaux***

Le Sénégal attire de plus en plus d'investissements étrangers grâce à des partenariats stratégiques avec des géants technologiques comme

**Google**, **Microsoft**, et **Meta**. Ces collaborations favorisent non seulement le transfert de compétences mais aussi l'accès à des ressources financières et technologiques, stimulant ainsi l'écosystème entrepreneurial.

### 3. Des Initiatives gouvernementales favorisant l'Innovation

***Projet Sénégal 2050 : le numérique au cœur de la transformation***

Le numérique constitue un pilier fondamental de la vision **Sénégal 2050**, qui vise à transformer l'économie nationale. Des projets tels que l'**Agence SENUM SA** (ex-ADIE) facilitent la digitalisation des services publics et l'e-gouvernance, rendant l'administration plus accessible et efficace.

***Programmes de formation et d'inclusion numérique***

Pour préparer les générations futures, des initiatives comme **DigiTalent** visent à renforcer les compétences numériques des jeunes et à améliorer leur employabilité dans le secteur des TIC. Ces efforts soutiennent non seulement l'économie locale mais contribuent également à positionner le Sénégal comme une destination compétitive pour les talents technologiques.

### 4. Commerce électronique et Fintechs : Moteurs de Croissance

***Une Croissance exponentielle du commerce en ligne***

Le Sénégal connaît un essor du commerce électronique, porté par des plateformes comme **Jumia Sénégal** et **Expat-Dakar**, qui facilitent l'achat et la vente de biens et services en ligne. L'adoption accrue des solutions de paiement numérique contribue à cette dynamique, offrant des options pratiques et sûres pour les consommateurs et les entreprises.

***Révolution Fintech***

Les fintechs comme **Wave** et **Orange Money** transforment profondément le secteur financier sénégalais, en démocratisant l'accès aux services financiers pour les populations autrefois exclues. Ces innovations renforcent l'inclusion financière, stimulent les échanges commerciaux et soutiennent l'économie numérique émergente.

### 5. Le Rôle stratégique de la Diaspora sénégalaise

***Investissements et Transferts de Compétences***

La diaspora sénégalaise, forte d'une expertise internationale, joue un rôle clé dans le développement du secteur numérique. Par des initiatives de mentorat, des transferts de compétences, et des investissements dans les start-ups locales, elle contribue activement à l'essor de l'écosystème technologique sénégalais.

***Ponts Technologiques avec l'International***

Les membres de la diaspora facilitent également les connexions entre le Sénégal et les hubs technologiques mondiaux, tels que la Silicon Valley ou l'Europe, créant ainsi des opportunités de partenariats, de financement, et de collaboration technologique.

**6. Défis à relever pour un développement numérique inclusif**

***Accès équitable à la technologie***

Malgré les progrès, des disparités subsistent dans l'accès à Internet, notamment entre les zones urbaines et rurales. Il est crucial de réduire les coûts d'accès et d'améliorer les infrastructures dans les régions reculées pour garantir une inclusion numérique équitable.

***Sécurité numérique et cadre réglementaire***

Avec la croissance rapide de l'économie numérique, la mise en place d'un cadre réglementaire robuste et de mesures renforcées de cybersécurité devient impérative. Ces actions sont essentielles pour protéger les utilisateurs, bâtir la confiance dans le commerce en ligne, et prévenir les cybermenaces.

**Le Sénégal, Pilier de l'Économie numérique africaine**

Grâce à ses infrastructures en pleine expansion, son soutien institutionnel et son écosystème entrepreneurial florissant, le Sénégal se positionne comme un acteur clé de l'économie numérique africaine. En capitalisant sur les opportunités offertes par des initiatives telles que la **ZLECAF** et en s'attaquant aux défis persistants, le pays peut non seulement transformer son économie mais également inspirer d'autres nations du continent à suivre le même chemin.

**B. Commerce électronique : Le Sénégal comme carrefour stratégique des startups numériques et fintech**

Le Sénégal s'affirme progressivement comme un acteur incontournable du commerce électronique en Afrique de l'Ouest, porté par un écosystème technologique dynamique et en constante évolution. Grâce à une combinaison d'initiatives publiques et privées, le pays aspire à devenir un hub stratégique pour les startups numériques et les fintechs, contribuant ainsi à la transformation numérique du continent. Cette ambition s'appuie sur des atouts solides et des initiatives structurantes.

### 1. Un écosystème entrepreneurial prometteur

#### *Dakar, un centre névralgique de l'innovation en Afrique de l'Ouest*

La capitale sénégalaise est aujourd'hui une plaque tournante pour les startups et les acteurs technologiques de la région. Des structures comme **CTIC Dakar**, **DER/FJ** (Délégation générale à l'Entrepreneuriat rapide des Femmes et des Jeunes), et **Sonatel Academy** jouent un rôle clé en accompagnant les jeunes entrepreneurs et en favorisant l'émergence de solutions numériques adaptées aux besoins locaux et régionaux. Ces incubateurs et accélérateurs offrent un environnement fertile pour les entreprises technologiques, combinant mentorat, financement, et opportunités de réseautage.

#### *Une forte culture entrepreneuriale*

Le Sénégal est marqué par une mentalité entrepreneuriale florissante, où les jeunes innovateurs rivalisent de créativité pour répondre aux besoins de la population. Les domaines du **paiement mobile**, de l'**e-commerce**, et des **services financiers numériques** figurent parmi les secteurs les plus dynamiques. Ce foisonnement entrepreneurial contribue à positionner le pays comme un vivier de talents et d'initiatives numériques.

### 2. L'essor fulgurant des fintechs

#### *Inclusion financière par les fintechs*

Les fintechs jouent un rôle central dans l'amélioration de l'inclusion financière au Sénégal. Des entreprises comme **Wave**, **Orange Money**, et **Wari** ont transformé les services financiers en rendant accessibles des solutions simples et innovantes. Grâce à ces plateformes, une grande partie de la population jusque-là non bancarisée peut désormais effectuer des paiements, transférer de l'argent, ou épargner, en toute simplicité, via un téléphone mobile.

#### *Appui des politiques publiques*

Le gouvernement sénégalais soutient activement le développement des fintechs par des réglementations adaptées et des partenariats stratégiques. Les initiatives pour **faciliter les paiements numériques** et encourager la numérisation des transactions commerciales témoignent de cet engagement. Ce soutien politique contribue à créer un climat propice à l'innovation et à attirer de nouveaux acteurs dans l'écosystème des fintechs.

### 3. Un dynamisme croissant du commerce électronique

#### *Expansion des plateformes d'e-commerce*

Des plateformes comme **Jumia Sénégal** et **Expat-Dakar** révolutionnent le commerce en ligne en offrant aux consommateurs un accès à une vaste gamme de produits, tout en permettant aux commerçants locaux de toucher un public plus large. Ces plateformes stimulent l'activité des **PME**, augmentant leur visibilité et leur accès à de nouveaux marchés.

#### *Logistique et paiements intégrés*

La croissance du commerce électronique s'accompagne du développement de **solutions logistiques performantes** et de **systèmes de paiement numériques sécurisés**. Ces avancées facilitent les transactions et les livraisons, y compris dans les zones les plus reculées, et renforcent la confiance des consommateurs.

### 4. Le Sénégal comme plateforme régionale

#### *Une position stratégique en Afrique de l'Ouest*

Grâce à sa situation géographique et à un cadre juridique stable, le Sénégal est un pont naturel vers les marchés de la **CEDEAO** (Communauté Économique des États de l'Afrique de l'Ouest). Cette position privilégiée en fait une destination de choix pour les investisseurs et les entreprises internationales souhaitant pénétrer les marchés africains.

#### *Attraction des capitaux étrangers*

Le Sénégal attire de plus en plus de fonds d'investissement internationaux et de grandes entreprises technologiques. Ces acteurs perçoivent le pays comme un point d'entrée idéal pour explorer le potentiel du commerce électronique et des fintechs en Afrique. Ces investissements renforcent l'écosystème entrepreneurial local et favorisent la création d'opportunités économiques.

### 5. Défis à relever pour consolider la position du Sénégal

#### *Amélioration des infrastructures numériques*

Bien que le Sénégal ait réalisé des progrès significatifs, des efforts restent nécessaires pour réduire les **disparités d'accès à Internet**, en particulier dans les zones rurales. Une infrastructure numérique robuste est essentielle pour soutenir l'expansion des startups et l'adoption des solutions numériques.

***Renforcement du cadre réglementaire***

Pour maintenir son attractivité auprès des startups internationales, le Sénégal devra continuer à développer un **cadre réglementaire flexible** et adapté aux technologies émergentes, tout en garantissant la **protection des données personnelles** et la sécurité des transactions numériques.

Le commerce électronique et l'essor des fintechs représentent une opportunité unique pour le Sénégal de se positionner en leader régional de la transformation numérique. En renforçant ses infrastructures, en soutenant les startups locales, et en encourageant les investissements étrangers, le Sénégal est sur la voie de devenir un **hub numérique incontournable** en Afrique de l'Ouest, contribuant ainsi à une intégration économique et digitale accrue sur le continent.

# CHAPITRE 10

## Secteurs prioritaires et pôles de croissance

### A. Développement des Chaînes de Valeur Régionales : Énergie, Agriculture et Industrie

La Zone de Libre-Échange continentale africaine (ZLECAF) représente une opportunité inédite pour transformer structurellement l'économie africaine. En favorisant une intégration économique plus profonde et en éliminant les barrières commerciales, elle peut catalyser le développement des chaînes de valeur régionales dans des secteurs stratégiques comme l'énergie, l'agriculture, et l'industrie. Ces chaînes de valeur, lorsqu'elles sont bien développées, ont le potentiel de stimuler la croissance, d'accroître la compétitivité et de renforcer la résilience économique du continent.

#### 1. Énergie : Vers une Intégration régionale des Ressources énergétiques

***Un potentiel énergétique exceptionnel***

L'Afrique regorge de ressources énergétiques inexploitées, allant des énergies renouvelables (solaire, éolien, hydroélectrique) aux hydrocarbures (pétrole et gaz naturel). Toutefois, l'accès à une énergie fiable et abordable demeure un défi dans de nombreux pays. La ZLECAF pourrait permettre de mutualiser ces ressources et de bâtir des chaînes de valeur régionales dans le domaine énergétique.

- **Infrastructure et interconnexions régionales :** La mise en place de réseaux d'interconnexion électrique entre les pays permettrait à ceux disposant d'un excédent énergétique (comme l'Éthiopie et la Zambie avec l'hydroélectricité) de fournir des pays en déficit, notamment en Afrique de l'Ouest. Ces interconnexions réduiraient les coûts de l'énergie et favoriseraient l'industrialisation.
- **Transition énergétique et innovations technologiques :** L'accent peut être mis sur le développement de solutions énergétiques innovantes, telles que les mini-réseaux solaires, les batteries de stockage,

et les technologies d'énergies vertes. Ces innovations, produites localement, stimuleraient l'emploi et la création de nouvelles industries à forte valeur ajoutée.

**2. Agriculture : transformation et industrialisation agroalimentaire**

***Une colonne vertébrale de l'économie africaine***

L'agriculture, qui emploie environ 60 % de la population africaine et contribue significativement au PIB, reste sous-exploitée en termes de valeur ajoutée. La ZLECAF peut jouer un rôle clé dans la structuration et la modernisation des chaînes de valeur agricoles.

- **Transformation locale et intégration régionale :** En réduisant les barrières tarifaires, la ZLECAF pourrait stimuler la transformation des produits agricoles sur le continent, réduisant ainsi la dépendance aux importations. Des secteurs comme les céréales (riz, maïs), l'horticulture (fruits et légumes), et les produits d'élevage (viande, produits laitiers) pourraient bénéficier d'une production et transformation locales accrues.
- **Modernisation grâce à l'innovation :** L'adoption de technologies agricoles modernes, telles que les outils numériques (plateformes de mise en marché, suivi des récoltes) et les infrastructures logistiques comme les chaînes de froid, renforcerait l'efficacité des chaînes de valeur. Ces innovations intégreraient également les petits producteurs aux marchés régionaux, réduisant ainsi les inégalités économiques.

**3. Industrie : Vers une Industrialisation et une Fabrication régionale**

***Un secteur en pleine émergence***

Bien que l'industrialisation en Afrique reste timide, la ZLECAF offre un cadre propice pour accélérer cette dynamique en créant des chaînes de valeur manufacturières compétitives.

- **Secteurs industriels prioritaires :** Les industries légères, telles que le textile, l'habillement, la transformation agroalimentaire, et les produits pharmaceutiques, présentent un fort potentiel de développement régional. En produisant localement et en exportant au sein du continent, ces industries pourraient générer des emplois, réduire les importations et stimuler l'innovation.
- **Rôle des hubs industriels régionaux :** Des pays comme le Maroc, l'Égypte, et l'Afrique du Sud, qui possèdent déjà des bases

industrielles solides, peuvent jouer un rôle de locomotive en créant des clusters régionaux. Ces hubs partageraient savoir-faire, innovations technologiques et infrastructures pour stimuler le développement industriel dans d'autres régions.

### 4. Coopération régionale et Politique industrielle commune

#### *Harmonisation des politiques industrielles*

Pour maximiser le potentiel des chaînes de valeur régionales, une approche harmonisée des politiques industrielles est essentielle. Une telle coopération favoriserait les investissements transfrontaliers, protégerait les industries émergentes, et renforcerait la coordination régionale.

- **Zones économiques spéciales (ZES) :** La création de ZES ciblées à l'échelle régionale, spécialisées dans des secteurs stratégiques, pourrait attirer les investisseurs étrangers et dynamiser le commerce intra-africain. Ces zones offriraient des incitations fiscales, des infrastructures modernes et un accès facilité aux marchés.

### Un Continent à réinventer par ses chaînes de Valeur

Le développement des chaînes de valeur régionales dans les secteurs de l'énergie, de l'agriculture, et de l'industrie représente une opportunité historique pour l'Afrique. Grâce à la ZLECAF, les pays du continent peuvent mutualiser leurs forces, réduire leur dépendance aux importations, et stimuler leur production locale. En encourageant la coopération régionale et en investissant dans les infrastructures et l'innovation, l'Afrique peut non seulement transformer ses économies, mais également s'imposer comme un acteur clé sur la scène économique mondiale.

## B. Le Secteur minier et ses Perspectives dans un Marché Unifié

Le secteur minier africain, riche en opportunités, constitue un pilier essentiel du développement économique du continent. Avec ses abondantes ressources naturelles telles que l'or, le cuivre, le cobalt, le pétrole, et les terres rares, l'Afrique occupe une position stratégique sur l'échiquier mondial. La mise en œuvre de la Zone de Libre-Échange continentale africaine (ZLECAF) pourrait catalyser un essor significatif de ce secteur, favorisant une exploitation optimisée des richesses naturelles, une coopération régionale renforcée, et une industrialisation accrue autour des ressources du continent. Ce chapitre explore les perspectives du secteur minier dans un marché africain intégré et unifié.

### 1. Un Potentiel minier considérable

***Richesse en ressources naturelles :***

L'Afrique détient environ 30 % des réserves mondiales de minéraux, faisant d'elle un acteur incontournable dans l'industrie extractive. Des nations telles que l'Afrique du Sud, la République Démocratique du Congo, le Ghana, et le Mali dominent l'extraction de minéraux stratégiques comme l'or, le platine, le cuivre, et le cobalt. Cette richesse confère au continent un avantage compétitif dans un marché mondial de plus en plus dépendant de ces ressources.

***Diversité des ressources minières :***

En plus des métaux précieux, le continent regorge de terres rares, essentielles à l'innovation technologique, notamment dans la fabrication de batteries, de dispositifs électroniques, et pour les énergies renouvelables. La ZLECAF pourrait faciliter l'intégration des chaînes d'approvisionnement pour ces ressources, renforçant la production et la transformation locales tout en stimulant la croissance continentale.

### 2. Opportunités créées par la ZLECAF

***Un marché unifié pour les produits miniers***

La ZLECAF offre une plateforme unique pour coordonner l'extraction, la transformation et l'exportation des ressources minières africaines. En réduisant les barrières tarifaires et en simplifiant les procédures commerciales, cette initiative vise à diminuer la dépendance à l'exportation brute des matières premières, favorisant ainsi la création de valeur sur le continent.

***Intégration des chaînes de valeur minières :***

La création de chaînes de valeur intégrées est un levier clé pour l'industrialisation. Par exemple, le cobalt extrait en RDC pourrait être transformé en composants pour batteries électriques en Afrique du Sud. De même, le pétrole brut du Nigeria pourrait alimenter des raffineries partenaires au sein de la région. Une telle synergie renforcerait l'interdépendance économique et stimulerait la croissance régionale.

### 3. Priorité à la transformation locale

***Réduction de l'exportation brute :***

Actuellement, une large proportion des ressources minières africaines est exportée sans transformation, privant le continent d'une valeur ajoutée cruciale. La ZLECAF entend encourager le développement d'industries locales de transformation, notamment dans des secteurs comme la métallurgie, la chimie et la fabrication de batteries, générant ainsi des emplois qualifiés et augmentant les recettes fiscales.

***Exploitation responsable et durable :***

Un marché unifié permettrait également d'harmoniser les normes environnementales et sociales pour garantir une exploitation durable des ressources. En adoptant des pratiques respectueuses de l'environnement, l'Afrique pourrait s'imposer comme un leader mondial dans la production éthique de minéraux stratégiques, en phase avec les attentes des industries technologiques et des énergies renouvelables.

**4. Attraction des Investissements directs étrangers (IDE)**

***Amélioration de l'environnement des affaires***

En instaurant un cadre réglementaire harmonisé, la ZLECAF rend le secteur minier africain plus attractif pour les investisseurs étrangers. Des projets d'infrastructure, de transformation industrielle, et de renforcement des capacités pourraient bénéficier d'un afflux d'IDE, renforçant ainsi le potentiel économique du continent.

***Partenariats public-privé (PPP)***

Les PPP sont essentiels pour financer et développer les infrastructures minières, telles que les routes, les chemins de fer, et les installations portuaires. En combinant les ressources publiques et privées, ces partenariats permettraient de surmonter les limitations budgétaires tout en stimulant la croissance et la compétitivité.

**5. Défis à relever pour maximiser le Potentiel minier**

***Infrastructures insuffisantes***

L'absence de corridors logistiques modernes et d'infrastructures de transport adaptées entrave le développement du secteur minier. Investir dans des réseaux régionaux de transport et des installations industrielles est crucial pour permettre une exploitation optimale des ressources.

***Problèmes de gouvernance et conflits***

Le secteur minier en Afrique est souvent miné par des problèmes de gouvernance, des conflits d'intérêts et des tensions autour des ressources. La ZLECAF offre une opportunité de renforcer la coopération régionale pour améliorer la transparence, réduire les conflits, et optimiser la gestion des ressources.

### 6. Intégration dans les Chaînes de Valeur Mondiales

***Compétitivité mondiale accrue***

En intégrant ses chaînes de valeur régionales, l'Afrique pourrait mieux rivaliser avec d'autres producteurs mondiaux. Elle jouerait un rôle central dans l'approvisionnement de matériaux critiques pour les industries de pointe, notamment celles liées aux technologies vertes et aux batteries électriques.

***Encouragement de l'innovation***

La ZLECAF pourrait également stimuler l'innovation dans le secteur minier, en favorisant le développement de technologies d'extraction et de transformation plus efficaces. Ces avancées renforceraient la compétitivité du continent tout en rendant ses pratiques plus durables.

Le secteur minier africain dispose d'un potentiel immense pour devenir un moteur de croissance et de développement économique. Grâce à la ZLECAF, ce secteur pourrait non seulement consolider l'industrialisation et la transformation locale, mais aussi positionner l'Afrique comme un acteur clé dans les chaînes de valeur mondiales des minéraux stratégiques. Pour exploiter pleinement ces opportunités, il sera impératif de relever les défis liés aux infrastructures, à la gouvernance, et à l'intégration régionale, tout en s'appuyant sur des politiques cohérentes et durables.

## C. Opportunités dans le secteur des services : tourisme, finance, éducation

La Zone de Libre-Échange continentale africaine (ZLECAF) offre des perspectives prometteuses dans le secteur des services, moteur essentiel de la transformation économique du continent. En renforçant l'intégration régionale, elle ouvre la voie à une expansion dynamique des secteurs du tourisme, de la finance et de l'éducation, autant d'axes stratégiques pour stimuler le développement, améliorer la compétitivité et promouvoir une croissance inclusive.

### 1. Tourisme : Dynamiser les flux touristiques intra-africains et internationaux

Le secteur du tourisme, souvent sous-exploité en Afrique, dispose d'un potentiel considérable que la ZLECAF pourrait libérer en facilitant la mobilité et en intégrant les offres régionales.

- **Promotion du tourisme intra-africain :** La suppression des barrières commerciales et la simplification des politiques de mobilité, telles que l'instauration de visas communs régionaux, encourageraient les flux touristiques au sein du continent. Les citoyens africains pourraient plus facilement explorer les trésors culturels, naturels et historiques de leurs pays voisins.

- **Création de circuits touristiques régionaux :** La collaboration entre pays pour élaborer des circuits intégrés augmenterait l'attrait du tourisme africain. Par exemple, un itinéraire combinant un safari en Tanzanie et au Kenya, ou une route culturelle reliant le Sénégal, le Cap-Vert et le Maroc, pourrait séduire les touristes locaux et internationaux.
- **Investissements dans les infrastructures touristiques :** Une demande accrue pourrait attirer des investissements directs étrangers pour moderniser les infrastructures : hôtels, stations balnéaires, routes et aéroports. Ces améliorations faciliteraient l'accès aux destinations et augmenteraient la qualité des services proposés.
- **Tourisme durable et communautaire :** La ZLECAF constitue une opportunité pour promouvoir un tourisme respectueux de l'environnement et des cultures locales. En soutenant les initiatives rurales et écotouristiques, ce modèle de tourisme bénéficierait aux communautés locales tout en protégeant le patrimoine naturel et culturel du continent.

### 2. Finance : Intégration et inclusion pour renforcer le développement économique

Le secteur financier joue un rôle central dans le développement des économies modernes. Grâce à la ZLECAF, il pourrait connaître une transformation significative, facilitant les échanges et augmentant l'accès des populations aux services financiers.

- **Harmonisation des services financiers :** L'intégration des marchés financiers africains favoriserait l'expansion des banques et institutions au-delà de leurs frontières nationales. L'harmonisation des réglementations bancaires simplifierait les transferts d'argent transfrontaliers et réduirait les coûts.
- **Inclusion financière :** En facilitant l'accès aux services bancaires pour les populations rurales et non bancarisées, la ZLECAF pourrait réduire les inégalités économiques. Les fintechs, avec des solutions innovantes comme les paiements mobiles (M-Pesa, Orange Money), joueront un rôle clé pour étendre les services financiers dans les zones reculées.

- **Création de pôles financiers régionaux :** Des institutions comme la BRVM en Afrique de l'Ouest pourraient être connectées à d'autres bourses africaines pour créer des marchés financiers régionaux intégrés. Cela attirerait davantage d'investissements étrangers et offrirait de nouvelles opportunités aux entrepreneurs africains.
- **Développement d'infrastructures financières :** L'installation de guichets régionaux pour les PME et l'amélioration des infrastructures financières faciliteront l'accès au crédit et stimuleront la croissance des petites entreprises, contribuant ainsi à une économie plus inclusive.

**3. Éducation : Bâtir un capital humain pour le futur de l'Afrique**

L'éducation, pilier du développement durable, pourrait être révolutionnée grâce à la ZLECAF, en renforçant la collaboration régionale et en répondant aux besoins croissants du continent en main-d'œuvre qualifiée.

- **Mobilité académique et reconnaissance des diplômes :** La facilitation des échanges académiques entre pays africains grâce à des accords sur la reconnaissance mutuelle des diplômes stimulerait les collaborations entre universités et chercheurs. Cela permettrait aux étudiants d'accéder à des opportunités éducatives diversifiées à travers le continent.
- **Partenariats éducatifs régionaux :** Des centres d'excellence régionaux pourraient être développés pour se spécialiser dans des domaines clés. Par exemple, le Sénégal pourrait devenir un hub pour les technologies de l'information, tandis que l'Éthiopie pourrait exceller dans la médecine et l'ingénierie.
- **Éducation en ligne et à distance :** Avec le développement des plateformes numériques, l'enseignement en ligne constitue une solution pour surmonter les limitations physiques des infrastructures éducatives. Des cours en ligne reconnus à l'échelle continentale pourraient démocratiser l'accès à une éducation de qualité pour des millions de jeunes Africains.
- **Formation technique et professionnelle :** Pour répondre aux besoins des économies locales, des programmes de formation professionnelle adaptés aux secteurs prioritaires, comme l'agriculture, la technologie et l'industrie, permettraient de former une main-d'œuvre qualifiée et immédiatement opérationnelle.

La ZLECAF ouvre des perspectives inégalées pour dynamiser le secteur des services en Afrique. En exploitant les synergies régionales, en harmonisant les régulations, et en investissant dans les infrastructures et les compétences, les pays africains peuvent transformer des domaines clés tels que le tourisme, la finance et l'éducation en moteurs de croissance inclusive et durable. Ces initiatives renforceront non seulement l'intégration économique du continent, mais positionneront également l'Afrique comme un acteur compétitif sur la scène mondiale.

## Les Secteurs prioritaires pour le Sénégal

### D. Agro-industrie et opportunités régionales

L'agro-industrie s'impose comme un pilier stratégique pour le développement économique du Sénégal. Avec la mise en œuvre de la Zone de Libre-Échange continentale africaine (ZLECAF), le pays bénéficie d'une occasion exceptionnelle de tirer parti des chaînes de valeur régionales pour dynamiser sa production agricole, stimuler la transformation locale des produits, et accroître sa compétitivité sur les marchés africains et internationaux. Voici les axes clés pour maximiser les opportunités offertes par ce secteur prioritaire.

#### 1. Valorisation des Ressources agricoles abondantes

***Une richesse agricole diversifiée***

Le Sénégal jouit d'un potentiel agricole considérable, avec une production variée comprenant le mil, le riz, l'arachide, les fruits, et les légumes. À cela s'ajoutent des ressources halieutiques significatives, grâce à une façade maritime qui en fait un acteur majeur de la pêche en Afrique de l'Ouest.

***Un accès élargi aux marchés continentaux***

L'intégration au marché continental via la ZLECAF ouvre de nouvelles perspectives pour la distribution de produits agricoles frais et transformés. Les barrières tarifaires et non tarifaires étant progressivement éliminées, les producteurs sénégalais peuvent désormais accéder à des marchés africains en expansion, stimulant ainsi la demande et renforçant les échanges intra-africains.

#### 2. Renforcement de la transformation locale et de l'industrialisation agroalimentaire

***Créer de la valeur ajoutée localement***

L'une des priorités stratégiques pour le Sénégal est d'intensifier la transformation locale des matières premières agricoles. Plutôt que de se limiter à l'exportation de produits bruts comme l'arachide, le riz ou les fruits, le pays peut capitaliser sur des produits transformés tels que l'huile d'arachide, le riz étuvé, les jus de fruits, et les conserves. Cette orientation non seulement accroît la valeur ajoutée, mais génère également des emplois et dynamise les économies locales.

***Développer des infrastructures adaptées***

Pour soutenir cette transformation, il est impératif d'investir dans des infrastructures modernes : usines de transformation agroalimentaire, chaînes de froid, et plateformes logistiques. Ces équipements permettent non seulement de préserver la qualité des produits mais aussi de garantir leur compétitivité sur les marchés régionaux et internationaux.

**3. Intégration des Chaînes de Valeur Régionales**

***Coopération transfrontalière***

Grâce à la ZLECAF, le Sénégal peut s'intégrer plus efficacement dans les chaînes de valeur régionales. Les matières premières produites localement peuvent être transformées dans des pays voisins disposant d'industries complémentaires, ou inversement. Cette synergie permet d'optimiser les ressources et de réduire les coûts de production.

***Établir des partenariats stratégiques***

Le Sénégal pourrait également développer des collaborations transfrontalières, notamment au sein de la CEDEAO, pour mutualiser les infrastructures et optimiser les réseaux de distribution. Ces partenariats renforcent non seulement la complémentarité des économies régionales, mais ouvrent également de nouveaux débouchés pour les produits sénégalais.

**4. Inclusion des Petits Producteurs dans les chaînes de Valeur**

***Soutenir les agriculteurs locaux***

L'intégration des petits producteurs est essentielle pour garantir une croissance inclusive. Cela implique d'améliorer leur accès aux infrastructures de stockage, aux financements adaptés, et aux marchés élargis. Des initiatives telles que les groupements de producteurs ou les coopératives agricoles peuvent jouer un rôle déterminant dans ce processus.

***Renforcer les compétences techniques***

Des programmes de formation ciblés doivent être mis en place pour transmettre aux producteurs des connaissances en matière de pratiques agricoles modernes, de transformation agroalimentaire et de gestion d'entreprise. Cela leur permettra de maximiser leur productivité et de répondre aux exigences des marchés régionaux.

**5. Diversification des exportations et développement des produits à valeur ajoutée**

***Explorer de nouveaux marchés***

La ZLECAF offre au Sénégal une opportunité unique de diversifier ses marchés d'exportation en allant au-delà des partenariats traditionnels avec l'Europe et l'Amérique du Nord. Les pays africains en pleine croissance représentent des débouchés prometteurs pour des produits transformés tels que l'huile d'arachide, les produits de la mer et les fruits tropicaux.

***Miser sur des produits premium***

En se concentrant sur des produits certifiés biologiques ou issus de l'agriculture durable, le Sénégal peut capter une clientèle à forte valeur ajoutée, tant au niveau régional qu'international. Ces produits répondent à une demande croissante pour des aliments sains et respectueux de l'environnement.

**6. Promouvoir une Agro-industrie durable et innovante**

***Adopter des pratiques agricoles responsables***

La durabilité doit être au cœur de l'expansion agro-industrielle. Cela passe par des investissements dans des technologies écologiques, une gestion rationnelle des ressources en eau, et la préservation des sols. L'agriculture biologique et les initiatives visant à réduire l'empreinte carbone dans les chaînes d'approvisionnement devraient également être encouragées.

***Stimuler l'innovation technologique***

L'utilisation de solutions numériques peut révolutionner le secteur agro-industriel. Des plateformes de commerce électronique, des outils de traçabilité, et des applications de gestion agricole numérique offrent des opportunités pour améliorer la productivité, optimiser la logistique, et connecter directement les producteurs aux consommateurs.

**Une vision pour l'avenir : faire de l'agro-industrie un levier de croissance**

Le Sénégal possède les atouts nécessaires pour devenir un acteur clé de l'agro-industrie en Afrique. En exploitant pleinement les opportunités offertes par la ZLECAF, le pays peut renforcer ses chaînes de valeur, promouvoir l'industrialisation locale, et diversifier ses marchés d'exportation. Ces efforts permettront non seulement de stimuler la croissance économique, mais aussi de créer des emplois, d'améliorer les revenus des agriculteurs, et de favoriser un développement durable et inclusif. Cette ambition, soutenue par des investissements ciblés et une gouvernance efficace, est essentielle pour positionner le Sénégal comme un modèle de succès dans l'agro-industrie africaine.

### E. Tourisme et Services : Construire un Secteur tertiaire dynamique à l'Échelle continentale

Le secteur tertiaire, et particulièrement le tourisme, constitue une pierre angulaire du développement économique du Sénégal. Avec l'avènement de la Zone de Libre-Échange continentale africaine (ZLECAF), le pays se trouve face à une opportunité unique de s'imposer comme un acteur clé dans les services et le tourisme à l'échelle régionale et continentale. En tirant parti de ses atouts naturels, culturels et humains, le Sénégal peut diversifier son économie tout en stimulant l'emploi et les échanges intra-africains.

#### 1. Le Tourisme : Un Moteur de Développement économique

***Richesse des atouts touristiques***

Le Sénégal dispose d'un patrimoine touristique riche et diversifié. Ses plages immaculées de la Petite Côte, l'île de Gorée, classée au patrimoine mondial de l'UNESCO, ou encore ses parcs nationaux tels que le parc de Niokolo-Koba, attirent chaque année de nombreux visiteurs internationaux. Grâce à la suppression des barrières douanières et à la facilitation des déplacements au sein de la ZLECAF, ces sites peuvent également devenir des destinations privilégiées pour le tourisme intra-africain.

***Valorisation du patrimoine culturel et historique***

Le Sénégal peut capitaliser sur son patrimoine culturel pour devenir une destination phare du tourisme culturel en Afrique. Des événements emblématiques comme le Festival mondial des arts nègres ou le Dakar Fashion Week démontrent déjà l'attrait du pays pour un public international. En renforçant ces initiatives et en les intégrant davantage dans un cadre régional, le Sénégal peut accroître ses échanges culturels et attirer un public plus large.

## 2. Créer des Circuits touristiques régionaux

### *Intégration régionale de l'offre touristique*

La ZLECAF offre au Sénégal l'opportunité de collaborer avec d'autres pays africains pour développer des circuits touristiques régionaux. Par exemple, un itinéraire pourrait inclure les plages du Cap-Vert, les sites historiques du Sénégal et les réserves naturelles de la Gambie. Une telle stratégie favoriserait une expérience touristique plus complète, tout en renforçant les liens entre les pays de la région.

### *Promotion du tourisme intra-africain*

Avec une population africaine de plus en plus mobile et une classe moyenne en expansion, le tourisme intra-africain représente un potentiel considérable. En simplifiant les formalités de visa et en promouvant des initiatives communes, le Sénégal pourrait attirer davantage de visiteurs issus de la CEDEAO et d'autres régions du continent.

## 3. Infrastructures touristiques et Services de Soutien

### *Renforcer les infrastructures touristiques*

Pour exploiter pleinement le potentiel du tourisme, le Sénégal doit investir dans des infrastructures modernes : hôtels de qualité, centres de conférences, complexes balnéaires, et équipements de transport. L'amélioration des routes, des aéroports et des services de transport collectif est essentielle pour faciliter l'accès aux sites touristiques.

### *Développement des services complémentaires*

Le développement du secteur touristique passe également par l'expansion des services de soutien, tels que les agences de voyages, les guides professionnels, les établissements de restauration, et les infrastructures de loisirs. La coopération entre entreprises africaines, facilitée par la ZLECAF, peut renforcer ces services en créant des réseaux régionaux de qualité.

## 4. Tourisme durable et Initiatives communautaires

### *Promouvoir un tourisme respectueux de l'environnement*

Le Sénégal a l'opportunité de se positionner comme un leader du tourisme durable en mettant en avant des pratiques écologiquement responsables. Des projets d'écotourisme dans des zones comme le delta du Saloum ou les parcs nationaux peuvent attirer des visiteurs sensibles à la préservation des écosystèmes locaux tout en générant des revenus pour les communautés.

### *Impliquer les communautés locales*

Le tourisme communautaire, qui propose des expériences immersives avec les populations locales, peut jouer un rôle clé dans le développement inclusif. Ces initiatives garantissent que les bénéfices économiques du tourisme atteignent directement les populations locales, tout en offrant aux visiteurs des expériences authentiques.

## 5. Services financiers et Soutien économique

### *Harmonisation des services financiers*

La ZLECAF facilite l'intégration des services financiers, permettant aux entreprises sénégalaises de proposer des solutions adaptées à l'échelle régionale, comme les paiements numériques ou les assurances de voyage. Ces avancées favorisent le commerce et le tourisme en simplifiant les transactions transfrontalières.

### *Financements pour les PME*

Les petites et moyennes entreprises du secteur des services peuvent tirer profit d'une meilleure intégration régionale pour accéder à des financements adaptés. Les banques régionales et les institutions financières comme la BRVM peuvent jouer un rôle clé dans le soutien des investissements nécessaires au développement des entreprises dans le secteur touristique.

## 6. Renforcement des Compétences locales

### *Formation spécialisée*

Pour garantir un service de qualité, il est crucial de développer les compétences locales dans des domaines comme la gestion hôtelière, le marketing touristique ou les services financiers. Les établissements de formation professionnelle et universitaire doivent proposer des programmes adaptés aux besoins du secteur.

### *Collaboration éducative régionale*

La ZLECAF encourage également la coopération éducative régionale. Des partenariats entre institutions africaines peuvent permettre de partager des ressources pédagogiques et de former une main-d'œuvre qualifiée pour répondre aux besoins d'un secteur des services en pleine expansion.

### 7. Défis à relever

***Amélioration des infrastructures***

L'un des principaux défis pour le développement du tourisme au Sénégal reste l'amélioration des infrastructures de base, telles que les routes, les réseaux de transport et les services de télécommunication.

***Promotion à l'international***

Pour accroître son attractivité, le Sénégal doit intensifier ses efforts de promotion à l'échelle internationale, mettant en avant ses atouts naturels et culturels tout en améliorant l'expérience des visiteurs.

Le tourisme et les services financiers représentent des opportunités stratégiques pour le Sénégal dans le cadre de la ZLECAF. En investissant dans les infrastructures, en promouvant le tourisme intra-africain, et en renforçant les compétences locales, le pays peut devenir un hub régional pour le secteur tertiaire. À travers une approche collaborative et durable, le Sénégal peut stimuler sa croissance économique, créer des emplois et s'imposer comme une destination incontournable en Afrique.

## F. Mines et Ressources naturelles : Une Exploitation stratégique au Service du Marché Intégré africain

Le secteur des mines et des ressources naturelles constitue un levier majeur du développement économique au Sénégal et dans de nombreux pays africains. L'entrée en vigueur de la **Zone de Libre-Échange continentale africaine (ZLECAF)** offre une opportunité inédite pour valoriser stratégiquement ces ressources au travers d'une intégration accrue dans les chaînes de valeur régionales et internationales. Le Sénégal, fort de ses richesses minières et énergétiques, peut s'appuyer sur cette dynamique pour renforcer son rôle économique sur le continent tout en veillant à une gestion durable et équitable de ses ressources.

### 1. Les ressources naturelles du Sénégal : Une base diversifiée pour la croissance

*Un potentiel minier remarquable*

Le Sénégal se distingue par la richesse et la diversité de ses ressources minières. Phosphates, zircon, or, minerais de fer figurent parmi les principales richesses du sous-sol sénégalais. À ces minerais s'ajoutent les récentes découvertes de gisements de pétrole et de gaz offshore, qui confèrent au pays un rôle stratégique dans le secteur énergétique. Ces atouts placent le Sénégal dans une position favorable pour devenir un acteur clé du commerce des ressources naturelles sur le continent africain.

***Un potentiel énergétique transformateur***

Les réserves de gaz récemment découvertes dans les eaux sénégalaises ouvrent des perspectives prometteuses. Ces ressources énergétiques peuvent non seulement répondre aux besoins locaux en énergie, mais aussi alimenter les industries émergentes et renforcer les exportations. L'exploitation stratégique de ces ressources pourrait accélérer la transformation économique du pays tout en favorisant l'intégration régionale.

## 2. Exploitation intégrée et chaînes de valeur régionales

***Chaînes de valeur minières collaboratives***

Grâce à la ZLECAF, le Sénégal peut s'inscrire dans des chaînes de valeur régionales collaboratives. Par exemple, le minerai de fer extrait au Sénégal pourrait être transformé en acier dans des pays disposant d'industries métallurgiques avancées, tels que l'Afrique du Sud. Cette intégration permettrait de maximiser la valeur ajoutée des matières premières tout en stimulant la coopération économique entre les pays africains.

***Harmonisation des politiques minières***

La mise en place de politiques minières harmonisées à l'échelle continentale, encouragée par la ZLECAF, favoriserait une gestion collective des ressources partagées. Cette démarche pourrait réduire les conflits liés à l'exploitation des ressources naturelles, faciliter leur transformation industrielle et promouvoir une exploitation durable.

## 3. Transformation locale : Un enjeu de valeur ajoutée

***Réduction de l'exportation brute***

Une des faiblesses actuelles de nombreux pays africains, y compris le Sénégal, réside dans l'exportation de ressources naturelles sous forme brute. Développer des capacités locales de transformation, telles que des usines de traitement du zircon, de raffinage de l'or ou de fabrication d'engrais à partir des phosphates, permettrait d'augmenter significativement la valeur ajoutée et de créer des emplois qualifiés.

***Partenariats publics-privés***

Pour accélérer cette transformation locale, des partenariats public-privé (PPP) pourraient être mobilisés. Ces collaborations permettraient d'investir dans des infrastructures essentielles, telles que des raffineries, des centrales électriques ou des complexes industriels de traitement des minerais, tout en partageant les risques entre le secteur public et le secteur privé.

### 4. Accès aux marchés africains et internationaux

#### *Un accès facilité au marché africain*

Dans le cadre de la ZLECAF, le Sénégal bénéficie d'un accès préférentiel aux marchés africains sans barrières tarifaires. Cette ouverture permettrait d'exporter ses ressources naturelles transformées, comme les phosphates pour l'agriculture ou les produits pétroliers raffinés, vers des pays voisins en forte demande.

#### *Diversification des partenaires commerciaux*

En s'appuyant sur le marché intégré africain, le Sénégal pourrait diversifier ses relations commerciales, réduisant ainsi sa dépendance envers des partenaires traditionnels tels que l'Europe ou la Chine. Cette diversification renforcerait les échanges intra-africains et stimulerait la résilience économique.

### 5. Défis et solutions pour une exploitation stratégique

#### *Infrastructures à moderniser*

L'exploitation et l'exportation des ressources naturelles nécessitent des infrastructures robustes. Les routes, les chemins de fer, et les ports doivent être modernisés pour faciliter le transport des minerais vers les marchés locaux et internationaux. La ZLECAF offre une plateforme pour coordonner les investissements dans des corridors de transport transfrontaliers.

#### *Une gestion durable et transparente*

L'exploitation des ressources naturelles doit s'accompagner d'un cadre de gouvernance solide pour éviter la corruption et garantir une redistribution équitable des revenus. L'adhésion à des initiatives telles que l'**Initiative pour la Transparence dans les Industries extractives (ITIE)** pourrait renforcer la responsabilité et la transparence dans la gestion des ressources.

#### *Environnement et développement durable*

Les activités extractives ont souvent des conséquences néfastes sur l'environnement. Le Sénégal doit adopter des pratiques d'exploitation respectueuses de l'environnement, incluant la réhabilitation des sites miniers, la gestion des déchets, et la protection des écosystèmes.

**6. Investissements dans les compétences et les technologies**

***Formation de la main-d'œuvre locale***

Le développement du secteur minier et énergétique nécessite une main-d'œuvre qualifiée. Des programmes de formation doivent être mis en place pour former des ingénieurs, des techniciens miniers, et des experts en gestion des ressources, afin de maximiser les retombées économiques locales.

***Encouragement de l'innovation technologique***

L'intégration des nouvelles technologies dans l'extraction et la transformation des ressources naturelles est essentielle pour améliorer la productivité et limiter les impacts environnementaux. Le Sénégal doit encourager les investissements dans la recherche et l'innovation pour se positionner comme un acteur compétitif sur le marché africain.

**Un avenir prometteur dans le cadre de la ZLECAF**

Le potentiel minier du Sénégal, combiné aux opportunités offertes par la ZLECAF, peut devenir un moteur de transformation économique. En développant des infrastructures adaptées, en investissant dans la transformation locale et en s'intégrant dans les chaînes de valeur régionales, le Sénégal peut s'imposer comme un acteur clé du secteur minier en Afrique. Toutefois, pour garantir une exploitation équitable et durable, il sera essentiel d'adopter des politiques visionnaires, de renforcer les mécanismes de gouvernance, et de placer l'innovation au cœur du développement de ce secteur stratégique.

# CHAPITRE 11

## Financement et mobilisation des ressources

### A. Le rôle des institutions financières africaines et internationales

Dans le cadre de la mise en œuvre de la Zone de Libre-Échange continentale africaine (ZLECAF), la mobilisation des ressources financières apparaît comme une priorité absolue. Elle constitue un levier indispensable pour accélérer l'intégration économique, dynamiser les secteurs stratégiques, et réduire les disparités entre les nations africaines. Les institutions financières, qu'elles soient africaines ou internationales, occupent une position stratégique dans cette dynamique. Elles fournissent les fonds nécessaires pour développer les infrastructures, soutenir l'industrialisation et renforcer les capacités institutionnelles et humaines, tout en stimulant les échanges commerciaux intra-africains.

Ce chapitre explore le rôle fondamental de ces institutions dans le financement des ambitions portées par la ZLECAF.

#### 1. La Banque africaine de Développement (BAD) : Moteur du développement continental

*Un rôle central dans l'intégration économique*

La Banque africaine de Développement (BAD) se distingue comme l'un des piliers financiers de la transformation économique du continent. Créée pour répondre aux besoins spécifiques des pays africains, la BAD joue un rôle primordial en tant que catalyseur des projets d'envergure régionale et continentale. La ZLECAF offre à cette institution une opportunité unique d'amplifier son impact en soutenant les initiatives d'intégration régionale.

Grâce à son expertise et à ses ressources, la BAD finance des projets qui visent à consolider les chaînes de valeur régionales dans des secteurs tels que l'agro-industrie, l'énergie, les mines, et les infrastructures logistiques. Ces initiatives permettent de renforcer la compétitivité des économies africaines, tout en favorisant leur participation aux marchés régionaux et mondiaux.

*Le financement des infrastructures transfrontalières*

L'une des contributions majeures de la BAD réside dans le financement des infrastructures transfrontalières, indispensables au commerce intra-africain. À travers des initiatives phares comme le **Programme de Développement des Infrastructures en Afrique (PIDA)**, la banque finance des projets ambitieux qui connectent les pays africains par des réseaux de routes, de chemins de fer et d'interconnexions énergétiques.

- **Transport :** La construction et la modernisation de corridors routiers et ferroviaires facilitent le transport des marchandises et réduisent les coûts logistiques. Ces infrastructures sont essentielles pour relier les pays enclavés aux ports et aux grands marchés continentaux.
- **Énergie :** Les projets d'interconnexion des réseaux électriques transfrontaliers permettent de stabiliser l'approvisionnement énergétique, un facteur clé pour attirer les investisseurs et soutenir l'industrialisation.
- **Technologie :** La BAD investit également dans les infrastructures numériques, favorisant ainsi l'intégration des technologies de l'information et de la communication (TIC) dans le commerce et les services.

*Soutien au secteur privé*

Au-delà des projets d'infrastructures, la BAD s'impose comme un partenaire essentiel pour le secteur privé africain, notamment pour les petites et moyennes entreprises (PME).

- **Accès au crédit :** En mettant en place des mécanismes de financement ciblés, la BAD facilite l'accès des PME africaines au crédit, un élément souvent difficile à obtenir par les voies traditionnelles.
- **Promotion de l'entrepreneuriat :** La banque soutient les initiatives entrepreneuriales en Afrique, notamment à travers des fonds d'investissement à impact. Ces fonds encouragent les projets innovants dans des secteurs comme l'agriculture durable, les énergies renouvelables et la santé.
- **Renforcement des capacités :** La BAD accompagne les entrepreneurs et les entreprises dans le développement de leurs compétences managériales et techniques, afin de maximiser leur compétitivité sur les marchés locaux et internationaux.

*Un acteur clé de la durabilité et de l'inclusion*

Enfin, la BAD place la durabilité et l'inclusion au cœur de ses interventions. En finançant des projets respectueux de l'environnement et en promouvant des approches inclusives, elle contribue à une croissance équitable qui bénéficie à l'ensemble des populations africaines.

**Perspectives et défis à relever**

Malgré son rôle prépondérant, la BAD doit faire face à plusieurs défis pour maximiser son impact dans le cadre de la ZLECAF :

1. **Mobilisation de ressources supplémentaires :** La demande de financement pour les infrastructures et les projets de développement dépasse largement les ressources actuelles de la BAD. L'élargissement de sa base de financement, notamment par des partenariats avec des investisseurs privés et des institutions internationales, est essentiel.

2. **Harmonisation des politiques :** Le succès des projets transfrontaliers dépend d'une coordination efficace entre les pays membres, qui doivent aligner leurs politiques et leurs priorités.

3. **Renforcement des capacités institutionnelles :** Les États doivent être en mesure d'absorber les fonds et de gérer efficacement les projets financés, ce qui nécessite un renforcement des capacités administratives et techniques.

La Banque africaine de Développement, par son engagement et ses actions, se positionne comme un moteur incontournable de l'intégration économique africaine. En soutenant les ambitions de la ZLECAF, elle contribue à poser les bases d'un continent interconnecté, compétitif et prospère.

**2. La Banque africaine d'Import-Export (Afreximbank) : un pilier pour le commerce intra-africain**

La Banque africaine d'Import-Export, communément appelée Afreximbank, se positionne comme une institution financière incontournable dans la promotion du commerce intra-africain. À travers ses mécanismes innovants et ses initiatives stratégiques, elle contribue activement à surmonter les obstacles financiers et structurels qui freinent les échanges commerciaux sur le continent. Son rôle s'articule autour de trois axes principaux : le financement du commerce, la facilitation des paiements régionaux et le renforcement des capacités des entreprises africaines.

***Soutien au financement du commerce***

Afreximbank est une institution panafricaine qui s'emploie à répondre aux besoins spécifiques des entreprises africaines en matière de financement du commerce. Elle propose une gamme diversifiée de produits financiers, notamment des lignes de crédit, des garanties commerciales et des facilités de financement des exportations. Ces instruments permettent aux entreprises de surmonter les défis liés au financement, qu'il s'agisse de la mobilisation des capitaux nécessaires pour les opérations d'import-export ou de la réduction des risques commerciaux.

En soutenant financièrement les échanges commerciaux, Afreximbank joue un rôle clé dans la création d'un environnement commercial dynamique et inclusif. Son action est particulièrement cruciale dans le contexte de la Zone de Libre-Échange continentale africaine (ZLECAF), qui vise à intensifier les échanges intra-africains en supprimant les barrières tarifaires et non tarifaires.

***Mécanismes de paiement et facilitation des échanges commerciaux***

Avec l'entrée en vigueur de la ZLECAF, l'intégration économique du continent exige des solutions de paiement efficaces et adaptées. Dans cette optique, Afreximbank a lancé le **Système de Paiements et de Règlements Panafricain (PAPSS)**, une initiative révolutionnaire visant à transformer la manière dont les entreprises africaines effectuent leurs transactions commerciales.

Le PAPSS permet aux entreprises de commercer dans leurs devises locales, éliminant ainsi la dépendance aux monnaies étrangères telles que le dollar américain ou l'euro. Ce système réduit considérablement les coûts de transaction, accélère les délais de règlement et renforce la résilience des économies africaines face aux fluctuations des devises internationales. En facilitant les paiements régionaux, le PAPSS contribue à une meilleure intégration économique et encourage les petites et moyennes entreprises (PME) à participer aux échanges commerciaux continentaux.

***Renforcement des capacités commerciales***

Afreximbank ne se contente pas de financer les échanges ; elle s'investit également dans le développement des compétences des entreprises africaines. Consciente des défis liés à la compétitivité et à la conformité aux normes internationales, la banque propose des programmes de formation et de renforcement des capacités. Ces initiatives couvrent des domaines variés, tels que :

- **La gestion commerciale :** Accompagner les entreprises dans l'élaboration de stratégies commerciales efficaces pour accéder aux marchés intra-africains et mondiaux.

- **La conformité réglementaire :** Aider les entreprises à se conformer aux régulations locales et internationales, un aspect crucial pour intégrer les chaînes de valeur mondiales.
- **L'utilisation des instruments financiers :** Former les entreprises à tirer parti des outils de financement disponibles pour maximiser leur potentiel de croissance.

Ces efforts visent à réduire les asymétries d'information, à renforcer la compétitivité des entreprises africaines et à leur permettre de tirer pleinement parti des opportunités offertes par la ZLECAF.

***Un moteur de l'intégration économique africaine***

Afreximbank incarne l'ambition d'un continent plus intégré et économiquement autonome. À travers ses initiatives de financement, ses innovations en matière de paiement et son engagement pour le renforcement des capacités commerciales, la banque joue un rôle crucial dans l'émergence d'une Afrique unie sur le plan économique. Son action contribue à poser les bases d'un commerce intra-africain plus fluide, inclusif et dynamique, condition indispensable pour atteindre les objectifs de transformation économique du continent.

### 3. Institutions financières régionales et Zones Économiques Spéciales (ZES)

***La Bourse Régionale des Valeurs Mobilières (BRVM)***

La Bourse régionale des Valeurs mobilières (BRVM), basée à Abidjan, en Côte d'Ivoire, incarne un exemple unique de coopération régionale en matière de finance. Cette bourse, qui dessert les huit pays membres de l'Union Économique et Monétaire ouest-africaine (UEMOA), joue un rôle central dans le financement des économies de la région. En offrant une plateforme pour l'émission d'actions et d'obligations, la BRVM permet aux entreprises de lever des fonds nécessaires pour soutenir leur expansion, tout en offrant aux investisseurs des opportunités de placement diversifiées.

Dans le contexte de la Zone de Libre-Échange continentale africaine (ZLECAF), la BRVM pourrait devenir un levier stratégique pour favoriser l'intégration économique et la croissance des entreprises africaines. Grâce à ses mécanismes de financement transparents et à son rôle de régulateur des marchés financiers régionaux, elle pourrait appuyer les entreprises cherchant à étendre leurs activités au-delà des frontières de l'UEMOA. En intégrant davantage d'entreprises issues de secteurs stratégiques comme l'agro-industrie, les infrastructures, et les énergies renouvelables, la BRVM pourrait catalyser des projets à impact continental, renforçant ainsi son positionnement comme un acteur clé de la finance africaine.

***Les Zones Économiques Spéciales (ZES)***

Les Zones économiques spéciales (ZES), promues dans le cadre de la ZLECAF, représentent un outil puissant pour attirer les capitaux et stimuler les investissements. Ces zones, souvent caractérisées par des incitations fiscales avantageuses, une simplification des procédures administratives, et une infrastructure moderne, visent à créer un environnement propice à l'installation et à la croissance des entreprises. Elles offrent des conditions idéales pour encourager l'industrialisation, la création d'emplois, et l'intégration des chaînes de valeur régionales.

Les institutions financières régionales, telles que les banques de développement (comme la Banque ouest-africaine de Développement, BOAD) et les fonds d'investissement, peuvent jouer un rôle déterminant dans le succès des ZES. En fournissant des financements sur mesure, elles peuvent soutenir les projets d'infrastructures nécessaires à l'opérationnalisation des ZES, tels que les routes, les ports, les parcs industriels, et les plateformes logistiques. De plus, ces institutions peuvent accompagner les entreprises locales dans leurs projets d'installation et de modernisation, facilitant ainsi leur intégration dans les chaînes de valeur continentales.

***Une synergie potentielle dans le cadre de la ZLECAF***

La collaboration entre la BRVM et les ZES pourrait générer une synergie capable de transformer le paysage économique régional. La BRVM pourrait, par exemple, servir de plateforme pour lever des fonds dédiés au développement des ZES, attirant à la fois des investisseurs locaux et internationaux. À travers des obligations vertes ou des instruments financiers innovants, elle pourrait financer des projets durables dans ces zones, contribuant à la transition écologique des économies africaines.

De même, les entreprises opérant dans les ZES pourraient bénéficier de l'accès au marché financier régional pour lever des fonds supplémentaires, renforcer leur capitalisation, ou financer leur expansion. Cette interaction entre institutions financières et zones économiques pourrait non seulement accélérer l'intégration économique africaine, mais aussi positionner la région comme un pôle d'investissement dynamique et compétitif à l'échelle mondiale.

En conclusion, la BRVM et les ZES, en tant qu'instruments complémentaires, offrent des opportunités stratégiques pour transformer les économies ouest-africaines et, par extension, celles du continent. En capitalisant sur leurs avantages respectifs et en alignant leurs objectifs avec les ambitions de la ZLECAF, elles pourraient contribuer de manière significative à l'émergence économique de l'Afrique.

### 4. Le rôle des institutions financières internationales : catalyseurs de l'intégration économique en Afrique

Les institutions financières internationales, à l'instar de la Banque Mondiale et du Fonds Monétaire international (FMI), occupent une place déterminante dans l'accompagnement des économies africaines vers une intégration plus profonde et durable. Dans le contexte de la mise en œuvre de la Zone de Libre-Échange continentale africaine (ZLECAF), leur rôle s'étend bien au-delà du simple financement, touchant à des aspects aussi variés que le développement des infrastructures, le renforcement des capacités institutionnelles, et l'amélioration du climat des affaires. Ces contributions, bien qu'historiquement marquées par des critiques, jouent aujourd'hui un rôle clé dans la transformation économique du continent.

#### *Banque Mondiale et FMI : des piliers historiques de l'accompagnement économique*

Depuis plusieurs décennies, la Banque Mondiale et le FMI se positionnent comme des partenaires stratégiques du développement en Afrique. Leurs interventions, souvent structurées autour de prêts concessionnels et d'assistance technique, visent à soutenir des projets à fort impact pour les populations et les économies locales.

- **Financement des infrastructures stratégiques :** Dans le cadre de la ZLECAF, ces institutions allouent des ressources substantielles à la construction et à la modernisation d'infrastructures essentielles, telles que les réseaux routiers, les corridors ferroviaires, et les ports maritimes. Ces infrastructures jouent un rôle crucial pour fluidifier les échanges commerciaux intra-africains et permettre aux pays enclavés d'accéder aux marchés internationaux.
- **Développement humain et renforcement des capacités :** Au-delà des infrastructures, la Banque Mondiale et le FMI investissent également dans des programmes dédiés à l'éducation, à la santé, et à la formation professionnelle. Ces initiatives visent à doter les populations africaines des compétences nécessaires pour s'insérer dans une économie de plus en plus intégrée et compétitive.

- **Gestion des risques politiques et économiques :** En offrant des garanties contre les risques liés à l'instabilité politique et aux fluctuations économiques, ces institutions renforcent la confiance des investisseurs étrangers. Leur intervention contribue à créer un environnement économique plus prévisible et favorable aux échanges internationaux.

***Encouragement des investissements directs étrangers (IDE)***

Les institutions financières internationales jouent un rôle d'intermédiaire essentiel pour attirer les investissements directs étrangers (IDE) en Afrique. À travers leur expertise et leurs programmes de financement, elles accompagnent la mise en place de projets structurants dans des secteurs clés.

- **Appui aux secteurs stratégiques :** La Banque Mondiale finance des initiatives dans les domaines de l'énergie, de l'industrie manufacturière, et des infrastructures, des secteurs indispensables pour soutenir l'intégration économique régionale. Ces investissements ciblés permettent de combler les lacunes structurelles tout en créant des opportunités pour les entreprises locales et internationales.
- **Réformes pour un climat des affaires favorable :** En collaboration avec les gouvernements africains, la Banque Mondiale et le FMI soutiennent des réformes structurelles visant à améliorer la transparence, réduire la bureaucratie, et renforcer la protection des investisseurs. Ces efforts contribuent à positionner l'Afrique comme une destination attractive pour les capitaux étrangers, tout en alignant les cadres juridiques et fiscaux sur les standards internationaux.

***Un levier pour la ZLECAF***

Dans le cadre spécifique de la ZLECAF, l'action de ces institutions est d'autant plus stratégique qu'elle s'inscrit dans une logique d'intégration continentale. En finançant des infrastructures transfrontalières et en soutenant la coordination des politiques économiques entre les pays, la Banque Mondiale et le FMI contribuent à poser les bases d'une Afrique unie sur le plan commercial.

Leur rôle va au-delà du simple soutien financier, en facilitant également le transfert de savoir-faire, la modernisation des institutions publiques, et l'harmonisation des normes régionales. Ces efforts, bien que perfectibles, sont essentiels pour maximiser les bénéfices économiques de la ZLECAF et positionner l'Afrique comme un acteur de premier plan dans les échanges commerciaux mondiaux.

En somme, la contribution des institutions financières internationales est indispensable pour accompagner la mutation économique du continent africain. Leur capacité à financer des projets structurants, à garantir des conditions économiques stables, et à promouvoir des réformes favorables à l'investissement en fait des acteurs incontournables dans la réussite de l'intégration économique africaine.

### 5. Fonds souverains et autres mécanismes de financement

Dans le contexte de la Zone de Libre-Échange continentale africaine (ZLECAF), la mobilisation de ressources financières est un levier stratégique pour stimuler la croissance économique, renforcer les infrastructures et promouvoir l'industrialisation. Parmi les mécanismes de financement disponibles, les fonds souverains et la mobilisation des ressources internes jouent un rôle déterminant pour les pays africains, notamment le Sénégal.

***Fonds souverains africains : moteurs de développement stratégique***

Les fonds souverains, créés par plusieurs nations africaines, dont le Sénégal, représentent un outil puissant pour gérer et investir les revenus issus de l'exploitation des ressources naturelles telles que le pétrole, le gaz et les minéraux. Ces institutions financières permettent non seulement de stabiliser les économies face aux fluctuations des prix des matières premières, mais aussi de canaliser ces revenus vers des projets à long terme ayant un impact transformateur.

- **Financement des infrastructures** : Les fonds souverains offrent une source de financement stable pour la construction d'infrastructures essentielles, telles que des routes, des ports, des chemins de fer et des zones économiques spéciales. Ces projets sont indispensables pour améliorer la connectivité intra-africaine et tirer parti des opportunités offertes par la ZLECAF.
- **Investissements dans les industries locales** : En soutenant le développement d'industries locales dans des secteurs stratégiques tels que l'agro-industrie, les énergies renouvelables et les technologies numériques, les fonds souverains permettent de diversifier l'économie et de réduire la dépendance aux exportations de matières premières brutes.
- **Stabilisation macroéconomique** : Ces fonds jouent également un rôle de stabilisateur économique en atténuant l'impact des chocs externes liés à la volatilité des prix des ressources naturelles. Ils garantissent une gestion prudente des excédents budgétaires pour éviter une surchauffe de l'économie.

*Mobilisation des ressources internes : une priorité incontournable*

La ZLECAF incite les États africains à renforcer leur autonomie financière en maximisant les ressources domestiques, afin de réduire leur dépendance aux financements internationaux et d'accroître leur résilience économique.

- **Renforcement de la collecte fiscale** : Une fiscalité efficace et équitable est essentielle pour mobiliser des revenus publics. Cela passe par la modernisation des systèmes de collecte des impôts, l'élargissement de la base fiscale, et la lutte contre l'informalité. La digitalisation des services fiscaux peut également réduire la fraude et accroître la transparence.
- **Lutte contre l'évasion fiscale** : L'évasion fiscale prive les gouvernements de revenus cruciaux. En collaborant avec des institutions internationales pour améliorer la transparence fiscale et en adoptant des cadres réglementaires robustes, les États peuvent récupérer des ressources perdues et renforcer leur capacité à financer des projets stratégiques.
- **Promotion des investissements domestiques** : Encourager les investisseurs nationaux à participer au financement des infrastructures et des secteurs prioritaires est une voie prometteuse. Cela peut être facilité par des incitations fiscales, des garanties gouvernementales et des partenariats public-privé (PPP).

*Un cadre financier intégré pour la ZLECAF*

Dans le cadre de la ZLECAF, ces mécanismes de financement sont cruciaux pour répondre aux défis d'intégration économique et d'industrialisation. Les fonds souverains et la mobilisation des ressources internes doivent être intégrés dans une stratégie financière globale, alignée sur les objectifs de développement durable et les priorités régionales.

- **Création de fonds régionaux** : En plus des fonds souverains nationaux, la création de fonds d'investissement régionaux pourrait soutenir des projets transfrontaliers, tels que les corridors logistiques et les infrastructures énergétiques, essentiels à l'intégration continentale.
- **Partage des meilleures pratiques** : Les pays membres de la ZLECAF peuvent collaborer pour partager leurs expériences et leurs modèles de gestion des fonds souverains, afin de maximiser leur efficacité et leur impact.

En optimisant l'utilisation des fonds souverains et en renforçant la mobilisation des ressources internes, les pays africains, notamment le

Sénégal, pourront accélérer leur transformation économique et saisir pleinement les opportunités offertes par la ZLECAF. Ces efforts contribueront à bâtir des économies inclusives, compétitives et résilientes, prêtes à relever les défis du commerce intra-africain et de la mondialisation.

## 6. Innovations dans les mécanismes de financement : un levier pour la réussite de la ZLECAF

La réussite de la Zone de Libre-Échange continentale africaine (ZLECAF) repose, en grande partie, sur la capacité des pays africains à mobiliser des ressources financières suffisantes et adaptées. Face aux défis du financement traditionnel, des mécanismes innovants émergent pour soutenir le développement économique, l'intégration régionale, et l'amélioration des infrastructures nécessaires à la facilitation des échanges commerciaux intra-africains.

***Technologies financières (fintechs) : démocratiser l'accès au financement***

Les fintechs révolutionnent le paysage financier africain en introduisant des solutions numériques qui favorisent l'inclusion financière. En exploitant des technologies comme le paiement mobile, les plateformes de crowdfunding, ou encore les applications de services bancaires numériques, ces entreprises permettent à des milliers de petites et moyennes entreprises (PME) d'accéder à des financements qu'elles auraient autrement peiné à obtenir.

- **Paiement mobile et inclusion financière :** Les solutions de paiement mobile, telles que M-Pesa en Afrique de l'Est, ont transformé la manière dont les petites entreprises gèrent leurs transactions financières. Ces services permettent aux entrepreneurs de recevoir des paiements, de rembourser des prêts, et d'accéder à des lignes de crédit directement depuis leur téléphone, réduisant ainsi leur dépendance aux institutions bancaires traditionnelles souvent difficiles d'accès.
- **Crowdfunding et financement participatif :** Les plateformes de financement participatif offrent aux petites entreprises une alternative pour lever des fonds en mobilisant des investisseurs individuels, locaux ou internationaux. Ces outils permettent de financer des projets innovants tout en renforçant le lien entre les PME et leurs communautés.
- **Services bancaires numériques :** Les banques digitales offrent des services rapides et accessibles aux entrepreneurs, réduisant les coûts et les délais associés aux services bancaires traditionnels. Elles permettent également de collecter des données sur les transactions, facilitant ainsi l'octroi de crédits basés sur des évaluations précises des risques.

***Partenariats public-privé (PPP) : catalyser le développement des infrastructures***

Les partenariats public-privé constituent une solution stratégique pour répondre aux besoins d'infrastructures critiques liés à la ZLECAF. Ces collaborations permettent de combiner les ressources et l'expertise des secteurs public et privé afin de financer et de mettre en œuvre des projets d'envergure, tout en partageant les risques et les bénéfices.

- **Développement des infrastructures clés :** Les PPP offrent un cadre pour financer et construire des ports modernes, des routes, des chemins de fer, et des corridors logistiques, essentiels pour fluidifier les échanges commerciaux intra-africains. Par exemple, des projets tels que les corridors de transport entre les ports maritimes et les pays enclavés peuvent considérablement améliorer la connectivité régionale.
- **Transfert de technologies et d'expertise :** En impliquant des acteurs privés internationaux, les PPP permettent également de bénéficier de technologies de pointe et de pratiques managériales modernes, renforçant ainsi la qualité et la durabilité des infrastructures mises en place.

***Rôle des institutions financières africaines et internationales***

Les institutions financières jouent un rôle crucial dans la mobilisation des ressources pour soutenir la ZLECAF et les initiatives qui en découlent.

- **Banque africaine de Développement (BAD) et Afreximbank :** Ces institutions soutiennent le financement de projets d'infrastructures, les initiatives de commerce intra-africain, et le développement des PME locales. Leur expertise et leur réseau contribuent à canaliser des investissements vers les secteurs stratégiques.
- **Banque Mondiale et FMI :** En fournissant des financements concessionnels et en appuyant les réformes économiques, ces institutions internationales renforcent la capacité des gouvernements africains à mettre en œuvre des projets d'envergure, tout en veillant à la viabilité financière et économique.

***Un modèle financier hybride pour maximiser les opportunités***

Pour maximiser les avantages de la ZLECAF, il est nécessaire d'adopter une approche hybride, combinant :

1. **Mécanismes de financement innovants :** Intégrer les fintechs et les solutions numériques dans les politiques de financement pour améliorer l'inclusion financière et dynamiser l'entrepreneuriat.

2. **Investissements publics et privés :** Encourager les gouvernements à investir dans des projets prioritaires tout en attirant les investisseurs privés grâce à des politiques incitatives.

3. **Partenariats stratégiques :** Renforcer les collaborations entre les institutions financières africaines et internationales, les gouvernements, et le secteur privé pour mobiliser des ressources de manière coordonnée.

En adoptant ces approches, l'Afrique pourra non seulement surmonter les défis financiers liés à la mise en œuvre de la ZLECAF, mais également construire une base solide pour un développement économique inclusif et durable, propulsant le continent vers une intégration régionale réussie et une prospérité partagée.

### B. Mobilisation des Capitaux privés et Investissements directs étrangers (IDE)

La **mobilisation des capitaux privés** et l'attraction des **investissements directs étrangers (IDE)** constituent des piliers fondamentaux pour exploiter pleinement les opportunités offertes par la **Zone de Libre-Échange continentale africaine (ZLECAF)**. En ouvrant la voie à un marché continental intégré, la ZLECAF permet de rediriger les ressources privées vers des projets d'infrastructure, des secteurs stratégiques tels que l'agro-industrie, l'énergie, les technologies numériques, et le commerce. Voici une analyse approfondie des leviers à activer et des défis à relever pour le Sénégal et l'Afrique dans ce contexte.

#### 1. Attraction des Investissements directs étrangers (IDE) grâce à la ZLECAF

***Un marché continental intégré***

La ZLECAF offre aux investisseurs étrangers un accès unique à un marché de **1,3 milliard de consommateurs**, en éliminant progressivement les barrières tarifaires et non tarifaires. Cette intégration réduit les coûts d'entrée pour les entreprises étrangères et positionne l'Afrique comme une destination de choix pour les multinationales en quête de nouvelles opportunités économiques.

***Opportunités sectorielles diversifiées***

Les IDE peuvent jouer un rôle central dans des secteurs à fort potentiel, notamment :

- **L'agro-industrie**, en stimulant la transformation locale des matières premières agricoles.

- **Les mines et l'énergie**, grâce à l'exploitation des ressources naturelles et aux énergies renouvelables.
- **Les technologies de l'information et de la communication (TIC)**, qui favorisent l'innovation et l'inclusion numérique.
- **Les infrastructures**, indispensables à l'intégration régionale et à la compétitivité continentale.

***Renforcement des Zones économiques spéciales (ZES)***

Les **ZES** offrent un environnement attractif pour les IDE, avec des incitations fiscales, un accès facilité aux matières premières, et des infrastructures adaptées. Ces zones permettent de stimuler les chaînes de valeur régionales et de renforcer l'attractivité du continent.

**2. Amélioration du Climat des Affaires pour attirer les IDE**

***Réformes réglementaires et légales***

Pour maximiser l'attraction des IDE, il est essentiel de simplifier les procédures administratives, de réduire la bureaucratie et d'améliorer la protection des investissements. Des cadres légaux stables et transparents rassurent les investisseurs étrangers face aux risques perçus.

***Partenariats Public-Privé (PPP)***

Les **PPP** représentent une voie privilégiée pour mobiliser les IDE dans les secteurs à fort besoin de capitaux, tels que l'énergie, les infrastructures, et les télécommunications. Ces partenariats permettent un partage des risques et des bénéfices tout en apportant l'expertise technique du secteur privé.

***Programmes d'incitations***

Les gouvernements africains peuvent renforcer leur attractivité en offrant des exonérations fiscales, des réductions de droits de douane, et des garanties pour les investisseurs étrangers. Ces mesures ciblées permettent de stimuler les IDE dans les secteurs prioritaires.

**3. Mobilisation des Capitaux privés**

***Renforcement des marchés financiers locaux***

Le développement des **bourses régionales**, telles que la **BRVM** (Bourse Régionale des Valeurs Mobilières), offre une plateforme pour lever des fonds via des actions et des obligations. Cela permet de financer des entreprises locales et des projets d'infrastructure.

*Investissements à impact et capitaux-risque*

La ZLECAF encourage l'émergence de fonds régionaux pour financer les **startups** et les **PME innovantes** dans des domaines comme la santé, l'éducation et la technologie. Ces mécanismes permettent d'accompagner des projets à fort potentiel de croissance.

*Financement des infrastructures*

Les fonds privés peuvent être mobilisés pour financer des projets d'infrastructures, notamment les routes, ports, et réseaux ferroviaires. Les **fonds souverains africains** et les investisseurs internationaux spécialisés peuvent jouer un rôle déterminant dans ce domaine.

### 4. Rôle des Fintechs et de l'Innovation financière

*Technologies financières (Fintechs)*

Les **fintechs** transforment le paysage financier africain en proposant des solutions innovantes telles que le **crowdfunding**, les **paiements mobiles**, et les plateformes de prêt. Ces outils élargissent l'accès au financement, en particulier pour les PME et les entrepreneurs.

*Inclusion financière*

Grâce à la digitalisation, la ZLECAF offre une opportunité unique pour intégrer les populations rurales et les petites entreprises dans les flux financiers. Cela favorise la croissance inclusive et renforce la mobilisation de capitaux à petite échelle.

### 5. Investissements régionaux et Intégration des Marchés

*Chaînes de valeur régionales*

La ZLECAF vise à consolider les **chaînes de valeur régionales**, attirant ainsi les investisseurs vers des projets à grande échelle. La création de **clusters industriels** et de **corridors de développement** stimule les synergies économiques entre les pays africains.

*Synergies entre IDE et investissements régionaux*

L'intégration des marchés africains favorise une meilleure collaboration entre investisseurs locaux et étrangers. Cette dynamique contribue à maximiser les retombées des IDE tout en renforçant l'économie régionale.

### 6. Défis et Opportunités pour mobiliser les Capitaux privés et les IDE

**Défis :**

- **Manque d'infrastructures** : L'absence de réseaux de transport, d'énergie, et de télécommunications entrave l'attractivité des IDE.
- **Perception des risques** : L'instabilité politique et économique reste un frein majeur pour les investisseurs étrangers.

**Opportunités :**

- **Gestion des risques** : Les mécanismes tels que les assurances et les garanties publiques peuvent atténuer les risques et encourager les investissements à long terme.
- **Marché unique** : La ZLECAF offre une plateforme pour attirer des flux de capitaux dans un cadre économique plus intégré.

La mobilisation des capitaux privés et l'attraction des IDE sont des leviers essentiels pour atteindre les ambitions économiques de la ZLECAF. En investissant dans les infrastructures, en améliorant le climat des affaires, et en renforçant les chaînes de valeur régionales, le Sénégal et l'Afrique dans leur ensemble peuvent devenir des destinations attractives pour les investisseurs mondiaux. L'innovation financière, les PPP, et le développement des marchés financiers locaux joueront un rôle clé pour transformer ces opportunités en croissance durable et inclusive.

## C. Développement des Marchés Financiers africains

Le développement des marchés financiers africains constitue un levier stratégique pour accélérer la croissance économique et tirer parti des opportunités offertes par la Zone de Libre-Échange continentale africaine (ZLECAF). Un marché financier performant favorise la mobilisation des ressources internes, attire les investissements étrangers, et soutient le développement des entreprises locales et régionales. Le Sénégal, en tant qu'acteur économique clé de la région, peut jouer un rôle déterminant dans cet essor, contribuant ainsi à la transformation économique du continent.

### 1. Le rôle fondamental des marchés financiers dans le développement économique

Les marchés financiers agissent comme un moteur essentiel pour canaliser les ressources économiques vers des secteurs productifs. Leur contribution au développement économique repose sur plusieurs fonctions clés :

- **Mobilisation de l'épargne :** En offrant des instruments financiers comme les actions et les obligations, les marchés financiers permettent de mobiliser l'épargne des ménages et des institutions pour la diriger vers des investissements à forte valeur ajoutée. Cela soutient l'expansion des entreprises et favorise une croissance durable.
- **Diversification des sources de financement :** Les marchés financiers offrent aux entreprises et aux gouvernements une alternative aux prêts bancaires traditionnels. Les entreprises peuvent lever des fonds en émettant des titres ou en entrant en bourse, ce qui facilite le financement de projets à long terme.

**2. L'expansion des bourses régionales : un modèle pour l'intégration continentale**

L'intégration régionale des bourses africaines constitue un pilier essentiel pour dynamiser les marchés financiers.

- **La Bourse régionale des Valeurs Mobilières (BRVM) :** Servant huit pays de l'Union Économique et monétaire Ouest-Africaine (UEMOA), la BRVM est un exemple réussi de coopération régionale. Elle offre une plateforme pour lever des fonds et attirer des capitaux, contribuant à renforcer la résilience économique des pays membres. Ce modèle peut être reproduit pour accélérer l'intégration financière en Afrique.
- **Initiatives dans d'autres régions :** Des bourses comme la Nairobi Securities Exchange au Kenya ou la Johannesburg Stock Exchange en Afrique du Sud illustrent le potentiel des pôles financiers régionaux. Ces plateformes attirent des investisseurs étrangers tout en mobilisant les capitaux locaux.
- **Vers une harmonisation continentale :** L'intégration des bourses africaines permettrait de créer un marché financier unique, facilitant les échanges transfrontaliers de titres, augmentant la liquidité, et attirant des investisseurs internationaux.

**3. Les marchés obligataires : une solution au déficit d'infrastructures**

Les marchés obligataires jouent un rôle crucial dans le financement des infrastructures, un défi majeur pour les économies africaines.

- **Émission d'obligations :** Les gouvernements et les entreprises peuvent lever des fonds pour des projets d'envergure tels que les réseaux de transport, les installations énergétiques, ou les télécommunications. Les obligations vertes et à impact social sont particulièrement pertinentes pour financer des projets durables.

- **Ressources pour les investisseurs :** Les marchés obligataires offrent aux investisseurs des options de placement stables et à long terme, réduisant leur exposition à la volatilité des marchés à court terme.

**4. Inclusion financière et transformation numérique grâce aux fintechs**

La technologie joue un rôle transformateur en rendant les services financiers accessibles à un plus grand nombre.

- **Rôle des fintechs :** Les entreprises technologiques facilitent l'accès aux financements pour les populations exclues du système bancaire classique. Les plateformes de paiement mobile, de microcrédit, et de financement participatif permettent aux particuliers et aux PME de mobiliser les ressources nécessaires à leur développement.
- **Digitalisation :** La digitalisation des services financiers permet aux investisseurs d'accéder facilement aux marchés via des plateformes mobiles, démocratisant ainsi l'investissement et la participation économique.

**5. Innovation et diversification des produits financiers**

Pour renforcer leur attractivité, les marchés financiers africains doivent proposer des produits financiers adaptés aux besoins locaux.

- **Produits innovants :** Les obligations vertes, les fonds d'investissement en infrastructures, et les instruments à impact social répondent à la demande croissante de financements durables et inclusifs.
- **Soutien aux PME :** Les PME, moteur économique du continent, bénéficieraient de produits financiers dédiés, tels que les obligations PME ou les fonds spécifiques, qui leur permettraient de lever des capitaux directement sur les marchés financiers.

**6. Gouvernance et régulation pour des marchés financiers robustes**

Une gouvernance efficace et des régulations harmonisées sont indispensables pour garantir la stabilité et l'attractivité des marchés financiers.

- **Renforcement des régulateurs :** Les autorités financières doivent superviser les transactions, protéger les investisseurs, et instaurer un environnement d'investissement transparent.

- **Harmonisation des régulations :** Une harmonisation des normes entre les différents pays africains faciliterait les investissements transfrontaliers et améliorerait la liquidité des marchés financiers continentaux.

**7. Rôle des institutions africaines et internationales**

- **Banque africaine de Développement (BAD) :** La BAD soutient la mobilisation des capitaux pour financer les infrastructures, tout en offrant une expertise technique pour renforcer les régulations financières.
- **Institutions internationales :** La Banque Mondiale, le FMI, et d'autres partenaires fournissent des ressources et des conseils stratégiques pour améliorer les marchés financiers et attirer des investissements étrangers.

**8. Défis et opportunités pour les marchés financiers africains**

- **Défis :** Le manque de liquidité, la fragmentation des marchés, et les infrastructures financières sous-développées restent des obstacles majeurs à surmonter.
- **Opportunités :** La ZLECAF crée un cadre idéal pour intégrer les marchés, augmenter leur profondeur, et attirer des capitaux internationaux.

Le développement des marchés financiers africains constitue une priorité stratégique pour stimuler une croissance économique durable et inclusive. En favorisant l'innovation, l'intégration régionale, et la diversification des sources de financement, les pays africains, à l'image du Sénégal, peuvent maximiser les opportunités offertes par la ZLECAF. Cette transformation des marchés financiers permettra au continent de relever les défis du financement du développement tout en renforçant son rôle dans l'économie mondiale.

## D. Accès aux Ressources financières pour le Sénégal

### *Le Rôle stratégique des Banques régionales et des institutions financières internationales dans le soutien aux entreprises sénégalaises*

Le développement économique du Sénégal repose fortement sur la capacité de ses entreprises à mobiliser des ressources financières adaptées à leurs besoins. Ce levier est indispensable pour encourager leur expansion, modernisation et intégration dans les chaînes de valeur régionales et internationales. Les banques régionales et les institutions financières internationales occupent une position centrale dans cet écosystème en fournissant des capitaux, des garanties et un appui technique aux entreprises sénégalaises. Ce soutien s'inscrit dans une dynamique globale visant à transformer l'économie sénégalaise et à favoriser une croissance durable.

**1. Banques Régionales : Catalyseurs du Développement économique local et continental**

***Banque ouest-africaine de développement (BOAD) : une impulsion pour les infrastructures et les PME***

La BOAD joue un rôle crucial dans le financement des projets stratégiques au Sénégal et dans les pays membres de l'UEMOA. En investissant dans des secteurs clés comme l'énergie, l'agro-industrie, les télécommunications et les infrastructures, elle contribue directement au renforcement du tissu économique sénégalais.

- **Projets structurants :** La BOAD soutient des projets essentiels tels que la construction de routes, d'installations énergétiques et de parcs industriels. Ces infrastructures améliorent non seulement la compétitivité des entreprises locales, mais également leur capacité à s'intégrer dans des chaînes de valeur régionales.
- **Soutien ciblé aux PME :** Par des lignes de crédit spécifiquement dédiées, la BOAD encourage la modernisation et la croissance des PME sénégalaises, qui constituent un pilier fondamental de l'économie nationale.

***Banque africaine d'Import-Export (Afreximbank) : un partenaire du commerce intra-africain***

Afreximbank se distingue par son appui au commerce et à l'exportation des entreprises sénégalaises.

- **Facilités commerciales :** Elle offre des crédits adaptés pour permettre aux entreprises sénégalaises de développer leurs activités au sein de la ZLECAF et au-delà.
- **Système de Paiements panafricain (PAPSS) :** Cette innovation permet aux entreprises de commercer en utilisant leurs devises locales, réduisant ainsi les coûts et les délais de transaction.

***La Bourse régionale des Valeurs Mobilières (BRVM) : une plateforme pour accéder au financement***

La BRVM, basée à Abidjan, offre aux entreprises sénégalaises une opportunité unique de lever des fonds grâce à l'émission d'actions ou d'obligations.

- **Avantages pour les entreprises cotées :** Ces dernières bénéficient d'une visibilité accrue et d'un accès facilité aux financements. La BRVM joue un rôle clé en attirant les investisseurs internationaux, renforçant ainsi la liquidité des marchés financiers régionaux.

**2. Institutions financières internationales : alliées du développement et de la compétitivité**

***Banque africaine de Développement (BAD) : un acteur clé pour les infrastructures et les PME***

La BAD intervient de manière significative dans le financement des infrastructures critiques, telles que les réseaux de transport, l'énergie et les télécommunications.

- **Initiatives pour les PME :** Elle propose des lignes de crédit et des programmes de renforcement des capacités entrepreneuriales, particulièrement dans les secteurs innovants comme les énergies renouvelables et les technologies numériques.

***Banque Mondiale et Fonds Monétaire international (FMI) : réformes et appui structurel***

Ces institutions apportent leur expertise pour renforcer l'environnement des affaires et attirer les investisseurs.

- **Prêts concessionnels :** Ces financements à long terme, assortis de conditions avantageuses, permettent aux entreprises locales d'investir dans des projets ambitieux.
- **Réformes économiques :** En collaboration avec le gouvernement, ces institutions favorisent l'assainissement du climat des affaires, stimulant ainsi la croissance du secteur privé.

***International Finance Corporation (IFC) : le catalyseur du secteur privé***

Branche de la Banque Mondiale dédiée au secteur privé, l'IFC offre des financements directs et des investissements en capital aux entreprises sénégalaises.

- **Appui aux startups :** L'IFC travaille avec des fonds de capital-risque pour soutenir l'innovation et encourager la croissance des startups sénégalaises, notamment dans les secteurs en expansion rapide.

### 3. initiatives et programmes structurants pour le développement du secteur privé au Sénégal

***Partenariats Public-Privé (PPP) : Une Collaboration stratégique***

Les PPP permettent de mobiliser des financements privés pour des projets d'envergure tels que des centrales électriques, des autoroutes et des infrastructures portuaires. Cette approche réduit la pression sur les finances publiques tout en favorisant la participation active du secteur privé.

***Initiatives de financement inclusif : soutenir les populations vulnérables***

Des programmes comme le Projet de Développement de l'Entreprenariat rapide (DER/FJ) jouent un rôle clé en offrant des microcrédits et des fonds de démarrage aux jeunes entrepreneurs et aux femmes.

Les banques régionales et les institutions financières internationales sont des partenaires incontournables pour le Sénégal. En facilitant l'accès des entreprises aux ressources financières nécessaires, elles participent activement à la transformation économique du pays. Ces acteurs permettent aux entreprises sénégalaises de croître, d'innover et de s'insérer pleinement dans les dynamiques régionales et internationales, tout en renforçant les bases d'une croissance durable et inclusive.

## E. Encourager les Investissements directs étrangers (IDE) pour renforcer l'Intégration économique du Sénégal dans la ZLECAF

L'intégration économique du Sénégal dans la Zone de Libre-Échange continentale africaine (ZLECAF) représente une opportunité unique de transformation économique. La ZLECAF, en créant un marché commun de plus de 1,3 milliard de consommateurs, ouvre la voie à une intensification des échanges intra-africains et à une attractivité accrue pour les investisseurs étrangers. Dans ce contexte, les investissements directs étrangers (IDE) apparaissent comme un levier stratégique pour accélérer la croissance, moderniser les infrastructures et améliorer la compétitivité des entreprises sénégalaises. Pour maximiser ces opportunités, une approche ciblée et structurée est indispensable.

### 1. Positionner le Sénégal comme une destination de choix pour les IDE

**Un accès à un marché continental :** La ZLECAF positionne le Sénégal comme un portail d'entrée stratégique vers un marché africain intégré. Grâce à sa stabilité politique, son ouverture sur l'océan Atlantique et son rôle de hub régional, le Sénégal peut attirer des investisseurs souhaitant accéder à l'Afrique de l'Ouest et au continent dans son ensemble. Ce positionnement doit être activement promu par des campagnes internationales soulignant les avantages géographiques et économiques du pays.

**Miser sur les secteurs prioritaires :** Le Sénégal dispose d'un potentiel notable dans des secteurs tels que l'agro-industrie, l'énergie renouvelable, les technologies de l'information et de la communication (TIC), les mines, et les infrastructures. En identifiant ces secteurs clés et en développant des stratégies de promotion ciblées, le Sénégal peut orienter les IDE vers des industries capables de dynamiser son économie et de renforcer son rôle dans les chaînes de valeur régionales.

**2. Offrir des incitations compétitives pour attirer les investisseurs**

**Zones économiques spéciales (ZES) :** La création de ZES stratégiquement situées près des ports, des corridors commerciaux et des zones industrielles peut offrir des avantages fiscaux, tels que des exonérations d'impôts, des réductions de droits de douane, et des procédures administratives simplifiées. Ces zones doivent être équipées d'infrastructures modernes pour attirer des industries orientées vers l'exportation.

**Régimes fiscaux attractifs :** Proposer des avantages fiscaux sur mesure, comme des exonérations temporaires d'impôts pour les nouvelles entreprises, des réductions de taxes sur l'importation de biens d'équipement, ou des incitations pour le rapatriement des bénéfices, renforcerait la compétitivité du Sénégal face à d'autres destinations africaines.

**3. Renforcer le climat des affaires et la gouvernance économique**

**Simplification des procédures :** Réduire la bureaucratie et les délais dans la création d'entreprises ou l'obtention de permis est essentiel. Une réforme réglementaire visant à rendre les processus plus transparents et efficaces encouragerait les investisseurs à s'installer au Sénégal.

**Lutte contre la corruption et transparence :** Améliorer la gouvernance économique en renforçant les institutions anticorruption et en adoptant des pratiques de transparence dans les marchés publics et les finances publiques est primordial pour instaurer la confiance des investisseurs étrangers.

**4. Investir dans les infrastructures pour soutenir les IDE**

**Infrastructures logistiques :** Pour intégrer pleinement les IDE dans les chaînes de valeur régionales, le Sénégal doit moderniser ses infrastructures de transport (routes, chemins de fer, ports) et numériques. L'aéroport international Blaise Diagne et le projet de port de Ndayane doivent jouer un rôle central pour faciliter les flux commerciaux.

**Énergies renouvelables :** Le potentiel du Sénégal en matière d'énergies renouvelables, notamment solaire et éolienne, peut attirer des investisseurs dans des projets d'énergie verte. Ces investissements renforceraient non seulement l'approvisionnement énergétique, mais contribueraient aussi à la durabilité des secteurs industriels.

**5. Encourager les Partenariats Public-Privé (PPP)**

**Développement d'infrastructures critiques :** Les PPP offrent un cadre efficace pour financer des projets d'infrastructures coûteux, tels que les centrales énergétiques ou les zones industrielles. En collaborant avec des investisseurs étrangers, le Sénégal peut combler ses lacunes en matière d'infrastructures tout en bénéficiant d'un transfert de compétences et de technologies.

**Formation et transfert de savoir-faire :** Les PPP peuvent inclure des clauses de formation professionnelle pour développer une main-d'œuvre locale qualifiée et répondre aux besoins des investisseurs dans les secteurs prioritaires.

**6. Renforcer la diplomatie économique et promouvoir les opportunités d'investissement**

**Diplomatie économique proactive :** Le Sénégal doit multiplier sa participation à des forums internationaux, des sommets sur l'investissement et des foires commerciales pour promouvoir ses opportunités économiques. Les ambassades et agences de promotion des investissements doivent jouer un rôle actif en facilitant les connexions entre les investisseurs étrangers et les opportunités locales.

**Mobiliser la diaspora :** La diaspora sénégalaise peut servir d'ambassadeur économique en investissant directement ou en facilitant des connexions avec des partenaires étrangers. Ce réseau est un atout précieux pour renforcer l'attractivité du pays.

**7. Faciliter l'intégration dans les chaînes de valeur régionales**

**Rôle clé dans la ZLECAF :** Le Sénégal peut se positionner comme un acteur central dans les chaînes de valeur régionales, en investissant dans des industries de transformation et en promouvant des partenariats régionaux. L'agro-industrie, les textiles, et les technologies sont des secteurs où le pays peut jouer un rôle de premier plan.

**Harmonisation des normes :** Pour réduire les barrières commerciales, le Sénégal doit collaborer avec les autres membres de la ZLECAF afin d'harmoniser les normes de qualité et les réglementations industrielles, facilitant ainsi les échanges transfrontaliers.

L'attraction des IDE est un pilier fondamental pour permettre au Sénégal de maximiser les avantages offerts par la ZLECAF. En créant un environnement d'investissement compétitif, en modernisant ses infrastructures, et en renforçant sa gouvernance économique, le Sénégal peut non seulement stimuler sa croissance économique, mais aussi devenir un hub régional incontournable pour les investisseurs étrangers. La coopération avec des partenaires régionaux et internationaux, associée à une diplomatie économique proactive, permettra de consolider la position du Sénégal dans les chaînes de valeur africaines et mondiales, tout en assurant un développement inclusif et durable.

# PARTIE IV

# PERSPECTIVES ET STRATÉGIES POUR LA RÉUSSITE DE LA ZLECAF

# CHAPITRE 12

## Coopération régionale et intégration économique

### A. Le rôle des Communautés économiques régionales dans la réussite de la ZLECAF

Les Communautés économiques régionales (CER) constituent les fondations de l'intégration économique africaine. Elles agissent comme des blocs structurants qui facilitent la coopération régionale, la suppression des barrières commerciales et l'harmonisation des politiques économiques. La Zone de Libre-Échange continentale africaine (ZLECAF), en tant que projet phare de l'Union africaine, repose sur la capacité des CER à coordonner leurs efforts pour construire une Afrique unie, économiquement intégrée et compétitive à l'échelle mondiale.

Voici une analyse approfondie du rôle stratégique de ces communautés dans la concrétisation des ambitions de la ZLECAF :

#### 1. L'Union du Maghreb Arabe (UMA)

- **Contexte et objectifs :** Créée en 1989, l'UMA regroupe cinq pays d'Afrique du Nord : Algérie, Libye, Mauritanie, Maroc et Tunisie. Ses ambitions initiales incluent la promotion de la coopération économique, la libre circulation des biens et des services, ainsi que l'intégration économique régionale.
- **Rôle dans la ZLECAF :** Malgré des tensions politiques persistantes entre certains membres, l'UMA conserve un potentiel stratégique important. Sa position géographique, au carrefour de l'Afrique, de l'Europe et du Moyen-Orient, offre des opportunités pour intégrer l'Afrique du Nord dans les chaînes de valeur africaines. Si des mécanismes de dialogue et de coopération sont renforcés, l'UMA pourrait devenir un catalyseur du commerce intra-africain.

#### 2. Le Marché Commun de l'Afrique orientale et australe (COMESA)

- **Contexte et objectifs :** Créé en 1994, le COMESA est l'une des communautés les plus vastes d'Afrique, regroupant 21 pays avec un marché combiné de plus de 500 millions d'habitants. Il vise à éliminer les barrières tarifaires et non tarifaires pour renforcer les échanges entre ses membres.

- **Rôle dans la ZLECAF :** Avec des infrastructures commerciales avancées, le COMESA peut servir de modèle pour harmoniser les politiques commerciales au niveau continental. Sa position géographique et son expérience dans la facilitation des échanges lui permettent de jouer un rôle de pont entre l'Afrique orientale, australe et centrale, soutenant ainsi l'intégration économique dans le cadre de la ZLECAF.

### 3. La Communauté des États Sahélo-Sahariens (CEN-SAD)

- **Contexte et objectifs :** Fondée en 1998, la CEN-SAD vise à promouvoir la coopération économique, le développement agricole et l'intégration économique dans une région regroupant 29 pays du Sahel et du Sahara.
- **Rôle dans la ZLECAF :** Spécialisée dans les questions de sécurité alimentaire et de développement agricole, la CEN-SAD peut contribuer à intégrer les chaînes de valeur agricoles africaines. Elle représente également un pont entre l'Afrique du Nord et l'Afrique subsaharienne, offrant des perspectives pour un commerce renforcé et une meilleure intégration des marchés.

### 4. La Communauté d'Afrique de l'Est (CAE)

- **Contexte et objectifs :** Relancée en 2000, la CAE compte sept membres (Kenya, Tanzanie, Ouganda, Rwanda, Burundi, Soudan du Sud et RDC) et se distingue par son niveau d'intégration avancé, incluant une union douanière et un marché commun.
- **Rôle dans la ZLECAF :** La CAE, avec ses succès en matière de coopération logistique et énergétique, peut être un exemple pour d'autres régions. En renforçant ses infrastructures et en facilitant les échanges au sein de la ZLECAF, la CAE pourrait amplifier son impact et étendre son influence commerciale à l'échelle continentale.

### 5. La Communauté Économique des États de l'Afrique Centrale (CEEAC)

- **Contexte et objectifs :** Créée en 1983, la CEEAC regroupe 11 pays et se concentre sur le commerce, le développement des infrastructures et la paix régionale.

- **Rôle dans la ZLECAF :** Riche en ressources naturelles, l'Afrique centrale peut devenir un moteur de croissance économique. La CEEAC doit améliorer ses infrastructures de transport et de communication pour intégrer cette région dans les chaînes de valeur continentales, tout en favorisant la coopération industrielle et minière.

### 6. La Communauté Économique des États de l'Afrique de l'Ouest (CEDEAO)

- **Contexte et objectifs :** Créée en 1975, la CEDEAO regroupe 15 pays d'Afrique de l'Ouest. Elle œuvre à promouvoir le commerce régional, l'harmonisation des politiques économiques, et la stabilité politique.
- **Rôle dans la ZLECAF :** Avec une union douanière opérationnelle et des projets de monnaie unique, la CEDEAO est un acteur clé pour intégrer l'Afrique de l'Ouest dans la ZLECAF. Ses initiatives en matière de sécurité régionale renforcent également un environnement favorable aux échanges.

### 7. L'Autorité intergouvernementale sur le Développement (IGAD)

- **Contexte et objectifs :** L'IGAD regroupe huit pays de la Corne de l'Afrique et se concentre sur la gestion des ressources naturelles, le développement économique et la sécurité.
- **Rôle dans la ZLECAF :** Grâce à son expertise dans la gestion des ressources transfrontalières et la promotion de la stabilité, l'IGAD peut jouer un rôle important pour intégrer la Corne de l'Afrique dans la ZLECAF, tout en favorisant la coopération pour la gestion durable des ressources.

### 8. La Communauté de Développement de l'Afrique australe (SADC)

- **Contexte et objectifs :** Créée en 1992, la SADC regroupe 16 pays, dont l'Afrique du Sud, la plus grande économie africaine. Ses priorités incluent le commerce, l'agriculture et les infrastructures.
- **Rôle dans la ZLECAF :** Avec des infrastructures relativement développées et une économie diversifiée, la SADC peut contribuer à l'harmonisation des politiques commerciales africaines. Son rôle dans l'intégration des chaînes de valeur industrielles et agricoles est essentiel pour stimuler la compétitivité continentale.

Les Communautés économiques régionales sont les piliers de la ZLECAF. Leur capacité à collaborer et à harmoniser leurs efforts déterminera en grande partie le succès de l'intégration économique africaine. En renforçant leurs infrastructures, en harmonisant leurs politiques, et en capitalisant sur leurs atouts régionaux, elles peuvent transformer la vision de la ZLECAF en une réalité de croissance inclusive et durable pour tout le continent.

## B. Synergies entre la ZLECAF et les initiatives existantes

La **Zone de Libre-Échange continentale africaine (ZLECAF)** ne se limite pas à une structure isolée : son succès repose sur sa capacité à s'appuyer sur les dynamiques et les initiatives déjà en place, qu'elles soient régionales ou continentales. En intégrant les acquis des **communautés économiques régionales (CER)**, des programmes stratégiques tels que l'**Agenda 2063**, et des initiatives comme le **Programme de Développement des Infrastructures en Afrique (PIDA)**, la ZLECAF peut renforcer son rôle moteur dans l'intégration économique de l'Afrique. Ce chapitre explore les principales synergies potentielles entre la ZLECAF et ces initiatives, en mettant en lumière leurs contributions respectives et complémentaires.

### 1. Communautés économiques régionales (CER) : consolidation des acquis régionaux

Les **CER**, telles que la **CEDEAO**, le **COMESA**, la **SADC** ou encore l'**UMA**, jouent un rôle essentiel dans la promotion du commerce intra-régional. La ZLECAF a le potentiel de capitaliser sur leurs réalisations pour transformer ces réussites locales en moteurs d'une intégration continentale.

- **Complémentarité et harmonisation :** Les CER ont déjà établi des **unions douanières** et supprimé des barrières tarifaires dans leurs zones respectives. Par exemple, la CEDEAO et le COMESA ont mis en œuvre des mécanismes facilitant les échanges régionaux. La ZLECAF peut servir de cadre pour harmoniser ces avancées et étendre les avantages à l'ensemble du continent, en standardisant les règles commerciales et les régulations.
- **Élargissement des zones de libre-échange :** Alors que certaines CER ont déjà réduit ou supprimé des barrières tarifaires entre leurs membres, la ZLECAF offre l'opportunité d'élargir ces zones pour inclure tous les pays africains. Une telle expansion renforcerait la fluidité des échanges commerciaux au-delà des frontières régionales.

### 2. Agenda 2063 de l'Union africaine : un cadre stratégique pour la transformation du continent

L'**Agenda 2063**, élaboré par l'Union africaine, incarne une vision ambitieuse pour un développement inclusif et durable de l'Afrique. La ZLECAF, l'un de ses projets phares, s'inscrit pleinement dans cette stratégie.

- **Industrialisation et transformation économique :** La ZLECAF accélère les objectifs de l'Agenda 2063 en stimulant l'**industrialisation**, en particulier grâce à la création de **chaînes de valeur continentales**. Des initiatives comme les **zones économiques spéciales (ZES)** permettent de localiser la transformation des matières premières africaines, favorisant ainsi une croissance endogène.
- **Modernisation des infrastructures :** L'Agenda 2063 met un accent particulier sur le développement des **infrastructures de transport**, des **réseaux numériques** et des **systèmes énergétiques interconnectés**. En intégrant ces priorités, la ZLECAF facilite les échanges intra-africains et soutient la mise en œuvre de projets industriels.

### 3. Programme de Développement des Infrastructures en Afrique (PIDA) : Un levier indispensable

Le **PIDA**, qui vise à améliorer les infrastructures de transport, d'énergie et de télécommunications, est une condition sine qua non pour libérer le potentiel de la ZLECAF.

- **Facilitation des échanges :** Les corridors commerciaux, tels que le **Corridor Nord (Kenya-Ouganda)** ou le **Transcaprivi Highway** en Afrique australe, sont des initiatives phares soutenues par le PIDA. Ces infrastructures réduisent les coûts logistiques et connectent efficacement les marchés africains.
- **Intégration des marchés :** En complétant les projets d'infrastructures stratégiques, la ZLECAF peut s'assurer que les biens, services et capitaux circulent plus librement sur le continent, réduisant ainsi les disparités économiques régionales.

### 4. Le Plan d'Action pour le Développement industriel accéléré de l'Afrique (AIDA)

L'**AIDA** vise à diversifier et industrialiser les économies africaines en encourageant la transformation locale des ressources naturelles et en soutenant les petites et moyennes entreprises.

- **Chaînes de valeur régionales :** La ZLECAF, en supprimant les barrières commerciales, crée un environnement propice au développement des **chaînes de valeur régionales** dans des secteurs comme l'agro-industrie, le textile ou les énergies renouvelables.
- **Accès à un marché continental :** En favorisant l'accès des industries locales à un marché continental élargi, la ZLECAF stimule la demande pour les produits fabriqués en Afrique, renforçant ainsi la compétitivité et la durabilité des industries locales.

**5. Rationalisation des accords commerciaux existants**

Les pays africains sont souvent engagés dans une multitude d'accords commerciaux bilatéraux ou multilatéraux. La ZLECAF offre une opportunité unique de rationaliser ces engagements.

- **Harmonisation des réglementations :** En standardisant les normes et les procédures, la ZLECAF simplifie la navigation des entreprises africaines entre divers accords, réduisant les coûts et les complexités administratives.
- **Réduction des incohérences :** Les chevauchements entre accords régionaux et bilatéraux peuvent freiner le commerce. La ZLECAF, en créant un cadre unique, surmonte ces obstacles et maximise les avantages pour les entreprises africaines.

**6. Initiatives pour la libre circulation des personnes : un complément essentiel**

La mobilité des personnes est un facteur clé pour maximiser le potentiel de la ZLECAF, en particulier dans les secteurs des services et des investissements.

- **Facilitation des déplacements :** La ZLECAF peut s'appuyer sur des initiatives comme le **protocole de libre circulation de la CEDEAO** ou le **passeport africain** pour promouvoir une mobilité plus fluide des travailleurs et des entrepreneurs.
- **Développement des secteurs de services :** En facilitant la circulation des professionnels, la ZLECAF soutient des secteurs comme le tourisme, la finance et l'éducation, essentiels pour une croissance inclusive.

**7. Soutien des institutions financières panafricaines**

Des institutions comme la **Banque africaine de Développement (BAD)** et l'**Afreximbank** sont des partenaires clés pour mobiliser les ressources nécessaires à la réussite de la ZLECAF.

- **Financement des infrastructures :** Les programmes tels que le **Fonds d'Infrastructure pour l'Afrique** ou les lignes de crédit pour les PME sont essentiels pour renforcer les capacités des entreprises africaines à s'intégrer dans les chaînes de valeur régionales.
- **Soutien au secteur privé :** En collaborant avec la ZLECAF, ces institutions peuvent amplifier leurs efforts pour financer des projets industriels et encourager l'entrepreneuriat sur tout le continent.

**Une vision intégrée pour l'intégration économique africaine**

La ZLECAF ne peut réussir qu'en créant des synergies avec les initiatives existantes. En intégrant les acquis des CER, les objectifs de l'Agenda 2063, les projets d'infrastructure du PIDA, et les programmes de soutien de la BAD, elle offre une plateforme robuste pour transformer le paysage économique africain. Cette approche intégrée permettra à l'Afrique de surmonter les obstacles au commerce intra-africain, de renforcer sa compétitivité mondiale, et d'accélérer son développement économique et social.

A. Surmonter les tensions entre régionalisme et continentalisme dans le cadre de la ZLECAF

L'intégration économique de l'Afrique, portée par l'ambitieux projet de la **Zone de Libre-Échange continentale africaine (ZLECAF)**, vise à unir les économies de 55 pays africains au sein d'un cadre commun. Ce chantier titanesque cherche à stimuler les échanges commerciaux intra-africains et à renforcer la compétitivité du continent sur la scène mondiale. Cependant, il se heurte à un défi majeur : les tensions entre régionalisme et continentalisme.

Les **Communautés économiques régionales (CER)**, qui ont historiquement joué un rôle essentiel dans l'intégration régionale, doivent désormais coexister avec cette nouvelle dynamique continentale, ce qui peut engendrer des conflits de priorités, de compétences et de stratégies. Trouver un équilibre entre ces deux niveaux d'intégration est impératif pour garantir le succès de la ZLECAF. Voici les principales stratégies pour y parvenir.

**1. Harmonisation des politiques régionales et continentales**

Pour surmonter les frictions, il est essentiel de coordonner les efforts entre les CER et la ZLECAF afin d'établir un cadre de régulation cohérent et efficace.

- **Aligner les politiques commerciales** : Les règles tarifaires, les normes techniques, et les politiques douanières des CER doivent être harmonisées avec celles de la ZLECAF. Par exemple, les unions douanières existantes, telles que celles de la **CEDEAO** ou du **COMESA**, devraient converger vers un régime unique compatible avec les ambitions continentales, afin d'éviter les chevauchements réglementaires et les inefficiences.

- **Simplifier les cadres normatifs** : Les entreprises africaines, déjà confrontées à des défis structurels, ne doivent pas être pénalisées par une complexité excessive des régimes commerciaux. L'unification des règles tout en respectant les spécificités régionales permettra de maximiser les synergies économiques.

**2. Favoriser une approche graduelle de l'intégration**

L'intégration continentale ne peut être imposée du jour au lendemain. Elle doit reposer sur une progression méthodique, tirant parti des réussites régionales existantes.

- **Apprendre des CER** : Les modèles de coopération réussis au sein des CER, comme les mécanismes de facilitation des échanges de la **SADC** ou les initiatives d'harmonisation douanière de la **CEDEAO**, peuvent servir de bases pour l'élaboration des politiques continentales.
- **Consolider les CER avant une intégration totale** : Plutôt que de forcer une intégration continentale immédiate, il est pertinent de renforcer d'abord les capacités institutionnelles et opérationnelles des CER. Une fois consolidées, elles pourront plus facilement s'intégrer dans un cadre harmonisé à l'échelle africaine.

**3. Encourager une gouvernance multi-niveaux**

La coexistence harmonieuse entre les dynamiques régionales et continentales repose sur une répartition claire des responsabilités.

- **Compétences différenciées** : Les institutions de la ZLECAF devraient se concentrer sur les enjeux transversaux tels que la normalisation commerciale, tandis que les CER continueraient à gérer des questions spécifiques à leur région, comme les infrastructures locales ou les politiques sectorielles.
- **Dialogue institutionnel** : La mise en place d'un **conseil consultatif** regroupant des représentants des CER et des organes continentaux garantirait une prise en compte des réalités locales dans les décisions globales.

### 4. Développer des projets transversaux pour fédérer les régions

Les projets interrégionaux sont des outils puissants pour renforcer la cohésion entre les CER et promouvoir une vision continentale commune.

- **Corridors commerciaux** : Des initiatives telles que les corridors de transport reliant l'Afrique de l'Est et de l'Ouest, ou les infrastructures énergétiques inter-régionales, peuvent favoriser une intégration économique plus fluide.
- **Chaînes de valeur régionales** : Développer des industries transfrontalières, comme des chaînes agroalimentaires ou textiles, permettrait de connecter les économies locales à des dynamiques continentales, créant ainsi des intérêts communs.

### 5. Garantir une répartition équitable des bénéfices

L'un des risques de l'intégration continentale est que certains pays ou régions en profitent davantage que d'autres, exacerbant les inégalités.

- **Fonds d'ajustement** : La mise en place de fonds spécifiques pour soutenir les économies vulnérables ou les pays enclavés dans leur transition vers un commerce libre et compétitif est cruciale.
- **Projets ciblés** : La ZLECAF devrait prioriser des initiatives de développement dans les régions les moins avancées, telles que des investissements dans les infrastructures ou des programmes de soutien à l'industrialisation.

### 6. Renforcer les capacités régionales

Des CER solides et bien outillées sont essentielles pour une intégration continentale réussie.

- **Investir dans les infrastructures régionales** : Des projets comme le **Programme de Développement des Infrastructures en Afrique (PIDA)** doivent être intensifiés pour améliorer la connectivité régionale et préparer le terrain pour une intégration continentale.
- **Former les régulateurs régionaux** : Des programmes de renforcement des compétences pour les acteurs institutionnels régionaux (douaniers, régulateurs économiques, etc.) sont nécessaires pour garantir une transition harmonieuse vers les règles de la ZLECAF.

### 7. Créer des mécanismes de règlement des différends

Les conflits entre les priorités régionales et continentales sont inévitables, mais des systèmes efficaces de gestion des différends peuvent les atténuer.

- **Tribunaux commerciaux** : Mettre en place des instances régionales et continentales pour arbitrer les différends entre les CER et la ZLECAF.
- **Médiation proactive** : Former des équipes d'experts capables d'intervenir rapidement pour résoudre les conflits avant qu'ils ne deviennent des obstacles majeurs à l'intégration.

Les tensions entre régionalisme et continentalisme dans le cadre de la ZLECAF reflètent la complexité d'un projet d'une telle envergure. Cependant, ces défis peuvent être transformés en opportunités si des efforts coordonnés sont déployés pour harmoniser les politiques, promouvoir des projets interrégionaux, et garantir une gouvernance multi-niveaux. En capitalisant sur les forces des CER tout en favorisant une vision continentale commune, la ZLECAF peut devenir un levier puissant pour libérer le potentiel économique de l'Afrique et construire une prospérité partagée.

# CHAPITRE 13

## Les Rôles des acteurs publics et privés

### A. Les Gouvernements africains et la mise en œuvre des politiques commerciales

Les gouvernements africains occupent une position centrale dans le succès de la Zone de Libre-Échange continentale africaine (ZLECAF). En tant que catalyseurs du développement économique et de l'intégration régionale, ils portent la responsabilité d'établir un cadre favorable aux échanges commerciaux et aux investissements. Cela passe par des réformes législatives, la modernisation des infrastructures, la simplification des procédures douanières et une coopération régionale renforcée. Leur capacité à coordonner des politiques harmonisées et inclusives est déterminante pour maximiser les opportunités qu'offre la ZLECAF aux entreprises locales et aux investisseurs internationaux.

#### 1. Élaborer des politiques commerciales harmonisées et inclusives

*Harmonisation avec les objectifs de la ZLECAF*

Les gouvernements africains doivent aligner leurs politiques nationales sur les principes de la ZLECAF, notamment en réduisant les barrières tarifaires et non tarifaires, et en adoptant des normes communes pour fluidifier les échanges intra-africains. Cet effort d'harmonisation doit tenir compte des spécificités nationales tout en renforçant l'intégration régionale.

*Inclusion des acteurs marginalisés*

Pour garantir une croissance économique équitable, les politiques commerciales doivent inclure les petites et moyennes entreprises (PME), les jeunes entrepreneurs et les femmes. Les gouvernements peuvent mettre en place des incitations fiscales, des crédits adaptés et des subventions pour aider ces acteurs à accéder aux marchés régionaux et continentaux. Ces mesures assurent une participation plus large à la dynamique économique.

### 2. Renforcer les infrastructures et les corridors commerciaux

*Modernisation des infrastructures*

Les échanges commerciaux ne peuvent prospérer sans des infrastructures modernes et efficaces. Il est impératif d'investir dans les routes, les chemins de fer, les ports et les aéroports, afin de créer des corridors commerciaux robustes. Ces infrastructures facilitent la circulation des marchandises et réduisent les coûts logistiques, rendant les économies africaines plus compétitives.

*Partenariats public-privé (PPP)*

Face aux contraintes budgétaires, les gouvernements doivent s'associer avec le secteur privé pour financer des projets d'infrastructures d'envergure. Les PPP permettent de mutualiser les risques tout en accélérant la réalisation de projets structurants. Ces collaborations renforcent également la capacité des infrastructures commerciales à soutenir les ambitions de la ZLECAF.

### 3. Faciliter la libre circulation des biens et des services

*Simplification et numérisation des procédures douanières*

Les délais et inefficacités aux frontières restent des freins majeurs au commerce intra-africain. Les gouvernements doivent introduire des réformes douanières axées sur la numérisation des processus, la création de guichets uniques, et la réduction des coûts d'importation et d'exportation.

*Accélération des accords de facilitation du commerce*

En harmonisant les normes techniques et les réglementations sanitaires, les gouvernements peuvent éliminer les obstacles non tarifaires et promouvoir une circulation fluide des biens et des services. Une mise en œuvre rigoureuse de ces accords renforce la compétitivité des économies africaines sur le marché mondial.

### 4. Mettre en place des politiques industrielles favorisant l'exportation

*Stratégies d'exportation ciblées*

Les gouvernements doivent identifier les secteurs à fort potentiel et élaborer des stratégies nationales pour encourager la production destinée aux marchés régionaux. Cela implique d'investir dans la transformation locale des matières premières et de promouvoir les exportations de produits à forte valeur ajoutée.

*Amélioration de la compétitivité industrielle*

Pour garantir que les entreprises locales tirent parti des opportunités de la ZLECAF, il est nécessaire de moderniser les industries nationales. Cela inclut des programmes de formation, l'accès au financement pour l'acquisition de technologies innovantes, et des incitations fiscales pour encourager les investissements dans les secteurs stratégiques.

**5. Renforcer les capacités institutionnelles et la gouvernance**

*Capacités institutionnelles accrues*

La réussite de la ZLECAF repose sur des institutions solides et bien équipées. Les gouvernements doivent investir dans la formation des administrations douanières, des ministères du commerce et des agences de développement économique pour garantir une mise en œuvre efficace des politiques commerciales.

*Coordination interinstitutionnelle*

Une collaboration étroite entre les ministères et les agences gouvernementales est essentielle pour éviter les chevauchements et assurer une exécution cohérente des politiques commerciales. Une meilleure coordination renforce l'efficacité des réformes et améliore la compétitivité des pays.

**6. Promouvoir la coopération régionale et multilatérale**

*Renforcement des communautés économiques régionales (CER)*

Les CER, comme la CEDEAO, le COMESA ou la SADC, sont les piliers de l'intégration continentale. Les gouvernements doivent s'appuyer sur ces institutions pour harmoniser leurs politiques commerciales et faciliter la transition vers une intégration économique plus profonde.

*Participation active aux forums multilatéraux*

Les gouvernements africains doivent s'unir pour défendre les intérêts du continent dans les négociations internationales. Une représentation coordonnée au sein de l'Organisation mondiale du commerce (OMC) et d'autres instances multilatérales peut maximiser les bénéfices de la ZLECAF et renforcer le positionnement stratégique de l'Afrique.

### 7. Assurer l'inclusion du secteur privé

*Consultation régulière avec le secteur privé*

Les gouvernements doivent collaborer étroitement avec les entreprises, les associations professionnelles et les chambres de commerce pour élaborer des politiques qui répondent aux besoins du secteur privé. Cette approche garantit que les réformes commerciales sont adaptées aux réalités économiques.

*Encourager l'innovation par des PPP*

Les partenariats public-privé offrent des opportunités pour dynamiser l'innovation, moderniser les industries locales, et renforcer les capacités des entreprises africaines à répondre aux exigences des marchés régionaux et internationaux.

Les gouvernements africains sont les architectes du cadre nécessaire pour que la ZLECAF réalise son plein potentiel. En harmonisant les politiques commerciales, en modernisant les infrastructures, et en facilitant la coopération régionale, ils peuvent transformer les ambitions de la ZLECAF en réalités économiques tangibles. En collaborant avec le secteur privé et en renforçant les capacités institutionnelles, ils assurent une intégration économique durable et équitable qui profite à l'ensemble du continent.

## B. Le Secteur privé comme Moteur de l'Intégration économique dans la ZLECAF

Le secteur privé occupe une position centrale dans le succès de la **Zone de Libre-Échange continentale africaine (ZLECAF)**, moteur d'une intégration économique profonde à l'échelle du continent. Alors que les gouvernements africains établissent le cadre institutionnel et les politiques commerciales, ce sont les entreprises qui incarnent les véritables vecteurs de la croissance, de la création d'emplois et de la transformation des économies locales. Qu'il s'agisse de multinationales bien établies ou de petites et moyennes entreprises (PME), le tissu entrepreneurial africain est en première ligne pour exploiter les immenses opportunités offertes par ce marché intégré, regroupant plus de **1,3 milliard de consommateurs**.

### 1. Stimuler le Commerce Intra-Africain

#### *Rôle des entreprises dans le commerce intra-africain*

Les entreprises africaines sont les acteurs principaux d'un commerce intracontinental en pleine expansion. En abaissant les barrières tarifaires et non tarifaires, la ZLECAF permet une circulation plus fluide des biens et services à travers les frontières, ouvrant ainsi de nouveaux marchés pour les exportateurs africains. Cela profite particulièrement à des secteurs stratégiques tels que l'agro-industrie, les produits manufacturés, et la transformation des matières premières.

#### *Développement des chaînes de valeur régionales*

Le secteur privé peut créer des synergies en établissant des **chaînes de valeur régionales**. Par exemple, une entreprise sénégalaise spécialisée dans la transformation agricole pourrait collaborer avec des fournisseurs ivoiriens ou camerounais pour produire des biens compétitifs, adaptés à une demande continentale croissante. Ces collaborations réduisent la dépendance aux importations extra-africaines et renforcent l'autosuffisance économique.

### 2. Innover et diversifier les secteurs économiques

#### *Encourager l'innovation*

L'innovation est essentielle pour surmonter les défis structurels de l'économie africaine. Les **startups africaines** et les fintechs jouent un rôle central dans la transformation numérique du continent, en développant des outils pour faciliter les paiements transfrontaliers, optimiser les chaînes logistiques, et digitaliser les petites entreprises. Ces avancées technologiques permettent de réduire les coûts de transaction et d'accroître la compétitivité.

*Diversification économique*

La dépendance excessive aux matières premières reste un frein au développement. Le secteur privé doit encourager l'investissement dans des secteurs à haute valeur ajoutée comme les services numériques, l'industrie manufacturière, et les énergies renouvelables. Une diversification réussie offre aux économies africaines une plus grande résilience face aux chocs extérieurs et favorise une croissance inclusive.

### 3. Faciliter l'Investissement et la Création d'Emplois

#### *Attirer les investissements privés*

En collaboration avec les gouvernements, le secteur privé peut attirer des **investissements directs étrangers (IDE)** en développant des **zones**

**économiques spéciales (ZES)**, des parcs industriels et des hubs technologiques. Ces infrastructures fournissent un environnement propice à l'installation d'entreprises internationales, stimulant ainsi la production et l'exportation à l'échelle régionale.

***Création d'emplois***

L'expansion des entreprises africaines grâce à la ZLECAF peut générer des millions d'emplois dans des secteurs tels que l'agro-industrie, la construction, et les services. Une dynamique de création d'emplois permettra non seulement de réduire le chômage, mais également de renforcer le pouvoir d'achat des populations, contribuant ainsi à une croissance endogène durable.

**4. Renforcer la compétitivité à l'échelle régionale et mondiale**

***Modernisation des entreprises***

Pour se positionner efficacement sur les marchés régionaux et internationaux, les entreprises africaines doivent investir dans la **modernisation de leurs processus de production** et l'amélioration de la qualité de leurs produits. Cela passe par l'adoption de technologies modernes et le respect des normes internationales.

***Participation aux marchés mondiaux***

L'intégration économique continentale permet aux entreprises africaines de mutualiser leurs compétences et ressources, ce qui les rend plus compétitives sur la scène mondiale. Des secteurs comme l'agroalimentaire, le textile, ou les technologies de l'information peuvent tirer parti de cette dynamique pour conquérir de nouveaux marchés.

**5. Soutenir les Petites et Moyennes Entreprises (PME)**

***Accès au financement***

Les PME, qui constituent le socle de l'économie africaine, manquent souvent de ressources financières pour se développer. Le secteur privé, en partenariat avec les institutions financières, peut créer des mécanismes innovants pour faciliter l'accès des PME au crédit et aux marchés de capitaux.

***Renforcement des capacités***

Pour maximiser leur potentiel, les PME doivent bénéficier de programmes de formation sur des sujets comme le commerce électronique, la gestion de la qualité, et la conformité aux normes internationales. Ces formations renforcent leur compétitivité et leur permettent de saisir pleinement les opportunités offertes par la ZLECAF.

**6. Promouvoir le Partenariat Public-Privé (PPP)**

***Développement des infrastructures***

Les **partenariats public-privé (PPP)** sont essentiels pour financer des infrastructures commerciales telles que les ports, les routes, et les corridors logistiques. Ces investissements stratégiques réduisent les coûts logistiques et améliorent la connectivité régionale.

***Coopération stratégique***

En collaborant avec les gouvernements, le secteur privé peut influencer l'élaboration de politiques favorables à l'intégration économique et à l'expansion commerciale.

**7. Accroître la transparence et renforcer la gouvernance**

***Responsabilité et transparence***

Adopter des normes élevées de **gouvernance d'entreprise** est crucial pour attirer des investisseurs et instaurer la confiance. Le secteur privé doit s'engager dans des pratiques transparentes, lutter contre la corruption, et promouvoir la responsabilité sociale des entreprises (RSE).

***Engagement pour le développement durable***

Le secteur privé peut également jouer un rôle clé dans la transition vers une économie durable en adoptant des pratiques respectueuses de l'environnement et en soutenant les initiatives sociales.

Le secteur privé est le véritable moteur de la transformation économique du continent africain. En exploitant les opportunités offertes par la ZLECAF, en stimulant le commerce intra-africain, et en favorisant l'innovation, les entreprises africaines peuvent transformer l'Afrique en un acteur incontournable de l'économie mondiale. Pour ce faire, une collaboration étroite entre les gouvernements, les institutions financières, et les entreprises est essentielle. Ensemble, ils peuvent construire une Afrique intégrée, compétitive, et prospère.

### C. La Diaspora africaine : pilier du commerce et de l'investissement dans la ZLECAF

La diaspora africaine, forte de dizaines de millions d'individus répartis à travers le monde, constitue un levier stratégique pour le développement économique de l'Afrique et un acteur central dans la mise en œuvre réussie de la Zone de Libre-Échange continentale africaine (ZLECAF). Au-delà de ses contributions traditionnelles par les transferts de fonds, la diaspora détient un rôle clé dans la dynamisation du commerce intra-africain, le soutien à l'entrepreneuriat, l'investissement dans les infrastructures et la mobilisation de compétences techniques. Une stratégie bien définie pour engager ce potentiel peut transformer cette ressource humaine et financière en moteur de croissance économique et d'intégration continentale.

### 1. Mobilisation des investissements de la diaspora

*Investissements directs dans les PME et start-ups*

La diaspora africaine possède un potentiel financier significatif, capable de catalyser la croissance économique en soutenant les petites et moyennes entreprises (PME) ainsi que les start-ups innovantes. Par des mécanismes comme les fonds d'investissement dédiés, les plateformes de financement participatif et les partenariats d'affaires, la diaspora peut injecter des ressources dans des secteurs porteurs tels que les technologies numériques, l'agro-industrie et les services.

*Création de fonds d'investissement spécifiques*

Les gouvernements africains et les institutions financières peuvent encourager la création de fonds d'investissement dédiés à la diaspora. Ces fonds pourraient cibler des projets à fort impact, notamment dans les infrastructures, les énergies renouvelables, la santé ou encore l'éducation. En alignant les priorités nationales avec les aspirations de la diaspora, ces initiatives contribueraient à une transformation structurelle du continent.

### 2. Facilitation du Commerce Intra-Africain

*Un rôle de facilitateur pour la diaspora*

Grâce à leur double appartenance culturelle et économique, les membres de la diaspora africaine sont idéalement positionnés pour jouer le rôle de médiateurs dans les échanges commerciaux intra-africains. Leurs réseaux internationaux et leur connaissance approfondie des marchés étrangers en font des acteurs stratégiques pour promouvoir les produits africains et connecter les entreprises locales à de nouvelles opportunités.

*Développement de marchés pour les produits africains*

La diaspora peut également agir comme ambassadeur des produits africains sur les marchés internationaux, en soutenant leur exportation dans des secteurs comme l'artisanat, l'agriculture et les technologies émergentes. En tant qu'agents commerciaux ou distributeurs, les membres de la diaspora peuvent ouvrir de nouveaux débouchés pour les produits du continent.

### 3. Maximisation des Transferts de Fonds

*Utilisation stratégique des remises*

Avec des transferts annuels dépassant les 50 milliards de dollars, les envois de fonds de la diaspora représentent une source de financement essentielle. Cependant, ces sommes sont principalement utilisées pour des dépenses de consommation immédiate. Les gouvernements pourraient instaurer des mécanismes pour orienter une partie de ces fonds vers des projets de développement, tels que des entreprises locales ou des infrastructures communautaires.

*Réduction des coûts de transfert*

Les frais élevés associés aux transferts d'argent limitent l'impact de ces fonds sur le développement économique. En collaborant avec des fintechs et en mettant en place des solutions numériques innovantes, il est possible de réduire ces coûts, rendant ainsi les transferts plus accessibles et efficaces. Il conviendra aussi de pousser le concept de bibancarisation en encourageant les banques africaines à aller s'installer dans les pays de résidence de leurs diasporas pour pouvoir y diffuser des produits de banque universelle et de permettre la réduction des coûts des transferts d'argent vers la zone Afrique.

### 4. Mobilisation des Compétences et du Transfert de Connaissances

*Renforcement des capacités techniques*

La diaspora africaine dispose d'un vaste éventail de compétences, notamment dans les secteurs de la technologie, de la médecine, de l'ingénierie et de la finance. Ces compétences peuvent être mobilisées pour soutenir des secteurs stratégiques du continent à travers des programmes de mentorat ou des collaborations professionnelles.

*Création de réseaux professionnels*

Les réseaux professionnels de la diaspora peuvent devenir des plateformes d'échange, facilitant l'organisation de conférences, de formations et de partenariats transnationaux. Ces initiatives renforceraient le lien entre la diaspora et les talents locaux, stimulant ainsi l'innovation et le transfert de savoir-faire.

**5. Encouragement de l'entrepreneuriat et de la création d'entreprises**

*Valorisation des initiatives entrepreneuriales*

Les membres de la diaspora peuvent jouer un rôle crucial dans le développement de nouveaux modèles d'affaires sur le continent. Leur expertise internationale, combinée à leur capital, peut accélérer la création d'entreprises innovantes dans des secteurs clés comme les énergies renouvelables, les technologies de l'information et l'agro-industrie.

*Incitations gouvernementales*

Les gouvernements africains peuvent encourager l'entrepreneuriat diasporique en offrant des exonérations fiscales, des subventions spécifiques, ou encore des programmes d'accompagnement pour faciliter leur implantation.

**6. Renforcement des Infrastructures commerciales et logistiques**

*Développement d'infrastructures modernes*

La diaspora peut contribuer au financement et au développement des infrastructures logistiques nécessaires pour dynamiser le commerce intra-africain, notamment les ports, les routes et les zones industrielles.

*Création de zones économiques spéciales*

Les zones économiques spéciales, soutenues par la diaspora, offrent des opportunités pour attirer des investissements dans des industries stratégiques, facilitant ainsi la production et l'exportation.

**7. Partenariats stratégiques avec les gouvernements et institutions financières**

*Politiques inclusives pour la diaspora*

Les gouvernements africains peuvent instaurer des bureaux dédiés dans les ambassades pour mieux intégrer la diaspora dans les stratégies économiques nationales. Les forums d'investissement et les initiatives de sensibilisation renforceront ces partenariats.

*Soutien des institutions financières panafricaines*

Des entités comme la Banque africaine de Développement (BAD) peuvent jouer un rôle majeur en offrant des lignes de crédit adaptées aux projets portés par la diaspora, stimulant ainsi l'investissement.

La diaspora africaine représente un formidable levier pour la réussite de la ZLECAF et la transformation économique du continent. En mobilisant ses ressources financières, ses compétences et ses réseaux, elle peut renforcer le commerce intra-africain, stimuler l'entrepreneuriat et contribuer au développement des infrastructures. Une collaboration étroite entre les gouvernements, les institutions financières et la diaspora est essentielle pour maximiser cet impact, ouvrant la voie à une Afrique plus intégrée, prospère et compétitive.

**Quelle stratégie du Sénégal pour impliquer le secteur privé dans la ZLECAF ?**

Le Sénégal, en tant qu'acteur stratégique de l'économie ouest-africaine, se trouve à une position avantageuse pour tirer parti des opportunités offertes par la Zone de Libre-Échange continentale africaine (ZLECAF). Pour maximiser ces bénéfices, il est impératif d'élaborer une stratégie robuste et inclusive, qui place le secteur privé au cœur de l'initiative. En effet, le secteur privé, moteur de l'innovation, de la création d'emplois et de la croissance économique, doit être pleinement engagé pour garantir le succès du Sénégal dans cette nouvelle dynamique commerciale continentale.

### D. Implication des Chambres de Commerce et des organisations professionnelles sénégalaises dans la ZLECAF

Les chambres de commerce et les organisations professionnelles sénégalaises sont des acteurs pivots dans l'intégration du secteur privé à la ZLECAF. Ces institutions, en tant qu'intermédiaires entre l'État, les entreprises locales, et les partenaires internationaux, doivent jouer un rôle déterminant pour préparer et accompagner les entreprises sénégalaises à exploiter les vastes opportunités offertes par cette zone de libre-échange. Leur mission s'étend de la sensibilisation à la formation, en passant par la défense des intérêts du secteur privé dans les politiques commerciales.

#### 1. Rôle stratégique de la Chambre de Commerce, d'Industrie et d'Agriculture de Dakar (CCIAD)

La Chambre de Commerce, d'Industrie et d'Agriculture de Dakar (CCIAD) est l'une des institutions les mieux placées pour guider les entreprises sénégalaises vers une intégration réussie dans la ZLECAF. Elle peut intervenir sur plusieurs axes :

- **Promotion du commerce intra-africain :** La CCIAD doit jouer un rôle moteur dans la mise en réseau des entreprises sénégalaises avec leurs homologues africains. Cela pourrait se matérialiser par l'organisation de forums économiques continentaux, la création de partenariats public-privé, et l'établissement de plateformes numériques facilitant les échanges commerciaux. La sensibilisation sur les avantages de la ZLECAF, à travers des campagnes ciblées, des publications spécialisées, et des ateliers, doit figurer parmi ses priorités.

- **Soutien à l'exportation :** La CCIAD peut mettre en place des services dédiés pour aider les PME sénégalaises à accéder aux marchés africains. Cela inclut la création de guichets uniques pour accompagner les entreprises dans les démarches douanières, les formalités administratives, et les procédures d'exportation. Ces services doivent également inclure des études de marché, des conseils stratégiques et des solutions de financement adaptées.

- **Renforcement des compétences commerciales :** La compétitivité des entreprises sénégalaises dépend de leur préparation face aux exigences des marchés africains. La CCIAD peut organiser des formations sur les réglementations commerciales de la ZLECAF, la logistique internationale, ou encore les normes sanitaires et phytosanitaires. Ces formations doivent s'adresser particulièrement aux PME et aux entrepreneurs émergents, souvent confrontés à des obstacles structurels dans leur développement.

***Mobilisation des organisations professionnelles sectorielles***

Les fédérations professionnelles sectorielles, telles que celles de l'agriculture, des transports ou de l'artisanat, peuvent jouer un rôle complémentaire à celui de la CCIAD. Ces organisations possèdent une connaissance fine des besoins spécifiques de leurs membres et peuvent :

- **Adapter les stratégies sectorielles :** Les fédérations professionnelles peuvent collaborer avec l'État pour adapter les politiques commerciales aux réalités des différents secteurs économiques. Par exemple, dans l'agriculture, elles peuvent identifier les filières prioritaires à développer pour répondre à la demande continentale.

- **Faciliter la mise en conformité :** Les organisations professionnelles peuvent accompagner leurs membres dans la mise en conformité avec les normes internationales et continentales. Cela inclut la formation, l'accès à des certifications reconnues, et le partage de bonnes pratiques entre les acteurs.

- **Plaidoyer et défense des intérêts :** Ces structures peuvent également représenter leurs membres dans les négociations commerciales nationales et internationales, en veillant à ce que leurs préoccupations soient prises en compte.

*Renforcement des capacités des institutions d'appui au commerce*

Outre la CCIAD et les fédérations professionnelles, d'autres institutions telles que l'Agence sénégalaise de Promotion des Exportations (ASEPEX) et le Bureau de Mise à Niveau (BMN) doivent être renforcées pour :

- **Fournir un accompagnement personnalisé :** Ces agences peuvent offrir un soutien technique et financier aux entreprises désireuses d'exporter vers les marchés africains, notamment à travers des subventions pour la participation à des foires commerciales ou la modernisation des équipements de production.
- **Créer des centres d'information économique :** L'accès à des données fiables sur les marchés africains est essentiel pour les entreprises sénégalaises. Ces centres pourraient fournir des études sectorielles, des analyses de marché, et des prévisions sur les tendances commerciales.

*Encourager les partenariats public-privé pour une intégration réussie*

L'État sénégalais doit encourager des partenariats public-privé (PPP) pour mobiliser les ressources, les compétences et les réseaux nécessaires à l'intégration réussie du secteur privé dans la ZLECAF. Ces partenariats pourraient :

- **Financer des projets structurants :** Les PPP peuvent être utilisés pour développer des infrastructures logistiques, comme des zones industrielles et des hubs commerciaux, nécessaires pour faciliter les échanges commerciaux.
- **Renforcer les capacités numériques :** La création de plateformes en ligne pour connecter les entreprises sénégalaises aux marchés africains, simplifier les démarches administratives, et promouvoir les produits locaux sur le continent peut également être une priorité dans le cadre des PPP.

*Créer un environnement incitatif pour les entreprises*

Enfin, la stratégie du Sénégal doit inclure des mesures incitatives pour encourager les entreprises à participer activement à la ZLECAF, telles que :

- **Allégements fiscaux pour les exportateurs :** Des réductions d'impôts ou des crédits d'impôt pourraient être accordés aux entreprises qui s'engagent dans le commerce intra-africain.
- **Soutien financier pour l'innovation :** Encourager les entreprises à adopter des technologies modernes et à développer de nouveaux produits adaptés aux besoins des marchés africains grâce à des subventions ou des prêts à taux réduits.

En impliquant activement le secteur privé, en renforçant les capacités des institutions d'appui, et en créant un environnement favorable aux affaires, le Sénégal peut se positionner comme un leader du commerce intra-africain dans le cadre de la ZLECAF. Cette approche inclusive permettra non seulement de renforcer la compétitivité des entreprises sénégalaises, mais aussi de maximiser les retombées économiques pour le pays tout entier.

### *Les Chambres de Commerce régionales et la décentralisation des opportunités de la ZLECAF*

#### *Soutien aux PME régionales*

Les chambres de commerce régionales sont idéalement positionnées pour identifier et exploiter les spécificités économiques des différentes régions du Sénégal. Elles peuvent soutenir les entreprises locales, notamment dans des secteurs stratégiques tels que l'agro-industrie, la pêche et l'artisanat, en leur fournissant un accompagnement adapté pour renforcer leur compétitivité sur les marchés africains.

- **Valorisation des potentiels locaux :** Ces chambres doivent mener des études pour identifier les secteurs porteurs dans chaque région et organiser des programmes d'appui spécifiques. Par exemple, la promotion des produits agricoles transformés ou des textiles artisanaux pourrait ouvrir de nouveaux débouchés sur les marchés de la CEDEAO.
- **Appui à la compétitivité :** En collaboration avec des partenaires publics et privés, elles peuvent organiser des formations, des ateliers et des campagnes de sensibilisation pour aider les PME régionales à améliorer leurs standards de qualité et à se conformer aux normes requises pour l'exportation.

#### *Développement des filières locales*

Les chambres de commerce régionales ont un rôle essentiel à jouer dans le développement de filières d'exportation robustes et la création de clusters industriels.

- **Création de clusters sectoriels :** La mise en place de pôles d'excellence régionaux dans des secteurs comme l'agriculture, l'élevage ou les énergies renouvelables peut favoriser l'intégration des entreprises locales dans des chaînes de valeur régionales.
- **Exportations régionales ciblées :** Par exemple, un cluster axé sur la production et la transformation de produits agricoles dans la vallée du fleuve Sénégal pourrait stimuler les échanges avec les pays voisins, renforçant ainsi les exportations intra-africaines.

***Les organisations professionnelles comme acteurs de l'intégration sectorielle***

***Fédérations sectorielles***

Les fédérations professionnelles ont un rôle clé dans l'accompagnement des entreprises de leur secteur vers une meilleure compréhension et utilisation des opportunités offertes par la ZLECAF.

- **Plans d'action sectoriels :** Ces organisations peuvent élaborer des stratégies pour positionner leurs membres dans des niches spécifiques du marché continental.
- **Promotion de l'expertise locale :** Elles doivent valoriser les savoir-faire sénégalais dans des secteurs comme le tourisme, les technologies de l'information ou les industries culturelles.

***Comités consultatifs sectoriels***

En partenariat avec le gouvernement, les organisations professionnelles peuvent former des comités consultatifs qui défendent les intérêts de leurs secteurs respectifs dans les négociations commerciales.

- **Conseil stratégique :** Ces comités peuvent fournir des recommandations sur les régulations commerciales, les barrières non tarifaires, et les politiques d'investissement sectorielles.

***Accès à l'information et soutien technique***

***Soutien en intelligence économique***

Les chambres de commerce et les organisations professionnelles doivent devenir des centres de veille stratégique pour fournir aux entreprises des données fiables sur les marchés africains.

- **Études de marché :** Diffuser des analyses sectorielles et des informations sur les conditions commerciales des différents pays membres de la ZLECAF.

- **Anticipation des tendances :** Aider les entreprises à identifier les secteurs en croissance et les nouvelles opportunités d'exportation.

*Assistance technique*

En complément de l'information, il est crucial d'offrir un soutien concret pour permettre aux entreprises de respecter les normes commerciales internationales.

- **Accompagnement en certifications :** Aider les entreprises à obtenir des certifications de qualité.
- **Conformité logistique :** Proposer des solutions pour améliorer les chaînes d'approvisionnement, notamment pour les produits périssables.

***Faciliter les partenariats intra-africains***

***Missions commerciales et forums d'affaires***

L'organisation de missions commerciales et de forums régionaux permet de créer des opportunités de réseautage pour les entreprises sénégalaises.

- **Échanges commerciaux :** Les missions commerciales dans d'autres pays africains permettent d'identifier des partenaires potentiels et de mieux comprendre les besoins des marchés régionaux.
- **Réseaux stratégiques :** Les forums offrent un espace pour établir des alliances commerciales solides.

***Encourager les joint-ventures***

Grâce à leur réseau, les chambres de commerce peuvent favoriser la création de joint-ventures entre entreprises sénégalaises et africaines, ouvrant ainsi de nouveaux marchés.

***Plaidoyer pour les réformes commerciales et fiscales***

***Intermédiation auprès des autorités***

Les chambres de commerce et les organisations professionnelles doivent représenter les intérêts du secteur privé dans l'élaboration des réformes liées à la ZLECAF.

- **Simplification des procédures douanières :** Plaider pour une réduction des barrières administratives.
- **Réformes fiscales :** Proposer des incitations fiscales pour encourager les exportations et les investissements.

***Promouvoir l'inclusivité et l'accès des PME aux marchés africains***

**Accompagnement des PME**

Les chambres de commerce doivent concevoir des programmes dédiés pour soutenir les PME dans leur intégration au commerce intra-africain.

- **Financements :** Faciliter l'accès au crédit pour les petites entreprises.
- **Digitalisation :** Promouvoir l'utilisation des outils numériques pour renforcer leur compétitivité.

***Inclusion du Secteur informel dans la Dynamique commerciale***

***Transition vers le formel***

Le secteur informel, qui représente une grande partie de l'économie sénégalaise, doit être intégré dans le cadre formel pour profiter des opportunités offertes par la ZLECAF.

- **Campagnes de sensibilisation :** Informer les entrepreneurs des avantages de la formalisation.
- **Soutien ciblé :** Offrir des programmes spécifiques aux jeunes entrepreneurs et aux femmes pour les aider à accéder aux marchés régionaux.

Les chambres de commerce régionales et les organisations professionnelles jouent un rôle fondamental pour maximiser les bénéfices de la ZLECAF au Sénégal. En promouvant l'accès à l'information, en soutenant la formation de partenariats, et en plaidant pour des réformes adaptées, elles peuvent renforcer la compétitivité des entreprises sénégalaises, encourager l'inclusivité économique, et contribuer à une croissance durable et équitable. Ces institutions doivent être des moteurs de transformation pour permettre au Sénégal de s'imposer comme un acteur clé dans le commerce intra-africain.

**E. Collaboration public-privé : un catalyseur pour l'investissement et la compétitivité**

La collaboration public-privé (PPP) s'affirme comme une stratégie incontournable pour stimuler les investissements et améliorer la compétitivité des entreprises locales dans le cadre de la Zone de Libre-Échange continentale africaine (ZLECAF). En mariant les ressources et l'expertise du secteur privé avec le cadre institutionnel et les politiques publiques, cette synergie crée un environnement propice à la croissance économique, à l'innovation et à l'intégration régionale. Pour le Sénégal, les PPP représentent une opportunité cruciale pour bâtir des infrastructures modernes, renforcer les capacités des entreprises locales et attirer des investissements directs étrangers (IDE), tout en intégrant les chaînes de valeur continentales.

**1. Développement des infrastructures commerciales et industrielles**

*Infrastructures de transport et logistique*

Les infrastructures sont au cœur de la compétitivité des entreprises sénégalaises. Les PPP permettent au gouvernement de partager les coûts et les risques liés au développement de ports, de routes, de zones industrielles et de centres logistiques. Ces investissements améliorent l'accès des entreprises aux marchés intra-africains et internationaux, réduisent les coûts logistiques et augmentent leur capacité d'exportation.

*Zones économiques spéciales (ZES)*

En partenariat avec des investisseurs privés, le développement des ZES peut attirer des IDE tout en offrant aux entreprises locales des incitations fiscales, des infrastructures modernes et un environnement propice à la production et à l'exportation. Ces ZES pourraient devenir des pôles d'excellence pour des secteurs stratégiques tels que l'agro-industrie, le textile, et les technologies de l'information.

**2. Stimulation des investissements directs étrangers (IDE)**

*Création d'un environnement attractif*

Les PPP sont un levier pour améliorer le climat des affaires en simplifiant les procédures administratives, en garantissant la protection des investissements et en offrant des incitations fiscales. Les zones franches et les parcs industriels créés grâce aux PPP attirent des multinationales cherchant à profiter de la ZLECAF pour accéder aux marchés continentaux.

*Promotion des secteurs stratégiques*

La coopération public-privé permet de canaliser les efforts vers des secteurs prioritaires comme les énergies renouvelables, les technologies de l'information et l'agro-industrie. Les investisseurs privés peuvent être séduits par des fonds mixtes, des garanties gouvernementales et des mécanismes de financement innovants, tout en collaborant avec des entreprises locales.

### 3. Soutien à l'innovation et à la transformation numérique

*Accélération de la transformation numérique*

Les PPP peuvent développer des infrastructures numériques, notamment l'accès à la bande passante haut débit et les solutions fintech. Ces outils numériques renforcent la compétitivité des entreprises locales en facilitant leur connexion aux marchés continentaux et mondiaux.

*Clusters technologiques et incubateurs*

En collaboration avec le secteur privé, le gouvernement peut établir des clusters technologiques et des incubateurs de start-ups dans des domaines clés comme les biotechnologies ou l'intelligence artificielle. Ces initiatives encourageraient l'innovation et permettraient à de nouvelles entreprises de se positionner sur les marchés régionaux.

### 4. Renforcement des capacités des PME

*Formation et compétences*

Les PPP peuvent créer des programmes de formation axés sur les normes internationales, la gestion des exportations, et les compétences numériques. Ces initiatives aident les PME à se professionnaliser et à devenir des acteurs compétitifs sur les marchés régionaux.

*Accès au financement*

Les PPP permettent de proposer des mécanismes financiers innovants, tels que des fonds de capital-risque ou des prêts à taux réduit, pour soutenir les PME. Cela leur offre les ressources nécessaires pour investir dans l'innovation, augmenter leur productivité et s'intégrer dans les chaînes de valeur régionales.

### 5. Amélioration du climat des affaires

*Réformes réglementaires*

Les PPP servent de plateforme pour identifier et mettre en œuvre des réformes visant à simplifier les procédures administratives et à réduire la bureaucratie. Ces efforts incluent la réforme fiscale, la création d'entreprises simplifiée et l'amélioration des processus d'exportation.

*Renforcement de la gouvernance*

Les partenariats permettent d'améliorer la transparence des contrats publics et de promouvoir des mécanismes efficaces pour résoudre les litiges commerciaux. Une gouvernance renforcée est essentielle pour attirer les investisseurs et instaurer un climat de confiance.

### 6. Développement des énergies renouvelables

*Projets énergétiques durables*

Les PPP permettent de financer des projets dans les énergies renouvelables, tels que les centrales solaires et les parcs éoliens. Ces infrastructures garantissent un accès fiable à l'énergie, réduisent les coûts pour les entreprises et renforcent leur compétitivité.

*Transition énergétique*

Les entreprises sénégalaises, notamment dans l'industrie et l'agriculture, peuvent bénéficier de financements verts pour adopter des technologies respectueuses de l'environnement, réduisant leur empreinte carbone et répondant aux exigences des marchés internationaux.

### 7. Promotion des exportations et des chaînes de valeur régionales

*Faciliter l'accès aux marchés*

Les PPP peuvent fournir aux entreprises locales les infrastructures logistiques, les certifications et les services de conformité nécessaires pour accéder aux marchés continentaux et internationaux.

*Intégration dans les chaînes de valeur*

En favorisant la transformation locale des matières premières et en développant des clusters sectoriels, les PPP renforcent l'intégration des entreprises sénégalaises dans les réseaux de production continentaux. Cela stimule l'économie locale tout en réduisant la dépendance aux importations.

La collaboration public-privé se positionne comme une clé de voûte pour le développement économique du Sénégal, en particulier dans le contexte de la ZLECAF. En combinant l'expertise et les ressources des secteurs public et privé, ces partenariats offrent des solutions concrètes pour moderniser les infrastructures, renforcer l'innovation, améliorer les capacités des entreprises locales et attirer des IDE. Cette dynamique permettra au Sénégal de devenir un acteur majeur dans l'intégration économique africaine, tout en créant un environnement propice à une croissance durable et inclusive.

# CHAPITRE 14

## Renforcer la capacité de résilience économique de l'Afrique

### A. Faire face aux crises économiques mondiales : pandémies, guerres commerciales, etc.

L'Afrique, bien qu'elle se développe et s'intègre progressivement dans l'économie mondiale, reste fortement vulnérable aux crises d'envergure mondiale. Qu'il s'agisse de pandémies, de guerres commerciales, de catastrophes climatiques ou de crises géopolitiques, ces événements mettent à rude épreuve les structures économiques du continent. Les effets de ces crises sont multiples : ralentissement de la croissance, désorganisation des chaînes d'approvisionnement, hausse des inégalités et fragilisation des acquis en matière de développement durable. Pour surmonter ces défis, il est impératif de bâtir une économie africaine plus résiliente, capable non seulement d'absorber les chocs externes, mais aussi de rebondir et de se réinventer dans un contexte mondial en perpétuelle mutation.

#### 1. Réponse aux pandémies et crises sanitaires

***Les Leçons tirées de la pandémie de COVID-19***

La pandémie de COVID-19 a mis en lumière les faiblesses structurelles des économies africaines face aux crises sanitaires mondiales. Fermeture des frontières, interruption des chaînes d'approvisionnement internationales, chute brutale des exportations de matières premières et baisse des investissements directs étrangers ont exacerbé les fragilités économiques du continent. En revanche, cette crise a également souligné l'importance d'une coopération régionale et d'une mobilisation coordonnée des ressources pour surmonter les défis sanitaires et économiques.

- **Défis rencontrés :** La dépendance excessive à l'importation de biens essentiels, notamment les équipements médicaux et pharmaceutiques, a amplifié les effets de la crise. L'absence de mécanismes robustes pour maintenir le commerce des biens essentiels a également exacerbé les pénuries et augmenté les coûts pour les populations les plus vulnérables.

- **Enseignements :** Il est désormais évident que la résilience économique passe par l'autosuffisance dans des secteurs stratégiques, en particulier celui de la santé. Les pays africains doivent investir dans la production locale de médicaments, de vaccins et d'équipements médicaux, tout en renforçant les infrastructures sanitaires.

***Renforcement des systèmes de santé***

Le système de santé est la première ligne de défense contre les crises sanitaires. Les gouvernements africains doivent donc entreprendre des réformes ambitieuses pour améliorer leur capacité à répondre efficacement aux pandémies futures.

- **Investissements dans les infrastructures sanitaires :** construire et moderniser les hôpitaux, améliorer les centres de santé de proximité et renforcer les laboratoires nationaux de recherche et de diagnostic.
- **Amélioration de l'accès aux soins et aux vaccins :** assurer une couverture sanitaire universelle en rendant les soins et les traitements accessibles à toutes les couches de la population, notamment dans les zones rurales et marginalisées.
- **Production locale de médicaments et vaccins :** encourager les partenariats public-privé pour développer une industrie pharmaceutique africaine compétitive. Cela inclut la fabrication de vaccins et de médicaments génériques pour répondre aux besoins nationaux et régionaux.

***Coopération régionale pour la gestion des pandémies***

La Zone de Libre-Échange continentale africaine (ZLECAF) constitue une opportunité majeure pour harmoniser les efforts de gestion des crises sanitaires à l'échelle régionale.

- **Mise en place de protocoles communs :** Élaborer des lignes directrices pour garantir le maintien des flux commerciaux essentiels en période de crise, tout en protégeant la santé publique.
- **Création de stocks stratégiques régionaux :** Développer des entrepôts régionaux pour stocker des biens essentiels, tels que des denrées alimentaires, des équipements médicaux et des produits pharmaceutiques, afin d'éviter les pénuries pendant les crises.
- **Partage des connaissances et des ressources :** Promouvoir la coopération scientifique entre les pays africains pour développer des solutions innovantes, renforcer les capacités de surveillance épidémiologique et améliorer la coordination des réponses aux pandémies.

## 2. Faire face aux guerres commerciales et instabilités géopolitiques

### *Réduction de la dépendance aux marchés externes*

Les guerres commerciales et les tensions géopolitiques internationales, telles que les conflits entre grandes puissances économiques, peuvent perturber les exportations africaines et réduire les flux d'investissements étrangers. Pour limiter leur vulnérabilité, les économies africaines doivent :

- **Diversifier leurs partenaires commerciaux :** Établir des relations commerciales solides avec des régions émergentes tout en renforçant les échanges intra-africains via la ZLECAF.
- **Stimuler la production locale :** Encourager la transformation locale des matières premières pour réduire la dépendance aux marchés internationaux et augmenter la valeur ajoutée des exportations.

### *Investissements dans les infrastructures régionales*

Les infrastructures de transport, d'énergie et de communication jouent un rôle clé dans la résilience économique face aux crises internationales. En développant des corridors logistiques régionaux et des infrastructures transfrontalières, les pays africains peuvent mieux absorber les chocs économiques globaux.

### *Harmonisation des politiques régionales*

Une réponse coordonnée est essentielle pour surmonter les crises mondiales. Les pays africains doivent harmoniser leurs politiques économiques et commerciales pour réduire les disparités et maximiser les bénéfices de leur coopération.

### *Vers une résilience durable*

Face à un monde de plus en plus instable, l'Afrique ne peut pas se permettre de rester spectatrice des crises mondiales. Renforcer la résilience économique du continent passe par une intégration régionale accrue, des investissements dans des secteurs stratégiques, et une coopération sans précédent pour anticiper et répondre efficacement aux crises futures. Ce faisant, l'Afrique pourra non seulement surmonter les défis, mais aussi transformer ces crises en opportunités pour bâtir un avenir plus robuste et prospère.

### 3. Renforcer la souveraineté alimentaire et énergétique : un impératif stratégique pour l'Afrique

***Souveraineté alimentaire : bâtir une résilience durable***

Face aux crises mondiales, l'Afrique reste particulièrement vulnérable aux perturbations de l'approvisionnement en denrées alimentaires, aux flambées des prix, et aux risques de pénuries. Cette situation met en lumière l'urgence de renforcer la souveraineté alimentaire en investissant dans des systèmes agricoles robustes et durables, capables de garantir une sécurité alimentaire à long terme.

1. **Développer une agriculture durable et résiliente :** les gouvernements africains doivent mettre en œuvre des politiques visant à moderniser le secteur agricole, qui demeure majoritairement dépendant de techniques traditionnelles. Cela inclut l'investissement dans des technologies agricoles innovantes, telles que l'irrigation goutte-à-goutte, les semences résilientes, et les outils de mécanisation adaptés aux petits exploitants. En outre, il est essentiel de promouvoir des pratiques agricoles durables, comme l'agroécologie, pour préserver les sols, limiter l'impact environnemental, et augmenter les rendements.

2. **Favoriser la transformation locale des produits agricoles :** une grande partie des produits agricoles africains est exportée à l'état brut, privant le continent des bénéfices économiques liés à la valeur ajoutée. Encourager la création d'unités locales de transformation agroalimentaire permettra non seulement de stimuler l'industrialisation, mais aussi de créer des emplois, de réduire les pertes post-récolte, et de garantir une meilleure accessibilité aux produits alimentaires transformés. Cela contribuera à réduire la dépendance aux importations alimentaires et à renforcer les économies locales.

3. **Améliorer les infrastructures et les chaînes de valeur :** la souveraineté alimentaire passe également par le développement d'infrastructures logistiques efficaces, telles que les routes rurales, les centres de stockage modernes, et les systèmes de distribution. Ces investissements faciliteront l'accès des producteurs aux marchés, limiteront les pertes liées au transport, et renforceront l'intégration des chaînes de valeur agricoles à l'échelle continentale.

***Transition énergétique : bâtir l'indépendance énergétique***

La dépendance énergétique de l'Afrique, en particulier vis-à-vis des importations de pétrole et de gaz, expose le continent aux aléas des fluctuations des prix mondiaux et fragilise sa résilience économique.

Une transition énergétique ambitieuse vers des sources locales et renouvelables est indispensable pour sécuriser l'avenir énergétique de l'Afrique et renforcer sa compétitivité mondiale.

1. **Investir dans les énergies renouvelables :** le potentiel de l'Afrique en matière d'énergies renouvelables est immense. Le solaire, l'éolien, et l'hydroélectricité représentent des alternatives viables pour réduire la dépendance aux combustibles fossiles. Les gouvernements doivent créer des cadres politiques incitatifs pour attirer les investissements dans ces secteurs, tout en soutenant la recherche et le développement pour adapter les technologies aux besoins locaux.

2. **Encourager les initiatives communautaires :** le développement de solutions énergétiques décentralisées, telles que les mini-réseaux solaires dans les zones rurales, peut transformer l'accès à l'énergie pour des millions de personnes. Ces initiatives réduisent les inégalités énergétiques et soutiennent les petites entreprises locales, stimulant ainsi le développement économique à la base.

3. **Diversifier le mix énergétique :** en diversifiant les sources d'énergie, les économies africaines peuvent mieux résister aux chocs externes et garantir une stabilité énergétique. L'exploitation responsable des ressources naturelles, comme le gaz naturel ou la biomasse, combinée à un recours accru aux énergies renouvelables, permettra de construire un système énergétique résilient et durable.

4. **Intégrer les infrastructures énergétiques régionales :** une meilleure intégration des réseaux électriques régionaux permettra aux pays africains de mutualiser leurs ressources énergétiques, d'échanger de l'énergie excédentaire, et d'améliorer l'efficacité globale des systèmes énergétiques. Ces coopérations renforceront également la sécurité énergétique du continent.

***Un double levier pour la résilience africaine***

La souveraineté alimentaire et énergétique est un pilier stratégique pour réduire la vulnérabilité de l'Afrique face aux crises mondiales. En investissant dans une agriculture durable et des solutions énergétiques locales, le continent peut non seulement renforcer sa résilience économique, mais également jeter les bases d'un développement inclusif et durable. Ces efforts, combinés à des politiques publiques cohérentes et à des partenariats efficaces avec le secteur privé, permettront de transformer ces défis en opportunités pour l'Afrique de demain.

### 4. Renforcer les Capacités productives locales

Pour garantir une croissance économique durable et résiliente, l'Afrique doit impérativement renforcer ses capacités productives locales. Ce renforcement passe par une industrialisation stratégique, une diversification économique et un soutien accru aux petites et moyennes entreprises (PME), véritables piliers de l'économie locale.

***Industrialisation et diversification des économies : une priorité incontournable***

Une économie diversifiée se distingue par sa capacité à résister aux fluctuations des marchés mondiaux et aux chocs externes. En Afrique, où de nombreux pays restent fortement dépendants de l'exportation de matières premières, la nécessité de transformer ces ressources localement est cruciale.

**Stratégies à adopter :**

- **Investissements dans les secteurs manufacturiers :** Les pays africains doivent accélérer leur industrialisation en développant des secteurs manufacturiers robustes. Cela inclut la construction d'usines de transformation pour ajouter de la valeur aux matières premières locales, telles que les produits agricoles, miniers ou halieutiques. Cette transformation locale favorise la création d'emplois, augmente les revenus fiscaux et réduit la dépendance aux importations.
- **Développement de clusters industriels :** La création de zones économiques spéciales et de clusters industriels permet de regrouper des entreprises complémentaires, encourageant ainsi l'innovation et les économies d'échelle. Ces écosystèmes favorisent la collaboration entre entreprises locales et étrangères, renforçant ainsi leur compétitivité sur les marchés mondiaux.
- **Exportations de produits à forte valeur ajoutée :** Pour s'imposer sur les marchés internationaux, les pays africains doivent se concentrer sur des produits à forte valeur ajoutée plutôt que sur des matières premières brutes. Cela passe par la promotion des industries locales capables de produire des biens de consommation compétitifs, des technologies modernes, et des services innovants.

***Encourager les PME locales : moteurs de la résilience économique***

Les petites et moyennes entreprises représentent le cœur battant des économies africaines, jouant un rôle central dans la création d'emplois et la stimulation de l'innovation. Cependant, elles font face à des défis persistants, notamment un accès limité au financement, aux infrastructures et aux marchés.

**Axes de renforcement :**

- **Faciliter l'accès au financement :** Les gouvernements doivent mettre en place des mécanismes financiers adaptés pour soutenir les PME, tels que des fonds de garantie, des taux d'intérêt préférentiels, ou des programmes de microfinance. En outre, les partenariats avec des institutions internationales peuvent permettre de mobiliser des capitaux supplémentaires pour financer les entrepreneurs locaux.
- **Renforcer l'accès aux marchés :** Les PME doivent être intégrées dans les chaînes de valeur régionales et internationales. Cela implique d'améliorer leur compétitivité grâce à des formations, à la modernisation des équipements et à des initiatives de mentorat avec de grandes entreprises. En parallèle, les gouvernements peuvent établir des plateformes numériques et des foires commerciales pour connecter les PME aux acheteurs locaux et étrangers.
- **Améliorer les infrastructures :** Les infrastructures de transport, d'énergie et de télécommunications sont essentielles pour permettre aux PME d'opérer efficacement. Les investissements dans ces infrastructures, particulièrement dans les zones rurales, peuvent transformer des régions entières en hubs économiques dynamiques.

**Bénéfices attendus :**

1. **Création d'emplois :** L'industrialisation et le soutien aux PME favorisent la création de millions d'emplois formels, réduisant ainsi le chômage, en particulier chez les jeunes et les femmes.
2. **Augmentation des revenus nationaux :** La transformation locale des matières premières et le développement des exportations de produits finis augmentent les recettes fiscales et les devises étrangères.
3. **Renforcement de la résilience économique :** Une économie diversifiée et une base productive élargie permettent de mieux absorber les chocs externes, tout en stimulant une croissance inclusive et durable.

En résumé, le renforcement des capacités productives locales est un impératif pour libérer le potentiel économique de l'Afrique. En misant sur une industrialisation soutenue, une diversification des secteurs économiques et un soutien stratégique aux PME, les pays africains peuvent poser les bases d'un développement durable, inclusif et résilient.

**5. Renforcement des institutions financières et adaptation des politiques fiscales**

La résilience économique de l'Afrique dépend en grande partie de la robustesse de ses institutions financières et de la pertinence de ses politiques fiscales. Ces deux leviers, lorsqu'ils sont correctement alignés, permettent de mieux anticiper et amortir les chocs économiques tout en soutenant la croissance à long terme. Cependant, pour que ces mécanismes soient véritablement efficaces, une approche intégrée et ambitieuse est nécessaire, à la fois au niveau national et régional.

***Renforcer les mécanismes financiers régionaux***

Les institutions financières régionales, telles que la Banque africaine de Développement (BAD) ou la Banque africaine d'Import-Export (Afreximbank), sont des acteurs clés dans la structuration économique du continent. Leur rôle peut être élargi et renforcé pour permettre aux pays africains de faire face aux crises économiques et financières avec davantage de résilience.

- **Lignes de crédit d'urgence :** La création de dispositifs de financement rapide et accessible est cruciale pour permettre aux gouvernements de répondre aux urgences économiques, qu'il s'agisse de catastrophes naturelles, de crises sanitaires, ou de perturbations des marchés mondiaux. Ces lignes de crédit d'urgence pourraient être mises à disposition des États pour maintenir leurs budgets sociaux et leurs infrastructures stratégiques en période de crise.

- **Fonds de soutien aux entreprises :** Les entreprises, en particulier les PME, sont souvent les premières touchées par les crises économiques. Les institutions financières régionales pourraient déployer des fonds dédiés pour soutenir ces entreprises, que ce soit par des prêts à faible taux d'intérêt, des subventions ciblées, ou des garanties pour l'accès au crédit. Ce soutien est essentiel pour préserver les emplois et la dynamique économique locale.

- **Programmes de relance économique :** En collaboration avec les gouvernements nationaux, ces institutions peuvent concevoir des plans de relance économique visant à stimuler les secteurs stratégiques, tels que l'agro-industrie, les énergies renouvelables, et les technologies numériques. Ces programmes doivent être axés sur l'investissement dans des projets à fort impact socio-économique pour accélérer la reprise après une crise.

### *Adapter les politiques fiscales pour une gestion contracyclique*

Les politiques fiscales constituent un outil puissant pour amortir les effets des cycles économiques mondiaux sur les économies africaines. En adoptant des approches flexibles et adaptées aux contextes locaux, les gouvernements africains peuvent stabiliser leurs économies tout en maintenant un niveau d'investissement stratégique.

- **Fiscalité contracyclique :** Les gouvernements doivent adopter des politiques fiscales contracycliques, en augmentant les dépenses publiques et en réduisant certaines taxes pendant les périodes de ralentissement économique pour stimuler la demande intérieure. À l'inverse, en période de forte croissance, des mesures d'austérité modérées pourraient être appliquées pour constituer des réserves budgétaires.
- **Incitations fiscales pour les secteurs stratégiques :** Pendant les crises, les secteurs essentiels tels que l'agriculture, la santé, ou l'industrie manufacturière doivent bénéficier d'incitations fiscales ciblées, comme des réductions d'impôts ou des crédits d'investissement. Ces mesures permettent de renforcer leur résilience et de garantir leur contribution continue à l'économie.
- **Création de fonds de stabilisation :** Les gouvernements africains devraient créer des fonds de stabilisation, alimentés par les excédents budgétaires générés en période de croissance économique. Ces fonds seraient utilisés pour maintenir les investissements publics dans les infrastructures et les services essentiels en période de crise, évitant ainsi des coupes budgétaires abruptes qui pourraient aggraver la récession.

### *Une approche intégrée et collaborative*

Le renforcement des institutions financières et l'ajustement des politiques fiscales doivent s'inscrire dans une dynamique de collaboration entre les différents acteurs de la gouvernance économique en Afrique. Les institutions régionales doivent travailler main dans la main avec les gouvernements nationaux, le secteur privé, et les partenaires internationaux pour bâtir une architecture financière et fiscale solide. Cette synergie permettra de mieux anticiper les crises, de soutenir les économies locales, et de garantir une reprise rapide et durable.

En conjuguant la puissance des mécanismes financiers régionaux à des politiques fiscales adaptées, l'Afrique peut transformer ses défis économiques en opportunités et construire un modèle de résilience économique inspirant.

### 6. Adopter des Politiques commerciales flexibles

Dans un monde marqué par des crises commerciales de plus en plus fréquentes et complexes, les pays africains doivent développer des politiques commerciales capables de s'adapter rapidement aux bouleversements internationaux. La flexibilité et la résilience des accords commerciaux et des infrastructures logistiques sont essentielles pour atténuer les impacts négatifs de ces crises, tout en préservant les chaînes d'approvisionnement et la ***compétitivité économique.***

#### *Flexibilité des accords commerciaux : anticiper et réagir efficacement*

L'intégration économique dans le cadre de la Zone de Libre-Échange continentale africaine (ZLECAF) offre une opportunité unique pour les pays africains de concevoir des accords commerciaux qui privilégient la flexibilité face aux fluctuations du commerce mondial. Cette adaptabilité pourrait se matérialiser par plusieurs mécanismes innovants :

- **Révision temporaire des tarifs douaniers :** En période de crise, il peut être nécessaire de réduire, voire de supprimer temporairement, les tarifs douaniers sur des produits essentiels tels que les denrées alimentaires, les équipements médicaux, ou les intrants industriels critiques. Cela permettrait de garantir la disponibilité de ces produits sur les marchés locaux, de stabiliser les prix, et de soutenir les populations et les industries les plus vulnérables.
- **Adaptation des quotas d'importation et d'exportation :** Les quotas d'importation et d'exportation pourraient être ajustés de manière ciblée pour répondre aux besoins spécifiques des industries locales. Par exemple, en augmentant les quotas d'importation de matières premières en cas de pénurie ou en priorisant l'exportation de produits stratégiques pour générer des devises, les pays peuvent mieux gérer les crises tout en soutenant leurs secteurs économiques clés.
- **Accords commerciaux d'urgence :** La mise en place de clauses spécifiques dans les accords commerciaux régionaux, permettant une réaction rapide aux crises, renforcerait la résilience des économies africaines. Ces clauses pourraient inclure des mécanismes de consultation accélérée entre les États membres pour coordonner des réponses adaptées, telles que la facilitation des échanges transfrontaliers ou l'instauration de mesures exceptionnelles pour les secteurs stratégiques.

***Facilitation du commerce et infrastructures logistiques : maintenir la fluidité en période de crise***

Pour que les politiques commerciales flexibles soient pleinement efficaces, elles doivent s'appuyer sur des infrastructures et des systèmes logistiques robustes, capables de résister aux perturbations. L'amélioration de la facilitation du commerce, notamment par l'adoption de technologies numériques et d'infrastructures modernes, constitue une priorité stratégique :

- **Digitalisation des processus commerciaux :** Les pays africains doivent investir massivement dans des systèmes numériques pour moderniser les échanges. La mise en place de guichets uniques douaniers, par exemple, permettrait de simplifier et d'accélérer les procédures administratives, réduisant ainsi les délais et les coûts associés au commerce. Ces plateformes numériques favoriseraient également une meilleure transparence et une traçabilité accrue des flux commerciaux, essentiels en temps de crise.
- **Renforcement des chaînes d'approvisionnement :** Le développement d'infrastructures logistiques performantes, telles que des centres de stockage modernes, des corridors de transport transfrontaliers, et des hubs logistiques régionaux, est crucial pour minimiser les perturbations. Ces infrastructures doivent être conçues pour répondre rapidement aux besoins en cas de crise, notamment en facilitant la distribution des produits critiques aux zones les plus affectées.
- **Collaboration régionale pour la logistique :** Une coordination renforcée entre les pays africains dans la gestion des infrastructures logistiques transfrontalières est indispensable. Par exemple, des partenariats régionaux pourraient être établis pour garantir l'ouverture et le fonctionnement continu des corridors commerciaux stratégiques pendant les crises, en priorisant le transport des biens essentiels.

***Vers une résilience commerciale accrue***

Adopter des politiques commerciales flexibles et investir dans des infrastructures logistiques modernes est essentiel pour permettre aux pays africains de mieux répondre aux crises commerciales mondiales. Une telle approche renforce non seulement la résilience des économies africaines face aux chocs extérieurs, mais favorise également leur intégration dans les chaînes de valeur régionales et mondiales. En capitalisant sur la ZLECAF et en adoptant des solutions innovantes, les pays africains peuvent transformer les défis en opportunités et garantir un développement économique durable, même dans un contexte international instable.

### 7. Développer des Capacités de Prévision et de Réponse aux Crises

Face à la volatilité de l'économie mondiale, marquée par des pandémies, des conflits géopolitiques, ou encore des guerres commerciales, l'Afrique doit impérativement renforcer sa résilience économique. Cela exige une anticipation accrue des chocs globaux et une capacité d'adaptation rapide à travers des stratégies de prévision robustes et des plans d'urgence bien définis. En adoptant une gouvernance proactive, les pays africains pourront non seulement minimiser les impacts des crises, mais également saisir les opportunités qui émergent dans ces contextes.

***Renforcement des systèmes de prévision économique***

- **Centres d'analyse et de veille économique :** Les gouvernements africains doivent investir dans la création de centres dédiés à l'analyse et à la prévision économique. Ces structures auront pour mission de surveiller en temps réel les tendances économiques mondiales, comme les fluctuations des prix des matières premières, les changements climatiques, ou encore les perturbations des chaînes d'approvisionnement. En développant des modèles de prévision avancés, ces centres permettront d'anticiper les impacts des crises sur les économies nationales et régionales, et de proposer des mesures correctives adaptées.
- **Collaboration régionale :** La coopération entre les pays africains dans le cadre d'initiatives régionales comme la Zone de Libre-Échange continentale africaine (ZLECAF) est cruciale. Des plateformes communes de veille économique et de partage d'informations peuvent renforcer la capacité collective du continent à anticiper les crises mondiales et à coordonner des réponses harmonisées.

***Élaboration de plans de réponse d'urgence***

- **Plans nationaux de résilience économique :** Chaque pays doit disposer d'un cadre clair pour réagir efficacement en cas de crise. Ces plans doivent inclure des mesures concrètes de soutien aux secteurs économiques les plus vulnérables, comme des subventions temporaires, des exonérations fiscales, ou des lignes de crédit spéciales pour les petites et moyennes entreprises. L'objectif est de maintenir les activités économiques critiques et d'éviter les effondrements sectoriels.

- **Programmes de protection sociale :** En période de crise, les populations vulnérables, souvent les premières affectées par les perturbations économiques, nécessitent une attention particulière. Les gouvernements doivent mettre en place des filets de sécurité sociale, tels que des transferts monétaires, des subventions alimentaires, et des programmes de soutien au logement, pour protéger les plus démunis des effets des crises.
- **Stabilisation des prix :** Des mécanismes efficaces de contrôle et de régulation des prix sont essentiels pour éviter les flambées des coûts des produits de première nécessité, comme les denrées alimentaires et les carburants, en période de crise. Cela pourrait inclure la constitution de réserves stratégiques, des politiques de subvention ciblées, ou encore des accords régionaux pour garantir un approvisionnement stable.

***Un cadre global pour une résilience accrue***

L'Afrique doit également travailler à long terme pour renforcer ses fondations économiques et réduire sa vulnérabilité face aux chocs extérieurs :

- **Diversification économique :** Les économies africaines doivent réduire leur dépendance excessive à quelques secteurs, comme les matières premières, en développant des industries manufacturières, des services numériques, et des chaînes de valeur agricoles régionales.
- **Souveraineté alimentaire et énergétique :** L'investissement dans l'agriculture durable et les énergies renouvelables permettra de garantir une autosuffisance alimentaire et énergétique, réduisant ainsi la dépendance du continent aux importations mondiales et ses vulnérabilités face aux perturbations des marchés internationaux.
- **Solidité des institutions financières :** Des institutions financières robustes, accompagnées de mécanismes de régulation transparents, sont indispensables pour absorber les chocs économiques, stabiliser les marchés financiers, et offrir un soutien ciblé aux entreprises et aux ménages en temps de crise.

***Vision pour l'avenir***

En intégrant ces approches, l'Afrique peut non seulement se prémunir contre les crises économiques mondiales, mais aussi se positionner comme un acteur clé dans l'économie globale. La capacité à prévoir, à répondre rapidement et à s'adapter aux perturbations économiques deviendra un atout stratégique. Grâce à une gouvernance proactive, des partenariats internationaux stratégiques, et une intégration renforcée des chaînes de valeur régionales, le continent sera mieux armé pour naviguer dans un monde en perpétuelle mutation, tout en garantissant une croissance inclusive et durable.

### B. Renforcer la Souveraineté alimentaire et énergétique pour une Résilience accrue en Afrique

Face aux crises économiques mondiales, aux chocs externes et aux bouleversements climatiques, l'Afrique se trouve à un tournant décisif. Pour garantir une croissance durable et une stabilité économique à long terme, elle doit impérativement renforcer sa souveraineté alimentaire et énergétique. Cette double autonomie permettra de limiter la dépendance aux importations, de stabiliser les économies locales et de mieux répondre aux crises futures.

#### 1. Développer une production agricole locale et favoriser la Transformation

***Infrastructures agricoles***

Investir massivement dans des infrastructures agricoles modernes constitue une priorité absolue. Routes rurales, systèmes d'irrigation, entrepôts de stockage et installations de transformation sont autant d'équipements nécessaires pour optimiser la production locale et réduire les pertes post-récolte. Ces infrastructures créeront un écosystème qui permettra aux agriculteurs d'améliorer leurs rendements et de rendre leurs produits compétitifs.

***Modernisation des pratiques agricoles***

L'adoption de technologies agricoles de pointe est essentielle. La mécanisation, l'utilisation de semences résilientes et adaptées, ainsi que la diffusion de techniques innovantes peuvent transformer l'agriculture africaine. Des campagnes de formation et des partenariats avec le secteur privé sont indispensables pour accompagner les agriculteurs dans cette transition vers une agriculture plus productive et durable.

***Transformation locale***

La transformation des matières premières agricoles en produits finis ou semi-finis est un levier stratégique pour réduire les importations et accroître la valeur ajoutée. Par exemple, le manioc peut être transformé en farine ou en amidon industriel, tandis que le cacao peut alimenter une industrie locale du chocolat. Ces activités génèrent des emplois et stimulent la croissance économique dans les zones rurales.

## 2. Soutenir les Petits Agriculteurs et les Systèmes alimentaires locaux

***Financement et accès aux marchés***

Les petits agriculteurs, qui représentent la majorité des producteurs alimentaires en Afrique, doivent bénéficier d'un accès facilité au crédit et aux marchés. La mise en place de fonds agricoles dédiés, de systèmes de microcrédit et de marchés régionaux peut transformer ces exploitations en moteurs de l'économie locale.

*Agriculture durable*

L'agriculture doit également être résiliente face aux aléas climatiques. Encourager des pratiques comme l'agroforesterie, l'agroécologie et l'utilisation raisonnée des ressources naturelles garantit non seulement la protection des écosystèmes, mais aussi une productivité durable.

## 3. Réduire la Dépendance aux Importations alimentaires

***Politiques de substitution***

Soutenir la production locale de denrées importées telles que le riz, le maïs ou le blé est crucial pour limiter la dépendance extérieure. Des politiques incitatives, telles que des prix garantis et des subventions, peuvent encourager les agriculteurs à investir dans ces cultures stratégiques.

***Recherche et développement (R&D)***

La recherche agricole doit être intensifiée pour identifier des variétés de cultures adaptées aux climats africains. Renforcer les centres de recherche et promouvoir les innovations locales peuvent transformer le paysage agricole et diversifier les productions.

## 4. Bâtir une Souveraineté énergétique durable

***Transition vers les énergies renouvelables***

L'Afrique dispose d'un potentiel inégalé en matière d'énergies renouvelables, telles que le solaire, l'éolien, ou l'hydroélectricité. Ces ressources peuvent réduire la dépendance aux combustibles fossiles importés, tout en répondant aux besoins énergétiques croissants de la population.

***Partenariats public-privé (PPP)***

Associer le secteur privé au développement des infrastructures énergétiques est une stratégie efficace pour mobiliser des financements et des technologies innovantes. Les gouvernements peuvent, de leur côté, garantir un cadre fiscal attractif et des politiques stables pour encourager ces partenariats.

***Électrification des zones rurales***

L'accès à l'électricité reste un défi majeur pour les populations rurales. Des solutions hors réseau, comme les mini-centrales solaires, peuvent permettre de combler ce retard, dynamisant ainsi les économies locales.

**5. Gestion durable des Ressources naturelles**

***Gestion des ressources en eau***

L'accès à l'eau est un facteur déterminant pour la production alimentaire et énergétique. Des infrastructures d'irrigation modernes, couplées à des politiques de gestion durable, sont essentielles pour garantir la disponibilité de cette ressource vitale.

***Préservation des écosystèmes***

La protection des forêts, des bassins hydrographiques et des sols fertiles doit être une priorité. Des lois strictes sur l'exploitation des ressources naturelles, associées à des pratiques durables, contribueront à préserver ces richesses pour les générations futures.

**6. Coopération régionale et Intégration économique**

***Échanges intra-africains***

La Zone de Libre-Échange continentale africaine (ZLECAF) offre une opportunité unique pour renforcer la coopération régionale. En mutualisant leurs ressources, les pays africains peuvent surmonter les pénuries alimentaires et énergétiques, créant ainsi des chaînes de valeur régionales dynamiques.

***Partage des savoir-faire***

Le transfert de technologies et le partage des meilleures pratiques entre pays africains peuvent accélérer la transformation agricole et énergétique. Par exemple, un pays maîtrisant l'agriculture de précision peut former ses voisins à cette technologie, renforçant ainsi la résilience régionale.

**7. Préparation aux Crises et Résilience**

***Réserves stratégiques***

La constitution de stocks alimentaires et énergétiques stratégiques est essentielle pour stabiliser les marchés en période de crise, comme les conflits géopolitiques ou les perturbations des chaînes d'approvisionnement mondiales.

***Plans d'urgence coordonnés***

Mettre en place des systèmes d'alerte précoce et des mécanismes de réponse rapide entre les pays africains permettra de mieux gérer les crises et d'en minimiser les impacts.

Le renforcement de la souveraineté alimentaire et énergétique constitue une réponse stratégique aux défis économiques et climatiques auxquels l'Afrique est confrontée. En valorisant ses ressources naturelles, en modernisant ses infrastructures et en favorisant la coopération régionale, le continent peut bâtir une résilience durable. Cette ambition collective, soutenue par des politiques audacieuses et inclusives, jettera les bases d'un avenir plus stable, autonome et prospère pour l'Afrique.

**C. Diversification des partenaires commerciaux : Afrique et ses nouveaux alliés économiques**

La diversification des partenaires commerciaux constitue un levier stratégique fondamental pour l'Afrique, lui permettant d'accroître sa résilience face aux crises économiques mondiales tout en renforçant sa compétitivité sur la scène internationale. En s'émancipant de sa dépendance traditionnelle vis-à-vis de l'Europe et des États-Unis, et en consolidant ses relations avec des partenaires émergents, le continent peut exploiter de nouvelles opportunités de marché et attirer des investissements stratégiques. La Zone de Libre-Échange continentale africaine (ZLECAF) joue un rôle central dans cette dynamique, en facilitant l'intégration régionale et en ouvrant la voie à des collaborations économiques élargies.

**1. Renforcer les Partenariats Intra-Africains**

*Promotion du commerce intra-africain*

Grâce à la ZLECAF, l'Afrique dispose d'un cadre sans précédent pour stimuler les échanges commerciaux entre ses pays membres. Actuellement, le commerce intra-africain ne représente qu'environ 16 à 18 % du commerce total du continent, un chiffre bien inférieur aux 70 % observés en Europe. La levée progressive des barrières tarifaires et non tarifaires permettra d'encourager la création de chaînes de valeur régionales, renforçant ainsi l'intégration économique et l'autonomie du continent.

*Développement des infrastructures interrégionales*

Pour réussir cette diversification, il est impératif d'améliorer les infrastructures de transport et les corridors commerciaux. La mise en œuvre de projets régionaux, financés par des partenariats public-privé (PPP), pourrait faciliter la connectivité entre les centres économiques africains, permettant des échanges commerciaux plus fluides et intégrés.

**2. Consolider les Relations avec les Pays émergents d'Asie**

*Chine : un partenaire stratégique incontournable*

La Chine s'est imposée comme le principal partenaire commercial de l'Afrique, avec des échanges bilatéraux dépassant 200 milliards de dollars en 2021. Grâce à des initiatives comme les Nouvelles Routes de la Soie, la Chine a massivement investi dans les infrastructures africaines. L'Afrique doit, cependant, diversifier les secteurs d'investissement chinois pour inclure les technologies, les énergies renouvelables, et la transformation industrielle, renforçant ainsi les capacités locales.

*Inde : une relation en pleine croissance*

Avec un commerce bilatéral atteignant près de 90 milliards de dollars en 2022, l'Inde est un acteur clé pour l'Afrique. Ses besoins croissants en produits agricoles et en ressources naturelles offrent d'importantes opportunités d'exportation. Le développement d'accords bilatéraux renforcera l'accès des produits africains aux marchés indiens, tout en stimulant les relations commerciales dans des secteurs stratégiques.

*Asie du Sud-Est et Corée du Sud*

Les pays de l'ASEAN et la Corée du Sud représentent des partenaires dynamiques, particulièrement dans les domaines des technologies et des infrastructures. L'Afrique pourrait également profiter de la demande croissante en produits alimentaires et matières premières dans cette région, tout en s'inspirant des modèles de développement technologique sud-coréens.

**3. Tisser des alliances stratégiques avec le Moyen-Orient**

*Pays du Golfe : agriculture et énergie*

Les pays du Conseil de Coopération du Golfe (CCG), notamment les Émirats arabes unis et l'Arabie saoudite, sont des investisseurs majeurs dans l'agriculture et l'énergie en Afrique. Ces partenariats doivent être orientés vers la modernisation des infrastructures agricoles africaines et le développement des énergies renouvelables, permettant à l'Afrique de répondre à ses propres besoins tout en devenant un exportateur d'énergie propre.

### 4. Approfondir les relations avec l'Amérique latine

*Brésil : expertise agricole et industrielle*

Le Brésil, membre des BRICS, partage des intérêts communs avec l'Afrique dans le domaine agricole. Sa maîtrise des biocarburants et des technologies agricoles offre des perspectives de collaboration pour renforcer les capacités africaines en transformation alimentaire, tout en ouvrant des débouchés pour les produits africains.

*Le Mercosur : une opportunité commerciale*

Les pays du Mercosur représentent des marchés émergents prometteurs pour l'Afrique. Des accords préférentiels faciliteraient l'exportation de produits africains tout en permettant l'importation de technologies agricoles et industrielles adaptées.

### 5. Intensifier les Relations avec la Russie et l'Europe de l'Est

*Russie : énergie et défense*

La Russie, déjà active dans les secteurs miniers et énergétiques, peut devenir un partenaire stratégique pour l'Afrique, notamment dans le développement des infrastructures énergétiques et la sécurité. Les technologies russes offrent également des opportunités de modernisation des industries extractives africaines.

### 6. Renégocier les Relations avec l'Europe et l'Amérique du Nord

*Union européenne : une relation à rééquilibrer*

L'Europe demeure un partenaire clé pour l'Afrique, mais les accords commerciaux existants, tels que les APE, nécessitent une révision pour offrir des avantages équitables aux deux parties. Il est crucial de protéger les industries émergentes africaines tout en renforçant l'accès aux marchés européens pour des produits à forte valeur ajoutée.

*États-Unis : au-delà de l'AGOA*

L'African Growth and Opportunity Act (AGOA) offre des opportunités importantes, mais l'Afrique doit renforcer ses capacités pour répondre aux normes d'exportation américaines. Par ailleurs, des collaborations dans les domaines de l'éducation et de l'innovation technologique peuvent enrichir cette relation.

### 7. Mobiliser la Diaspora comme Facilitatrice de Commerce

*Diaspora comme levier stratégique*

La diaspora africaine, en tant que pont économique entre l'Afrique et ses partenaires internationaux, joue un rôle essentiel. Ses investissements, ses réseaux et ses compétences peuvent catalyser des partenariats stratégiques et promouvoir les produits africains sur la scène mondiale.

*Créer des incitations pour la diaspora*

Des mécanismes fiscaux attractifs et des fonds dédiés pourraient encourager la diaspora à investir dans des projets prioritaires, notamment dans l'agriculture, les infrastructures et les technologies.

La diversification des partenaires commerciaux est indispensable pour garantir une résilience économique et renforcer la souveraineté de l'Afrique dans un contexte mondial en mutation. En exploitant le potentiel de la ZLECAF, en tissant des alliances stratégiques avec des partenaires émergents, et en mobilisant la diaspora, l'Afrique peut s'imposer comme un acteur économique clé sur la scène internationale.

**Renforcer la résilience du Sénégal : diversification des partenaires commerciaux**

A. Stratégies pour diversifier les Partenaires commerciaux dans un Contexte de Vulnérabilité aux Crises mondiales

Face aux multiples crises mondiales – fluctuations des prix des matières premières, pandémies, tensions géopolitiques et guerres commerciales – le Sénégal doit impérativement renforcer sa résilience économique. La dépendance à un nombre restreint de partenaires commerciaux limite sa capacité à s'adapter aux chocs externes et à saisir de nouvelles opportunités. La diversification des partenariats commerciaux, notamment grâce à la **Zone de Libre-Échange continentale africaine (ZLECAF)**, ainsi que l'expansion vers des marchés émergents, sont des leviers stratégiques pour bâtir une économie robuste et compétitive.

***Promotion du commerce intra-africain via la ZLECAF***

***Tirer parti des opportunités de la ZLECAf***

La ZLECAF représente une plateforme inédite pour intensifier les échanges commerciaux au sein du continent africain. Malgré un potentiel important, le commerce intra-africain reste marginal dans les exportations sénégalaises. En s'appuyant sur la ZLECAF, le Sénégal peut :

- **Augmenter ses exportations vers des marchés africains** dans des secteurs tels que l'agro-industrie, la pêche et les services.
- **Réduire sa dépendance vis-à-vis des importations extra-régionales**, en développant des partenariats régionaux pour les biens intermédiaires et les produits manufacturés.

***Créer des chaînes de valeur régionales***

En collaborant avec d'autres pays africains, le Sénégal peut intégrer et développer des chaînes de valeur régionales dans des secteurs comme l'agriculture, l'énergie, et la transformation industrielle. Ces collaborations permettront :

- D'accroître la production locale et la compétitivité.
- De renforcer la résilience face aux perturbations mondiales en dynamisant l'économie régionale.

***Diversification des Relations commerciales avec l'Asie***

***Renforcer les liens avec la Chine et l'Inde***

La Chine et l'Inde, acteurs majeurs du commerce mondial, offrent au Sénégal des opportunités considérables. En se positionnant stratégiquement, le pays peut :

- **Exporter des produits agricoles, des phosphates et des hydrocarbures** vers ces marchés en forte croissance.
- **Attirer des investissements dans les infrastructures** et les énergies renouvelables.

***Explorer les marchés de l'Asie du Sud-Est***

Outre la Chine et l'Inde, des pays comme l'Indonésie, la Malaisie et le Vietnam représentent des débouchés prometteurs. Ces nations, en quête de ressources naturelles et de produits agricoles, peuvent devenir des partenaires stratégiques pour :

- Diversifier les exportations sénégalaises.
- Développer des collaborations dans les secteurs de la transformation alimentaire et des technologies vertes.

**3. Opportunités au Moyen-Orient et en Afrique du Nord**

***Capitaliser sur les pays du Golfe***

Les Émirats arabes unis, l'Arabie saoudite et d'autres pays du Conseil de Coopération du Golfe (CCG) cherchent à diversifier leurs économies. Le Sénégal peut :

- **Développer des projets conjoints dans l'agriculture** et la sécurité alimentaire.
- Attirer des investissements dans les secteurs des **infrastructures et des énergies renouvelables**.

***Renforcer les échanges avec l'Afrique du Nord***

Le Maroc, l'Algérie et l'Égypte offrent des synergies dans les secteurs du commerce, de l'agro-industrie et des services financiers. Grâce à sa proximité géographique, le Sénégal peut :

- **Établir des corridors économiques régionaux.**
- **Favoriser le partage de savoir-faire et les investissements bilatéraux.**

***Développer des alliances stratégiques avec l'Amérique latine***

***S'appuyer sur le Brésil et le Mercosur***

Le Brésil et les pays du Mercosur (Argentine, Uruguay, Paraguay) présentent des opportunités pour :

- Diversifier les exportations sénégalaises, notamment dans les produits alimentaires et agricoles.
- Bénéficier de la coopération technique, en particulier dans l'agriculture durable et les biocarburants.

***Collaborer dans les énergies vertes et l'agriculture***

Des alliances avec ces pays pourraient renforcer la capacité du Sénégal à développer des infrastructures énergétiques durables et à moderniser ses pratiques agricoles grâce à des transferts technologiques.

***Optimiser les relations commerciales avec l'Europe***

***Revoir les Accords de Partenariat économique (APE)***

Tout en maintenant ses liens historiques avec l'Union européenne, le Sénégal doit :

- **Négocier des clauses favorisant l'industrialisation locale.**
- Maximiser l'accès des produits transformés aux marchés européens.

***Stimuler les collaborations dans les secteurs verts***

L'Europe, et notamment des pays comme l'Allemagne, la France, et les Pays-Bas, offrent des opportunités dans :

- Le développement des énergies renouvelables (solaire, hydro-électricité).

- La modernisation des infrastructures logistiques et industrielles.

***Renforcer les Partenariats avec l'Amérique du Nord***

***Exploiter les opportunités offertes par l'AGOA***

L'African Growth and Opportunity Act (AGOA) ouvre un accès privilégié au marché américain. Le Sénégal peut :

- Prioriser l'exportation de produits textiles, artisanaux et agricoles transformés.
- Stimuler la transformation locale pour ajouter de la valeur aux exportations.

***Développer la coopération technologique et éducative***

Les États-Unis et le Canada peuvent devenir des partenaires clés pour :

- Le transfert de technologies innovantes.
- La formation de la jeunesse sénégalaise dans les secteurs du numérique et des services financiers.

**7. Mobiliser la Diaspora sénégalaise**

***Mobiliser les ressources financières de la diaspora***

La diaspora sénégalaise, en Europe, en Amérique du Nord et en Asie, constitue un levier stratégique pour :

- Attirer des investissements dans l'agriculture, les infrastructures, et les technologies.
- Promouvoir des projets collaboratifs via des mécanismes de financement participatif et des incitations fiscales.

***Créer des ponts commerciaux***

Grâce à leurs réseaux internationaux, les membres de la diaspora peuvent :

- Faciliter les échanges commerciaux avec les marchés émergents.
- Promouvoir les produits sénégalais sur la scène mondiale.

***Encourager les Partenariats Public-Privé (PPP)***

***Améliorer les infrastructures logistiques***

Les PPP offrent une voie efficace pour :

- Développer des ports, aéroports, et zones économiques spéciales.

- Faciliter les exportations et améliorer la compétitivité des entreprises locales.

***Renforcer le soutien aux PME***

Des collaborations public-privé peuvent inclure :

- Des programmes de formation en commerce international.
- Des incitations fiscales et des subventions pour favoriser l'exportation.

Pour bâtir une économie résiliente et compétitive, le Sénégal doit diversifier ses partenariats commerciaux tout en capitalisant sur les opportunités intra-africaines offertes par la ZLECAF. L'élargissement vers des marchés émergents en Asie, au Moyen-Orient, en Amérique latine et en Amérique du Nord, combiné à des politiques de transformation locale et de soutien aux PME, permettra au pays de s'adapter aux défis mondiaux et de stimuler une croissance durable.

**Développement de la souveraineté alimentaire et énergétique au Sénégal**

La souveraineté alimentaire et énergétique constitue une priorité stratégique pour renforcer la résilience économique et sociale du Sénégal face aux crises mondiales, aux fluctuations des marchés internationaux, et aux impacts du changement climatique. En consolidant ses capacités nationales de production pour satisfaire les besoins alimentaires et énergétiques de sa population, le pays pourra non seulement réduire sa dépendance aux importations, mais également consolider sa sécurité économique sur le long terme.

**1. Modernisation et renforcement de la production agricole locale**

- **Adoption des technologies modernes :** La transformation de l'agriculture sénégalaise repose sur l'intégration de technologies avancées telles que la mécanisation, les systèmes d'irrigation performants et l'utilisation de semences améliorées. Ces innovations permettront d'augmenter les rendements, de stabiliser la production et de positionner l'agriculture sénégalaise comme un secteur compétitif.
- **Diversification des cultures :** Au-delà des cultures de base comme le riz, le mil ou le manioc, la diversification agricole vers des filières à forte valeur ajoutée (fruits tropicaux, légumes) ouvrira des perspectives tant pour la sécurité alimentaire nationale que pour l'accès aux marchés régionaux et internationaux.

- **Valorisation par la transformation locale :** La transformation des matières premières agricoles en produits semi-finis ou finis (farines enrichies, jus de fruits, etc.) contribuera à réduire les pertes post-récoltes, à maximiser les revenus des producteurs, et à générer des emplois dans les zones rurales.

**2. Promotion d'une Agriculture durable**

- **Agroécologie et préservation des sols :** La promotion de pratiques durables, telles que la rotation des cultures, l'agroforesterie et l'utilisation de fertilisants naturels, assurera une exploitation équilibrée des terres agricoles tout en augmentant leur productivité.
- **Gestion optimale des ressources hydriques :** L'eau étant essentielle à l'agriculture, le développement de systèmes d'irrigation modernes (goutte-à-goutte, sprinklers) et une gestion efficace des infrastructures hydrauliques existantes, comme le barrage de Diama, seront des leviers majeurs pour sécuriser les rendements agricoles, même dans les régions arides.

**3. Soutien aux acteurs locaux et accès au financement**

- **Facilitation du crédit agricole :** La création de fonds dédiés, de subventions ciblées, et d'incitations fiscales encouragera les petits exploitants et les coopératives agricoles à adopter des pratiques modernes et durables.
- **Renforcement des capacités des PME agricoles :** Des formations en gestion, en marketing, et en accès aux marchés permettront aux petites et moyennes entreprises agricoles de jouer un rôle central dans la souveraineté alimentaire du Sénégal.

**4. Développement des énergies renouvelables**

- **Exploitation des ressources naturelles :** Le potentiel solaire et éolien du Sénégal est immense. L'expansion des centrales solaires (Bokhol) et éoliennes (Taïba Ndiaye) sera essentielle pour garantir un approvisionnement énergétique propre, durable, et décentralisé.
- **Développement des mini-réseaux :** Les mini-réseaux hybrides ou solaires offriront une solution adaptée pour électrifier les zones rurales et soutenir les activités économiques locales, notamment dans l'agriculture et la transformation agroalimentaire.

**5. Exploitation responsable des Ressources gazières et pétrolières**

- **Utilisation stratégique du gaz naturel :** Les découvertes de gaz offshore, comme le champ Grand Tortue Ahmeyim, représentent une opportunité exceptionnelle pour diversifier l'approvisionnement énergétique. Le gaz naturel, en tant qu'énergie de transition, pourra soutenir l'industrie tout en facilitant l'intégration des énergies renouvelables.
- **Développement d'infrastructures gazières :** La construction d'infrastructures pour la liquéfaction, le transport, et l'utilisation locale du gaz renforcera les revenus de l'État et réduira la dépendance énergétique vis-à-vis de l'extérieur.

**6. Renforcement des infrastructures et résilience**

- **Capacités de stockage et gestion des crises :** La construction de silos et d'entrepôts frigorifiques permettra de stabiliser l'approvisionnement alimentaire, en garantissant des réserves stratégiques pour faire face aux crises économiques ou climatiques.
- **Modernisation des réseaux énergétiques :** Le déploiement de réseaux intelligents (« smart grids ») optimisera la gestion de l'énergie, garantissant une offre stable et durable face à la demande croissante.

**7. Intégration des chaînes de valeur régionales et internationales**

- **Coopération régionale :** Le développement de partenariats avec les pays voisins permettra de créer des chaînes de valeur partagées dans les secteurs alimentaire et énergétique, en renforçant le commerce intra-africain.
- **Expansion de l'agro-industrie :** L'investissement dans l'agro-industrie, axé sur les produits locaux, renforcera la création d'emplois, ajoutera de la valeur à l'économie nationale et augmentera les exportations sénégalaises.

**8. Gouvernance et politiques publiques**

- **Un cadre réglementaire attractif :** L'adoption d'incitations fiscales et de subventions ciblées pour les énergies renouvelables et l'agriculture encouragera les investissements dans ces secteurs stratégiques.
- **Partenariats public-privé (PPP) :** En collaborant étroitement avec le secteur privé, l'État pourra accélérer le financement et la mise en œuvre des infrastructures essentielles, tout en réduisant la dépendance aux financements extérieurs.

La quête de souveraineté alimentaire et énergétique est une ambition essentielle pour garantir l'autonomie et la résilience économique du Sénégal. Grâce à une agriculture modernisée, à une exploitation optimisée des énergies renouvelables, et à des infrastructures robustes, le pays pourra réduire sa dépendance aux importations, répondre aux besoins de sa population et s'affirmer comme un acteur économique majeur en Afrique. Cette transformation nécessitera un engagement coordonné entre l'État, le secteur privé et les partenaires internationaux pour concrétiser cette vision ambitieuse.

# CONCLUSION

## Vers une Afrique intégrée et prospère – l'impact transformateur de la ZLECAF

La **Zone de Libre-Échange continentale africaine (ZLECAF)** incarne l'une des initiatives les plus audacieuses de l'histoire économique contemporaine du continent. Avec un potentiel de transformer l'Afrique en un vaste marché intégré de **1,3 milliard de consommateurs**, cet accord continental offre une opportunité unique pour reconfigurer les dynamiques économiques, sociales et géopolitiques de la région. Il s'agit d'un tremplin pour faire de l'Afrique non seulement un acteur économique incontournable à l'échelle mondiale, mais également un modèle de coopération et d'intégration régionale.

### A. Un nouveau chapitre pour l'Afrique : opportunités et perspectives

#### Un marché unique : catalyseur de croissance et de diversification

La ZLECAF redessine les contours économiques du continent en brisant les barrières tarifaires et non tarifaires, créant ainsi le plus grand marché commun au monde en termes de pays participants. Ce marché unique offre une plate-forme inédite pour stimuler les **échanges intra-africains**, encore modestes par rapport aux autres régions du globe, et favoriser une diversification des économies, souvent trop dépendantes des exportations de matières premières.

Les **PME**, véritable épine dorsale des économies africaines, tireront parti de cet accès étendu à de nouveaux marchés, renforçant leur capacité à innover, à croître, et à contribuer à la création d'emplois durables. Cette dynamique stimulera également **l'entrepreneuriat**, favorisant ainsi l'émergence d'un tissu économique plus résilient et inclusif.

#### Vers une Industrialisation et une Transformation économique

La ZLECAF représente une opportunité stratégique pour accélérer l'**industrialisation du continent**. En encourageant la transformation locale des matières premières, elle vise à mettre fin au cycle historique d'exportation brute de ressources naturelles. Ce changement structurel permettra de **créer des chaînes de valeur régionales**, d'améliorer la compétitivité des industries locales et d'introduire des produits africains sur les marchés mondiaux.

Les **secteurs stratégiques** tels que l'agro-industrie, les textiles, les énergies renouvelables et les technologies numériques sont appelés à jouer un rôle moteur dans cette transformation. En réduisant la dépendance excessive aux importations, la ZLECAF ouvre la voie à une Afrique capable de satisfaire une part croissante de ses besoins à travers des solutions locales.

**Attraction d'Investissements directs étrangers (IDE)**

L'intégration économique africaine, sous l'égide de la ZLECAF, envoie un signal fort aux investisseurs étrangers : l'Afrique n'est plus un patchwork de marchés fragmentés, mais un bloc économique cohérent et prometteur. Cette vision continentale, soutenue par des **zones économiques spéciales** et des **partenariats public-privé (PPP)**, attirera des **flux massifs d'investissements directs étrangers**, essentiels à la modernisation des infrastructures et à la stimulation des secteurs productifs.

Ces capitaux permettront d'améliorer les **infrastructures stratégiques** – transport, énergie, télécommunications – et de renforcer les bases nécessaires à une croissance durable et inclusive. L'Afrique pourrait ainsi devenir une destination de choix pour les investisseurs cherchant des opportunités dans un marché en pleine expansion.

**Renforcement de la Coopération régionale et de l'Intégration**

En plus de ses retombées économiques, la ZLECAF agit comme un catalyseur pour la **coopération politique et institutionnelle** entre les pays africains. En harmonisant les politiques économiques et en facilitant le commerce transfrontalier, elle stimule une intégration régionale qui transcende les frontières géographiques et historiques.

Les **communautés économiques régionales (CER)**, comme la CEDEAO, la SADC ou la CEMAC, joueront un rôle pivot dans la mise en œuvre des politiques harmonisées, tout en bénéficiant du cadre continental offert par la ZLECAF pour coordonner et renforcer leurs actions. Cette synergie permettra de mieux gérer des enjeux communs tels que les **ressources naturelles partagées**, les **projets d'infrastructures régionales**, et les **défis environnementaux**.

*Défis et responsabilités : la route vers la prospérité*

Malgré son immense potentiel, la ZLECAF ne saurait atteindre ses objectifs sans une approche méthodique et résolue pour surmonter les nombreux défis qui persistent : **faiblesse des infrastructures**, **disparités économiques**, **corruption**, et **manque de mécanismes de soutien aux PME**. Ces enjeux exigent des investissements massifs, des réformes institutionnelles et une mobilisation accrue des acteurs publics et privés.

De plus, l'adhésion des populations à ce projet continental est essentielle. Une communication efficace sur les avantages de la ZLECAF, accompagnée d'initiatives concrètes pour **réduire les inégalités régionales** et **favoriser l'inclusion sociale**, renforcera son impact et sa pérennité.

*Un Horizon prometteur pour l'Afrique*

La ZLECAF, au-delà d'être un accord commercial, représente une **vision pour l'avenir de l'Afrique** – celle d'un continent uni, résilient et prospère. En brisant les barrières qui freinent son développement, l'Afrique se donne les moyens de relever les défis globaux tout en affirmant son rôle sur la scène économique mondiale.

Avec une volonté politique forte, une coopération accrue et un engagement collectif des parties prenantes, la ZLECAF pourrait bien devenir le levier de transformation dont le continent a besoin pour écrire une nouvelle page de son histoire économique et sociale. En consolidant son intégration régionale, en valorisant ses ressources locales et en renforçant son rôle dans les chaînes de valeur mondiales, l'Afrique se positionne pour bâtir un avenir durable et inclusif, à la hauteur de ses ambitions et de son potentiel.

## B. Bilan des Défis : Réalités et Perspectives pour la ZLECAF

L'Accord de la Zone de Libre-Échange continentale africaine (ZLECAF) représente une opportunité historique pour transformer le continent africain en un acteur majeur de l'économie mondiale. Cependant, cette ambition s'accompagne de défis structurels, économiques et politiques qui doivent être relevés pour en garantir le succès. Voici une analyse approfondie des principaux défis, accompagnée de pistes pour les surmonter.

### 1. Défis structurels et Infrastructures insuffisantes

L'infrastructure constitue la colonne vertébrale de toute intégration économique. Malheureusement, en Afrique, les réseaux de transport –

comprenant routes, chemins de fer et ports – ainsi que les infrastructures énergétiques, sont souvent inadaptés pour soutenir un commerce intra-africain fluide.

- **Réseaux de transport sous-développés :** Les routes mal entretenues, l'absence de corridors ferroviaires efficaces, et la saturation des ports entravent la circulation des marchandises et augmentent les coûts logistiques. Ces limitations freinent la compétitivité des entreprises africaines sur leur propre continent et à l'international.
- **Insuffisance des infrastructures énergétiques :** Une énergie fiable et abordable est essentielle pour le développement industriel et la modernisation économique. Pourtant, de nombreuses régions africaines, notamment rurales, souffrent de coupures fréquentes ou d'un accès limité à l'électricité.
- **Modernisation douanière et harmonisation des régulations :** Les systèmes douaniers inefficaces, marqués par des délais de traitement longs et des pratiques de corruption, aggravent les coûts et les retards pour les entreprises. L'harmonisation des normes techniques, des régulations sanitaires et phytosanitaires est une priorité pour éliminer les barrières non tarifaires.

***Solutions envisagées*** : Investir massivement dans les infrastructures physiques et numériques, moderniser les systèmes douaniers avec des solutions technologiques comme la digitalisation des processus, et développer des corridors logistiques régionaux connectant les centres économiques aux zones enclavées.

**2. Disparités de Développement économique**

L'Afrique est marquée par de profondes inégalités économiques entre ses pays membres. Tandis que des économies comme celles de l'Afrique du Sud et du Nigeria possèdent des industries relativement développées, d'autres nations, notamment enclavées ou moins industrialisées, peinent à s'intégrer pleinement dans l'accord.

- **Compétitivité inégale :** Les pays disposant d'industries diversifiées et compétitives, dotées d'économies d'échelle, risquent de dominer les échanges intra-africains. En revanche, les pays moins industrialisés voient leurs PME menacées par la concurrence des grandes entreprises.
- **Manque de fonds d'ajustement :** Les économies vulnérables ont besoin de mécanismes de soutien pour s'adapter à la libéralisation commerciale. L'absence de fonds pour financer ces transitions risque d'aggraver les disparités économiques.

***Solutions envisagées :*** Créer des fonds d'ajustement pour soutenir les économies fragiles, renforcer les capacités des PME à travers des programmes de formation et d'accompagnement technique, et développer des politiques industrielles inclusives favorisant la croissance des secteurs stratégiques.

### 3. Harmonisation des Politiques commerciales et tarifaires

L'intégration économique africaine repose sur l'harmonisation des politiques commerciales, fiscales et douanières. Cependant, chaque pays membre dispose de régulations différentes, ce qui rend ce processus complexe.

- **Fragmentation des régulations :** Les différences dans les normes techniques, les règles sanitaires, et les politiques fiscales freinent l'efficacité des échanges commerciaux. Ces divergences créent des coûts supplémentaires pour les entreprises et limitent les bénéfices attendus de la ZLECAF.
- **Protection des industries naissantes :** Certains pays, craignant que leurs industries locales ne survivent pas à la concurrence régionale, hésitent à réduire les barrières tarifaires ou à ouvrir leurs marchés.

***Solutions envisagées :*** Accélérer l'harmonisation des régulations à travers des dialogues intergouvernementaux, renforcer les cadres institutionnels régionaux pour coordonner les politiques commerciales, et introduire des périodes de transition pour les secteurs vulnérables.

### 4. Conflits et Instabilité politique

L'instabilité politique, les conflits armés, et les tensions géopolitiques constituent des freins majeurs à l'intégration économique.

- **Impact des conflits :** Les pays en proie à des crises prolongées, comme les guerres civiles ou les troubles politiques, risquent d'être exclus des bénéfices de la ZLECAF. Cette situation fragilise également les corridors commerciaux régionaux.
- **Manque de gouvernance :** Une gouvernance faible, combinée à une corruption endémique, compromet la mise en œuvre équitable et efficace des réformes nécessaires à l'intégration économique.

***Solutions envisagées :*** Renforcer les mécanismes de prévention et de résolution des conflits, promouvoir la transparence dans la gestion publique, et encourager des réformes institutionnelles pour consolider la gouvernance.

### Vers une Afrique intégrée et prospère

La ZLECAF n'est pas seulement un accord commercial ; elle incarne une vision pour transformer l'Afrique en une puissance économique intégrée, compétitive, et souveraine. Si les défis structurels, économiques et politiques sont nombreux, les opportunités offertes par cet accord surpassent de loin ces obstacles.

- **Diversification des économies :** En stimulant le commerce intra-africain et en attirant des investissements massifs, la ZLECAF pourrait permettre au continent de réduire sa dépendance aux exportations de matières premières et de diversifier ses secteurs d'activité.
- **Création d'emplois :** Une intégration réussie pourrait générer des millions d'emplois dans des secteurs tels que l'industrie, l'agroalimentaire, les services, et les énergies renouvelables, répondant ainsi à la forte demande d'emploi des jeunes.
- **Stimulation des investissements étrangers :** L'ouverture d'un marché continental de plus de 1,3 milliard de consommateurs, soutenue par des infrastructures modernes et des politiques harmonisées, renforcerait l'attractivité de l'Afrique pour les investisseurs étrangers.

Pour concrétiser cette vision, les pays africains devront unir leurs efforts pour relever les défis de manière concertée. La réussite de la ZLECAF repose sur la capacité des États membres à promouvoir une croissance inclusive, à renforcer les infrastructures, et à instaurer un cadre institutionnel solide. En fin de compte, cet accord représente une opportunité unique de construire un avenir prospère et équitable pour l'ensemble des populations africaines.

## Une Vision pour une Afrique souveraine, intégrée et compétitive à l'échelle mondiale

La Zone de Libre-Échange continentale africaine (ZLECAF) incarne une ambition audacieuse pour redéfinir l'avenir économique de l'Afrique. À travers une stratégie fondée sur trois piliers – la souveraineté économique, l'intégration continentale et la compétitivité mondiale –, cet accord commercial vise à transformer le continent en une puissance économique capable de relever les défis globaux et de tirer parti de ses ressources et de son potentiel humain.

### 1. Souveraineté économique : reprendre le contrôle du développement

*Réduction de la dépendance aux importations*

L'un des objectifs stratégiques de la ZLECAF est de réduire la dépendance structurelle de l'Afrique vis-à-vis des importations de produits essentiels, notamment manufacturés, technologiques et alimentaires. En dynamisant la production locale et en favorisant la transformation des matières premières, l'Afrique peut bâtir des chaînes de valeur autonomes, répondre aux besoins domestiques et exporter ses produits finis vers le monde.

*Valorisation des ressources locales*

Les richesses naturelles africaines, qu'il s'agisse des minéraux, du pétrole ou des produits agricoles, sont souvent exportées à l'état brut. La ZLECAF vise à inverser cette tendance en encourageant la transformation locale pour maximiser la valeur ajoutée. Ce processus ne se limite pas à renforcer les économies locales : il garantit également que les profits générés bénéficient directement aux communautés africaines, soutenant ainsi l'autonomie énergétique et alimentaire du continent.

*Appui aux PME et start-ups*

Les petites et moyennes entreprises, tout comme les start-ups innovantes, constituent l'épine dorsale de l'économie africaine. En leur ouvrant les portes d'un marché continental, la ZLECAF les aide à croître et à rivaliser sur la scène régionale et internationale. Cet encouragement à l'innovation et à l'industrialisation des jeunes entreprises offre une base solide pour bâtir une Afrique économiquement résiliente.

**2. Intégration continentale : Une Afrique unifiée et connectée**

*Création d'un marché continental unifié*

Avec 1,3 milliard de consommateurs et un PIB combiné de 3,4 trillions de dollars, la ZLECAF vise à établir un marché unique où circulent librement biens, services, capitaux et talents. Cette unification économique permet aux entreprises africaines de bénéficier d'économies d'échelle, d'accroître leur compétitivité et de stimuler les investissements dans les infrastructures et les industries locales[105].

*Synergie entre les communautés économiques régionales*

La ZLECAF aspire à harmoniser les règles commerciales des différentes Communautés économiques régionales (CER) comme la CEDEAO, la CEMAC ou la SADC. Cette cohérence favorise les échanges interrégionaux, renforce les alliances économiques et garantit

[105] *Rapport économique 2023, Union africaine et CEA.*

que chaque pays, quelle que soit sa taille, profite des avantages d'une coopération panafricaine.

*Partenariats stratégiques intra-africains*

L'intégration continentale facilitera la coopération entre les nations africaines dans des secteurs stratégiques tels que l'énergie, les infrastructures, l'agriculture et la technologie. Ces partenariats permettront de mutualiser les ressources, d'optimiser les chaînes de valeur régionales et de positionner l'Afrique comme un bloc économique solide face à d'autres régions du monde.

**3. Compétitivité mondiale : Une Afrique qui s'affirme sur la scène internationale**

*Renforcement de la productivité industrielle*

En misant sur l'industrialisation, la ZLECAF ambitionne d'améliorer la qualité et la compétitivité des produits africains tout en réduisant les coûts de production. Cette stratégie permet non seulement de renforcer les exportations vers les marchés mondiaux, mais aussi de bâtir une identité économique africaine reconnue pour son excellence et son innovation.

*Facilitation de l'accès aux marchés mondiaux*

Grâce à l'intégration économique et aux normes harmonisées, les produits africains gagneront en visibilité et en accessibilité sur les marchés étrangers. Les économies africaines, mieux organisées et dotées d'infrastructures modernes, auront les moyens de rivaliser avec les offres internationales, augmentant ainsi les exportations vers des régions comme l'Europe, l'Asie ou l'Amérique.

*Innovation et transformation numérique*

L'Afrique peut devenir un leader émergent dans le domaine des technologies et de la transformation digitale. En soutenant les écosystèmes de start-ups et en favorisant l'adoption des innovations numériques, le continent peut se positionner comme un acteur incontournable dans des secteurs comme le commerce électronique, les fintechs et l'intelligence artificielle.

*Vers une Afrique souveraine et prospère*

La ZLECAF n'est pas qu'un simple accord commercial : elle constitue la pierre angulaire d'une Afrique renforcée et souveraine, capable de façonner son avenir économique en coopérant étroitement pour relever les défis communs. Ce projet ambitieux aspire à réduire la vulnérabilité aux chocs externes, à améliorer la qualité de vie des populations africaines et à créer un environnement propice à l'épanouissement des talents locaux.

En s'imposant sur la scène mondiale comme une puissance industrielle et technologique, l'Afrique peut non seulement transformer sa position de fournisseur de matières premières, mais aussi devenir un acteur clé des dynamiques économiques globales. La vision portée par la ZLECAF dessine les contours d'un continent prospère, autonome et intégré, prêt à affirmer son leadership dans une économie mondiale en constante évolution.

**Appel à l'action pour les gouvernements : réaliser le potentiel de la ZLECAF**

La mise en œuvre réussie de la Zone de Libre-Échange continentale africaine (ZLECAF) incarne une opportunité historique de transformer le paysage économique du continent. Cependant, cette ambition nécessite une mobilisation sans précédent de tous les acteurs – gouvernements, secteur privé, et société civile – pour bâtir une Afrique intégrée, prospère et compétitive. Dans ce cadre, les gouvernements africains se trouvent en première ligne, investis d'une responsabilité cruciale : créer un environnement propice à l'émergence d'une économie inclusive, résiliente et durable.

**1. Accélérer les réformes pour une mise en œuvre cohérente**

Les gouvernements africains doivent agir avec célérité et coordination pour adapter leurs cadres réglementaires et législatifs aux exigences de la ZLECAF.

- **Harmonisation des politiques commerciales :** Une intégration économique efficace passe par l'harmonisation des politiques douanières et tarifaires. Il est impératif de simplifier les procédures de transit transfrontalier, de réduire les barrières non tarifaires et d'établir des normes communes pour garantir une fluidité des échanges commerciaux à travers le continent.
- **Réformes fiscales et économiques :** Les politiques fiscales doivent encourager l'investissement et le commerce intra-africain, tout en renforçant la mobilisation des ressources internes. Des régulations claires et stables, alignées sur les objectifs de la ZLECAF, sont essentielles pour instaurer un climat de confiance et d'investissement.

**2. Renforcer les infrastructures pour une intégration effective**

Les infrastructures constituent la colonne vertébrale du commerce. Les gouvernements doivent prioriser des investissements massifs dans les réseaux de transport, d'énergie et de communication afin de connecter efficacement les marchés africains.

- **Modernisation des infrastructures de transport :** Ports, routes, chemins de fer et aéroports doivent être modernisés et reliés par des corridors logistiques transfrontaliers. Ces infrastructures faciliteront le déplacement des marchandises, réduiront les coûts logistiques et accéléreront les échanges intra-africains.
- **Amélioration des infrastructures énergétiques :** Des réseaux électriques fiables et durables sont essentiels pour alimenter les industries et soutenir la croissance économique. Les gouvernements doivent également explorer les énergies renouvelables pour répondre aux défis climatiques tout en stimulant l'économie.
- **Transformation numérique :** Investir dans des infrastructures numériques robustes permettra d'intégrer les entreprises africaines dans l'économie numérique mondiale. Cela favorisera le commerce électronique, la connectivité transfrontalière et l'inclusion financière.

**3. Soutenir l'innovation et stimuler l'industrialisation**

La ZLECAF offre une plateforme unique pour diversifier les économies africaines. Les gouvernements doivent saisir cette opportunité pour promouvoir l'innovation et renforcer les capacités industrielles locales.

- **Zones économiques spéciales :** La création de pôles industriels et de zones économiques spéciales, dotées d'infrastructures modernes et de régulations avantageuses, peut attirer les investissements et dynamiser les secteurs manufacturiers.
- **Incitations fiscales :** Des politiques fiscales incitatives pour les industries stratégiques – telles que l'agro-industrie, les textiles, ou les technologies – permettront de stimuler l'industrialisation et d'accroître la compétitivité des produits africains.
- **Investissements dans la recherche et l'innovation :** Les gouvernements doivent soutenir la recherche et le développement (R&D) en partenariat avec les universités et le secteur privé pour encourager la création de technologies adaptées aux besoins africains.

**4. Promouvoir l'inclusivité et l'équité**

Pour que la ZLECAF bénéficie à l'ensemble de la population, les gouvernements doivent s'assurer que les politiques économiques et commerciales soient inclusives, garantissant une participation équitable des PME, des jeunes, et des femmes.

- **Renforcement des compétences :** Des programmes de formation et de développement des compétences doivent être mis en place pour préparer la main-d'œuvre africaine aux nouvelles opportunités créées par la ZLECAF, notamment dans les secteurs émergents.
- **Accès au financement :** Faciliter l'accès des PME et des entrepreneurs aux crédits et aux fonds d'investissement permettra de libérer leur potentiel de croissance et d'innovation.
- **Inclusion des femmes et des jeunes :** Les femmes et les jeunes doivent bénéficier d'un soutien ciblé pour leur permettre de s'intégrer pleinement dans les chaînes de valeur régionales et internationales. Cela inclut des initiatives en faveur de l'entrepreneuriat, de l'éducation financière et de l'accès aux marchés.

*Vers une Afrique Intégrée et Compétitive*

L'engagement des gouvernements africains est la pierre angulaire de la réussite de la ZLECAF. En mettant en œuvre des réformes ambitieuses, en investissant dans des infrastructures modernes, en soutenant l'innovation et en promouvant l'inclusion, ils créeront les conditions nécessaires à une transformation économique profonde. Ce faisant, ils permettront à l'Afrique de s'affirmer comme un acteur clé sur la scène économique mondiale, à la hauteur des aspirations d'un continent uni et prospère.

## Appel à l'action pour le secteur privé : réaliser le potentiel de la ZLECAF

La mise en œuvre de la Zone de Libre-Échange continentale africaine (ZLECAF) représente une opportunité historique pour redéfinir les échanges commerciaux sur le continent et stimuler un développement économique inclusif. Toutefois, pour que ce potentiel se concrétise pleinement, le secteur privé doit adopter une posture proactive et stratégique, s'imposant comme le moteur d'un commerce intra-africain dynamique et résilient.

### 1. Exploiter les opportunités offertes par la ZLECAF

Les entreprises africaines, qu'il s'agisse de grandes multinationales ou de petites et moyennes entreprises (PME), doivent s'armer pour tirer profit de l'immense marché intégré qu'offre la ZLECAF, regroupant plus de 1,3 milliard de consommateurs.

- **Élargir les marchés** : Les entreprises doivent identifier de nouveaux débouchés dans des pays voisins et au-delà, en diversifiant leurs clients et en adaptant leurs produits et services aux besoins des différents marchés africains. Par exemple, le secteur agroalimentaire pourrait adapter ses produits pour répondre aux préférences locales tout en garantissant le respect des normes régionales.
- **Innover dans les produits et services** : La compétitivité passe par l'innovation. Investir dans des produits adaptés aux exigences des consommateurs africains, tout en respectant les standards de qualité, permettra aux entreprises de se démarquer dans un marché de plus en plus concurrentiel.
- **S'intégrer aux chaînes de valeur régionales** : Les entreprises doivent chercher à s'insérer dans des chaînes de valeur transfrontalières, en collaborant avec des partenaires d'autres pays africains pour produire, transformer et distribuer des biens à forte valeur ajoutée.

**2. Investir dans les chaînes de valeur locales**

Pour maximiser les retombées économiques de la ZLECAF, les entreprises doivent privilégier le développement de chaînes de valeur locales. Cela implique de renforcer les écosystèmes économiques au niveau national et régional.

- **Sourcing local** : Les entreprises doivent s'approvisionner en matières premières locales, stimulant ainsi les secteurs agricoles, miniers, et manufacturiers du continent. Cela réduit également la dépendance aux importations hors Afrique, renforçant l'autonomie économique du continent.
- **Transformation locale** : Le développement de capacités de transformation des matières premières en produits finis ou semi-finis est essentiel. Par exemple, au lieu d'exporter des fèves de cacao, les entreprises africaines pourraient investir dans la production de chocolat ou d'autres dérivés, capturant ainsi une plus grande part de la valeur ajoutée.
- **Création d'emplois** : En s'engageant dans le développement des chaînes de valeur locales, le secteur privé contribue à générer des emplois décents, réduisant ainsi les inégalités sociales et améliorant le niveau de vie des populations locales.

**3. Collaborer avec les gouvernements et les partenaires régionaux**

Une collaboration efficace entre le secteur privé, les gouvernements et les institutions financières est cruciale pour lever les obstacles à la compétitivité et identifier les opportunités commerciales.

- **Dialogues public-privé** : Les entreprises doivent participer activement aux discussions sur les politiques commerciales afin de s'assurer que ces dernières reflètent les besoins réels du marché. Une telle collaboration peut aider à harmoniser les normes et à lever les barrières non tarifaires.
- **Partenariats stratégiques** : Le secteur privé devrait s'associer avec des institutions régionales, comme les banques de développement et les organisations commerciales, pour bénéficier de financements, de programmes de soutien, et de l'expertise nécessaire pour conquérir de nouveaux marchés.

**4. Investir dans l'innovation et les technologies**

L'innovation et les technologies numériques sont des leviers essentiels pour renforcer la compétitivité des entreprises africaines et leur permettre de prospérer dans le cadre de la ZLECAF.

- **Commerce électronique** : Le e-commerce offre une opportunité unique de surmonter les défis géographiques et logistiques en connectant directement les entreprises africaines à une clientèle élargie, à moindre coût.
- **Solutions numériques** : Les fintechs et autres technologies numériques peuvent simplifier les transactions, réduire les coûts financiers, et améliorer l'accès au crédit pour les PME. Cela facilite également la traçabilité et la conformité avec les normes commerciales internationales.
- **Augmentation de la productivité** : L'automatisation, les technologies de l'information, et les outils numériques permettent aux entreprises de réduire leurs coûts de production, d'améliorer la qualité de leurs produits, et de répondre plus efficacement aux exigences du marché.

**Un rôle central pour le secteur privé**

Le secteur privé africain détient les clés du succès de la ZLECAF. En adoptant une approche visionnaire et stratégique, les entreprises peuvent transformer les défis commerciaux du continent en opportunités, tout en contribuant à un développement économique durable et inclusif. Le moment est venu pour le secteur privé de se positionner comme le moteur d'une Afrique intégrée, prospère et compétitive sur la scène mondiale.

**5. Appel à l'action pour la société civile**

La société civile, constituée d'organisations non gouvernementales, de syndicats, de groupes communautaires et d'associations de citoyens, joue un rôle stratégique dans l'accompagnement des réformes économiques et dans l'amplification des voix des populations locales. Face aux opportunités et défis qu'apporte la Zone de Libre-Échange continentale africaine (ZLECAF), son implication active est cruciale pour garantir que les bénéfices de l'intégration économique soient partagés équitablement et que les communautés locales soient pleinement informées et impliquées dans ce processus.

**1. Promouvoir la sensibilisation et l'éducation sur la ZLECAF**

L'un des premiers rôles de la société civile est de sensibiliser les citoyens sur les implications de la ZLECAF. Beaucoup ignorent encore comment cet accord commercial continental peut transformer leurs vies et leurs communautés.

- **Campagnes d'information accessibles :** La société civile peut organiser des ateliers, des forums publics, et des campagnes médiatiques pour vulgariser les principes, les opportunités et les défis de la ZLECAF. Ces initiatives doivent être adaptées aux réalités locales et accessibles dans les langues locales pour toucher un large éventail de publics, notamment dans les zones rurales.

- **Formation aux droits économiques :** En éduquant les populations sur leurs droits dans le cadre de cet accord, la société civile leur permet de mieux saisir les opportunités offertes par la ZLECAF, qu'il s'agisse de la création d'entreprises, de l'accès aux nouveaux marchés ou de la protection contre les pratiques commerciales injustes.

**2. Assurer la transparence et la responsabilité**

La société civile doit être un acteur clé dans le suivi et l'évaluation des politiques liées à la mise en œuvre de la ZLECAF, afin de prévenir les dérives, de garantir la bonne gouvernance, et d'assurer que les promesses d'intégration économique soient effectivement tenues.

- **Suivi des politiques publiques :** Les organisations de la société civile peuvent surveiller la mise en œuvre des politiques commerciales, des accords d'investissement, et des projets d'infrastructure pour s'assurer qu'ils respectent les principes de transparence, de justice sociale, et de durabilité environnementale.

- **Plaidoyer pour une gouvernance ouverte :** La société civile doit exiger des mécanismes de reddition des comptes de la part des décideurs politiques et des investisseurs, en demandant la publication des budgets, des accords commerciaux, et des études d'impact sur les communautés locales.

**3. Soutenir l'inclusivité et l'égalité des chances**

La société civile a également un rôle primordial à jouer dans la lutte contre les inégalités économiques et sociales qui pourraient découler de la mise en œuvre de la ZLECAF. Il est impératif que l'intégration économique soit inclusive et qu'elle profite à toutes les couches de la société.

- **Promotion de l'équité économique :** Les ONG et autres organisations doivent plaider pour des politiques qui favorisent l'intégration économique des groupes souvent marginalisés, tels que les femmes, les jeunes, et les personnes handicapées. Cela inclut des mesures pour leur garantir un accès équitable aux financements, aux opportunités commerciales et aux marchés.
- **Soutien aux entrepreneurs locaux :** Les campagnes de sensibilisation doivent encourager les jeunes entrepreneurs et les femmes à profiter des nouvelles opportunités économiques offertes par la ZLECAF, tout en leur fournissant les outils nécessaires pour réussir, comme la formation, le mentorat, et l'accès aux ressources.

**4. Renforcer le dialogue entre les communautés et les entreprises**

La société civile peut agir comme un pont entre les populations locales et les acteurs économiques pour garantir que les investissements et les projets d'infrastructure servent les intérêts des communautés tout en respectant leurs droits.

- **Médiation et dialogue :** Les groupes communautaires peuvent faciliter les discussions entre les entreprises et les populations locales pour s'assurer que les projets respectent les priorités locales, préservent les ressources naturelles, et minimisent les impacts environnementaux négatifs.
- **Promotion des avantages locaux :** Les investissements dans les infrastructures ou les zones économiques spéciales doivent inclure des clauses garantissant des retombées positives pour les populations locales, comme la création d'emplois ou le soutien aux entreprises locales.

En s'impliquant activement dans la mise en œuvre de la ZLECAF, la société civile peut jouer un rôle crucial pour garantir une intégration économique juste et inclusive. Par le biais de la sensibilisation, du suivi des politiques, de la lutte pour l'équité et du renforcement du dialogue, elle peut contribuer à transformer la ZLECAF en un moteur de développement durable, d'équité sociale et de prospérité partagée à travers le continent.

**Une Mobilisation collective pour l'avenir de l'Afrique**

La réussite de la Zone de Libre-Échange continentale africaine (ZLECAF) repose sur une synergie inédite entre les gouvernements, le secteur privé, et la société civile. Cette mobilisation collective est la pierre angulaire d'une intégration économique réussie, capable de transformer le continent en un acteur incontournable de l'économie mondiale. Plus qu'un simple projet commercial, la ZLECAF incarne une vision d'avenir : celle d'une Afrique unie, prospère, et souveraine.

***Le rôle central des gouvernements : construire un cadre propice***

Les gouvernements africains portent une responsabilité capitale dans la mise en œuvre de la ZLECAF. Ils doivent créer un cadre institutionnel et réglementaire favorable, en harmonisant les politiques commerciales, en réduisant les barrières tarifaires et non tarifaires, et en développant des infrastructures de qualité pour soutenir les échanges. Ces efforts incluent :

- **Des politiques économiques inclusives :** Les États doivent s'assurer que les bénéfices de la ZLECAF atteignent toutes les couches de la population, notamment les jeunes, les femmes, et les populations rurales. Cela passe par des réformes fiscales équitables et le développement de programmes sociaux ciblés.
- **Des investissements stratégiques :** L'amélioration des infrastructures de transport, des hubs logistiques, et des corridors transfrontaliers est essentielle pour relier les marchés africains et stimuler les échanges intra-continentaux.
- **La stabilité institutionnelle :** Les gouvernements doivent garantir un climat de paix et de sécurité, essentiel pour attirer les investissements et renforcer la confiance des acteurs économiques.

*Le secteur privé : moteur de la transformation économique*

Le secteur privé joue un rôle de catalyseur dans cette dynamique, en saisissant les opportunités commerciales offertes par la ZLECAF et en contribuant à la création de chaînes de valeur régionales et continentales. Il est appelé à :

- **Stimuler l'innovation et la compétitivité :** Les entreprises africaines doivent moderniser leurs processus de production, adopter des technologies de pointe, et investir dans la recherche et le développement pour répondre aux standards internationaux.
- **Renforcer les partenariats :** Le secteur privé doit développer des collaborations stratégiques entre les entreprises africaines, tout en établissant des liens solides avec des partenaires internationaux pour accélérer l'intégration dans les chaînes de valeur mondiales.
- **Soutenir les PME :** Les grandes entreprises doivent jouer un rôle inclusif en intégrant les petites et moyennes entreprises dans leurs réseaux d'approvisionnement, leur permettant ainsi de croître et de contribuer à l'économie.

*La société civile : gardienne d'une intégration équitable*

La société civile a un rôle crucial à jouer pour garantir que l'intégration économique ne laisse personne de côté. Elle doit veiller à ce que les politiques et les réformes mises en œuvre dans le cadre de la ZLECAF soient inclusives, transparentes, et bénéfiques pour l'ensemble des citoyens africains. Cela implique :

- **Un plaidoyer constant :** La société civile doit militer pour des politiques économiques équitables et des mécanismes de redistribution qui réduisent les inégalités sociales et économiques.
- **La sensibilisation des populations :** En informant les citoyens sur les opportunités offertes par la ZLECAF et en les aidant à comprendre les réformes en cours, elle favorise leur participation active au processus d'intégration.
- **La surveillance de la gouvernance :** En jouant un rôle de veille, la société civile peut contribuer à réduire la corruption et à garantir que les ressources sont utilisées efficacement pour atteindre les objectifs de la ZLECAF.

*Une vision commune pour l'avenir*

L'intégration économique de l'Afrique ne peut être le fruit d'efforts isolés. C'est dans l'union de ses forces que le continent pourra concrétiser son potentiel. Gouvernements, entreprises, et citoyens doivent converger autour d'une vision commune : celle d'une Afrique souveraine, compétitive, et résolument tournée vers l'avenir.

En renforçant la collaboration entre les acteurs publics, privés et civils, l'Afrique pourra bâtir des économies résilientes, réduire les inégalités, et jouer un rôle de premier plan dans l'arène mondiale. Cette mobilisation collective est non seulement une nécessité, mais également un devoir pour faire de la ZLECAF un modèle de réussite pour le développement inclusif et durable du continent.

**Le Sénégal : un leader potentiel dans la ZLECAF**

Le Sénégal, situé à la croisée des principales routes commerciales de l'Afrique de l'Ouest, dispose de nombreux atouts pour s'imposer comme un acteur clé dans la mise en œuvre de la Zone de Libre-Échange continentale africaine (ZLECAF). Sa position géographique stratégique, sa stabilité politique reconnue, et ses efforts constants pour développer ses infrastructures économiques le placent dans une position idéale pour capitaliser sur les opportunités qu'offre ce vaste marché continental. Toutefois, cette ambition exige de relever des défis importants liés à l'amélioration de la compétitivité, à la transformation industrielle et à la modernisation des infrastructures.

**B. Bilan des Opportunités pour le Sénégal**

**1. Accès à un marché continental**

La ZLECAF offre au Sénégal une opportunité unique de diversifier et d'élargir ses marchés d'exportation au-delà de ses partenaires traditionnels. Avec un marché potentiel de 1,3 milliard de consommateurs, cette initiative représente un levier économique majeur pour stimuler la production nationale et dynamiser les exportations.

- **Nouvelles opportunités d'exportation :** La suppression des barrières tarifaires permet au Sénégal d'accéder à de nouveaux débouchés, notamment dans des régions comme l'Afrique australe et orientale. Les secteurs clés tels que l'agro-industrie, les textiles, et les services numériques pourraient bénéficier d'une forte demande sur ces marchés. Par exemple, des produits agricoles comme le riz, les arachides, et les fruits de mer pourraient répondre à des besoins croissants sur le continent.

- **Chaînes de valeur régionales :** Le Sénégal peut jouer un rôle crucial dans la structuration de chaînes de valeur régionales. En collaborant avec ses voisins de la CEDEAO, le pays pourrait développer des produits à forte valeur ajoutée dans les secteurs agricole et manufacturier. L'agriculture sénégalaise, reconnue pour sa production de qualité, pourrait fournir des intrants essentiels à d'autres pays dotés de capacités de transformation avancées, renforçant ainsi l'intégration régionale.

### 2. Amélioration des Investissements directs étrangers (IDE)

La ZLECAF positionne le Sénégal comme une porte d'entrée privilégiée pour les investisseurs étrangers désireux de profiter de l'ouverture du marché africain.

- **Attractivité accrue pour les investisseurs :** Avec sa stabilité politique et son environnement juridique favorable, le Sénégal devient une destination de choix pour les IDE, en particulier dans des secteurs stratégiques comme les énergies renouvelables, les infrastructures, et les technologies de l'information. Les investisseurs internationaux pourraient également être attirés par des projets spécifiques tels que le *Port du Futur* de Ndayane ou l'extension de l'Aéroport international Blaise Diagne (AIBD), qui renforcent la position du Sénégal en tant que hub logistique régional.
- **Développement des infrastructures :** Ces projets d'envergure ne se contentent pas de répondre aux besoins nationaux. Ils créent également un cadre logistique adapté pour faciliter les échanges régionaux et continentaux, permettant au Sénégal de s'inscrire pleinement dans la dynamique de la ZLECAF.

### 3. Leadership dans les Énergies renouvelables et le Numérique

Le Sénégal dispose d'un potentiel unique pour devenir un leader régional dans les domaines de l'énergie et du numérique, deux secteurs clés pour la compétitivité future des économies africaines.

- **Exploitation du potentiel énergétique :** Les récentes découvertes de gisements de gaz naturel et le potentiel inexploité des énergies renouvelables, notamment solaire et éolien, offrent au Sénégal l'opportunité de devenir un fournisseur énergétique stratégique. Ces ressources pourraient soutenir les besoins énergétiques croissants de ses voisins, tout en attirant des investissements pour le développement d'infrastructures énergétiques modernes.
- **Numérisation de l'économie :** Fort de son positionnement de leader en Afrique de l'Ouest dans le domaine numérique, le Sénégal peut consolider son rôle en investissant davantage dans les startups technologiques et les services numériques. La montée en puissance des fintechs, du commerce électronique, et des solutions numériques pourrait transformer le Sénégal en un hub régional pour l'innovation technologique.

### 4. Renforcement de la Coopération régionale

Le Sénégal, en tant que membre influent de la CEDEAO, peut jouer un rôle de premier plan dans l'intégration économique régionale et dans la mise en œuvre efficace de la ZLECAF.

- **Positionnement au sein de la CEDEAO :** En facilitant l'harmonisation des politiques commerciales et en simplifiant les échanges transfrontaliers, le Sénégal pourrait devenir un catalyseur pour la coopération régionale en Afrique de l'Ouest. Des corridors logistiques mieux intégrés et des politiques alignées renforceraient l'interconnectivité économique.
- **Leadership diplomatique et économique :** Grâce à son expérience en diplomatie économique, le Sénégal est bien placé pour promouvoir des réformes favorisant un commerce équitable et inclusif. Son rôle de médiateur et de défenseur des intérêts régionaux pourrait contribuer à bâtir une ZLECAF plus cohérente et efficace, bénéficiant à l'ensemble du continent.

## C. Bilan des Défis pour le Sénégal

Le Sénégal, grâce à sa position stratégique en Afrique de l'Ouest, sa stabilité politique, et son potentiel économique, est bien placé pour devenir un acteur clé dans le cadre de la Zone de Libre-Échange continentale africaine (ZLECAF). Toutefois, le pays doit relever plusieurs défis pour maximiser ses opportunités et contribuer pleinement à l'intégration économique du continent. Ces défis se répartissent en quatre grandes catégories : compétitivité économique et transformation industrielle, infrastructures logistiques et commerciales, harmonisation des politiques commerciales, et inclusion sociale dans une optique de développement durable.

### 1. Compétitivité économique et Transformation industrielle

*Une industrie manufacturière sous-développée*

Malgré des progrès économiques notables, le Sénégal reste dépendant de l'importation de biens manufacturés, tandis que ses industries locales peinent à transformer les matières premières abondantes du pays. Par exemple, les arachides, un produit phare de l'économie sénégalaise, sont souvent exportées à l'état brut plutôt que transformées localement en produits à plus forte valeur ajoutée. Cette faiblesse industrielle freine la compétitivité du Sénégal sur les marchés africains et mondiaux.

• **Solution** : Stimuler les investissements dans les secteurs industriels clés, tels que l'agro-industrie, les textiles, ou les matériaux de construction, en créant des zones économiques spéciales et des incitations fiscales pour attirer les capitaux étrangers.

*Modernisation nécessaire de l'agriculture*

Bien que l'agriculture emploie une grande partie de la population sénégalaise, elle souffre encore de faibles rendements en raison de l'utilisation de techniques traditionnelles, de la dépendance à la pluviométrie, et du manque de mécanisation. Ce secteur clé doit être modernisé pour répondre à la demande croissante des marchés régionaux et réduire la dépendance aux importations alimentaires.

• **Solution** : Encourager l'adoption de technologies agricoles modernes, développer des systèmes d'irrigation et mécaniser les exploitations pour améliorer la productivité. Des partenariats public-privé peuvent également être mis en place pour financer ces initiatives.

**2. Infrastructures logistiques et commerciales**

*Des infrastructures de transport limitées*

Bien que le Sénégal ait fait des efforts significatifs pour moderniser ses infrastructures, notamment avec l'aéroport international Blaise Diagne et des projets routiers, la connectivité entre les régions et avec les pays voisins reste insuffisante. Les zones rurales et les régions enclavées peinent à accéder aux grands centres économiques, limitant leur participation aux échanges commerciaux intra-africains.

• **Solution** : Développer des corridors commerciaux reliant le Sénégal à ses voisins enclavés, comme le Mali, et investir dans des infrastructures de transport transfrontalières.

*Coûts logistiques élevés*

Le coût élevé des services logistiques, notamment le transport des marchandises et le stockage, freine la compétitivité des exportateurs sénégalais. Ces coûts rendent difficile l'intégration des entreprises locales dans les chaînes de valeur régionales et internationales.

• **Solution** : Moderniser les ports et hubs logistiques, digitaliser les opérations douanières, et favoriser l'émergence d'acteurs privés dans la logistique pour accroître la compétitivité et réduire les coûts.

### 3. Harmonisation des Politiques commerciales

*Barrières non tarifaires persistantes*

Les formalités administratives complexes, les contrôles douaniers inefficaces, et l'absence d'harmonisation des normes entre les membres de la ZLECAF freinent les échanges commerciaux. Ces obstacles créent des délais et des coûts supplémentaires pour les entreprises sénégalaises qui cherchent à exporter leurs produits.

- **Solution** : Simplifier les procédures douanières en investissant dans des systèmes numériques, harmoniser les normes commerciales avec celles des autres pays africains, et renforcer la formation des douaniers pour une gestion plus efficace.

*Régulations douanières et fiscales*

Le Sénégal devra aligner ses politiques fiscales et douanières sur celles des autres membres de la ZLECAF pour éviter des déséquilibres et promouvoir les exportations.

- **Solution** : Mettre en place des incitations fiscales pour encourager les exportations, tout en veillant à maintenir un cadre fiscal compétitif pour attirer les investissements.

### 4. Inclusion sociale et Développement durable

*Intégration des PME et des zones rurales*

Les petites et moyennes entreprises (PME) et les agriculteurs, qui représentent une grande part de l'économie sénégalaise, risquent d'être marginalisés si des mesures spécifiques ne sont pas prises pour leur permettre de participer pleinement à la ZLECAF.

- **Solution** : Développer des programmes de formation, offrir un soutien financier aux PME, et renforcer les capacités des agriculteurs pour qu'ils puissent intégrer les chaînes de valeur régionales.

*Croissance durable et respect de l'environnement*

Le Sénégal doit concilier croissance économique et durabilité. Les secteurs clés, comme l'agriculture, l'exploitation minière, et l'industrie, doivent adopter des pratiques respectueuses de l'environnement pour préserver les ressources naturelles et répondre aux exigences internationales en matière de durabilité.

- **Solution** : Mettre en place des politiques incitatives pour les entreprises qui adoptent des pratiques durables, développer les énergies renouvelables, et sensibiliser les acteurs économiques à l'importance de la durabilité.

**Une Feuille de Route pour l'Intégration économique**

Le Sénégal possède de nombreux atouts pour devenir un acteur majeur de l'intégration économique africaine. Cependant, pour pleinement tirer parti des opportunités offertes par la ZLECAF, il devra relever des défis structurels liés à l'industrialisation, aux infrastructures, à la compétitivité commerciale, et à l'inclusion sociale.

En investissant dans des infrastructures modernes, en renforçant les capacités industrielles, et en adoptant des politiques commerciales harmonisées, le Sénégal peut non seulement renforcer sa position régionale, mais aussi devenir un modèle de croissance inclusive et durable sur le continent.

**Perspectives à long terme : comment le Sénégal peut devenir un pilier de la transformation économique africaine**

Le Sénégal dispose d'atouts exceptionnels qui lui permettent d'ambitionner un rôle central dans la transformation économique de l'Afrique. Sa position géographique stratégique, sa stabilité politique reconnue, et ses efforts constants pour moderniser son économie offrent une base solide pour façonner son avenir et influencer celui du continent. Avec la mise en œuvre de la Zone de Libre-Échange continentale africaine (ZLECAF) et l'adoption de réformes ambitieuses, le Sénégal est bien positionné pour accélérer l'industrialisation, promouvoir l'intégration régionale, et renforcer la compétitivité africaine à l'échelle mondiale.

**1. Industrialisation et Transformation locale**

*Accélérer l'industrialisation*

Pour devenir un acteur incontournable dans la transformation économique africaine, le Sénégal doit accélérer son industrialisation. Cela nécessite d'importants investissements dans des secteurs clés tels que l'agro-industrie, la transformation minière et le textile. Ces industries offrent un potentiel élevé en termes de création de valeur ajoutée et d'emplois. La priorité doit être donnée à la transformation locale des matières premières pour réduire la dépendance aux exportations brutes et maximiser les bénéfices économiques.

*Développement des chaînes de valeur régionales*

Le Sénégal peut jouer un rôle de leader en construisant des chaînes de valeur régionales solides. En collaborant avec ses voisins de la

CEDEAO et d'autres pays africains, il peut renforcer l'intégration régionale dans des secteurs comme l'agriculture, l'énergie, et l'industrie manufacturière. L'exportation de produits transformés au sein de la ZLECAF pourrait stimuler l'économie nationale tout en renforçant la compétitivité régionale.

**2. Hub logistique et commercial**

*Positionner le Sénégal comme un carrefour logistique*

Avec des projets d'envergure comme le port de Ndayane, le Sénégal est bien placé pour devenir un hub logistique de premier plan en Afrique de l'Ouest. En modernisant ses infrastructures portuaires, aéroportuaires, et ferroviaires, le pays pourrait faciliter les échanges commerciaux intra-africains et internationaux, devenant ainsi un point de transit stratégique pour le continent.

*Renforcer la connectivité régionale*

Le développement de corridors de transport modernes est essentiel pour améliorer les échanges transfrontaliers. En investissant dans la modernisation des routes, des chemins de fer, et des infrastructures logistiques, le Sénégal pourrait devenir un pivot de la connectivité régionale, facilitant ainsi la circulation des biens et des services.

**3. Leadership dans les Énergies renouvelables**

*Devenir une référence en énergies vertes*

Grâce à ses ressources abondantes en énergie solaire, éolienne, et hydroélectrique, le Sénégal peut s'imposer comme un modèle de transition énergétique en Afrique. Le développement de projets d'énergies renouvelables pourrait non seulement garantir l'autosuffisance énergétique, mais aussi positionner le Sénégal comme un exportateur d'énergie pour le continent.

*Exploitation stratégique du gaz naturel*

Les récentes découvertes de gaz naturel offrent une opportunité unique au Sénégal pour soutenir sa croissance économique. En combinant une exploitation responsable du gaz avec le développement des énergies renouvelables, le pays pourrait devenir un acteur clé dans la sécurisation énergétique en Afrique tout en respectant ses engagements environnementaux.

### 4. Innovation technologique et Transformation numérique

*Créer un écosystème d'innovation*

Le Sénégal peut devenir un centre technologique pour l'Afrique de l'Ouest en renforçant les startups, les fintechs, et les services numériques. En soutenant les incubateurs, en encourageant l'entrepreneuriat technologique, et en améliorant l'accès à Internet, le pays peut favoriser l'adoption des technologies dans tous les secteurs.

*Accélérer la digitalisation*

La transformation numérique est essentielle pour moderniser l'économie sénégalaise. En adoptant des solutions numériques pour l'administration publique et les entreprises privées, le Sénégal pourrait améliorer l'efficacité de ses services, simplifier les échanges transfrontaliers, et augmenter l'inclusion financière.

### 5. Intégration régionale et diplomatie économique

*Promouvoir l'intégration régionale*

Le Sénégal peut devenir un acteur clé dans la mise en œuvre de la ZLECAF et le renforcement de la CEDEAO. En facilitant la coopération économique entre les pays africains, il peut contribuer à la création d'un marché continental dynamique et équitable.

*Renforcer la diplomatie économique*

La diplomatie économique offre une voie pour attirer des investissements, établir des partenariats internationaux, et promouvoir les produits sénégalais à l'étranger. En jouant un rôle actif sur la scène mondiale, le Sénégal pourrait consolider sa position en tant que moteur économique régional.

### 6. Développement du Capital Humain

*Investir dans l'éducation et la formation*

Le capital humain est au cœur du développement économique. En renforçant l'éducation technique et professionnelle, le Sénégal pourrait répondre aux besoins des secteurs industriels, énergétiques, et numériques. Les partenariats avec les universités et les centres de formation sont essentiels pour développer une main-d'œuvre qualifiée et compétitive.

*Encourager l'entrepreneuriat*

En soutenant les jeunes entrepreneurs avec des financements, des programmes de mentorat, et une simplification des démarches administratives, le Sénégal pourrait stimuler l'innovation et créer un écosystème économique dynamique.

### 7. Développement durable et Transition verte

*Adopter des pratiques durables*

L'intégration du développement durable dans les politiques économiques est essentielle pour garantir un avenir prospère. En promouvant l'agriculture durable, les pratiques industrielles respectueuses de l'environnement, et la protection des ressources naturelles, le Sénégal peut attirer des investissements verts et se positionner comme un leader dans la lutte contre le changement climatique.

*Transition vers une économie circulaire*

Le Sénégal peut maximiser l'utilisation des ressources et réduire le gaspillage grâce à une économie circulaire. En développant des industries axées sur le recyclage et l'innovation environnementale, le pays pourrait générer des opportunités économiques tout en protégeant son écosystème.

### Un avenir prometteur pour le Sénégal et l'Afrique

Avec une vision claire, des réformes structurelles, et des investissements stratégiques, le Sénégal a le potentiel de devenir un moteur de la transformation économique africaine. En misant sur l'industrialisation, les énergies renouvelables, la technologie, et l'intégration régionale, le pays peut non seulement renforcer son économie, mais aussi inspirer un modèle de croissance inclusive et durable pour tout le continent.

### Recommandations stratégiques pour maximiser les bénéfices de la ZLECAF pour le Sénégal

La Zone de Libre-Échange continentale africaine (ZLECAF) offre au Sénégal une opportunité unique de transformer son économie, de renforcer son intégration régionale, et de diversifier ses sources de croissance. Cependant, pour que ces avantages se concrétisent, une approche stratégique est indispensable. Cela nécessite une synergie entre l'État, le secteur privé, et les partenaires régionaux pour relever les défis structurels, moderniser les infrastructures, et soutenir les entreprises locales. Voici une série de recommandations stratégiques pour permettre au Sénégal de tirer pleinement parti des potentialités offertes par la ZLECAF :

*Renforcer les infrastructures commerciales et logistiques*

- **Modernisation des infrastructures de transport :** Le Sénégal doit accélérer ses investissements dans les infrastructures stratégiques pour faciliter les échanges commerciaux intra-africains. Des projets tels que le Port du Futur de Ndayane doivent être priorisés pour renforcer la capacité portuaire et réduire la congestion au Port de Dakar. Parallèlement, les corridors commerciaux reliant le Sénégal à ses voisins de la CEDEAO, notamment le Mali et la Guinée, nécessitent des investissements massifs pour améliorer les routes, les lignes ferroviaires, et les plateformes logistiques.
- **Simplification et numérisation des procédures douanières :** La digitalisation des douanes et l'adoption d'un système de guichet unique sont des impératifs pour améliorer la compétitivité des exportations sénégalaises. Ces mesures permettront de réduire les délais et les coûts de transaction, tout en renforçant la transparence et en luttant contre la corruption dans les échanges commerciaux.

*Soutenir l'industrialisation et la transformation locale*

- **Encourager la transformation des matières premières :** Le Sénégal doit s'orienter vers une industrialisation accrue en stimulant la transformation locale des produits agricoles, miniers, et halieutiques. Des zones économiques spéciales (ZES) doivent être établies pour attirer des investissements ciblés dans des secteurs stratégiques comme l'agro-industrie, les textiles, et les matériaux de construction. Ces zones, appuyées par des incitations fiscales et des programmes de financement, serviront de moteurs pour augmenter la valeur ajoutée des exportations sénégalaises.
- **Développer les chaînes de valeur régionales :** En collaboration avec d'autres membres de la ZLECAF, le Sénégal peut jouer un rôle central dans la création de chaînes de valeur régionales, notamment dans les secteurs agricoles et manufacturiers. Par exemple, la transformation des arachides, du coton, ou des produits halieutiques peut s'appuyer sur des synergies régionales pour maximiser les opportunités commerciales.

*Encourager l'innovation et la transformation numérique*

- **Investir dans la digitalisation :** Le gouvernement doit intensifier ses efforts pour améliorer l'accès à l'Internet haut débit et encourager l'adoption des technologies numériques par les entreprises sénégalaises.

La digitalisation des PME et le développement de solutions fintech adaptées aux échanges intra-africains renforceront leur compétitivité.

- **Soutenir les écosystèmes d'innovation :** Des incubateurs et des hubs technologiques doivent être créés pour encourager l'innovation dans des secteurs émergents tels que les technologies de l'information et de la communication (TIC) et les services financiers numériques. Ces structures, en partenariat avec le secteur privé, peuvent permettre l'émergence de start-ups capables de répondre aux besoins des marchés africains.

***Améliorer le climat des affaires et attirer les investissements***

- **Poursuivre les réformes structurelles :** Des réformes visant à simplifier la création d'entreprises, à garantir la sécurité juridique des investissements, et à faciliter l'accès au crédit doivent être poursuivies. Le Sénégal doit se positionner comme une destination attractive pour les investisseurs étrangers, en particulier dans les secteurs de l'énergie renouvelable, des infrastructures, et de l'industrie.

- **Soutenir les PME :** Les petites et moyennes entreprises représentent une composante essentielle de l'économie sénégalaise. Le gouvernement doit développer des mécanismes de soutien financier, tels que des subventions, des crédits bonifiés, et des garanties bancaires, tout en proposant des programmes de formation et d'accompagnement pour améliorer leur compétitivité.

***Promouvoir une croissance inclusive et durable***

- **Inclure les groupes marginalisés :** Les politiques économiques liées à la ZLECAF doivent garantir que les populations rurales, les jeunes, et les femmes bénéficient également des opportunités créées. Des programmes de formation, des mécanismes de financement spécifiques, et des initiatives d'appui aux entrepreneurs ruraux sont essentiels pour assurer une répartition équitable des bénéfices.

- **Encourager le développement durable :** Le Sénégal doit adopter des pratiques écologiques dans des secteurs clés comme l'agriculture, l'énergie, et l'industrie. Cela inclut le développement des énergies renouvelables, la gestion durable des ressources naturelles, et l'adoption de normes environnementales dans les processus de production.

Pour maximiser les bénéfices de la ZLECAF, le Sénégal doit combiner des réformes structurelles ambitieuses avec des politiques économiques inclusives et durables. En investissant dans ses infrastructures, en soutenant ses entreprises locales, et en favorisant l'innovation, le pays pourra non seulement renforcer sa compétitivité sur le marché africain, mais aussi jouer un rôle clé dans l'intégration économique du continent. Cette approche concertée entre le gouvernement, le secteur privé, et les partenaires régionaux sera cruciale pour transformer les opportunités de la ZLECAF en moteurs de croissance durable pour le Sénégal.

**Recommandations pour le Secteur privé sénégalais : Une Stratégie pour tirer Parti de la ZLECAF**

***Exploration des nouveaux marchés intra-africains***

La Zone de Libre-Échange continentale africaine (ZLECAF) offre au secteur privé sénégalais une occasion unique de diversifier ses débouchés et de renforcer sa présence sur le continent. Pour tirer parti de cette opportunité, les entreprises doivent adopter une approche proactive.

- **Diversification des exportations :** Il est impératif pour les entreprises sénégalaises d'explorer de nouveaux marchés africains au-delà de leurs partenaires commerciaux traditionnels. Les secteurs clés, tels que l'agriculture, l'agro-industrie, les produits manufacturés, et les technologies, doivent être positionnés stratégiquement pour répondre aux besoins spécifiques des pays membres de la ZLECAF. Une diversification réussie permettra non seulement de réduire la dépendance économique envers des marchés spécifiques, mais aussi de dynamiser les exportations à haute valeur ajoutée.
- **Amélioration de la compétitivité :** Le secteur privé doit viser l'excellence en termes de qualité des produits et des services pour se conformer aux normes internationales. Cela nécessitera une adoption accrue des technologies modernes, une optimisation des processus de production, et un investissement significatif dans des pratiques durables. Ces efforts renforceront la position des entreprises sénégalaises face à une concurrence régionale et mondiale accrue.

***Investir dans l'Innovation et la Transformation numérique***

La transformation numérique est un levier essentiel pour accroître la productivité, améliorer les échanges commerciaux et connecter les entreprises sénégalaises à de nouveaux clients à travers le continent.

- **Adoption des technologies numériques :** Les outils numériques doivent devenir un pilier central des stratégies commerciales. Le développement de plateformes de commerce électronique, l'intégration des services financiers digitaux (fintech), et l'utilisation de solutions logistiques numériques permettront aux entreprises d'élargir leur portée et de rationaliser leurs opérations.

- **Collaborer avec les startups :** Le secteur privé doit renforcer ses partenariats avec les startups technologiques locales, qui sont souvent à la pointe de l'innovation. Ces collaborations peuvent transformer les processus de production, de distribution, et de marketing, en favorisant l'émergence d'écosystèmes technologiques compétitifs à l'échelle régionale.

***Partenariats stratégiques et coopération régionale***

Pour maximiser les opportunités offertes par la ZLECAF, les entreprises sénégalaises doivent s'intégrer davantage dans les dynamiques économiques régionales par des collaborations stratégiques.

- **Développement de partenariats régionaux :** La coopération avec des entreprises d'autres pays africains est essentielle pour co-développer des produits, accéder à des marchés complémentaires et partager des innovations technologiques. Ces partenariats renforceront l'intégration du Sénégal dans les chaînes de valeur régionales et amélioreront sa compétitivité.
- **Soutenir les initiatives régionales :** Une participation active aux forums économiques régionaux et aux initiatives de coopération permettra au secteur privé sénégalais de jouer un rôle clé dans la définition des cadres commerciaux intra-africains. Cela inclut le partage des meilleures pratiques et la collaboration sur des projets conjoints pour créer un environnement commercial harmonisé.

***Saisir les opportunités dans les énergies renouvelables***

Les énergies renouvelables représentent une opportunité majeure pour répondre aux défis énergétiques du Sénégal tout en favorisant une croissance durable.

- **Investissements stratégiques :** Le secteur privé doit explorer les investissements dans le solaire, l'éolien, et d'autres sources d'énergie renouvelable. Ces investissements permettront non seulement de répondre aux besoins énergétiques croissants du pays, mais aussi de positionner le Sénégal comme un leader régional dans la transition énergétique.
- **Développement de solutions pour les PME :** En concevant des solutions énergétiques adaptées, telles que les mini-réseaux ou l'énergie hors réseau, les entreprises sénégalaises peuvent contribuer à l'électrification des zones rurales et au renforcement des capacités des PME locales. Cela stimulera une croissance inclusive et renforcera la compétitivité du tissu entrepreneurial national.

### *Formation et développement des compétences*

Un capital humain qualifié est essentiel pour accompagner la transformation économique et renforcer la compétitivité des entreprises sénégalaises.

- **Investissement dans la formation continue :** Le secteur privé doit prioriser la formation de ses employés pour améliorer la productivité et favoriser l'adoption des nouvelles technologies. Des programmes axés sur l'exportation, les normes de qualité, et les compétences numériques sont indispensables pour se positionner efficacement sur les marchés internationaux.
- **Renforcement des capacités des PME :** Les grandes entreprises peuvent jouer un rôle catalyseur en collaborant avec les PME locales pour partager leur expertise et les aider à moderniser leurs processus de production. Cela facilitera leur intégration dans les chaînes de valeur régionales et augmentera leur compétitivité.

### Vers un secteur privé proactif et résilient

Pour que le Sénégal tire pleinement parti des avantages offerts par la ZLECAF, une collaboration étroite entre le gouvernement et le secteur privé est cruciale. L'investissement dans l'innovation, l'amélioration des infrastructures, et la promotion de partenariats régionaux sont des leviers clés pour positionner le Sénégal comme un acteur économique incontournable en Afrique. En adoptant une stratégie inclusive et durable, le secteur privé sénégalais pourra non seulement renforcer sa compétitivité, mais aussi contribuer activement à la transformation économique et sociale du continent.

# ANNEXES

## Statistiques sur le Commerce Intra-Africain

Le commerce intra-africain demeure historiquement faible comparé aux autres régions du monde. À l'heure actuelle, il représente entre **16 % et 18 %** des échanges totaux du continent, une proportion modeste en comparaison des **70 %** pour l'Europe ou des **60 %** pour l'Asie. Cependant, l'instauration de la Zone de Libre-Échange continentale africaine (ZLECAF) marque une étape clé pour inverser cette tendance. Grâce à la réduction progressive des barrières tarifaires et non tarifaires, associée au développement des infrastructures, les projections laissent entrevoir une augmentation significative des échanges intra-africains dans les années à venir.

### Chiffres clés du commerce intra-africain (2021)

- **Part du commerce intra-africain** : 16,2 % des échanges totaux.
- **Prévisions d'augmentation sous la ZLECAF** : Jusqu'à 52 % d'ici **2030**, selon la Commission économique pour l'Afrique (CEA).
- **Principaux secteurs d'exportation intra-africaine** :
    - Produits agricoles et agroalimentaires (riz, fruits, huile).
    - Produits miniers (phosphates, métaux précieux).
    - Produits manufacturés et textiles.
- **Pays contributeurs majeurs** : Afrique du Sud, Nigéria, Égypte, Kenya.

### Impact de la ZLECAF : Statistiques

*1. Taille et potentiel du marché africain*

- **Population couverte par la ZLECAF** : 1,3 milliard d'habitants (2021).
- **Produit intérieur brut (PIB)** : Environ 3,4 trillions de dollars (2021).
- **Bloc commercial** : Plus grand au monde en termes de nombre de pays participants (54 sur 55 pays africains).

*2. Évolution du commerce intra-africain avant et après la ZLECAF*

- **Part actuelle (2021)** : 16-18 % des échanges totaux.
- **Projection (2030)**: Potentielle hausse à 52 %.
- **Réduction des droits de douane** : Jusqu'à **90 %** d'ici 10 ans, selon le calendrier d'implémentation.
- **Simplification des procédures douanières** : Réduction des coûts commerciaux de **10 à 15 %**.

*3. Retombées économiques globales*

- **Croissance du PIB** : Ajout potentiel de **450 milliards de dollars** au PIB africain d'ici 2035 (Banque mondiale).
- **Réduction de la pauvreté** : Sortie estimée de **30 millions de personnes** de l'extrême pauvreté grâce à l'intégration commerciale.
- **Augmentation des revenus** : Croissance de **2,5 %** des revenus des pays africains, avec un impact particulièrement favorable sur les pays enclavés.

*4. Secteurs clés bénéficiaires*

- **Industrie manufacturière** : Hausse prévue de **50 %** de la production intra-africaine d'ici 2030.
- **Agriculture et agro-industrie** : Croissance des échanges agricoles intra-africains de **40 %** grâce à l'amélioration des chaînes de valeur.
- **Services** : Développement des secteurs des télécommunications, de la finance, et du tourisme, créant des millions d'emplois.

*5. Investissements et emplois*

- **IDE intra-africains** : Accélération des investissements grâce aux nouvelles opportunités commerciales régionales.
- **Création d'emplois** : Environ **20 millions d'emplois directs et indirects** attendus d'ici 2035, notamment dans l'agriculture, l'industrie, et les services.

Les chiffres et projections montrent que la ZLECAF a le potentiel de transformer en profondeur l'économie africaine, en stimulant la production, les exportations, et les investissements à l'échelle régionale. La libéralisation des échanges, combinée à une amélioration des infrastructures et des procédures commerciales, pourrait permettre à l'Afrique de devenir une force économique majeure, tout en renforçant la résilience et la prospérité des populations locales.

**Textes officiels et accords de la ZLECAF : une architecture juridique pour l'intégration économique de l'Afrique**

La Zone de Libre-Échange continentale africaine (ZLECAF) repose sur un cadre juridique sophistiqué et diversifié qui balise son fonctionnement, encadre les engagements des États membres, et établit des mécanismes pour faciliter l'intégration économique à l'échelle continentale. Ces textes officiels et accords, élaborés avec soin, traduisent la volonté collective des pays africains de transformer le commerce intra-africain en levier stratégique pour le développement économique et la compétitivité globale.

**Voici une présentation détaillée des principaux piliers juridiques et protocoles de la ZLECAF :**

*1. Accord Cadre de la ZLECAF*

**Date de signature** : 21 mars 2018 à Kigali, Rwanda. **Entrée en vigueur** : 30 mai 2019, après ratification par 22 pays.

**Objectifs majeurs :**

- Établir un marché unique pour les biens, services, et la libre circulation des personnes.
- Stimuler l'industrialisation et diversifier les économies africaines.
- Réduire les barrières tarifaires et non tarifaires pour favoriser le commerce intra-africain.
- Intégrer le continent africain dans l'économie mondiale.

**Structure :** L'accord s'articule autour de plusieurs protocoles et annexes couvrant des thématiques variées comme le commerce des biens et des services, les investissements, la concurrence, et la propriété intellectuelle.

*2. Protocole sur le commerce des biens*

**Objectif :** Créer un espace de libre-échange pour les marchandises africaines en réduisant progressivement les droits de douane.

**Contenu :**

- **Réduction tarifaire** : Abolition progressive des droits de douane sur 90 % des produits.
- **Règles d'origine** : Établir des critères précis pour garantir que les produits profitant des avantages tarifaires sont véritablement d'origine africaine.

- **Facilitation douanière** : Simplification des procédures douanières et coopération entre les États pour fluidifier les échanges.

*3. Protocole sur le commerce des services*

**Objectif :** Libéraliser les services transfrontaliers et renforcer la compétitivité des entreprises de services africaines.

**Contenu :**

- Ouverture des marchés de services dans des secteurs stratégiques tels que les transports, la finance, et les télécommunications.
- Définition de régulations pour garantir la transparence et l'équité dans l'accès aux marchés.

*4. Protocole sur les règlements des différends*

**Objectif :** Proposer des mécanismes justes et contraignants pour résoudre les litiges commerciaux entre États membres.

**Contenu :**

- Création d'un organe spécialisé dans le règlement des différends.
- Inclusion de méthodes de médiation, conciliation et arbitrage avant toute sanction.

*5. Protocole sur les investissements*

**Objectif :** Créer un environnement propice aux investissements intra-africains.

**Contenu :**

- Harmonisation des régulations pour encourager les investissements interétatiques.
- Garantie de protections juridiques aux investisseurs, avec des mécanismes clairs pour résoudre les conflits.

*6. Protocole sur la concurrence*

**Objectif :** Établir un cadre continental pour surveiller et réguler les pratiques anticoncurrentielles.

**Contenu :**

- Lutter contre les monopoles et les abus de position dominante.
- Encourager la coopération entre les autorités nationales de régulation de la concurrence.

*7. Protocole sur les droits de propriété intellectuelle*

**Objectif :** Promouvoir l'innovation en harmonisant les règles relatives à la propriété intellectuelle.

**Contenu :**

- Protection des marques, brevets, droits d'auteur, et indications géographiques.
- Facilitation de l'accès aux technologies tout en garantissant les droits des innovateurs africains.

*8. Règles d'origine*

**Objectif :** Garantir que les produits bénéficiant des avantages tarifaires proviennent effectivement de l'Afrique.

**Contenu :**

- Critères rigoureux pour identifier l'origine des produits et prévenir les fraudes commerciales.

*9. Protocole sur les Femmes et les Jeunes dans le Commerce*

**Objectif :** Promouvoir l'inclusion économique des femmes et des jeunes dans les échanges commerciaux à l'échelle continentale.

**Contenu :**

- Favoriser l'accès des femmes et des jeunes entrepreneurs aux marchés intra-africains.

- Mettre en place des programmes de formation, de renforcement de capacités et de mentorat.

- Améliorer l'accès au financement pour les entreprises dirigées par des femmes et des jeunes.

- Intégrer l'égalité des genres et la jeunesse dans les politiques commerciales nationales et régionales.

*10. Protocole sur le Commerce Numérique*

**Objectif :** Établir un cadre réglementaire commun pour faciliter et sécuriser les échanges numériques à travers le continent.

**Contenu :**

• Harmoniser les règles en matière de commerce électronique, cybersécurité, et protection des données.

• Créer un environnement propice aux start-up et aux services numériques transfrontaliers.

• Définir les droits et devoirs des plateformes numériques et des utilisateurs.
• Promouvoir l'innovation et l'accès équitable aux technologies numériques.

*11. Protocole relatif aux Marchés Publics*

**Objectif :** Instaurer un marché continental transparent, équitable et compétitif pour les marchés publics.

**Contenu :**

• Permettre aux entreprises africaines de concourir aux appels d'offres publics sur l'ensemble du continent.

• Mettre en place des règles harmonisées pour les procédures de passation des marchés.

• Favoriser la transparence, la lutte contre la corruption et la bonne gouvernance dans les marchés publics.

• Encourager la participation des PME locales aux projets financés par les États ou les bailleurs.

*12. Annexes et instruments complémentaires*

**Annexes :** Des documents détaillés viennent compléter les protocoles, notamment en matière de normes sanitaires et phytosanitaires, de facilitation des échanges, ou de coopération douanière.

**Instruments de soutien :** Des fonds spécifiques, notamment pour les pays les moins avancés, sont prévus pour garantir une mise en œuvre équitable de la ZLECAF.

Ces textes officiels et accords représentent l'ossature juridique de la ZLECAF. Ils traduisent une ambition commune : transformer le commerce intra-africain en moteur de développement et d'intégration. En s'attaquant aux barrières tarifaires, en harmonisant les normes, et en établissant des mécanismes de règlement des différends, la ZLECAF crée les conditions nécessaires à l'émergence d'un marché africain unifié, compétitif, et inclusif. Pour les États membres, il s'agit non seulement d'une opportunité économique, mais aussi d'un levier stratégique pour renforcer leur souveraineté dans un contexte de mondialisation.

**Témoignages d'acteurs économiques et politiques clés sur la mise en œuvre de la ZLECAF**

**1. Témoignages d'hommes politiques africains**

*SEM Bassirou Diomaye Diakhar FAYE - Président de la République du Sénégal*

**Citation :** *"Il nous faudra en même temps améliorer nos facteurs de production, y compris les infrastructures de base pour le transport et la logistique, et faciliter l'accès à l'électricité à un coût compétitif, pour soutenir la productivité et tirer parti des avantages de la Zone de libre-échange continentale africaine."*

**Analyse :** Le Président FAYE souligne l'importance des infrastructures et de l'énergie comme leviers essentiels pour maximiser les bénéfices de la ZLECAF. En mettant l'accent sur le transport, la logistique et l'électricité à coût compétitif, le Président insiste sur les prérequis nécessaires pour renforcer la productivité des entreprises sénégalaises et leur compétitivité sur le marché continental. Sans ces améliorations, la pleine intégration du Sénégal dans les chaînes de valeur régionales restera un défi.

*SEM Cyril RAMAPHOSA - Président de la République d'Afrique du Sud*

**Citation :** *« La ZLECAF est une opportunité historique de stimuler le commerce intra-africain et d'unifier notre continent économiquement. Cependant, elle ne pourra réussir que si nous investissons massivement dans nos infrastructures régionales. »*

**Analyse :** Le Président RAMAPHOSA met en lumière le potentiel transformateur de la ZLECAF pour l'intégration économique du continent, tout en soulignant un facteur clé de son succès : les infrastructures. Sans des investissements massifs dans les réseaux de transport, d'énergie et de télécommunications, la facilitation des échanges commerciaux restera limitée. Cette déclaration rappelle que l'essor du commerce intra-africain doit s'accompagner d'une modernisation logistique pour garantir une compétitivité accrue des économies africaines.

*SEM Paul KAGAME - Président de la République du Rwanda*

**Citation :** *« La ZLECAF ne doit pas seulement être un projet des gouvernements, mais un projet des peuples africains. Son succès dépendra de l'implication active de nos citoyens et de nos entreprises. »*

**Analyse :** Le Président KAGAME souligne ici l'importance d'une appropriation populaire et entrepreneuriale de la ZLECAF. Il insiste sur le fait que cette initiative ne peut réussir sans une implication active des citoyens et du secteur privé. Cela met en avant la nécessité d'un engagement collectif, où les entreprises africaines doivent jouer un rôle moteur dans l'exploitation des opportunités offertes, tandis que les citoyens doivent être sensibilisés aux bénéfices de l'intégration économique pour en être de véritables acteurs.

*SEM Félix TSHISEKEDI - Président de la République Démocratique du Congo*

**Citation :** *« Nous devons veiller à ce que les pays enclavés, comme le nôtre, bénéficient également de cette intégration continentale. Les infrastructures transfrontalières doivent être une priorité. »*

**Analyse :** Le Président TSHISEKEDI met en lumière un enjeu fondamental de la Zone de Libre-Échange continentale africaine (ZLECAF) : l'inclusion des pays enclavés dans la dynamique de l'intégration économique. En insistant sur la nécessité d'investir dans les infrastructures transfrontalières, il souligne l'importance de réduire les barrières physiques au commerce, afin que tous les États, y compris ceux sans accès direct à la mer, puissent tirer pleinement parti des opportunités offertes par la ZLECAF. Cette approche est essentielle pour une intégration équilibrée et inclusive du continent.

*SEM Patrice TALON – Président de la République du Bénin*

**Citation :** *"Pour que la ZLECAF réussisse, nous devons nous assurer que nos économies soient prêtes à s'intégrer dans ce vaste marché continental. Cela passe par des réformes internes et des investissements dans les secteurs stratégiques, tels que l'agriculture et l'industrialisation."*

**Analyse :** Le Président TALON met en avant l'importance des réformes structurelles et des investissements ciblés pour tirer parti de la ZLECAF. Il insiste particulièrement sur la transformation des secteurs agricoles et industriels, clés pour réduire les disparités économiques et stimuler la création de valeur locale. Son discours reflète une approche proactive visant à préparer les économies nationales à s'intégrer efficacement dans le marché continental.

*SEM Ismail Omar GUELLEH - Président de la République de Djibouti*

**Citation :** *« Il est nécessaire que les secteurs privés s'impliquent davantage dans la conquête des marchés de la ZLECAf. »*

**Analyse :** Cette citation du Président GUELLEH souligne un enjeu central de la ZLECAF : la réussite de cette zone de libre-échange repose en grande partie sur l'engagement actif du secteur privé. En effet, sans l'implication directe des entreprises dans la production, la transformation, et l'exportation, les bénéfices de l'intégration commerciale africaine resteront limités. Il s'agit donc d'un appel à la mobilisation des acteurs économiques pour transformer les opportunités de marché offertes par la ZLECAF en moteurs concrets de croissance et de compétitivité.

*Monsieur Moussa Faki MAHAMAT – Président de la Commission de l'Union africaine*

**Citation :** *"La ZLECAF est bien plus qu'un simple accord commercial. C'est un projet d'intégration panafricaine qui vise à renforcer notre autonomie économique, à accélérer l'industrialisation et à rendre nos économies plus résilientes aux chocs extérieurs. La mise en œuvre de cet accord marque un tournant historique pour l'Afrique et son avenir sur la scène mondiale."*

**Analyse :** Monsieur MAHAMAT présente la ZLECAF comme une véritable révolution économique et politique pour l'Afrique, allant au-delà du simple commerce pour répondre à des enjeux structurants tels que l'autonomie économique et l'industrialisation. Sa vision souligne la capacité de l'Afrique à réduire sa dépendance vis-à-vis des marchés étrangers tout en mobilisant ses ressources pour construire un développement endogène et résilient. Cette approche inspire une mobilisation collective autour d'une ambition continentale commune.

*Docteur Aminata TOURE - Économiste, ancienne Premier ministre du Sénégal*

**Citation : «** *Partant du principe que la ZLECAF devra jouer un rôle clé dans la croissance des économies africaines, à travers la création de chaînes de valeur régionales, la réduction des frais commerciaux et l'optimisation de la capture des ressources au profit des investissements innovants, il est impératif de reconsidérer la centralité de la compétitivité du secteur privé dans certains pays comme le Sénégal »,*

**Analyse :** Docteur TOURE met en avant trois leviers clés : la création de chaînes de valeur régionales, la réduction des coûts liés aux échanges et l'orientation des ressources vers des investissements innovants. Par ailleurs, elle insiste sur un point crucial : la compétitivité du secteur privé, notamment au Sénégal, doit être reconsidérée comme un pilier central pour que ces opportunités se traduisent en gains réels et durables

*Docteur Serigne Gueye DIOP – Ministre de l'Industrie et du Commerce du Sénégal*

**Citation :** *« Nous devons travailler en synergie pour l'élimination des barrières tarifaires et non tarifaires existant dans les relations commerciales entre les deux pays, coordonner la mise en œuvre, par la coopération de nos administrations concernées, des instruments juridiques et opérationnels de la ZLECAF. "*

**Analyse :** Docteur DIOP souligne l'importance d'une coopération étroite entre les administrations pour lever les obstacles au commerce et maximiser les bénéfices de la ZLECAF. L'élimination des barrières tarifaires et non tarifaires est essentielle pour fluidifier les échanges et renforcer l'intégration économique. Une mise en œuvre coordonnée des instruments juridiques et opérationnels garantirait un environnement commercial harmonisé, favorisant ainsi les investissements et la compétitivité des entreprises au sein du marché continental.

**2.Témoignages d'acteurs économiques**

*Monsieur Aliko DANGOTE - Industriel nigérian, Président du Groupe Dangote)*

**Citation :** *« La ZLECAF peut transformer l'Afrique en une base manufacturière compétitive, mais cela nécessitera des investissements concertés dans l'énergie et la logistique. »*

**Analyse :** Monsieur DANGOTE souligne ici le potentiel de la ZLECAF à faire de l'Afrique un pôle manufacturier compétitif à l'échelle mondiale. Toutefois, il met en évidence les défis structurels qui freinent cette ambition, notamment le déficit en infrastructures énergétiques et logistiques. Son propos rappelle ainsi l'importance d'investissements stratégiques pour optimiser la production industrielle et faciliter le commerce intra-africain, condition sine qua non pour que l'intégration économique continentale devienne un levier de transformation durable.

*Monsieur James MWANGI - PDG d'Equity Bank Group, Kenya*

**Citation :** *« Le secteur financier doit jouer un rôle crucial pour faciliter le commerce intra-africain, notamment en harmonisant les systèmes de paiement entre les pays. »*

**Analyse :** Monsieur MWANGI rappelle le rôle du secteur bancaire dans la fluidification des échanges commerciaux.

*Madame Vera SONGWE - Économiste camerounaise, ancienne Secrétaire exécutive de la CEA*

**Citation :** *« La ZLECAF doit également intégrer les PME, qui constituent l'épine dorsale de nos économies, en leur facilitant l'accès aux financements et aux marchés. »*

**Analyse :** Madame SONGWE met en lumière l'importance des petites et moyennes entreprises dans la croissance africaine.

*Monsieur Mohammed DEWJI - Homme d'affaires tanzanien, PDG du groupe METL*

**Citation :** *« Nous devons éliminer les barrières à la mobilité des marchandises et des personnes pour permettre aux entrepreneurs de tirer pleinement parti de la ZLECAF. »*

**Analyse :** Monsieur DEWJI insiste sur l'importance de la libre circulation comme catalyseur de l'entrepreneuriat.

*Monsieur Strive MASIYIWA - Fondateur de Econet Wireless, Zimbabwe*

**Citation :** *« Le numérique est un vecteur clé pour la ZLECAF. Les plateformes technologiques doivent être développées pour connecter les entreprises africaines. »*

**Analyse :** Monsieur MASIYIWA met en avant la révolution numérique comme catalyseur de l'intégration économique.

### 1. Témoignages d'Experts Économiques et de la Société Civile

*Monsieur Carlos LOPES - Économiste bissau-guinéen, Professeur et ancien Secrétaire exécutif de la CEA*

**Citation :** *« La ZLECAF est un outil essentiel pour réduire la dépendance de l'Afrique aux marchés extérieurs. Mais son succès repose sur des politiques industrielles audacieuses et coordonnées. »*

**Analyse :** Monsieur LOPES souligne la nécessité d'une vision industrielle pour maximiser les avantages de la ZLECAF.

*Monsieur Abdoulie JANNEH - Ancien Secrétaire exécutif de la CEA, Gambie*

*« Le commerce intra-africain ne décollera que si nous investissons dans les infrastructures régionales et harmonisons nos systèmes douaniers. »*

**Analyse :** Monsieur JANNEH met en avant les infrastructures comme condition sine qua non d'une ZLECAF réussie.

*Madame Ngozi OKONJO-IWEALA - Directrice générale de l'OMC, Nigeria*

**Citation :** *« La ZLECAF est une opportunité unique pour stimuler les exportations africaines. Mais nous devons veiller à protéger nos industries naissantes tout en nous ouvrant progressivement aux marchés. »*

**Analyse :** Madame OKONJO-IWEALA rappelle l'équilibre délicat entre ouverture économique et protection des industries locales.

Ces témoignages reflètent une diversité de points de vue et de priorités concernant la mise en œuvre de la ZLECAF, offrant une vision globale des opportunités et défis à venir pour le continent africain.

*Monsieur Wamkele MENE – Secrétaire général de la ZLECAF*

**Citation :** *"Nous sommes sur le point de libérer le potentiel de l'Afrique. La ZLECAF représente la chance de transformer nos économies, de promouvoir la diversification industrielle et de stimuler l'innovation. Notre priorité est de nous assurer que les PME et les jeunes entrepreneurs africains profitent de cette opportunité historique."*

**Analyse :** Monsieur MENE adopte une approche inclusive et tournée vers l'avenir, mettant en avant le rôle central des PME et des jeunes entrepreneurs comme moteurs du développement économique africain. Son discours révèle l'importance d'intégrer ces acteurs dans les chaînes de valeur régionales, en créant un écosystème favorable à l'innovation et à la diversification industrielle. Mene insiste également sur l'urgence de traduire cette opportunité en actions concrètes pour éviter de creuser les inégalités.

*Monsieur Akinwumi ADESINA – Président de la Banque africaine de Développement (BAD)*

**Citation :** *"La ZLECAF n'est pas seulement une opportunité de commerce, mais un projet qui va changer la dynamique du développement économique en Afrique. Nous devons investir dans les* *infrastructures, l'industrialisation et les technologies pour assurer que tous les pays africains puissent bénéficier de cet accord historique."*

**Analyse :** Monsieur ADESINA met en lumière les conditions nécessaires pour exploiter pleinement le potentiel de la ZLECAF. En soulignant l'importance des infrastructures modernes, de l'industrialisation et de la technologie, il rappelle que la réussite de ce projet panafricain repose sur des bases solides. Ses propos interpellent les décideurs africains sur la nécessité de mobiliser des financements conséquents et d'assurer une répartition équitable des bénéfices à travers tout le continent.

*Monsieur Amadou HOTT – Ancien Ministre de l'Économie, du Plan et de la Coopération du Sénégal*

**Citation :** *"Le Sénégal se prépare activement à exploiter les avantages de la ZLECAF en renforçant ses infrastructures logistiques, en investissant dans l'innovation et en soutenant nos PME. Nous devons saisir cette occasion pour faire du Sénégal un hub commercial régional."*

**Analyse :** Monsieur HOTT illustre comment le Sénégal se positionne stratégiquement pour maximiser les opportunités offertes par la ZLECAF. Son discours souligne l'importance d'investir dans les infrastructures logistiques et l'innovation, tout en soutenant activement les PME sénégalaises pour renforcer leur compétitivité. En aspirant à devenir un hub commercial régional, le Sénégal se place comme un acteur clé dans la dynamisation du commerce intra-africain.

*Monsieur Abdoulaye SOW – Président de la Chambre de Commerce, d'Industrie et d'Agriculture de Dakar (CCIAD), Sénégal*

**Citation :** *"En ce 21e siècle, avec l'avènement de la Zone de Libre-Échange continentale africaine (ZLECAF), il est crucial de travailler à une production significative de produits finis dans la chaîne alimentaire, l'habillement, les œuvres culturelles et les services"*

**Analyse :** Monsieur SOW souligne l'importance stratégique de la transformation locale des ressources africaines en produits finis pour maximiser les bénéfices de la ZLECAF. En mettant l'accent sur des secteurs variés comme l'alimentation, l'habillement, la culture et les services, elle appelle à diversifier et renforcer les capacités de production afin de réduire la dépendance aux importations, de créer des emplois, et d'augmenter la compétitivité régionale et internationale des économies africaines.

*Monsieur Mbagnick DIOP – Président du Mouvement des Entreprises du Sénégal (MDES)*

**Citation :** *"Pour réussir, la ZLECAF doit mettre la compétitivité des PME africaines au centre de sa stratégie en leur offrant un meilleur accès aux financements, aux technologies et aux marchés régionaux."*

**Analyse :** Monsieur DIOP plaide en faveur des PME qui, bien qu'étant la colonne vertébrale des économies africaines, souffrent souvent d'un manque de soutien. La ZLECAF représente une opportunité de renforcer leur compétitivité en supprimant les barrières commerciales et en leur donnant accès à des opportunités transfrontalières qui peuvent stimuler leur croissance. Il souligne un enjeu fondamental de la ZLECAF : la compétitivité des PME africaines. En insistant sur l'accès au financement, aux technologies et aux marchés régionaux, il met en avant les leviers essentiels pour que ces entreprises puissent tirer pleinement parti de l'intégration économique continentale. Sans ces éléments, la ZLECAF risquerait de profiter davantage aux grandes entreprises qu'aux PME, pourtant cruciales pour le développement économique et l'emploi en Afrique.

*Monsieur Diabel SECK – Président Fondateur d'OUMOU GROUP, Sénégal*

**Citation :** *« L'Afrique doit passer du statut de consommateur de technologies à celui de créateur, en développant des solutions locales adaptées aux réalités économiques et sociales du continent. »*

**Analyse :** Monsieur SECK souligne l'importance pour l'Afrique de ne plus se limiter à l'adoption passive des technologies étrangères, mais de devenir un acteur clé de l'innovation. En mettant l'accent sur le développement de solutions adaptées aux réalités locales, il insiste sur la nécessité d'investir dans la recherche, la formation et l'entrepreneuriat technologique. Cette approche renforcerait la souveraineté numérique du continent, favoriserait l'émergence d'une industrie technologique compétitive et réduirait la dépendance aux innovations étrangères.

*Monsieur Oumar GUEYE – Président Fondateur de GO GROUPE, Sénégal*

**Citation :** *"Le futur de l'agro-industrie africaine repose sur la capacité des producteurs locaux à transformer sur place leurs matières premières et à intégrer les chaînes de valeur régionales."*

**Analyse :** Monsieur GUEYE met en lumière l'importance de la transformation locale des produits agricoles. La dépendance à l'exportation brute limite les gains économiques pour les producteurs africains. En intégrant les chaînes de valeur régionales, les pays peuvent créer davantage d'emplois, générer des revenus et réduire la vulnérabilité face aux fluctuations des prix mondiaux.

*Monsieur Touba SYLLA – Président Fondateur de SAGE IMMOBILIER, Sénégal*

**Citation :** *« La ZLECAF peut transformer le marché de l'immobilier africain en facilitant la mobilité de la main-d'œuvre qualifiée et en encourageant les investissements transfrontaliers dans les grands projets d'infrastructure. »*

**Analyse :** Monsieur SYLLA met en lumière le rôle stratégique de la ZLECAF dans le développement du secteur immobilier en Afrique. En facilitant la libre circulation des travailleurs qualifiés et en attirant les investissements transfrontaliers, la ZLECAF peut contribuer à une modernisation accélérée des infrastructures urbaines et à une meilleure interconnexion des marchés immobiliers régionaux. Cette dynamique favoriserait non seulement la croissance du secteur, mais renforcerait également l'intégration économique du continent.

*Monsieur Dambisa MOYO - Économiste zambienne, auteure et conférencière*

**Citation :** *« La ZLECAF peut attirer davantage d'investissements étrangers, mais uniquement si nous réduisons les risques perçus par les investisseurs, comme la corruption et l'instabilité réglementaire. »*

**Analyse :** Monsieur MOYO met l'accent sur les réformes institutionnelles pour rendre l'Afrique plus attractive aux IDE.

*Monsieur Fatoumata BA - Fondatrice de Janngo Capital, Côte d'Ivoire*

**Citation :** *« Les start-ups africaines doivent être intégrées dans la vision de la ZLECAF. Ce sont elles qui stimuleront l'innovation et l'emploi pour nos jeunes. »*

**Analyse :** Madame BA souligne l'importance stratégique des start-ups africaines dans le cadre de la ZLECAF, en mettant en avant leur rôle moteur dans l'innovation et la création d'emplois. En intégrant ces jeunes entreprises dans la dynamique du marché continental, l'Afrique pourra non seulement renforcer sa compétitivité technologique, mais aussi exploiter pleinement le potentiel entrepreneurial de sa jeunesse. Cela nécessite toutefois un cadre favorable, incluant un accès au financement, une harmonisation des réglementations et un accompagnement adéquat pour leur développement à l'échelle régionale et internationale.

*Monsieur El Hadji Ibrahima NDIAYE – Président Fondateur du Groupe Origines SA (2STV), Sénégal*

**Citation :** *"Pour qu'un contenu médiatique africain devienne un produit d'exportation régional, la ZLECAF doit éliminer les obstacles qui freinent la distribution transfrontalière des œuvres audiovisuelles."*

**Analyse :** Monsieur NDIAYE souligne un enjeu clé du secteur des industries culturelles et créatives en Afrique : la libre circulation des œuvres audiovisuelles sur le continent. En insistant sur la nécessité d'éliminer les barrières entravant la distribution transfrontalière, il met en lumière l'importance de la ZLECAF comme levier stratégique pour transformer le contenu médiatique africain en un véritable produit d'exportation. Une meilleure intégration des marchés culturels africains permettrait non seulement de renforcer la diversité et la visibilité des productions locales, mais aussi de stimuler la croissance économique du secteur, en créant de nouvelles opportunités pour les créateurs et les industries audiovisuelles du continent.

*Monsieur Cheikh CISSE – Président Union Nationale des Commerçants et Industriels du Sénégal (UNACOIS – YESSAL)*

**Citation :** *« La ZLECAF représente une occasion historique pour les commerçants et industriels sénégalais d'élargir leur horizon, d'intégrer des chaînes de valeur africaines et de transformer durablement notre tissu économique. Il nous appartient de bâtir un secteur privé résilient, compétitif et pleinement tourné vers le marché continental. »*

**Analyse :** Cette citation de Monsieur CISSE met en lumière l'opportunité stratégique qu'offre la ZLECAF au secteur privé sénégalais. Elle insiste sur la nécessité d'une transformation structurelle du tissu économique national, en s'appuyant sur l'intégration dans les chaînes de valeur africaines. Le message est clair : seule une mobilisation proactive des acteurs économiques autour de la compétitivité et de la résilience permettra de tirer pleinement parti du marché continental.

*Monsieur Momar DIOUF – Président Fondateur de 3MD ENERGY, Sénégal*

*"La ZLECAF offrira une réelle opportunité de créer de vrais champions africains. Avec un avantage concurrentiel dans un grand marché continental de plus d'un milliard de personnes les entreprises africaines auront plus de chance de devenir des champions continentaux et ensuite aller conquérir le monde pour devenir des champions mondiaux"*

**Analyse :** Monsieur DIOUF met en lumière le potentiel transformateur de la ZLECAF pour les entreprises africaines. En créant un marché unifié de plus d'un milliard de consommateurs, elle permet aux entreprises locales de bénéficier d'économies d'échelle et de renforcer leur compétitivité. L'idée de "champions africains" souligne l'importance de bâtir des entreprises capables de rivaliser à l'échelle continentale avant de s'imposer sur le marché mondial. Toutefois, pour atteindre cet objectif, les entreprises devront relever plusieurs défis, notamment en matière d'innovation, d'industrialisation et d'accès aux financements.

*Monsieur Cheikhna SARR – Président Fondateur d'OUTALMA, Sénégal*

**Citation :** *"La ZLECAF offrira une opportunité unique de faire émerger des champions africains de la logistique en un temps record, à l'image des autres grandes zones économiques."*

**Analyse :** Monsieur SARR met en avant le potentiel transformateur de la Zone de Libre-Échange continentale africaine (ZLECAF) dans le domaine de la logistique. En soulignant la possibilité d'émergence rapide de champions africains, il met en exergue l'importance de la structuration et de la modernisation des infrastructures logistiques pour accompagner l'essor du commerce intra-africain. Toutefois, la réussite de cette ambition nécessitera des investissements conséquents dans les infrastructures de transport, la digitalisation des services logistiques et la mise en place de cadres réglementaires harmonisés favorisant l'efficacité et la compétitivité du secteur.

*Monsieur Omar DIOUM - Administrateur Directeur général de FBNBank Sénégal*

*"La ZLECAF représente une belle opportunité pour dynamiser les économies africaines en favorisant le commerce intra-communautaire, en développant les biens et services nécessaires à l'industrialisation du continent, tout en renforçant les services financiers indispensables pour soutenir les entreprises et faciliter les échanges commerciaux."*

**Analyse :** Monsieur DIOUM met en lumière le rôle stratégique de la ZLECAF dans l'accélération du développement économique de l'Afrique. En favorisant le commerce intra-africain, elle contribue à la diversification et à la transformation industrielle du continent. L'accent mis sur les biens et services nécessaires à l'industrialisation souligne l'importance de renforcer les capacités de production locales pour réduire la dépendance aux importations. Par ailleurs, le développement des services financiers est un levier essentiel pour améliorer l'accès au financement des entreprises, stimuler les investissements et fluidifier les échanges commerciaux. Ainsi, la ZLECAF apparaît comme un moteur de croissance inclusif pour une Afrique économiquement souveraine et compétitive sur la scène internationale.

*Monsieur Sountou BOUSSO – CEO de Lagardère Travel Retail en Afrique*

**Citation :** *« Le contexte de l'Afrique est très complexe tant les pays qui la constituent sont différents de par leurs monnaies, leurs cultures, leurs organisations administratives et douanières. Ils restent toutefois des économies prometteuses remplies d'opportunités et très engageantes. Pour libérer pleinement le potentiel économique de l'Afrique, nous devons promouvoir l'intégration régionale à travers la Zone de Libre-Échange continentale africaine (ZLECAF). Elle favorisera la simplification des échanges commerciaux, réduira les obstacles transfrontaliers et encouragera les échanges intra-africains. »*

**Analyse :** Monsieur BOUSSO souligne à la fois la diversité et la complexité des économies africaines, marquées par des différences monétaires, culturelles et administratives, mais aussi leur immense potentiel. Il met en avant la ZLECAF comme un levier essentiel pour surmonter ces disparités et stimuler l'intégration régionale. En simplifiant les échanges commerciaux et en réduisant les obstacles transfrontaliers, la ZLECAF pourrait favoriser un commerce intra-africain plus fluide et renforcer la compétitivité du continent sur la scène mondiale.

*Madame Mame Yacine CISSE - Styliste, Présidente Fondatrice de Jontado*

**Citation :** *« La ZLECAF n'est pas seulement une ouverture des marchés, c'est une invitation à bâtir une industrie de la mode africaine compétitive, valorisant nos matières premières et nos savoir-faire locaux. »*

**Analyse :** Madame CISSE souligne avec force la dimension stratégique de la ZLECAF au-delà de l'intégration commerciale : elle y voit un levier pour structurer une véritable industrie de la mode africaine. En insistant sur la valorisation des matières premières locales et des savoir-faire endogènes, elle invite à une industrialisation culturelle ancrée dans l'identité africaine, tournée vers la compétitivité continentale et internationale. La mode devient ainsi un vecteur d'autonomisation économique et de rayonnement culturel à l'ère de la ZLECAF.

*Madame Yasmine SY SARR- Directrice de la Stratégie du Groupe SupdeCo Dakar*

**Citation :** « *La ZLECAf est bien plus qu'un marché : c'est une invitation à repenser la formation en Afrique comme un levier de compétitivité, d'innovation et d'intégration régionale. Au Groupe SupdeCo Dakar, nous avons déjà engagé cette dynamique en formant une génération de leaders et d'entrepreneurs capables de tirer parti de ce grand marché commun et d'y jouer un rôle actif.* »

**Analyse :** Madame SARR met en lumière une vision stratégique de la ZLECAF, non pas uniquement comme un espace économique, mais comme un catalyseur de transformation structurelle par la formation. Elle souligne avec justesse que l'intégration régionale et la compétitivité ne peuvent être atteintes sans un capital humain formé, innovant et tourné vers l'action. En évoquant l'engagement du Groupe SupdeCo Dakar, elle illustre concrètement comment une institution académique peut se positionner en acteur du changement, en préparant les jeunes à saisir les opportunités de la ZLECAF et à en devenir des piliers. C'est une approche proactive et inspirante du lien entre éducation, entrepreneuriat et intégration continentale.

*Monsieur Saliou MBOUP - Président Directeur général de Carrefour Médical - Sénégal*

**Citation :** « *Nous sommes fiers d'être parmi ces acteurs africains qui ont révolutionné le système de la santé par des innovations majeures dans plusieurs domaines stratégiques au Sénégal et dans la sous-région. Il s'agit de la dialyse et l'automatisation des hôpitaux en oxygène médicale avec les systèmes PSA sur lesquels nous sommes pionniers en Afrique. Nous avons aussi participé à la réalisation de projets importants dans la radiothérapie, l'imagerie médicale et surtout dans la migration des systèmes analogiques vers le numérique. Dans notre ambition de participer à la souveraineté pharmaceutique dans notre pays et dans les pays de la sous-région, la ZLECAF apparaît comme un catalyseur et un puissant levier d'amélioration de la qualité des services de santé sur le continent, gage de tout progrès humain.* »

**Analyse :** Cette citation de Monsieur Mboup est un témoignage fort de l'engagement du secteur privé africain dans la transformation du système de santé, à travers l'innovation technologique et l'industrialisation des services médicaux. Elle met en avant une réussite exemplaire dans des domaines stratégiques comme la dialyse, l'oxygène médical, la radiothérapie ou encore la numérisation de l'imagerie médicale. En évoquant la ZLECAF comme levier, Monsieur Mboup souligne avec pertinence que l'intégration régionale peut accélérer la souveraineté pharmaceutique et l'accès équitable à des soins de qualité. C'est une vision claire d'un développement sanitaire endogène, où l'Afrique mise sur ses propres compétences et ressources pour répondre à ses défis.

*Monsieur Amadou MBACKÉ SEYE – Président Fondateur de Touba Gaz (Groupe Touba OIL)*

**Citation :** « *La ZLECAF ouvre un nouveau chapitre pour l'industrie gazière africaine. En intégrant les marchés, elle favorise l'émergence d'une véritable chaîne de valeur énergétique continentale. Nous y voyons une occasion unique d'exporter notre savoir-faire, de renforcer notre compétitivité et de bâtir des partenariats durables à l'échelle africaine.* »

**Analyse :** Cette citation de Monsieur SEYE, PDG de Touba Gaz, traduit une compréhension stratégique des enjeux de la ZLECAF pour le secteur énergétique. Elle met en lumière la volonté de l'entreprise de s'inscrire dans une dynamique d'intégration continentale, en valorisant son expertise au service d'une chaîne de valeur énergétique africaine. En évoquant l'exportation du savoir-faire et la construction de partenariats durables, elle positionne Touba Gaz non seulement comme un acteur national, mais comme un futur leader régional, prêt à tirer parti des nouvelles opportunités du marché commun africain.

**Une Vision commune pour l'Avenir**

À travers ces témoignages, un consensus émerge sur le potentiel transformateur de la ZLECAF. Ce projet historique ne se limite pas à l'élimination des barrières commerciales ; il porte l'ambition de construire une Afrique plus autonome, innovante et résiliente. Toutefois, sa réussite dépendra de la capacité des États à répondre aux défis structurels et à mobiliser les acteurs clés – gouvernements, institutions financières, entreprises et citoyens – autour d'une vision commune de progrès inclusif et durable.

# BIBLIOGRAPHIE


## Ouvrages et Monographies

1. Ayittey, George B. N. (2005). *Africa Unchained: The Blueprint for Africa's Future*. Palgrave Macmillan.
2. Bach, Daniel (2016). *Regionalism in Africa: Genealogies, Institutions, and Trans-State Networks*. Routledge.
3. Badiane, Ousmane, & Diop, Makhtar (2018). *Le Sénégal à l'épreuve de la Mondialisation : Stratégies de Croissance et Perspectives d'Avenir*. Brookings Institution Press.
4. Easterly, William (2002). *The Elusive Quest for Growth: Economists' Adventures and Misadventures in the Tropics*. MIT Press.
5. Gumede, Vusi (2019). *Political Economy of Post-Apartheid South Africa*. CODESRIA Books.
6. BA, Babacar Sané (2024). Diplomatie économique : les clés de la prospérité pour le Sénégal. Éditions universitaires européennes
7. Kagame, Paul, & Stiglitz, Joseph E. (2021). *The African Continental Free Trade Area: Opportunities and Challenges*. Brookings Institution Press.
8. Lopes, Carlos (2019). *Africa in Transformation: Economic Development in the Age of Doubt*. Palgrave Macmillan.
9. Mkandawire, Thandika (2015). *African Development: Making Sense of the Issues and Actors*. Zed Books.
10. Rodrik, Dani (2013). *The Globalization Paradox: Democracy and the Future of the World Economy*. W. W. Norton & Company.
11. Taylor, Ian (2014). *Africa Rising? BRICS – Diversifying Dependency*. James Currey.

## Articles académiques et Études de Cas

1. Bensassi, Sami, Jarreau, Joachim, & Mitaritonna, Cristina (2022). *Trade and Welfare Effects of the African Continental Free Trade Agreement (AfCFTA)*. *Journal of African Economies*, 31(3), 421-446.

2. Geda, Alemayehu, & Seid, Endris (2015). *The Potential for Intra-Africa Trade and the Role of Free Trade Agreements in Africa. Journal of African Trade*, 2 (1-2), 19-50.
3. Hartzenberg, Trudi (2011). *Regional Integration in Africa.* World Trade Organization Economic Research and Statistics Division, Staff Working Paper ERSD-2011-14.
4. Karingi, Stephen, & Davis, Jimson (2016). *Africa's Trade Potential: Export Opportunities for Products beyond Commodities. Journal of African Development*, 18(2), 57-74.
5. Mevel, Simon, & Karingi, Stephen (2012). *Deepening Regional Integration in Africa: A Computable General Equilibrium Assessment of the Establishment of a Continental Free Trade Area.* United Nations Economic Commission for Africa.
6. Ncube, Mthuli, & Lufumpa, Charles L. (2020). *The Economics of Africa's Industrialization.* African Development Bank Working Paper Series.
7. Olayiwola, M. (2021). *Intra-Africa Trade and Industrialization in the Context of the African Continental Free Trade Agreement. African Review of Economics and Finance*, 13(2), 211-230.

**Rapports et Publications d'Institutions**

1. Banque africaine de Développement (2019). *Africa's Economic Outlook: Integration for Africa's Economic Prosperity.* Abidjan : BAD.
2. Commission économique pour l'Afrique (2021). *African Continental Free Trade Area: An Opportunity to Deepen Economic Integration and Promote Development.* Addis-Abeba : CEA.
3. FMI (2022). *Regional Economic Outlook: Sub-Saharan Africa – Navigating Uncertainty.* Washington, DC : Fonds Monétaire International.
4. Organisation mondiale du Commerce (2020). *World Trade Report 2020: Government Policies to Promote Innovation in the Digital Age.* Genève : OMC.
5. Union africaine (2020). *Rapport sur la mise en œuvre de la Zone de Libre-Échange continentale africaine.* Addis-Abeba : Commission de l'Union africaine.
6. World Bank Group (2021). *The African Continental Free Trade Area: Economic and Distributional Effects.* Washington, DC : Banque Mondiale.

**Documents de Politique et Discours**

1. Adesina, Akinwumi A. (2018). *Boosting Africa's Agricultural Transformation through Trade and Innovation.* Discours lors de l'Assemblée Annuelle de la BAD, Busan, Corée du Sud.
2. Kagame, Paul (2020). *Speech on the Launch of the AfCFTA Implementation.* Sommet de l'Union africaine, Niamey, Niger.
3. Ramaphosa, Cyril (2021). *Address to the African Union Summit on Free Trade and Economic Development.* Addis-Abeba, Éthiopie.

**Textes officiels**

1. Union africaine (2018). *Accord établissant la Zone de Libre-Échange continentale africaine (ZLECAF).* Addis-Abeba : Union africaine.
2. Union africaine (2019). *Protocole sur le commerce des biens dans le cadre de la ZLECAF.* Addis-Abeba : Union africaine.
3. Union africaine (2019). *Protocole sur les services dans le cadre de la ZLECAF.* Addis-Abeba : Union africaine.

**Sources additionnelles pour le Sénégal et la ZLECAF**

1. Ba, Ibrahima (2019). *Économie et développement au Sénégal : Politiques publiques et enjeux.* Dakar : Presses universitaires de Dakar.
2. Diaw, Aïssatou (2016). *Stratégies de croissance économique au Sénégal : Le rôle des infrastructures et de l'industrialisation.* Paris : L'Harmattan.
3. Fall, Mamadou (2020). *La ZLECAF et ses impacts sur l'économie sénégalaise : Une analyse des opportunités et des défis. Revue économique africaine*, vol. 12, no. 2, pp. 45-60.
4. Ministère de l'Économie du Sénégal (2021). *Stratégie nationale pour la Mise en Œuvre de la ZLECAF.* Dakar.

# TABLE DES MATIÈRES

## Structures éditoriales du groupe L'Harmattan


**L'Harmattan Italie**
Via degli Artisti, 15
10124 Torino
harmattan.italia@gmail.com

**L'Harmattan Hongrie**
Kossuth l. u. 14-16.
1053 Budapest
harmattan@harmattan.hu

---

**L'Harmattan Sénégal**
10 VDN SICAP AMITIE 3
BP 45034 Dakar-Fann
direction@senharmattan.com

**L'Harmattan Cameroun**
Tsinga/Derrière polyclinique FECAFOOT
BP 11486 Yaoundé
Jacques.koukam@harmattan.fr

**L'Harmattan Burkina Faso**
Villa 281, secteur 23 623, rue 14.32
Ouagadougou
zagbie@outlook.fr

**L'Harmattan Guinée**
Almamya, rue KA 028 OKB Agency
BP 3470 Conakry
harmattanguinee@yahoo.fr

**L'Harmattan RDC**
185, avenue Nyangwe
Commune de Lingwala - Kinshasa
matangilamusadila@yahoo.fr

**L'Harmattan Congo**
219, avenue Nelson Mandela
BP 2874 Brazzaville
deunovmikhael@gmail.com

**L'Harmattan Mali**
Immeuble Mgr Jean Marie Cissé
Aci Hamadallaye
BP 145 Bamako
syllaka@yahoo.fr

**L'Harmattan Togo**
Djidjole - Maison Amela
face EPP BATOME
02 BP 20680 Lomé
didieramela11@gmail.com

**L'Harmattan Côte d'Ivoire**
Résidence Karl - Cité des Arts
Abidjan-Cocody
03 BP 1588 Abidjan
harmattan.ivoire@gmail.com

**L'Harmattan Bénin**
Rue 604, (Immeuble à l'entrée
de la rue UCAO- Cite de Saint-Jean)
Cotonou
stepcorpus@gmail.com


---

## Nos librairies en France


**Librairie internationale**
16, rue des Écoles
75005 Paris
librairie.internationale@harmattan.fr
01 40 46 79 11
www.librairieharmattan.com

**Librairie des savoirs**
21, rue des Écoles
75005 Paris
librairie.sh@harmattan.fr
01 46 34 13 71
www.librairieharmattansh.com

www.ingramcontent.com/pod-product-compliance
Lightning Source LLC
LaVergne TN
LVHW011225061026
849535LV00001BA/183
* 9 7 8 2 3 3 6 5 5 6 1 3 0 *